新世纪工程管理类系列规划教材

工程项目管理

主　编　韩英爱　刘　茉
参　编　王远平　王德君　曲祖光
　　　　赵秋红　杜祖起
主　审　邱国林

机械工业出版社

本书以工程项目整个生命周期为主线，系统介绍工程项目建设全过程的管理理论和方法，重点阐述施工阶段项目管理的内容。主要内容包括工程项目管理概论、工程项目可行性研究与决策、工程项目组织管理、工程项目招标投标与合同管理、工程项目施工管理、工程网络计划技术与进度管理、工程项目费用管理、工程项目质量管理、工程项目风险管理与信息管理、工程项目竣工验收与项目后评价。

本书结合国内外工程项目管理的最新成果，力求内容更具系统性、完整性、时效性，体现最新的法律法规、规范标准及相关执业资格考试的主要内容，注重项目管理理论和工程实践相结合，融合了国家一级建造师、监理工程师、造价工程师等相关执业资格考试内容，突出实用性与应用性。

本书可作为高等院校工程管理、工程造价、土木工程及其他相关专业的本科教材，也可供工程建设的工程技术人员和管理人员学习参考。

图书在版编目（CIP）数据

工程项目管理/韩英爱，刘茉主编. —北京：机械工业出版社，2014.2（2025.8重印）

新世纪工程管理类系列规划教材

ISBN 978-7-111-45614-8

Ⅰ.①工… Ⅱ.①韩… ②刘… Ⅲ.①工程项目管理—高等学校—教材 Ⅳ.①F284

中国版本图书馆CIP数据核字（2014）第017915号

机械工业出版社（北京市百万庄大街22号　邮政编码100037）
策划编辑：冷　彬　责任编辑：冷　彬　孙　阳　冯　铁
版式设计：常天培　责任校对：薛　娜
封面设计：张　静　责任印制：常天培
河北虎彩印刷有限公司印刷
2025年8月第1版第8次印刷
184mm×260mm·21.75印张·534千字
标准书号：ISBN 978-7-111-45614-8
定价：43.80元

电话服务　　　　　　　　　　网络服务
客服电话：010-88361066　　机 工 官 网：www.cmpbook.com
　　　　　010-88379833　　机 工 官 博：weibo.com/cmp1952
　　　　　010-68326294　　金 书 网：www.golden-book.com
封底无防伪标均为盗版　　机工教育服务网：www.cmpedu.com

前　言

　　我国在工程建设领域与发达国家相比，主要差距不是在工程技术方面，而是在工程管理方面。优秀的工程项目管理人才的培养是当务之急。当代的工程都以项目的形式完成，因此工程管理人员和工程技术人员都应掌握项目管理的基本知识和理论，并应在工程实践中灵活运用，以提高工程项目建设的效率。工程项目管理课程是工程管理、工程造价、土木工程及其他工程类专业学生的必修课程，有助于培养既懂技术、经济又懂管理的复合型人才。本书正是为配合这种复合型人才培养目标，结合现行相关规范、标准和相关执业资格考试内容，参考国内外工程项目管理的最新理论和先进经验编写而成。书中编入大量案例和适量典型习题，突出了内容的应用性和可操作性，有助于读者对重要知识点、能力点的深刻理解和熟练应用。

　　本书由长春工程学院韩英爱、北华大学刘茉任主编；山西财经大学王远平、长春工程学院王德君、曲祖光，长春建筑学院赵秋红、杜祖起参编。

　　本书具体编写分工为：第1章和第7章由韩英爱编写，第4章和第8章由刘茉编写，第2章和第9章由王远平编写，第3章由赵秋红编写，第5章由王德君编写，第6章由曲祖光编写，第10章由杜祖起编写。本书由吉林建筑大学博士生导师邱国林教授任主审，由韩英爱负责统稿。

　　由于编者水平有限，时间仓促，不妥之处在所难免，衷心希望广大读者及同行批评指正。

编　者

目　录

第1章

工程项目管理概论

本章概要

（1）工程项目管理的基本概念

（2）工程项目管理的发展历史及现代项目管理的特点

（3）工程项目管理模式

（4）工程项目结构系统分析、工程项目计划与控制概述

（5）工程建设监理

1.1 工程项目管理的基本概念

1.1.1 项目

人类社会各类有组织的活动，一般可分为两种类型：一种是周而复始具有重复性、稳定性、长期性特征的活动，如企业生产管理和社会行政管理等；另一种是具有明显一次性特征的活动，均可称为项目（Project），其管理往往具有非常规性，如举办一届奥运会、投资建设一项工程、研发一种新产品或武器等。在竞争全球化、资源不断减少、客户需求越来越多样化的当今社会，人类的活动越来越多地不得不以项目的形式完成。美国项目管理专业资质认证委员会主席Paul Grace曾说过："在当今社会，一切都是项目，一切都将成为项目"。

1. 项目的概念

美国项目管理协会、国际标准化组织、德国国家标准（DIN69901）以及《中国项目管理知识体系纲要》中都对"项目"的定义进行了表述，虽然不同组织和行业对于项目概念的理解和表述不完全相同，但其基本含义可概括为：项目是在限定条件下完成的具有明确目标的一次性事业或任务。

2. 项目的特征

项目具有以下基本特征：

1）项目的一次性。项目的一次性又称单件性，是项目最主要的特征。不同的项目在实

施环境、限制条件、寻求的结果、面临的风险等方面不可能完全相同，都有其独特性，而且在过程中具有不可逆性。因此，在实践中应根据具体项目的特殊情况，追求有针对性的创新管理，才能保证项目的一次性成功。

2）项目的目标性和约束性。任何项目都具有明确的目标，而且要求在一定约束条件下实现。当然，项目目标的制订要结合项目具体的限制条件，经过充分的分析论证才能保证其科学合理性。

3）项目的生命周期性。项目的一次性决定了每个项目都具有独特的生命周期，都有其产生、发展和结束时间，在不同阶段都有特定的任务，不同阶段管理的内容和方法也会有所不同。为便于管理和控制项目，一般将项目的生命周期划分成项目的启动、项目的规划、项目的实施和项目收尾四个阶段。成功的项目管理应对其生命周期全过程进行系统管理。

4）项目的系统性。项目的系统性又称整体性。每一个项目都是一个开放的复杂系统，是由人、技术、资源、时间、空间、信息等各种项目要素组合到一起，为实现项目特定系统目标而形成的有机整体。项目的系统性要求，在项目管理中，局部必须服从整体、阶段必须服从全过程，而且要协调好系统目标之间、各种项目要素之间、各种约束之间的关系，以项目全过程的整体优化作为项目管理的最高准则，才能保证项目的成功。

1.1.2　工程项目

1. 工程项目的概念及特征

工程项目（Construction Project）是指通过投资建设活动，按照一定的建设程序和质量要求，在一定时间和费用预算内获得为满足人们特定需求的建筑物或构筑物等固定资产的一次性事业，主要为人们的生产、生活提供场所或辅助工程设施。工程项目建设过程需要大量人力物力的投入，也需要借助大型的施工机械设备。工程项目是既有投资行为又有建设行为的最典型、最重要的项目类型。

工程项目的特征除了项目的一般性特征外，还具有其特殊性，主要表现在：

1）工程项目往往体型庞大且不可移动。为满足人们使用功能上的需要，工程项目往往占据广阔的平面与空间，而且与选定地点的土地相连、不可分割，一般从建造开始直至拆除均不能移动。当前，由于城市建设的需要和土地的稀缺性，高层建筑、超高层建筑比比皆是。例如，2008年8月竣工的中国大陆当前第一高楼——上海环球金融中心，高492m、地上101层、地下3层、占地面积3万m²，总建筑面积达38.16万m²；再如，国内第一高塔——广州塔（广州新电视塔），高度为600m，建设用地面积17.546万m²，总建筑面积114054 m²。工程项目实体的建造和使用地点在空间上的固定性，决定了建设过程的流动性，这一点工程项目和工业产品的流水线生产方式不同。

2）工程项目建设周期长且具有单件性。工程项目实体工程量大、结构复杂，实施环境也复杂，因此建设周期长（少则一年或几年，大型工程甚至是十几年），而且由于建造时间、地点、地形和地质条件、建设所需资源的差异以及工程项目业主对其功能和使用要求的不同，使工程项目存在千差万别的单件性。可以说，几乎不可能有完全相同的两个工程项目。因此，工程项目只能单件处置而不能批量生产。另外，工程项目占用大量人力、物力和财力，建设过程又不产生效益，因此工程项目的建设应充分利用流水作业原理和网络计划技术，尽可能缩短建设周期，及时投产或交付使用，更好地发挥其投资效益。

3）工程项目建设过程具有程序性。建设项目需要遵循必要的建设程序和经过特定的建设过程。一般建设项目的全过程都要经过提出项目建议书、进行可行性研究、设计、建设准备、建设施工和竣工验收、交付使用等六个阶段。不同阶段的工作内容、参与单位及人员都不相同，各阶段之间的界面应进行协调，相关的单位及人员之间应进行沟通。

4）工程项目建设投资大，具有高风险性。工程项目建设少则需要几百几千万元，多则需要数百亿数千亿元的资金投入。例如，举世瞩目的黄河小浪底水利枢纽工程总投资额为420亿元，三峡工程动态投资2500亿元，香港机场工程项目总投资200亿港币，英吉利海峡隧道工程耗资150亿美元。由于建设项目的投资额巨大、建设周期长、投资回收期长，期间的物价变动、市场需求、资金利率等相关因素的不确定性会带来较大风险。当前，工程项目向高空地下的发展及向智能化、绿色建筑方向的发展，使建设标准不断提高、建设难度加大。国际工程项目更是存在较大的政治风险、社会风险和经济风险。

5）受建设环境影响大。建设环境包括自然环境和社会环境。工程项目建设一般只能露天作业，受水文、气象等因素影响较大；工程项目建设地点的选择常受到地形、地貌、地质等多种复杂因素的制约；工程实体体型庞大、结构复杂，经常会碰到地下或高空作业，其施工安全是很重要的问题；建设过程所使用的建筑材料、施工机具等的价格受到工程所在地物价等因素的制约。总而言之，工程建设受到的环境制约因素较多。

【例1-1】 当今世界上最大的水利枢纽工程——长江三峡水利枢纽工程，经过近半个世纪的研究论证，在投资预算近2000亿元、总工期17年（1992~2009年）以及特定的社会环境条件下成功完成，是一项具有防洪、发电、航运等综合效益的巨型水利枢纽工程。其防洪标准由原来的十年一遇提高到百年一遇，总装机容量2250万kw，年发电量超过1000亿kw·h，是世界上装机容量最大的水电站。三峡水库将显著改善宜昌至重庆660km的长江航道，万吨级船队可直达重庆港。航道单向年通过能力可由原来的约1000万t提高到5000万t，运输成本可降低35%~37%。

三峡工程的实施环境非常复杂，实施过程非常艰难。三峡水库淹没陆地面积632km²，涉及重庆市、湖北省的20个县市，淹没区居住人口为84.41万人，考虑到建设期间内的人口增长和二次搬迁等其他因素，三峡水库移民安置的动态总人口达到113万。

2. 工程项目分类

通过对工程项目进行分类，并对不同分类进行观察分析，可深入研究固定资产投资结构，加强宏观管理和调控，以更好地发挥建设投资的经济效益和社会效益。

1）按投资建设的用途分类：可分为生产性建设项目和非生产性建设项目。生产性建设项目是指直接用于物质生产或为物质生产服务的工程项目，如工业项目、农田水利项目、运输项目、能源项目等；非生产性建设项目是指用于满足人们物质文化生活需要的项目，如住宅项目、文教项目、卫生项目和公用事业建设项目等。

2）按建设项目及投资的再生产性质分类：可分为基本建设项目（如新建、扩建、改建、迁建、重建项目）和更新改造项目（以改进技术、增加产品品种、提高质量、治理"三废"、改善劳动安全、节能降耗为主要目的的项目）。

3）按建设的总规模或总投资的大小分类：基本建设项目分为大型、中型及小型三类，技术改造项目分为限额以上和限额以下两类。我国对建设项目规模划分标准以现行的中央各部对所属建设项目的具体规定为准。

4）按资金来源分类：可分为国家预算拨款项目、银行贷款项目、企业自筹项目、外资项目等。

5）按建设项目的投入产出属性分类：可分为经营性建设项目和非经营性（公益性建设项目）建设项目。经营性建设项目是指用于生产经营，创造经济效益为主要目的的建设项目，如高速公路、水电站和房地产开发等项目；非经营性建设项目一般由政府投资，建成之后能产生社会效益，但很难用于生产经营创造经济效益的项目，如防洪工程、水土保持工程和生态环境工程等。

3．工程项目层次分解

为了便于对工程项目进行进度、费用和质量的管理，一般将工程项目划分为单项工程、单位工程、分部工程、分项工程四个层次。

1）单项工程。单项工程是指具有单独的设计文件，可独立组织施工和竣工验收，建成后能够独立发挥生产能力和使用效益的工程。从施工的角度看，单项工程是一个独立的施工交工系统，如某大学的一栋教学楼或图书馆等。

2）单位工程。单位工程是单项工程的组成部分，是指具有单独的设计文件、独立的施工条件，但建成后不能够独立发挥生产能力和效益的工程，如建筑工程中的一般土建工程、给水排水工程、电气照明工程、采暖工程、通风与空调工程等。

3）分部工程。分部工程是单位工程的组成部分。一般建筑工程按照工程的主要部位划分为地基与基础、主体结构、建筑装饰装修、建筑屋面、建筑给水排水及采暖、建筑电气、智能建筑、通风与空调、电梯、节能建筑共10个分部工程。

4）分项工程。分项工程是分部工程的组成部分，它是形成建筑产品的基本构造要素。建筑工程的分项工程一般是按构造的不同或按主要工种工程划分，如混凝土结构分为模板、钢筋、混凝土、预应力等分项工程。

4．工程项目生命周期

从管理的角度来说，工程项目的生命周期通常可划分为三个阶段，即工程项目的决策阶段、实施阶段和运营阶段（使用阶段）。从工程项目的全生命周期来看，工程项目的生命周期主要包括投资前期决策、设计准备、设计、招标投标（交易）、施工、竣工验收交付使用、运营使用（包括保修期）和报废等几个主要过程（图1-1），其中，从设计开始到保修期结束称为工程项目实施阶段。传统概念的工程项目管理是指工程项目实施阶段的管理。在实施阶段中，自建筑施工承包企业从投标开始到保修期满为止的由建筑施工承包企业完成的阶段项目称为施工项目，在后续章节中将重点介绍施工项目管理内容。

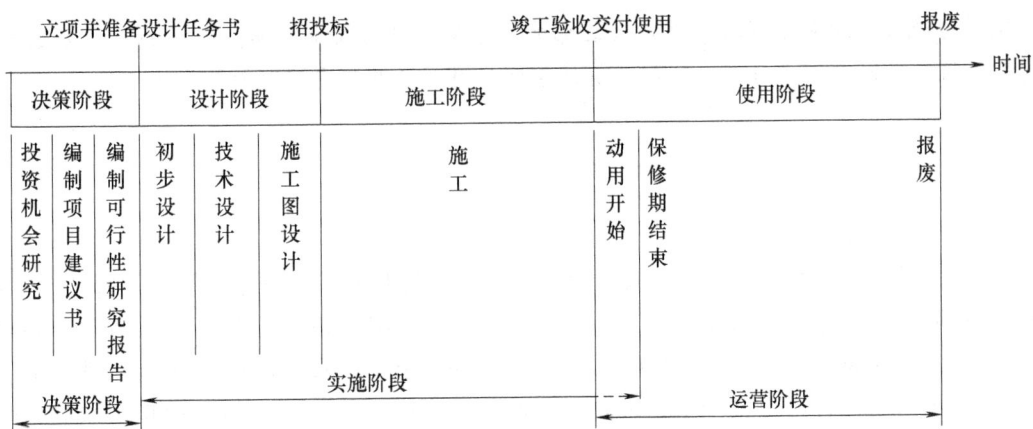

图1-1 工程项目生命周期

工程项目投资额巨大、建设使用年限和投资回收期长，对资源的消耗和对环境的影响都很大，所以应从工程项目的全生命周期角度进行策划、决策、设计和实施，并进行系统管理，提高工程项目的全生命周期价值。以我国居住工程为例，由于性能、结构设计安全度、外观形象、工程质量方面的原因，很多工程项目不到设计使用年限（一般性建筑为50~100年）就会被拆除。据统计，2003年全国城镇共拆迁房屋1.61亿 m^2，相当于当年商品房竣工面积的41.3%。这种大规模的拆迁，以损失大量社会资源为代价，消耗大量的人力、物力和能源。由于我国建筑工程项目大多采用砌体结构或钢筋混凝土结构，拆除后可回收利用的建筑材料很少，而产生的大量建筑垃圾却会对土地和水源造成污染，非常不利于环境保护和可持续发展。要建设资源节约型社会，在住宅领域尽量延长其使用年限就是最大的节约，因此，用全生命周期的观点考虑问题非常重要。

【例1-2】 著名的悉尼歌剧院，当时是在严重的进度延误和费用超支的情况下完成的，工程历时14年，造价从计划的700万美元膨胀到1.2亿美元。但是，建成后的悉尼歌剧院成为悉尼乃至澳大利亚的地理地标，更是成为文化地标，取得了巨大的综合社会经济效益，从工程项目的全生命周期角度评价，该项目是一个成功的项目。

国家体育场（又称鸟巢）为第29届奥运会的主会场，位于北京奥林匹克公园内，建筑面积25.8万 m^2。2008年奥运会期间，国家体育场承担了开幕式、闭幕式、田径比赛等赛事活动，可容纳观众9.1万人，其中包括1.1万临时坐席。国家体育场于2003年12月24日开工建设，原计划投资38.9亿元。在建设过程中，由于认为原有方案用钢量大、造价高，2004年7月30日国家体育场突然停工，随之进行了重大的设计方案变更：体育场顶部世界最大的可开启滑动式活动屋盖被去除，并将顶部开口扩大，减少用钢量，以降低工程造价，经过设计变更，投资额缩减到22.67亿元。但是对于整个项目在运营期的使用功能也降低了很多，如将顶盖去除后，将来体育馆进行大型展出和其他活动时就受天气制约很大，对其运营收入有很大的影响。如果在项目前期开始，从提高项目全生命周期价值为出发点，进行全生命周期价值管理，可能会获得更好的效果。

5. 工程项目建设程序

世界银行每一笔项目贷款的发放，都要经历一个完整而较为复杂的程序。每一个世界银行贷款项目，都要严格按照以下6个阶段实施：项目选定（Project Identification）、项目准备（Project Preparation）、项目评估（Project Preparation Repor Appraisal）、项目谈判（Project Negotiation）、项目执行与监督（Implementation and Supervision of the Project）和项目的后评价（Project Post Evaluation）。

按现行规定，我国一般大中型及限额以上项目的建设程序中，将建设活动分成以下几个阶段：

（1）项目建议书阶段　项目建议书是业主单位向国家提出的要求建设某一建设项目的建议文件，是对建设项目的轮廓设想，是从拟建项目的必要性、产品方案、拟建规模、建设地点、建设条件等大方面加以论证的。批准的建设项目要符合国民经济长远规划，符合部门、行业和地区规划的要求。

（2）可行性研究阶段　可行性研究阶段是通过对市场、技术、经济、环境等方面的深入论证和评价，经过多方案比较，提出最佳项目方案，为项目决策提供依据的过程。可行性研究报告经批准，项目才算正式"立项"。经批准后的可行性研究报告是初步设计的依据，不得随意修改和变更。如果在建设规模、产品方案、主要协作关系等方面有变动以及突破控制数额时，应经原批准机关同意。

（3）设计工作阶段　我国大中型建设项目一般采用两阶段设计，即初步设计和施工图设计。技术上比较复杂而又缺乏设计经验的重大项目和特殊项目采用三阶段设计，即初步设计、技术设计、施工图设计。

1）初步设计。初步设计是根据可行性研究报告的要求所做的具体实施方案，目的是在指定地点、时间和投资控制数额内，作出技术上可行、经济上合理的设计和规定，并编制项目总概算。

初步设计不得随意改变被批准的可行性研究报告所确定的建设规模、产品方案、工程标准、建设地址和总投资等控制指标。如果初步设计提出的总概算超过可行性研究报告总投资的10％以上或其他主要指标需要变更时，应说明原因和计算依据，并报可行性研究报告原审批机关重新审批。

2）技术设计。技术设计是根据初步设计和更详细的调查资料编制的，进一步解决初步设计中的重大技术问题，如复杂工艺流程、建筑结构难点、关键设备选型及数量确定等，以使建设项目的设计更可靠，技术经济指标更合理。

3）施工图设计。施工图设计是在初步设计或技术设计基础上结合实际情况，完整、准确地表达出建筑物的外形、内部空间的分割、建筑结构构件的详细构造尺寸，以满足工程施工的深度要求。我国《建设工程质量管理条例》规定，建设单位应将施工图设计文件报县级以上人民政府建设行政主管部门或其他有关部门审查，未经审查批准的施工图设计文件不得使用。

（4）建设准备阶段　建设单位的建设准备工作主要包括：征地、拆迁和"三通一平"（指水通、电通、路通和场地平整），组织设备、材料订货，建设工程报建，委托工程监理，组织施工招标投标、择优选定施工单位，办理施工许可证等。

（5）施工阶段　施工是把设计蓝图变成工程实体的过程，是设计意图的实现过程，也是投入最大、管理最为复杂的阶段。按照规定，工程第一次破土动工的日期为正式开工日期，即开挖土石方工程开始或打桩工程开始的日期。在施工阶段，施工单位应当认真做好图样会审工作，参加设计交底，了解设计意图，明确质量要求，按图施工；选择合适的材料供应商和合格的分包商，做好人员培训和技术交底；按照施工合同和批准的施工组织设计合理组织施工，建立并落实技术管理、质量管理体系；严格把好中间质量验收和竣工验收环节，经过竣工验收合格，将工程移交给建设单位。

（6）生产准备阶段　生产准备阶段是建设施工阶段转入生产经营的衔接阶段。工程投产前，建设单位应当做好各项生产准备工作，主要包括：组建管理机构，制定有关制度和规定；招聘并培训生产人员，组织有关人员参加设备安装、调试和验收；签订原材料、协作产品、燃料、水、电等供应及运输的协议等工作。

（7）竣工验收阶段　建设项目按设计文件的规定内容全部完工后，便可组织竣工验收。竣工验收阶段是建设全过程的最后一道程序，是建设阶段转入运营使用阶段的标志，未经竣工验收或竣工验收不合格不得交付使用。竣工验收对促进建设项目及时投产，发挥投资效益及总结建设经验，都有重要作用。通过竣工验收，可以检查建设项目实际形成生产的能力或效益，也可避免项目建成后继续消耗建设费用。竣工验收后，建设单位应及时向建设行政主管部门或其他有关部门备案并移交建设项目档案。

（8）项目后评价　工程项目竣工投产后，为了总结经验教训、不断提高建设管理水平，一般经过1~2年生产运营后，反思项目前期可行性决策阶段和建设实施阶段，要进行一次系统的项目后评价。它主要包括影响评价、经济效益评价和过程评价。

我国的建设程序及具体运作过程中的工程项目管理制度经过了一个不断完善的过程，与计划经济时期相比较，关键性的变化是：①实行了项目法人责任制度；②在投资决策阶段实行了项目决策咨询评估制度；③交易阶段实行了工程招标投标制度；④实行了建设工程监理制度。建设程序中的这些变化，使我国工程建设进一步顺应了市场经济的要求，并且与国际惯例趋于一致。

1.1.3　项目管理

1. 项目管理的概念

项目管理（Project Management）是项目管理者在有限的时间和资源约束条件下，为使项目取得成功，运用系统理论和方法对项目及其资源所进行的全过程、全方位的计划、组织、协调与控制，旨在实现项目特定目标的系统化管理过程。一般认为，项目管理的过程是由以下五个基本过程组成，即启动工作过程、计划工作过程、执行工作过程、控制工作过程和收尾工作过程。项目管理贯穿于项目的整个生命周期。项目管理是以项目经理负责制为基础的目标管理，项目管理的核心是目标控制。

2. 项目管理与企业管理的区别

项目管理与企业管理的基本职能都是计划、组织、协调与控制，但两者又有明显的区别，其主要区别见表1-1。

表1-1　项目管理与企业管理的主要区别

项目管理	企业生产管理
一次性、创新性、单件性	重复性、批量生产
不确定因素多、资源不定、风险大	不确定因素少、资源相对固定
有明确的开始和结束时间、有独特的生命周期	结束时间不明确
缺少成熟的管理经验	管理经验可以长期积累
以目标为导向的任务型管理	职能管理与作业管理相结合的实体型管理
目标是时间、费用、质量和客户满意度	目标是实现企业战略、实现稳定的利润增长
柔性的组织	稳定的组织
项目经理的作用非常重要	企业战略的确定、企业文化的建设非常重要

3. 项目管理知识体系

项目管理知识体系是由美国项目管理学会（PMI）在1987年首先提出，PMI公布了第一个项目管理知识体系（Project Management Body of Knowledge，简称PMBOK），1996年及2000年又分别进行了修订。在这个知识体系中，把项目管理的知识划分为九个领域，分别是项目集成管理（Project Integration Management）、项目范围管理（Project Scope Management）、项目时间管理（Project Time Management）、项目费用管理（Project Cost Management）、项目质量管理（Project Quality Management）、项目人力资源管理（Project Human Resource Management）、项目沟通管理（Project Communication Management）、项目风险管理（Project Risk Management）和项目采购管理（Project Procurement Management）。

国际项目管理协会（IPMA）在项目管理知识体系方面也作出了卓有成效的工作，IPMA从1987年就着手进行"项目管理人员能力基准"的开发，在1997年推出了ICB（即IPMA Competence Baseline）。

中国项目管理知识体系的研究工作始于1993年。1997年在山东泰安召开的第三届全国项目管理学术交流会上公布了"中国项目管理知识体系框架"。以后几年，专题组成员与国内外项目管理专家就"中国项目管理知识体系框架"方案进行了广泛的交流。2001年5月，正式推出了中国的项目管理知识体系文件——《中国项目管理知识体系》（Chinese Project Management Body of Knowledge，简称C-PMBOK）。

1.1.4　工程项目管理

1. 工程项目管理概念

工程项目管理（Construction Project Management）是指通过一定的组织形式，用系统工程的观点、理论和方法对建设工程项目策划决策、设计施工、竣工验收等过程进行计划、组织、指挥、协调和控制的过程，以达到保证工程质量、缩短工期、提高投资效益的目的。工程项目管理的主要内容包括质量管理、费用（对于业主称为投资、对于承包商称为成本）管理、进度管理、合同管理、信息管理、采购管理、职业健康与安全管理、资源管理、环境管理、风险管理和组织协调。

2. 工程项目三大目标之间的关系

传统的工程项目管理主要围绕工程项目三大目标，即质量（功能）、工期、费用目标而进行，而三大目标之间为对立统一的关系。在确定建设工程目标时，不能将三大目标割裂开来分别孤立地分析和论证，更不能片面强调某一目标而忽略对其他两个目标的不利影响，必须将费用、进度、质量三大目标作为一个系统统筹考虑，反复协调和平衡，力求实现整个目标系统最优。

如何处理好目标之间的关系常常是一个棘手的问题，同时也是体现工程项目管理水平的一个重要方面。不能奢望费用、进度、质量（功能）三大目标同时达到最优，不同的工程项目因项目的不同特点，项目目标管理呈现不同的侧重点。例如，房地产开发商在商品房开发项目中一般追求成本尽量最低，核电站建设项目侧重于质量（功能）的绝对可靠，奥运工程项目则要求工期要绝对保证。

现代工程项目管理，由于处在资源有限、竞争日趋激烈的环境下，在工程项目管理中除了关注以上三大目标之外，应更多关注建筑产品价值的提升以及客户满意度，这是工程项目管理的灵魂。

3. 工程项目管理的类型及工作内容

在一个工程项目实施过程中，往往由许多担任不同角色的参与方，承担不同的建设任务和管理任务，包括项目业主（项目法人）、项目使用者（客户）、勘察设计单位、施工单位、材料设备供应商、工程管理咨询服务单位、建设监理单位、政府主管部门与质量监督机构、工程质量检测机构以及其他利益相关者。各参与单位的工作性质、工作任务和利益不尽相同，因此就形成了代表不同利益方的项目管理。

按建设工程项目不同参与方的工作性质和组织特征划分，工程项目管理的类型包括业主方项目管理（如投资方和开发方的项目管理，或由工程管理咨询公司提供的代表业主方利益的项目管理服务）、设计方的项目管理、施工方的项目管理（施工总承包方、施工总承包管理方和分包方的项目管理）、材料设备供应方的项目管理、工程项目总承包方（如设计、施工总承包，设计、采购和施工总承包）的项目管理等。不同类型工程项目管理的目标和任务分述如下。

（1）业主方的项目管理 业主方的项目管理是指由项目业主或委托人对项目建设全过程进行的监督与管理。由于业主方是建设工程项目实施过程的总组织者和集成者，因此对于一个工程项目而言，业主方的项目管理往往是该项目的管理核心，业主方的项目管理贯穿工程项目建设全过程。业主方项目管理的工作内容主要有以下四个方面：

1）项目决策阶段的主要任务：①对投资方向和内容作初步构想；②选择专业咨询机构，组织编制项目建议书和可行性研究报告；③组织对工程项目建议书和可行性研究报告进行评审，并落实项目建设相关条件；④根据项目可行性研究报告和国家有关规定对项目进行决策。

2）项目准备阶段的主要任务：①取得项目选址、资源利用、环境保护等方面的批准文件，以及原料、燃料、水、电、运输等方面的协议文件；②明确勘察设计的范围和设计深度，选择勘察设计单位进行勘察、设计工作；③及时办理有关设计文件的审批工作；④组织落实项目建设用地，办理土地征用、拆迁补偿及施工场地的平整等工作；⑤聘请监理咨询机构，组织开展设备采购、工程施工招标及评标等工作。

3）项目实施阶段的主要任务：①向政府有关部门办理相关批准手续，如办理施工许可证等；②解决施工所需的水、电、道路等必备条件；③向承包方提供施工场地的工程地质和地下管线等资料，协调处理施工现场周围地下管线和邻近建筑物、构筑物，及有关文物、古树等的保护工作，并承担相应费用；④协调设计、施工、监理等方面的关系，组织进行施工图会审和设计交底；⑤确定水准点和坐标控制点，以书面形式交给承包方，并进行现场交验；⑥督促检查合同执行情况，按合同规定及时支付各项款项。

4）竣工验收阶段的主要任务：①组织进行联合试车；②组织有关方面进行竣工验收，办理工程移交手续；③做好项目有关资料的管理工作。

（2）设计方的项目管理　设计方的项目管理工作主要在设计阶段进行，但也涉及设计前的准备阶段、施工阶段、动用前准备阶段和保修期。设计方项目管理的任务包括：与设计工作有关的安全管理，设计成本控制和与设计工作有关的工程造价控制，设计进度控制，设计质量控制，设计合同管理，设计信息管理，与设计工作有关的组织和协调。

（3）施工方的项目管理　施工方施工期间主要工作内容包括：①制定施工组织设计和质量保证计划，经监理工程师审定后组织实施；②按施工计划组织施工，认真组织好人力、机械、材料等资源的投入，并向监理工程师提供年、季、月工程进度计划及相应进度统计报表；③按施工合同要求在工程进度、成本、质量方面进行过程控制，发现偏差及时纠正；④遵守有关部门对施工场地交通、施工噪声以及环境保护和安全生产等方面的管理规定，办理相关手续；⑤按专用条款约定，做好施工现场地下管线和邻近建筑物、构筑物，及有关文物、古树等的保护工作；⑥保证施工现场清洁，使之符合环境卫生管理的有关规定；⑦在施工过程中按规定程序，及时、主动、自觉接受监理工程师的监督检查，提供业主和监理工程师需要的各种统计数据报表；⑧及时向委托方提交竣工验收申请报告，对验收中发现的问题及时进行改进；⑨负责已完工程的保护工作；⑩向委托方完整及时地移交有关工程资料档案。

（4）材料设备供应方的项目管理　供货方作为项目建设的一个参与方，其项目管理具体应满足：①按合同规定的价格、时间、质量和数量提供设备和建设物资，并做好现场服务，及时解决有关设备的技术质量、缺损件等问题；②按照合同约定，完成设备的有关包装、保险、运输、安装、设备调试、技术援助、培训等相关工作；③保证提交的设备和建设物资与技术规范和委托文件的要求一致；④完成合同规定的其他工作。

（5）工程项目总承包方的项目管理　我国住房和城乡建设部于2003年发布了《关于培育发展工程总承包和工程项目管理企业的指导意见》，鼓励具备一定条件的企业发展工程总承包业务。建设项目工程总承包方项目管理工作涉及项目实施阶段的全过程，即设计前的准备阶段、设计阶段、施工阶段、动用前准备阶段和保修期。

为提高工程总承包项目在实施阶段的管理水平，促进项目管理的科学化、规范化，适应国际竞争的需要，我国在2005年发布了GB/T 50358—2005《建设项目工程总承包管理规范》，其中对工程项目总承包方项目管理的内容有明确规定。主要内容应包括：任命项目经理，组建项目部，进行项目策划并编制项目计划；实施设计管理，采购管理，施工管理，试运行管理；进行项目范围管理，进度管理，费用管理，设备材料管理，资金管理，质量管理，安全、职业健康和环境管理，人力资源管理，风险管理，沟通与信息管理，合同管理，现场管理，项目收尾等。

（6）政府对工程项目的管理 政府对工程项目的管理是指政府为了履行社会管理的职能，维护社会公共利益，以相关法律法规、工程技术标准与规范为依据，由有关机构与部门对工程项目所进行的强制性监督和管理。

政府对工程项目管理的主要任务表现在：①制定各种宏观经济政策及相关法律法规，如主要建设法规——《中华人民共和国建筑法》《中华人民共和国合同法》《中华人民共和国建设工程招标投标法》等。②制定国家、地区、行业以及城市发展规划等，对工程建设项目进行引导和调控。③加强重要资源的管理，如国家对工程项目建设中土地资源的合理利用、对涉及矿产资源和重要自然资源的开发利用等规定了极为严格的审批程序与批准条件。④环境与安全管理，如国务院制定的《中华人民共和国环境保护法》和《中华人民共和国建设项目环境保护管理条例》中明确要求：工程建设项目在环境保护方面应做到环保设施与项目主体工程同时设计、同时开工和同时投入使用（即"三同时"）。工程项目的安全问题是指项目建设与将来生产过程中的财产和人身安全。国家制定了项目建设和运营中在安全施工、生产，防火、消防等方面的安全防护标准，工程项目在进行设计与施工时必须严格贯彻执行这些标准。项目建成后，还必须经有关部门检查，取得许可后方可投入使用。⑤加强市场准入。在充分发挥政府宏观管理的同时，发挥行业协会的作用，对工程项目参与主体和个人实行建筑市场准入制度和个人执业资格制度。⑥对工程项目建设重要环节的监督与管理。例如，在工程项目可行性研究阶段审查工程项目建设的可行性；工程项目设计阶段审查工程项目的设计是否符合有关建设用地、城市规划的要求，审查工程项目是否符合建筑技术性法规、设计标准的规定；工程项目施工招标投标阶段对施工招标投标过程的监管；工程项目施工阶段所进行的开工条件审核，施工阶段定期、非定期检查，竣工检查等。

目前，我国在建设领域实施建设监理制，有关建设监理单位的工程项目管理具体内容将在后面介绍。

1.2 工程项目管理的发展历史及现代项目管理的特点

1.2.1 工程项目管理的发展历史

人类早期的工程项目可以追溯到数千年以前，如古埃及的金字塔、古罗马的尼姆水道、古代中国的都江堰和万里长城，这些前人的杰作在展示人类智慧的同时，也展示了项目管理的成就。项目管理从经验走向科学的过程，经历了相当漫长的历史时期。

1. 国外工程项目管理的发展

在国外，建筑工程经营管理方式发展演化最典型的国家是英国，其管理方式发展演化已经历了多个阶段，大致分为：

第一阶段。自营阶段。在17世纪前，都是以业主自营方式进行工程建设活动的。开始，业主直接雇用并组织工匠进行工程的营造。后来，由于社会分工及技术的发展，先后出现了营造师和建筑师。营造师主要是管理业主雇用的工匠，组织施工，而建筑师主要是担任设计工作。

第二阶段，承发包方式的出现。在17~18世纪期间出现承包企业，形成了发包者（即业主）、工程师（即顾问）、承包者（即施工者），三者相互独立又相互协作，并用经济合同联系起来。工程师除了担当施工监督以外，往往还承担业主与施工者之间纠纷的调解人。

第三阶段，总承包模式等多种管理模式的出现。进入19世纪以后，随着现代化大工业的发展和科学技术的进步，工程项目日益复杂且规模越来越大，建筑业也进一步分工。从事工程设计和管理的除了建筑师、结构工程师以外，还有从事水、暖、电等设计的设备工程师及从事工程量测定、合同管理的工料测量师。而且，从事施工的承包商往往也难以仅凭自己的力量去完成一项复杂的工程，所以出现了总包企业下有分包企业的模式。进入20世纪以后，工程的承发包模式得到进一步完善，已形成了多种经营方式，并出现了代替业主进行工程项目管理的专业化、社会化的咨询公司。

进入20世纪50年代以后，项目管理理论及技术发展迅速，如各大企业的管理人员纷纷为各类项目寻求更为有效的计划和控制技术，其中最有效、最方便的技术为网络计划技术。进入20世纪80年代，随着项目管理范围的不断扩大，以及与其他学科的交叉渗透和相互促进，项目管理理论迅速发展，逐步把最初的计划和控制技术与系统论、组织理论、经济学、管理学、行为科学、心理学、价值工程、计算机技术等以及项目管理的实践结合起来，并吸收了控制论、信息论及其他学科的研究成果，发展成为一门具有完整理论和方法基础的学科体系。

2. 工程项目管理理论在我国的发展

我国工程项目管理实践的历史非常早，较典型的有"丁渭造宫"（也叫"一举而三役济"），至今传为佳话。北宋年间，地处开封的皇城不慎失火，使皇宫一夜之间倾覆，宋真宗诏令大臣丁渭限期修复。丁渭提出，首先把皇宫前的一条大街挖成一条大沟，取土烧砖；再将附近的汴河水引入沟内，形成一条临时运河，可将沉重的建筑材料用船直接送到工地；料备齐后，再将水放掉，并把建筑垃圾统统填入沟内，这样又恢复了皇宫前面宽阔的大道。此方案一举解决了就地取土、方便运输、清理废墟三个问题，以当时的施工条件，做到了不但提前完成工程，而且"省费以亿万计"。用现在的理论分析，丁渭在此过程中运用了综合思维，体现了运筹学的朴素思想。

虽然我国工程项目管理实践的历史悠久，但真正将项目管理上升到理论与科学的层次是近代的事。我国从20世纪80年代初开始引进先进的工程项目管理理论和方法。当时，由于世界银行等国际金融组织贷款和外商投资建设的工程项目的大量增加，以及国际文化交流的进一步发展，工程项目管理理论和实践经验在我国进一步得到推广和应用。尤其是国际金融组织贷款建设的项目，按其贷款规定，必须按国际惯例实行项目管理，这进一步加速了项目管理理论在我国的推广和应用，也促进了我国建筑业管理体制、投资体制等方面的进一步改革。

　　1982年，云南鲁布革水电站引水系统工程是我国第一个利用世界银行贷款，并按世界银行规定进行国际竞争性招标和项目管理的工程。当时，日本的大成公司以低于国内概算造价43％的报价中标，1984年11月正式开工到1988年7月竣工期间仅派了30多名日方管理人员，采用非尖端设备和技术手段，靠科学管理，创造了造价、进度、质量三个高水平记录。建设部（现为住房与城乡建设部）等5部委对其进行了经验总结，形成了著名的鲁布革工程项目管理经验，并在全国推广。以此为契机，我国首先在施工企业中推行项目管理，并于1987年在全国推行项目法施工，于1988年开始推行建设工程监理制。目前，在我国工程建设领域最主要的工程项目管理制度有三个，即建设项目法人责任制、招标投标制、工程建设监理制。在我国工程建设领域广泛推行的这三项基本管理制度，使我国的工程项目管理逐步与社会主义市场经济体制的发展要求相适应，并且与国际惯例基本接轨。

　　近年来，国家先后颁布的一大批政策法规，使得工程管理有法可依，为工程项目管理在我国的推行和发展打下了坚实的基础，具有代表性的主要有：1997年1月颁布的《中华人民共和国建筑法》；1999年3月颁布的《中华人民共和国合同法》；1999年8月颁布的《中华人民共和国招标投标法》；2000年1月颁布的《建设工程质量管理条例》和《建设工程安全生产管理条例》；2011年12月颁布的《中华人民共和国招标投标法实施条例》。

1.2.2　工程项目管理现代化

　　项目管理作为一门学科，近30多年来有了突飞猛进的发展。现代项目管理具有如下突出特点。

1. 项目管理理论、方法、手段的科学化

　　现代管理理论的应用，包括系统论、信息论、控制论、行为科学等在项目管理中的应用；现代管理方法的应用，包括预测技术、决策技术、数理统计方法、模糊数学、线性规划、图论和排队论等；管理手段的现代化，最显著的是计算机的应用，目前以网络计划技术为主的项目管理软件已在工期、成本、资源等的计划、优化和控制方面广泛应用，大大提高了项目管理的效率。

2. 项目管理的社会化和专业化

　　当前，工程项目的规模越来越大，技术越来越复杂，参与单位也越来越多。现代社会需要高水平、职业化的项目管理者。项目管理发展到今天已不仅是一门学科，而是一个职业，这是世界性的潮流。项目管理已成为一个新兴产业，如工程咨询、工程监理等。

3. 项目管理的标准化和规范化

　　项目管理工作的专业化、社会化，要求项目管理必须追求标准化、规范化，这样才能提高管理水平和经济效益；另外，还会使项目管理成为人们通用的管理技术，逐渐摆脱经验型管理以及管理工作"软"的特征。标准化和规范化主要体现在：规范化的项目管理工作流程；统一的工程费用（成本）项目的划分和工程计量方法；信息系统的标准化，如信息流程、数据格式、文档系统、信息的表达形式以及工程文件的标准化；使用标准的合同条件、标准的招标投标文件等。

4. 项目管理国际化

　　项目管理的国际化即按国际惯例进行项目管理。目前国际合作项目越来越多，项目要

素（如参加单位、材料设备采购、管理服务咨询、资金来源等）越来越呈国际化趋势，这就要求国际化的项目管理。

5. 面向决策支持的项目总体控制

在现代项目管理发展的过程中，项目管理的特征越来越体现为对项目决策支持的重视和项目生命周期集成化管理的需求。因此，促进了面向项目决策支持的项目总体控制和面向项目生命周期的项目集成化管理的现代项目管理理论研究。项目总体控制（Project Controlling）主要应用于一些特大型项目的管理实践中，如德国统一铁路改建和新建项目总体控制中的成功应用。与传统的项目管理不同，作为决策者的决策支持顾问，项目总体控制不从事具体的项目事务处理，其主要工作是及时向项目决策者提出项目实施的有关信息与咨询建议，为项目决策者提供决策支持，协助项目决策者从更宏观的角度来控制整个项目。

6. 面向项目生命周期的集成化管理（Integrated Management）

项目生命周期集成化管理（Life Cycle Integrated Management，简称LCIM）是一种新型的管理模式。它将传统管理模式中相对独立的决策阶段的开发管理（Development Management，简称DM）、实施阶段的项目管理（Project Management，简称PM）、使用阶段的设施管理（Facility Management，简称FM），运用管理集成思想，在管理理念、管理目标、管理组织、管理方法、管理手段等各方面进行有机集成。项目参与各方运用公共的、统一的管理语言和规则以及集成化的管理信息系统，实施项目生命周期目标。

7. 项目管理信息化

工程项目管理信息化主要体现在以下方面：

1）信息化带来沟通交流方式的变革。随着现代信息技术和通信技术的发展，产生的如视频会议、远程在线讨论组等技术，使本地沟通和分布沟通的界限不再明显。在虚拟建设模式中，分处异地的参建各方可以利用功能丰富的现代信息和通信技术实现"遥控式"和"异处本地化"沟通，使传统的时空距离在沟通中不再成为障碍。

2）利用工程项目管理信息系统，使目标控制更为有效。工程项目管理信息系统是工程项目管理领域信息化最为集中的体现之一，尤其是项目信息门户（PIP）系统能够解决项目组织与组织间（即各参与方之间）的信息孤岛问题，通过统一的网络入口，进行项目数据的交换和共享，在项目实施中能够进行及时有效的信息沟通与组织协调。

3）BIM技术在工程项目管理中的应用，能够实现工程项目建设过程的可视化，提高模拟性、协调性、优化性，实现对项目目标的有效管控。BIM（Building Information Modeling）可翻译为建筑信息建模，是利用数字模型对工程进行设计、施工和运营的过程，是三维可视化的数字建筑模型。BIM通过计算机三维模型所形成的数据库，包含建筑生命周期中大量重要的信息数据，这些数据库信息在建筑全过程中动态变化调整，并且可以及时、准确地调用系统数据库中包含的相关数据。

BIM技术在美国、日本、韩国等国家已逐步推广。尤其在美国，BIM的研究和应用起步较早并初具规模，各大设计事务所、承包商和业主纷纷主动在工程项目中应用BIM。其政府和行业协会也出台了各种BIM标准。统计数据显示，2009年美国建筑业300强企业中，80%以上都应用了BIM技术。

我国也有一定数量的工程项目在不同阶段和不同程度上使用了BIM。上海中心大厦项目是首个全面应用BIM技术的标杆工程。中华人民共和国住房和城乡建设部发布的《2011~2015年建筑业信息化发展纲要》中明确指出：在施工阶段开展BIM技术的研究与应用，推进BIM技术从设计阶段向施工阶段的应用延伸，降低信息传递过程中的衰减；研究基于BIM技术的4D项目管理信息系统在大型复杂工程施工过程中的应用，实现对建筑工程有效的可视化管理等。

1.3　工程项目管理模式

1.3.1　我国工程项目管理模式的演变

1. 传统计划经济体制下的工程项目管理基本模式

（1）工程建设指挥部管理模式　工程建设指挥部负责制是我国计划经济体制下，大中型工程建设项目管理所采用的一种基本组织模式。在计划经济体制下，指挥部的管理体制对于保证重点工程建设项目的顺利实施和国民经济的发展起着重要作用。指挥部通常由政府主管部门指令各有关方面派代表组成，全面负责从项目建设前期工作开始，直至投产验收的组织管理工作，行使建设单位职能时有较大权威性。工程建设指挥部组织形式如图1-2所示。

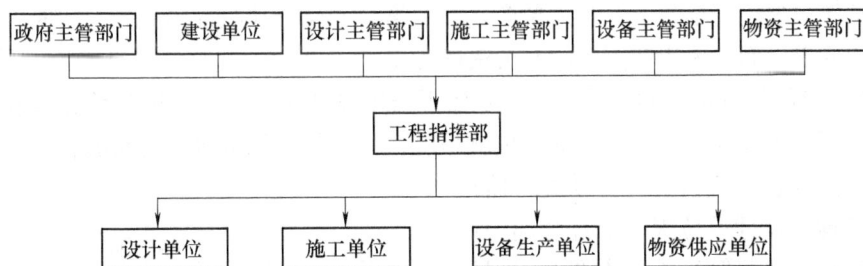

图1-2　工程建设指挥部组织形式

指挥部主要采用以行政手段来管理工程建设活动的管理模式。这种组织形式的主要缺点是：工程建设指挥部不是一个独立的经济实体，它作为管理决策者却不承担决策风险，虽然拥有投资建设管理权却对投资的使用和回收不承担任何责任；工程建设指挥部是一个临时组建的机构，并非是一个专业化、社会化的管理机构，组织结构松散，只有一次教训没有二次经验，难以培养专门的项目管理人才，导致工程建设的管理总在低水平上徘徊。

（2）建设单位自营自管模式　在建设单位内部设立固定或临时基本建设管理机构。采用这一形式的大多是一些规模较大、建设任务多的大中型企业，如图1-3所示。建设单位自营自管模式便于协调建设部门与生产部门之间的矛盾，可以充分利用现有企业的资源和有利条件。其缺点是：企业集生产单位、建设单位两种职能于一身，往往无法正确核算生产与建设的效益；基建管理人员专业化程度低，不利于积累建设经验。

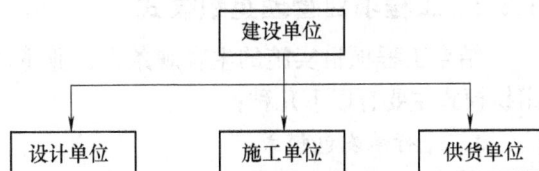

图1-3　建设单位自营自管模式

2. 现阶段工程项目管理基本模式

经过相关法律法规的贯彻和相关制度的实施，形成了现阶段我国工程项目管理体制的基本框架：以项目法人为工程招标发包主体、以设计施工承包商为工程投标承包主体、以建设监理单位为建设咨询监督管理主体，相互协作、相互制约的三元主体结构，如图1-4所示。三元主体结构模式是一种适应社会主义市场经济的运行机制，也是和国际惯例接轨的工程项目管理模式。在此模式中主要参与各方关系如下：

1）项目法人与政府部门的关系。项目法人作为独立的经济实体，政府不再直接干预其投资与建设活动，政府对建设活动的管理，由原来的直接管理为主转变为间接管理为主，由原来的微观管理为主转变为宏观管理为主。

2）项目法人与承包方的关系。承包方是指参与工程建设的设计、施工等单位。项目法人与承包方是具有平等地位的经济合同关系。生效的承包合同具有法律效力，对双方均有约束力，不得擅自变更或解除，任何一方违约，都要承担相应的违约责任。

3）项目法人与监理单位的关系。项目法人与监理方之间也是一种经济法律关系，即委托与被委托的合同关系。监理单位接受项目法人的委托和授权，具有以下权力：工程建设组织协调工作的主持权、设计质量和施工质量以及建筑材料与设备质量的确认权和否决权、工程计量与工程价款支付的确认权和否决权，工程建设进度的确认权和否决权，以及围绕工程建设的各种建议权等。监理单位不是项目法人的代理人，不是以项目法人的名义开展监理活动的，而是作为独立于项目法人与承包商之外的第三方执行其职责和义务。监理工作不仅应满足合同的要求，而且要遵守国家的有关法律法规。

4）监理单位与承包方的关系。两者是监理与被监理的关系，这种关系是通过项目法人与承包商签订的工程承包合同确定的。也就是说，监理单位与承包方之间虽然没有任何经济合同关系，但承包人应接受并主动配合监理方的监督管理。监理单位根据监理合同中项目法人的授权，监督管理承包方履行工程承包合同。委托监理的工程、关于工程建设活动的具体工作，承包方不再与项目法人直接交往，而转向与监理单位直接交往，并接受监理工程师对其所从事工程建设活动的监督管理。监理工程师既要监督检查承包商是否履行合同的职责，也要注意按照合同规定公正地处理有关索赔和工程款支付等问题，维护承包人的合法权益。

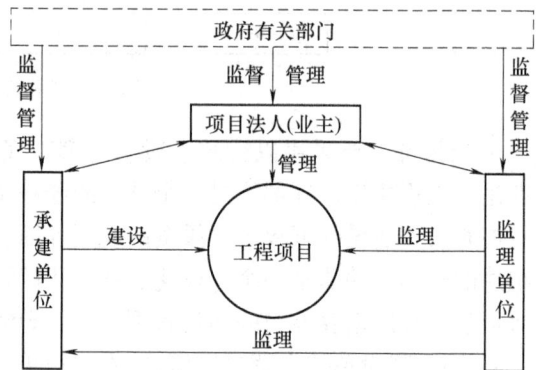

图1-4 三元主体结构模式

1.3.2 工程项目管理组织模式

结合工程项目实施的主客观条件，业主可以选择不同的组织管理模式。工程项目管理组织模式主要有以下几种：

1. 平行承发包模式

采用平行承发包模式，业主把任务分别委托给多个设计单位和多个施工单位，如图1-5

所示。各设计单位之间的关系是平行的，各施工单位之间关系也是平行的。采用平行承发包模式，由于业主所签的合同数量多，故其协调工作量相当大。但这种模式合同包较小，符合资质要求的潜在投标商数量较多，通过激烈的投标竞争有利于业主压低中标价。

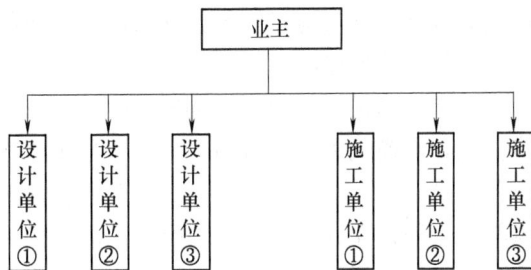

图1-5　平行承发包模式

　　2. 设计施工分别总承包模式（总分包模式）

　　指业主将工程设计、施工任务分别发包给一家设计单位和一家施工单位，业主分别只与一个设计总包单位和一个施工总包单位签订合同，由于承包合同数量少，故业主方协调工作减少，如图1-6所示。

　　平行承发包和设计施工分别总承包模式都属于设计–施工分离式模式。设计–施工分离式的优点是：管理方法较为成熟，参与各方都对有关的运作程序熟悉；业主可以自由选择咨询、设计人员，可对设计进行深度控制；有详细设计之后进行施工招标，使评标及以后的签订合同、施工管理都有了可靠和准确的依据；可采用各方熟悉的标准合同文本，有利于合同管理、风险管理和减少投资。设计–施工分离式模式的缺点是：在设计–施工分离式模式中，设计和施工是两个

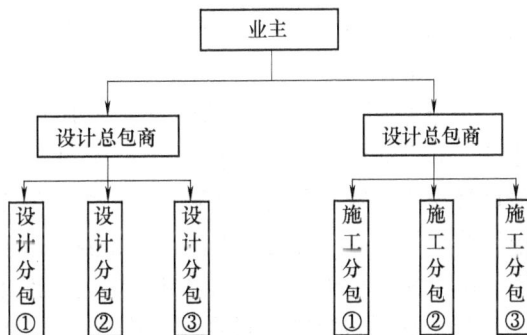

图1-6　总分包模式

完全独立的阶段，容易造成设计方案与施工的实际条件脱节，忽视施工的可能性与经济性；承包商按图施工，当业主有新的要求或对原图样作出变更时，承包商就有理由提出索赔；项目实施按部就班，整个项目的建设周期长；由于设计、施工两方都是分别与业主签订合同，他们之间无合同约束，常常会出现不协调的情况，业主须委托咨询工程师加强管理。

　　3. 总承包模式

　　总承包模式包括设计施工总承包（D+B模式）、EPC模式以及交钥匙模式。

　　（1）设计施工总承包模式　设计–建造模式，是业主将工程项目的全部设计和施工任务发包给一家具有工程项目总承包资质的承包商，如图1-7所示。设计建造总承包商可能是具备很强设计、施工、采购、科研等综合服务能力的综合建筑企业，也可能是由设计单位和施工单位共同组织的工程承包联合体。对于承包的工程，总承包企业可以自

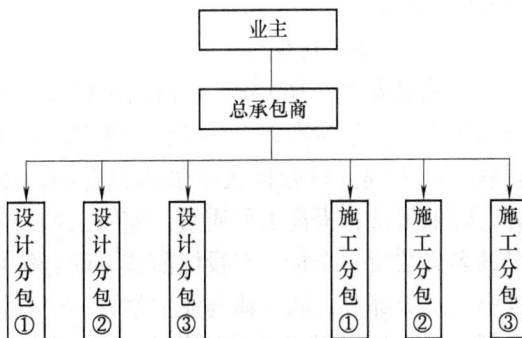

图1-7　设计施工总承包模式

行完成部分设计与施工任务，其余适合分包部分的设计、施工任务，在取得业主认可后，再发包给分包单位完成。

（2）EPC模式　EPC（Engineering Procurement Construction）模式为设计–采购–建造模式。在EPC模式中，材料和工程设备的采购由EPC承包单位负责。EPC模式中承包商承担大部分风险。在EPC模式条件下，由于承包商的承包范围包括设计，因而很自然地要承担设计风险。此外，在其他模式中均由业主承担的"一个有经验的承包商不可预见且无法合理防范的自然力的作用"的风险，在EPC模式中也由承包商承担，这无疑大大增加了承包商在工程实施过程中的风险。EPC合同更接近于固定总价合同。固定总价合同一般仅用于规模小、工期短的工程，而EPC模式所适用的工程一般规模均较大，工期较长，且多为技术复杂的工业项目。在EPC模式条件下，业主允许承包商因费用变化而调价的情况是不多见的。

（3）交钥匙（Turnkey）模式　交钥匙模式是为满足业主要求承包商提供全面服务（一揽子服务）而产生的。通常由一家建筑总承包商或承包商联合体为业主提供包括项目可行性研究、融资、土地购买、设计、施工、设备采购、安装调试直至竣工移交的全面服务。与其他总承包模式相比，交钥匙模式服务范围进一步扩大，业主只要大致说明一下投资意图和要求，其他工作均由承包商来完成，在此模式下承包商承担的风险最大。

由于采用交钥匙模式的项目多集中于资金投资量大、技术要求高、管理难度大的工业建筑，如石油化工、制造业、电力、供水等项目，这就要求总承包商除具备融资能力、复杂项目管理能力外，还应具有某一工业领域的专有技术和成套设备采购能力的优势。在此模式中，业主只关心交付的成果，不想过多介入项目实施过程，并且希望收到一个完整配套的工程。由于并且希望承包商承担更多风险，因此在此模式中业主愿意支付更多的风险费用。

以上总承包模式共同的优点是：设计–施工的连贯性好，对业主项目管理有利，业主委托一个承包商对整个项目负责，预先考虑了施工因素影响，避免了设计和施工的矛盾，连续性好，责任单一，可以显著缩短工期，大大减少业主的组织与协调工作量。同时，在选定承包商时，把设计方案的优劣作为主要的评标因素，可保证业主得到高质量的工程项目。总承包模式的缺点是：业主对最终设计和细节的控制能力降低，工程设计可能会受到施工者利益影响；另外，总承包模式对于总承包商风险大且满足资质要求的潜在投标商数量少，所以往往投标报价较高。总承包对承包商来说风险大，需要具有较高的管理水平和丰富的实践经验才能取得成功。但总包人也能获得高额利润，这是当前建设市场各承包商竞相力争获得总包合同的原因所在。

4. 联合体承包模式

联合体承包（图1-8）是指当工程项目规模巨大且技术复杂，以及承包市场竞争激烈，由一家公司承包有困难时，可以由几家工程公司联合起来建立联合体去竞争承包合同，以发挥各公司的特长和优势，降低报价，提高工程质量，缩短工期，赢得竞争的能力。联合体以其名义共投一个标，在投标前签订联合体协议，联合体协议作为投标书的组成部分，联合体与业主签订一个合同，联合体各方承担连带责任。联合体成员可以发挥各自长处，同时减少风险。对业主而言，项目的组织管理越简单，对业主的项目管理越有利。联合承包的形

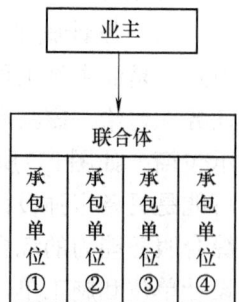

图1-8　联合体承包模式

式，可用在工程项目的设计、施工和监理上，可以是国内联合，也可以是国际性的联合。

5. 合作体承包模式

合作体（图1-9）在形式上与联合体类似，要签署合作体协议，因为是一个合作体，所以便于互相协调，但合作的程度没有联合体紧密，合作体各方都要分别和业主签订合同，并且不承担连带责任。

6. CM模式

CM（Fast Track Construction Management）也称为快速路径法，在美国、加拿大和澳大利亚等国家和地区的工程项目管理中得到广泛应用。

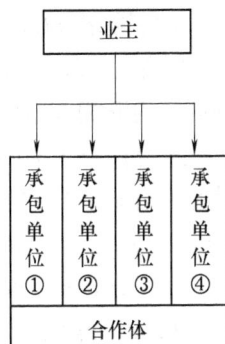
图1-9 合作体承包模式

CM模式是由业主委托一家CM公司，在CM经理的组织协调下，采取设计与施工搭接的方式进行建设管理。一般在主体设计方案确定后，随着设计工作的进展，完成一部分分项工程的设计后，即对这部分分项工程进行招标，发包给一家承包商，再随着设计的进展由业主就每个分项工程分次招标并分次签订合同。CM经理应在满足项目总体规划和总投资的前提下，在设计阶段从可施工性、设计质量等方面进行把关，在施工阶段对承包商质量、进度等进行监督，并主要通过对两个阶段的协调和管理工作，实现设计与施工两个阶段的有效搭接，从而最大限度缩短建设周期。由于CM公司在合同签约时设计尚未最终完成，其与业主的合同通常采用"成本加利润"的方式。

CM模式的类型有两种，即代理型CM模式（Agency CM模式）和风险型CM模式（At-RiskCM模式）。采用AgencyCM模式时，CM公司仅以业主的咨询和代理的身份进行工作。由于CM经理不对进度和成本作出保证，各施工阶段的施工合同是由业主和承包商签订，因此业主方风险较大。采用At-Risk CM模式时，CM公司是以承包商的身份直接进行分包和发包，并与分包商签订合同。这种模式也称为管理承包（Management Contracting）。此模式中，一般业主要求CM公司提出保证最大工程费用，即CM合同的最高价（Guaranteed Maximum Price，简称GMP），以保证业主的投资控制。如果最后结算超过GMP，则超出的费用应由CM公司支付，业主不予承担，如低于GMP，节约的投资归业主所有而CM公司能够得到额外收入。由于CM公司作出最大工程费用的保证，因此业主风险较小，任务较轻，但往往保证的费用中包含设计和施工的不确定因素的风险费用，因此报价较高，且可选择的高水平的风险型CM公司较少。

7. BOT模式

BOT（Build Operate Transfer）即建造-运营-移交模式，也称为公共工程特许权模式。这种模式是20世纪80年代初由土耳其政府提出的，以后成为在许多发展中国家采用的依靠国外私人资本进行本国基础设施建设的一种融资和建造的项目管理方式。我国大陆第一个参照BOT模式建成运营的是深圳沙头角火力发电厂，还有广西来宾电厂、湖南长沙电厂和成都水处理厂等项目。

BOT模式一般是由私人财团或国外财团作为发起人，从一个国家的政府获得某基础设施项目的建设和运营特许权，然后由其组建项目公司负责项目的融资、设计、建造和运营，整个特许期内项目公司通过项目的运营获得利润，特许期满后将此设施移交给东道国政府。

除了标准BOT模式外，还有多种由BOT演变而来的类似模式。例如BOOT方式，即建设–拥有–经营–转让（Build Own Operate Transfer）模式。BOOT与BOT的不同在于BOOT在特许期内既拥有经营权也拥有所有权。此外，BOOT的特许期比BOT长一些。BOO方式，即建设–拥有–经营（Build Own Operate）模式。此种方式特许承建商根据政府的特许权，建设并拥有某项公共基础设施，但不将该设施移交东道国政府。另外，还有BOS（Build Own Sell）建造–运营–出售模式、ROT（Rehabilitate Operate Transfer）修复–运营–移交模式等。

8. Partnering模式

Partnering模式即伙伴模式，也称为合作管理模式。Partnering模式意味着业主与建设工程参与各方在相互信任、资源共享的基础上达成一种短期和长期的协议，在充分考虑参与各方利益的基础上确定建设工程共同的目标，并建立工作小组，及时沟通以避免争议和诉讼的产生；相互合作、共同解决建设工程实施过程中出现的问题，共同分担工程风险和有关费用，以保证参与各方目标和利益，实现多方共赢。Partnering模式的特征包括：①出于自愿。②高层领导者的参与。由于这种模式要有参与各方共同组成工作小组，要分担风险、共享资源，甚至是公司的重要信息资源，因此高层领导者的认同、支持和决策是关键因素。③Partnering协议不是法律意义上的合同，该模式总是与建设工程组织管理模式中的某一模式结合使用。该协议并不改变参与各方在有关合同规定范围内的权利和义务关系，只是有助于合同的履行，甚至超出合同的预期。④信息公开。Partnering模式强调信息资源共享，保证工程的设计资料以及投资、进度、质量等信息能被参与各方及时、便利地获取，这能减少许多重复性的工作，降低成本，保证建设工程目标得到有效控制。

1.4　工程项目计划与控制

1.4.1　工程项目结构系统分析

1. 项目结构系统分析的概念及意义

结构系统分析是项目管理的基础工作，一般应在总目标和总任务确定后，按照项目自身的特点，系统地剖析整个项目，进行详细、周密、科学的项目结构分析。项目结构分析是按系统规则和要求将项目分解成相互独立、相互影响、相互联系的项目单元，便于项目计划的编制和项目范围管理，并将它们作为对项目进行设计、计划、责任分解、成本核算、实施控制等一系列项目管理工作的对象。

实践证明，对于一个大型、复杂的建设项目，没有经过周密、科学的结构系统分析，不可能有高水平的项目管理。因为项目的设计、计划和控制不可能仅以笼统的整个项目为对象，而必须考虑各个细节，考虑详细的工程活动。进行详细的项目结构系统分析，可以使设计、计划更有针对性，防止由于遗忘或疏忽一些项目必需的工作，导致设计、计划的失误，进而带来实施过程中的频繁变更。因此，项目结构系统分析工作可以看做是"计划前的计划"或"设计前的设计"。

2. 项目结构系统分析的主要工作

项目结构系统分析的主要工作包括以下三个方面：

1）项目的结构分解。项目的结构分解是指按系统规则将一个项目分解开来，得到不同层次的项目单元，或者将项目总任务分解为各种形式的工程活动。

项目结构分解的基本思路是：以项目目标体系为主导，以项目的技术说明为依据，由上而下，由粗到细。项目结构分解没有统一的方法和规则，一般根据工程项目的特点和自身的规律以及项目实施者的要求和后续管理工作的需要而定。常见的建设项目分解方法有按功能分解、按平面或空间位置分解、按实施过程分解、按要素分解等。项目结构分解可利用工作分解结构图（Work Breakdown Structure，简称WBS）来直观表达。例如某学校建设项目按实施过程分解的WBS示意如图1-10所示，图中分为五个层次，即0级、1级、2级、3级、4级。

WBS也是项目范围管理的重要工具。在计划前明确项目范围是非常重要的。项目范围是指为了成功地实现项目目标所必须完成的、全部且最少的工作，包括工作的数量和质量。有经验的项目经理都承认预算及进度计划是根据范围制定的。

2）项目单元定义。将工作分解为相互关联的项目单元后，还需对项目各工作的具体内容进行详细的描述，从质量、技术要求、负责人、费用限制、时间限制和其他工作的关系等方面，作出具体的说明和规定，使实际工作者在实施过程中清晰地领会各工作的内容。项目单元定义应与相应的技术设计、计划、组织安排等工作同步进行，并可借助于项目结构分析表清晰表达，见表1-2。

3）项目单元之间逻辑关系的分析。通过项目静态的结构分解，将一个完整项目分解为

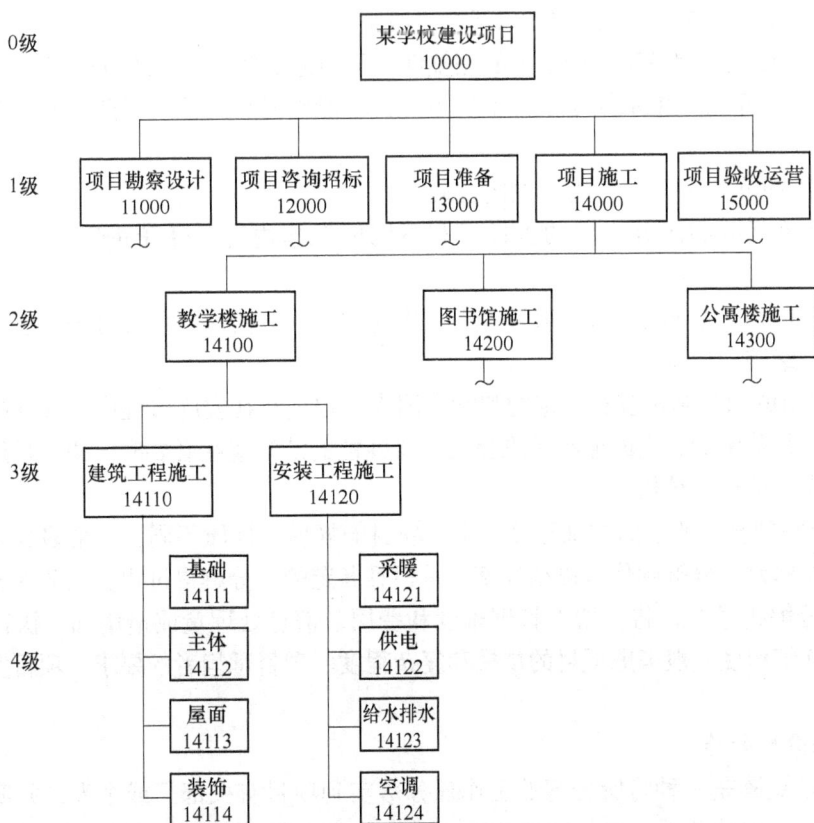

图1-10　某学校建设项目按实施过程分解的WBS示意

各个项目单元，但项目单元之间实际上是不能分割的，各单元之间是相互联系的，再通过项目单元之间的逻辑关系，又将全部项目单元还原成一个有机的项目整体，这是进行网络分析、组织设计的基础工作。项目单元之间的联系是由项目内在规律所确定的，通常表现为从属关系、技术关系、空间关系和时间关系，而且，这种关系始终处在一个动态的变化过程中。项目结构系统分析是一个渐进的过程，它随着项目目标设计、规划、详细设计和计划工作的进展而逐步细化。

表1-2 项目结构分析表

编码	名称	负责人	预算	时间	质量要求	其他
10000						
11000 12000 13000 14000 15000						
11100 11200 ⋮						

3. 项目结构分解的基本原则

在项目分解过程中，一般应遵循以下基本原则：

1）应在各层次上保持项目内容上的完整性，不能遗漏任何必要的组成部分。

2）一个项目单元只能从属于某一上层单元，不能同时交叉从属于两个或两个以上的上层单元。

3）相同层次的项目单元应有相同的性质。

4）项目单元应能区分不同的责任者和不同的工作内容，便于进行责任分担和成果分享。

5）项目单元的划分应能保证项目管理工作的效率，方便应用各种管理方法和手段，便于项目目标的跟踪和控制。

6）分解出的项目结构应有一定的弹性，因为工程项目在实施过程中，计划的修改、设计的变更、工程范围的扩大或缩小是难免的，有弹性的结构能在必要时方便地扩展项目的范围、内容，变更项目的结构。

7）应分解到符合要求的详细程度。由于项目的规模、性质不同，分解多少个层次，分解多少个工作单元，分解到什么详细程度，是很难界定的。分解得过粗，任务太笼统，很难具体落实；分解得过细，将会增加管理难度和费用，信息处理量成倍增加，执行中灵活性小。分解的详细程度一般考虑项目的规模和复杂程度、项目承担者的要求、项目实施的不同阶段等因素。

4. 责任分配矩阵

责任分配矩阵是一种将所分解的工作任务落实到项目有关部门或个人，并明确表示出他们在组织工作中的关系、责任和地位的一种方法和工具。目前较广泛应用的是，用责任矩阵来确定项目参与方的责任与利益关系。由于责任矩阵是由符号和简洁文字组成的图表,不仅易于制作和解读,而且能清楚地反映出项目各工作部门或个人之间的工作责任和相互关系。责任矩阵可使用在结构分析的各个层次。表1-3所示为某商品房开发项目的责任分配矩阵。

表1-3 某商品房开发项目的责任分配矩阵

项目责任分配	项目负责人	前期部	工程部	计划合同部	经营部	财务部	咨询顾问	施工承包方	设计单位	材料、设备供应方
设计	□						○		△	
工程招标	○	□		◆		□	□		□	
施工准备	○	□	◆	□		□	□	△		
材料设备采购	◆		□	□		□	□			△
施工	○		◆	□		□	□		□	
项目管理	◆	□	□	□	□	□				
销售	○			□	◆	□	□			

注:◆表示负责,□表示辅助,○表示审批,△表示承包。

1.4.2 工程项目计划概述

1. 工程项目计划的概念与作用

工程项目计划是工程项目组织根据建设项目目标,对工程项目实施过程中的各项任务所作出的系统而周密的策划和安排,是工程项目实施的基础。它围绕建设项目的目标系统,确定建设项目的各项任务,安排任务进度,编制完成任务所需的资源、预算等,从而保证建设项目能够在合理的工期内,用尽可能低的成本顺利完成既定目标,减少建设风险。

工程项目计划是项目管理的重要职能,其作用在于:①工程项目计划是对项目目标和实施过程的详细论证;②工程项目计划是实施总目标的重要手段;③工程项目计划文件经批准后作为项目的工作指南,在项目实施中作为对实施过程进行监督、跟踪和诊断的重要依据;④促进项目有关各方之间的沟通,便于协调;⑤项目计划是评价和检验实施成果的尺度。

没有科学的、周密的计划,或计划得不到贯彻实施是不可能取得项目成功的。所以,任何工程项目都必须进行详细的计划,都必须有一个较为充裕的工程项目计划期。

2. 工程项目计划的要求

1)工程项目计划必须符合项目的总目标。总目标是工程项目计划的灵魂,工程项目计划必须符合项目的总目标,受总目标的控制。

2)符合工程项目实际。工程项目计划要有可行性,必须符合实际,不能纸上谈兵。工程项目计划要考虑环境的制约因素,并符合工程项目本身的客观规律性。

3)计划要追求效益。计划不能满足于可行,要经过反复调整和优化,追求较高的整体经济效益。

4）全面性要求。工程项目计划必须包括项目实施的各个方面、各种要素以及动态的变化情况，在内容上必须周密，尽量避免遗漏。

5）工程项目计划的弹性要求。在实际工作中，计划会受到许多方面的干扰，如果计划缺乏弹性，会使项目计划在实施过程中必须不停调整，使工程项目的实施过程一直适应新的情况。因此，工程项目计划中必须留有余地。

6）工程项目计划详细程度的要求。建设项目计划不可太细，尤其是远期计划，太细则束缚实施者的活力，使下级丧失创造力和主动精神造成执行和变更的困难；还会使信息处理量大，计划费用多。但如果太粗又达不到指导实际工作和进行控制的要求。因此，工程项目计划要结合具体情况粗细要得当。

在实际工作中，可利用滚动计划的方式达到非常好的效果。滚动计划的特点是远粗近细，即对可预见的将来制定详细计划，随着项目的推进，根据变化的项目环境和计划实际执行情况，从确保实现项目的目标出发，对原项目计划进行滚动调整或进一步细化。滚动计划具有十分明显的优点：可使项目计划能够始终切合实际，有助于提高计划的质量，提高计划的可执行性和灵活性，提高项目组织的应变能力，能够使长期计划、中期计划和短期计划之间相互紧密衔接。

7）计划中必须包括相应的风险分析内容。对可能发生的风险事件进行识别，并提出预防措施。

3. 项目计划的内容

不同的项目由于实施的条件不同、目标的侧重点不同，因此计划的侧重点也不尽相同。通常，项目计划主要包括以下几个方面的内容：

（1）项目进度计划　项目进度计划是其他各项计划编制的依据。进度计划是根据拟建项目竣工投产或交付使用的时间为目标，以项目推进的合理顺序和合同的要求所安排的实施日程。其实质是项目结构各层次单元进程中持续时间及顺序的确定，并通过调整使项目能在合理工期内最好地安排任务。项目进度计划的表达形式有网络图和甘特图。

（2）项目费用计划　工程项目费用的计划是指在对工程项目所需费用总额作出合理估计的前提下，合理确定各工作单元所需费用，以保证费用目标的实现。该计划主要以货币形式确定工程项目在计划期内的生产费用、成本水平、成本降低率以及为降低成本所采取的主要措施。费用计划是工程项目建设全过程中进行费用控制的基本依据。

（3）项目质量计划　项目质量计划是指确定项目应该达到的质量标准和如何达到这些质量标准的工作计划与安排。质量计划应针对具体项目的要求，并应结合国家、地方及行业的相关标准规范，对项目设计、采购、实施、检验等质量环节编制的质量控制方案。

（4）项目沟通计划　项目沟通计划就是确定利益关系者的信息交流和沟通的方式、方法和渠道。

（5）项目风险应对计划　项目风险应对计划是指项目管理者首先通过风险识别得出项目面临的主要风险源，再根据各风险的评估结果进行排序，分别针对各类风险制定不同的应对计划和应急方案。风险应对措施包括风险回避、风险转移、风险自留和风险控制等。

（6）项目采购计划　项目采购计划主要是确定项目所需设备、物资材料清单（具体包括设备、物资材料名称、型号、品牌、价格范围和数量），设备和物资必需的设计、制造、验收和运输等时间，设备和物资的进货来源和渠道等。

（7）项目变更控制计划 变更控制计划主要是规定处理变更的步骤、程序，确定变更行动的准则。由于项目的一次性特点，在项目实施过程中，计划与实际不符的情况是经常发生的，及时有效处理项目变更有助于项目控制。

应当指出的是，不同的项目、不同的项目参与者所负责的计划内容和范围不一样。项目计划一般按照任务书或合同规定的工作范围、工作责任确定。项目计划的各种基础资料和计划的结果应形成文件，以便沟通，且具有可追溯性。项目计划应采用适应不同用户需要的、统一的标准化表达方式，如报告、图、表的形式等。

1.4.3 工程项目控制概述

1. 工程项目控制的概念

工程项目的实施过程处于复杂的社会经济环境之中，会不可避免地受到各种因素的影响。工程项目控制就是为了保证项目预期目标的实现，以事先制定的计划和标准为依据，对项目实施状况和实施结果进行连续的跟踪观测（检查测量的三种方式：通过直接检查受控对象，掌握第一手资料并作出判断；根据统计报表分析受控对象的实际情况；通过定期或不定期会议检查受控对象的实际情况），并将观测结果与计划加以比较，如有偏差，及时分析偏差原因并加以纠正的过程。项目控制是贯穿于项目实施全过程的一项经常性的工作，也是工程项目管理的核心职能。

项目控制过程包括三个基本步骤：制定控制标准（编制计划）、衡量执行结果、偏差原因分析及采取措施纠正偏差。同时，应做好执行前的风险分析，防患于未然。

2. 工程项目控制的类型

根据划分依据的不同，可将控制分为不同的类型。例如，按照控制措施作用于控制对象的时间，可分为事前控制、事中控制和事后控制；按照控制信息的来源，可分为前馈控制和反馈控制；按照控制过程是否形成闭合回路，可分为开环控制和闭环控制。

最主要的分类是按照控制措施制定的出发点和性质分为两大类，即主动控制和被动控制。

（1）主动控制 所谓主动控制，是一种面对未来的控制，是事先根据已掌握的信息，在预先分析各种风险因素及其导致目标偏离的可能性和程度的基础上，拟订和采取有针对性的预防措施，从而减少乃至避免目标偏离。例如，进行人员岗前培训、制定必要的备用方案、进行风险分析与评估并采取风险对策等，都属于主动控制。

主动控制是一种事前控制，它必须在计划实施之前就采取控制措施，以降低目标偏离的可能性或其后果的严重程度，起到防患于未然的作用。主动控制是一种前馈控制，它主要是根据已建同类工程实施情况的综合分析结果，结合拟建工程的具体情况和特点，将教训上升为经验，用以指导拟建工程的实施，起到避免重蹈覆辙的作用。主动控制通常是一种开环控制（图1-11）。

（2）被动控制 所谓被动控制，是一种面对现实的控制，是从计划的实际输出中发现偏差，通过对产生偏差原因的分析，研究制定纠偏措施，以使偏差得以纠正，工程实施恢复到原来的计划状态，或虽然不能恢复到计划状态但可以减少偏差的严重程度。

被动控制是一种事中控制和事后控制，它是在计划实施过程中对已经出现的偏差采取控制措施，将偏差控制在合理范围内。被动控制是一种反馈控制，它是根据本工程实施情况（即反馈信息）的综合分析结果进行的控制，其控制效果在很大程度上取决于反馈信息的全面性、及时性和可靠性。被动控制是一种闭环控制（图1-11）。

（3）主动控制与被动控制的关系 在工程项目实施过程中，如果仅仅采取被动控制措施，出现偏差是不可避免的，而且偏差可能有累积效应，即虽然采取了纠偏措施，但偏差可能越来越大，从而难以实现预定的目标。而且纠正偏差是要付出代价的，有时甚至是不可挽回的。另外，主动控制的效果虽然比被动控制好，但是仅采取主动控制措施却是不现实的，或者说是不可能的。因为建设工程实施过程中有相当多的风险因素是不可预见甚至是无法防范的，如政治、社会、自然等因素。而且采取主动控制措施往往要付出一定的代价，即耗费一定的资金和时间，对于那些发生概率小且发生后损失亦较小的风险因素，采取主动控制措施有时可能是不经济的。因此，是否采取主动控制措施以及究竟采取什么主动控制措施，应在对风险因素进行定量分析的基础上，通过技术经济分析和比较来决定。在某些情况下，被动控制倒可能是较佳的选择。因此，对于建设工程目标控制来说，主动控制和被动控制两者缺一不可，它们都是实现建设工程目标所必须采取的控制方式，应将主动控制与被动控制紧密结合起来，如图1-11所示。

虽然在建设工程实施过程中仅仅采取主动控制是不可能的，有时是不经济的，但不能因此而否定主动控制的重要性。实际上，牢固确立主动控制的思想，认真研究并制定多种主动控制措施，尤其要重视那些基本上不需要耗费资金和时间的主动控制措施，如组织、经济、合同方面的措施，并力求加大主动控制在控制过程中的比例，对于提高工程项目控制的效果，具有十分重要而现实的意义。

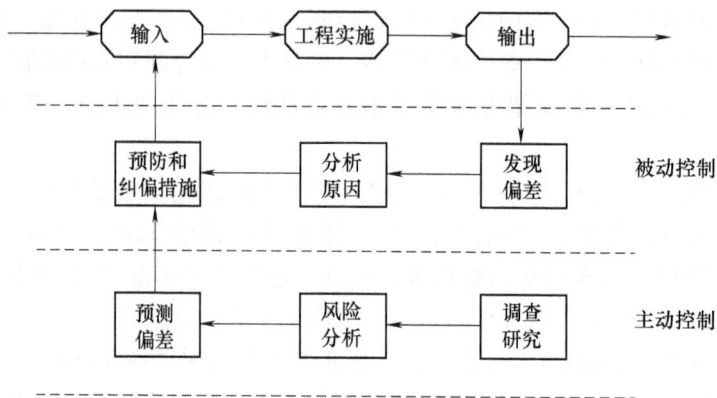

图1-11 主动控制和被动控制相结合

3. 工程项目控制的主要内容

工程项目控制包括极其丰厚的内容，一般情况下，人们习惯将它归纳为三大目标的控制，即费用控制（投资控制或成本控制）、进度控制和质量控制。围绕三大目标的控制，还要进行合同控制、风险控制、变更控制等，对于施工单位来说，还有很重要的一项控制内容是现场安全的控制。

1.5　工程建设监理

工程项目管理要走向专业化、社会化的道路，必须要有专门的机构和人才。为了尽快提高我国建设单位的工程项目管理水平，并和国际工程项目管理模式接轨，建设部于1988年发布了《关于开展建设监理工作的通知》，要求开展监理试点工作，1995年12月建设部和原国家计委联合颁布《工程建设监理规定》，1997年11月建设工程监理制度纳入《中华人民共和国建筑法》的规定范畴，2000年12月建设部发布《建设工程监理规范》，2012年3月住房和城乡建设部、国家工商行政管理总局对原《建设工程委托监理合同（示范文本）》（GF—2000—2002）进行了修订，颁布了《建设工程监理合同（示范文本）》（GF—2012—0202），为提高建设工程监理水平、规范建设工程监理行为提供了标准和依据。

1.5.1　工程建设监理的概念及性质

1. 工程建设监理的概念

工程建设监理是指针对工程项目建设社会化、专业化的建设监理单位接受业主的委托和授权，根据国家批准的工程项目建设文件、有关工程建设法规和工程建设监理合同及工程建设合同所进行的，旨在实现项目投资目的的微观监督管理活动。

2. 工程建设监理的性质

（1）服务性　工程监理企业既不直接进行设计，也不直接进行施工；既不向建设单位承包造价，也不参与承包商的利益分成；监理工程师不为所监理项目指定承包商、建筑构配件、设备、材料生产厂家和施工方法。在工程建设中，监理工程师利用自己的知识、技能和经验、信息以及必要的试验、检测手段，根据监理服务合同有偿提供管理和技术服务，它的服务对象是委托方——业主。

（2）科学性　建设监理单位是智力密集型组织，建设监理是一种高智能的有偿技术服务。监理工程师要有长期从事工程建设工作的丰富工程经验，精通技术与管理，通晓经济与法律，要有科学的工作态度和严谨的工作作风。监理工程师必须是有相当学历，经权威机构考核合格并经政府主管部门登记注册，领取证书，方能取得从业资格。

（3）独立性　工程建设监理的独立性是由监理单位在工程项目建设中的第三方地位所决定的，是监理单位开展工程建设监理工作的重要原则。监理工程师不得在政府部门和施工、材料设备的生产供应等单位兼职，与承建单位不得有隶属关系和其他利害关系；在开展工程监理的过程中，必须建立自己的组织，按照自己的工作计划、程序、流程、方法、手段，根据自己的判断，独立地开展工作。

（4）公正性　公正性是监理行业能够长期生存和发展、社会公认的基本职业道德准则。在开展建设工程监理的过程中，工程监理企业应当排除各种干扰，客观、公正地对待监理的委托单位和承建单位。特别是当业主和承包方发生利益冲突时，监理单位应站在第三方的立场上，公正地加以解决和处理。例如，在调解建设单位和承建单位之间的争议、处理工程索赔和工程延期、进行工程款支付控制以及竣工结算时，应当尽量客观、公正地对待建设单位和承建单位。

1.5.2 建设工程监理的范围

建设工程监理适用于工程建设投资决策阶段和实施阶段，但目前我国主要在建设工程施工阶段实行建设工程监理。根据有关规定，下列建设工程必须实行监理：

1）国家重点建设工程。依据《国家重点建设项目管理办法》所确定的对国民经济和社会发展有重大影响的骨干项目。

2）大中型公用事业工程。项目总投资额在3000万元以上的供水、供电、供气、供热等市政工程项目，科技、教育、文化等项目，体育、旅游、商业等项目，卫生、社会福利等项目，其他公用事业项目。

3）成片开发建设的住宅小区工程。建筑面积在5万 m^2 以上的住宅建设工程。

4）利用外国政府或者国际组织贷款、援助资金的工程。包括使用世界银行、亚洲开发银行等国际组织贷款资金的项目，使用国外政府及其机构贷款资金的项目，使用国际组织或者国外政府援助资金的项目。

5）国家规定必须实行监理的其他工程。项目总投资额在3000万元以上关系社会公共利益、公众安全的交通运输、水利建设、城市基础设施、生态环境保护、信息产业、能源等基础设施项目，学校、影剧院、体育场馆项目。

1.5.3 工程建设监理组织各类人员的基本职责

工程监理项目组织人员分为三个层次，即总监理工程师、各专业或各子项目监理工程师、监理员。总监理工程师是工程监理项目中的监理工作总负责人，在监理过程中主持监理工作并主要承担决策工作；专业或子项目监理工程师是在总监理工程师的领导下，负责本专业或本子项目监理工作的实施，在整个监理机构中处于承上启下的地位；现场监理员是监理实务的直接作业者，虽然没有签字权和指令权，但是能够对施工现场跟踪检查并及时提供现场的第一手资料。

三类人员的基本职责如下：

1. 总监理工程师的基本职责

1）代表监理公司与业主沟通有关方面的问题。

2）组建项目的监理班子，并明确各工作岗位的人员和职责。

3）主持制定项目的监理规划，根据该规划组织、指导和检查项目监理工作，保证项目监理目标的实现。

4）提出工程承包模式，设计合同结构，为业主发包提供决策依据。

5）协助业主进行工程设计、施工和招标工作，主持编写招标文件，进行投标人资格预审、开标、评标，为业主决策提供决策依据。

6）协助业主确定设计、施工合同条款。

7）审核并确认总包单位选择的分包单位。

8）负责与各承包单位、设计单位负责人联系，协调有关事宜。

9）审查承包单位提出的材料和设备清单及其所列的规格和质量。

10）定期或不定期检查工程进度和施工质量，及时发现问题并进行处理。

11）审核并签署工程开工令、停工令和复工令，组织处理工程施工中发生的质量、安全事故。

12）调解建设单位与承包单位之间的合同争议与纠纷，处理重大索赔事务。

13）组织设计单位和施工单位进行工程结构验收。

14）定期或不定期向业主提交项目实施的情况报告。

15）定期或不定期向本公司报告监理情况。

16）分阶段组织监理人员进行工作总结。

2. 各专业或各子项目监理工程师的基本职责

1）组织编制本专业或各子项目的监理工作计划，在总监理批准后组织实施。

2）对所负责控制的项目进行规划，建立控制系统，落实各子控制系统人员，制定控制工作流程，确定方法和手段，制定控制措施。

3）定期提交本目标或子项目目标控制工作报告。

4）根据总监理工程师的安排，参与工程招标工作，做好招标各阶段本专业的工作。

5）审核有关承包方提交的计划、设计、方案、申请、证明、变更、资料、报告等。

6）检查有关的工程情况，掌握工程现状，及时发现和预测工程问题，并采取措施妥善处理。

7）组织、指导、检查和监督本部门的监理工作。

8）及时检查、了解和发现承包方在组织、技术、经济和合同方面的问题，并向总监理工程师报告。

9）及时处理可能发生或已发生的工程质量问题。

10）参与有关的分部（分项）工程、单位工程、单项工程等分期交工工程的检查和验收工作。

11）参与或组织有关工程会议并做好会前准备。

12）协调处理本部门管理范围内各承包方之间的有关工程方面的矛盾。

13）提供或搜集有关的索赔资料，配合合同管理部门做好索赔的有关工作。

14）检查、督促并认真做好监理日志、监理月报工作，建立本部门监理资料管理制度。

15）参与审核工程结算资料。

16）定期做好本部门监理工作总结。

3. 监理员的基本职责

1）负责进场材料、构件、半成品、机械设备等的质量检查。

2）旁站监理，跟踪（全进程、全天候）检查。

3）工序间交接检查、验收及签署。

4）负责工程计量、验收及签署原始凭证。

5）负责现场施工安全、防火的检查、监督。

6）坚持记监理日记，及时、如实填报原始记录。

7）及时报告现场发生的质量事故、安全事故和异常情况。

本章习题

一、单选题

1. 项目最主要的特征是（　　）。

A. 一次性　　　　　B. 目标明确性　　　　C. 约束性　　　　　D. 生命周期性

2. 为了便于对工程项目进行目标管理，应对工程项目进行层次分解。某学校新建一栋教学楼，其中的土建工程属于一个（　　）。

A. 单项工程　　　　B. 单位工程　　　　　C. 分部工程　　　　D. 分项工程

3. 国家体育场（鸟巢工程）在建设过程中经设计变更虽然降低了部分用钢量，但是对后期的运营带来的较大影响，说明工程项目建设要重视（　　）。

A. 目标管理　　　　B. 风险管理　　　　　C. 变更管理　　　　D. 全生命周期价值管理

4. 工程项目如果适当提高其功能和质量要求，并进行严格的质量控制，虽然需要增加一次性投资，但是可减少实施过程中的返工费用，可降低工程投入使用后的运行费用和维修费用，运营收益高，延长使用寿命，这说明工程项目三大目标之间具有（　　）关系。

A. 对立关系　　　　B. 统一关系　　　　　C. 对立统一关系　　D. 辩证统一关系

5. 以下有关项目法人与监理单位关系的说法中错误的是（　　）。

A. 合同关系　　　　　　　　　　　　　B. 监理单位是以项目法人的名义开展监理活动

C. 监理单位不是项目法人的代理人　　　D. 经济法律关系

6. 以下有关监理单位权力的说法，错误的是（　　）。

A. 施工质量以及建筑材料与设备质量的确认权和否决权

B. 工程建设组织协调工作的主持权

C. 工程计量与工程价款支付的确认权和否决权

D. 围绕工程建设的各种决策权

7. 以下有关监理单位与承包方关系的说法中错误的是（　　）。

A. 经济合同关系

B. 承包人应接受并主动配合监理方的监督管理

C. 关于工程建设活动的具体工作承包方不经过项目法人，而应与监理单位直接交往

D. 监理工程师既要监督检查承包商是否履行合同的职责，也要维护承包人的合法权益

8. 总承包模式的优点，不包括（　　）。

A. 有效避免设计和施工的矛盾，连续性好，责任单一

B. 可以显著缩短工期

C. 能够大大减少业主的组织与协调工作量

D. 管理方法较为成熟

9. 有关项目结构分解的基本原则，正确的是（　　）。

A. 应在各层次上保持项目内容上的完整性

B. 不同层次的项目单元应有相同的性质

C. 分解的详细程度越细越好

D. 一个项目单元可以从属于两个以上上层单元

10. 有关总监理工程师的基本职责，错误的是（　　）。

A. 主持制定项目的监理规划

B. 审核并确认总包单位选择的分包单位

C. 审核并签署工程开工令、停工令和复工令

D. 坚持记监理日记，及时、如实填报原始记录

二、多选题

1. 工程项目按建设项目按投资的再生产性质可分为（　　）。

A. 生产性建设项目　　B. 基本建设项目　　C. 经营性建设项目

D. 更新改造项目　　E. 非经营性建设项目

2. 项目管理相对于企业管理的主要区别在于（　　）。

A. 不确定因素多　　B. 结束时间不明确　　C. 目标为导向的任务型管理

D. 具有稳定的组织　　E. 需要柔性的组织

3. 以下属于施工方项目管理工作内容的是（　　）。

A. 取得环境保护等方面的批准文件

B. 办理施工许可证

C. 保证施工现场清洁，使之符合环境卫生管理的有关规定

D. 解决施工所需的水、电、道路等条件

E. 制定施工组织设计和质量保证计划

4. 项目管理的标准化和规范化主要体现在（　　）。

A. 规范化的项目管理工作流程　　　　B. 信息系统的标准化

C. 使用标准的合同条件　　　　D. 使用标准的招标投标文件　　E. 提倡价值工程

5. BIM技术在工程项目管理中的应用，能够提高工程项目建设过程的（　　）。

A. 协调性　　　　B. 优化性　　　　C. 可视化　　　　D. 专业化　　　　E. 模拟性

2

第2章
工程项目可行性研究与决策

本章概要

（1）工程项目可行性的作用和阶段划分

（2）可行性研究报告的主要内容

（3）工程项目经济评价的内容和原则

（4）财务评价和国民经济评价的异同

（5）财务评价的程序、基础数据估算、财务评价报表和财务评价指标

（6）确定性决策、不确定型决策和风险型决策

（7）盈亏平衡分析和敏感性分析

（8）案例分析

2.1 工程项目可行性研究

由于建设项目特别是大中型项目的投资额巨大，建设周期长，受到技术、经济和社会多种因素的动态影响，建成后所形成的工程实体是不能移动的，并且建成后不能随意变更其用途，因此在项目建设之前，必须对建设项目进行深入的调查研究和全面的技术经济论证，判断项目建设的必要性、技术上的可行性和经济上的合理性，以实现对建设项目的科学论证和决策。

项目决策是指从项目投资主体的目标出发，根据客观条件和投资项目的特点，在掌握大量有关信息的基础

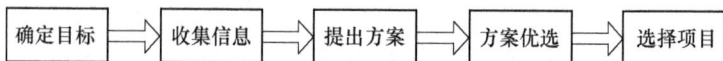

确定目标 → 收集信息 → 提出方案 → 方案优选 → 选择项目

图2-1　项目决策流程

上，运用科学的决策理论和方法，按一定的程序和标准对各种可供实施的方案进行分析、评价和优选，并对投资项目作出选择或决定的过程。图2-1所示为项目决策流程。

2004年7月，国务院批准颁发了《关于投资体制改革的决定》（国发〔2004〕20号），

要求改进投资项目的决策规则和程序，提高投资决策的科学化和民主化水平。对于企业不使用政府投资建设的项目，政府一律不再实行审批制，区别不同情况实行核准制和备案制（企业投资项目决策程序如图2-2所示）；对于政府投资项目，采用直接投资和资本金注入方式

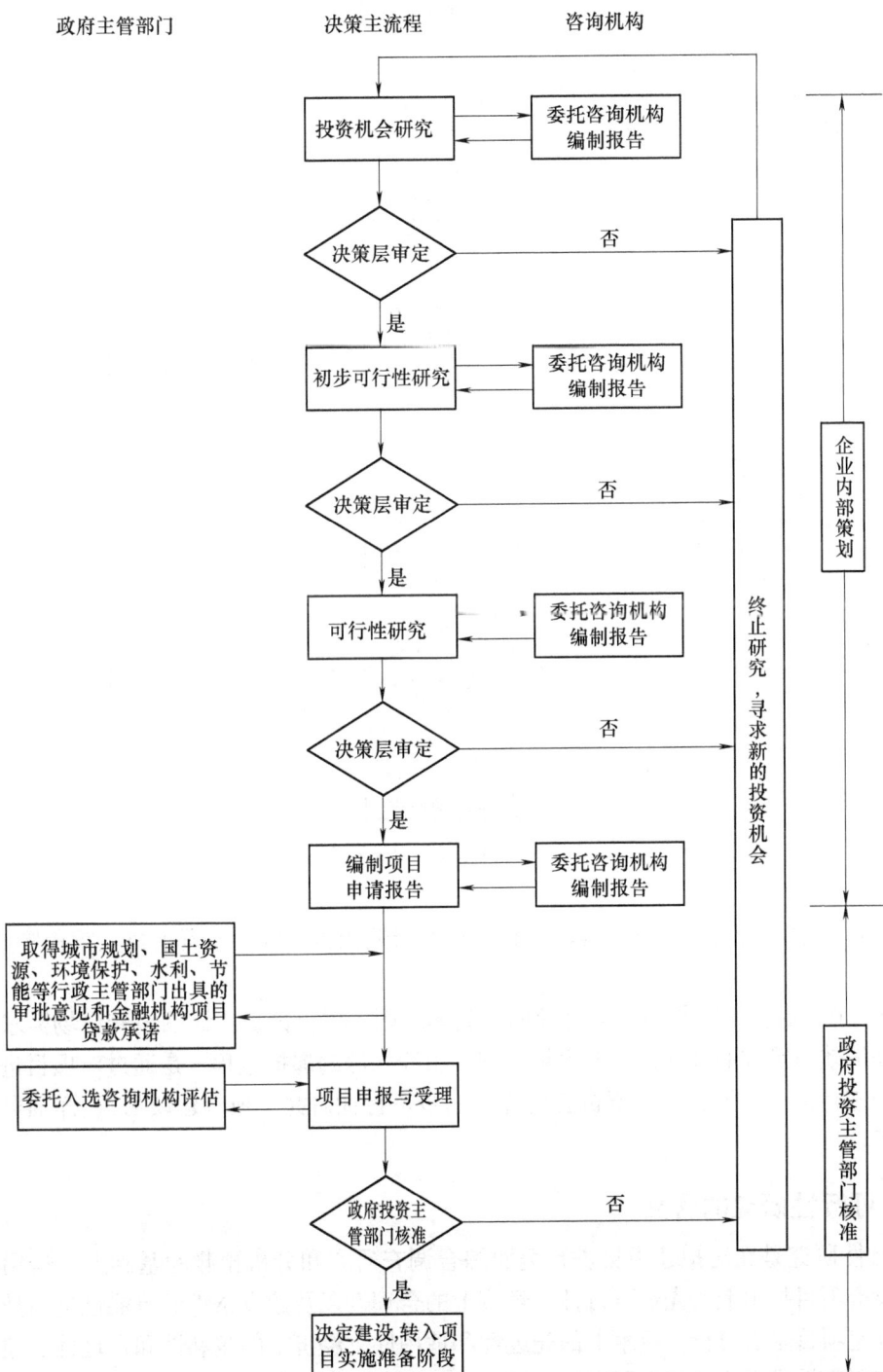

图2-2 企业投资项目决策程序

政府主管部门　　　　　　决策主流程　　　　　咨询机构

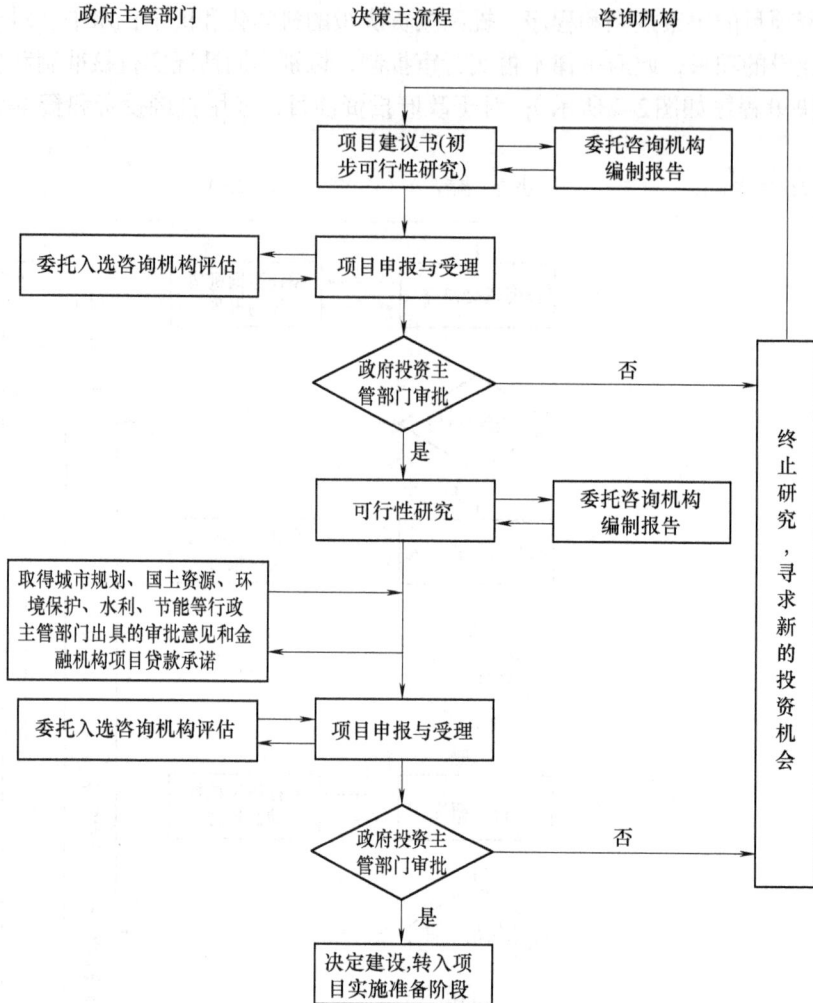

图2-3　政府投资项目决策程序

的，从投资决策角度只审批项目建议书和可行性研究报告（政府投资项目决策程序如图2-3所示）。

　　"先论证，后决策"是现代项目管理的基本原则。项目论证应该围绕着市场需求、工艺技术、经济效益等方面展开，采取由粗到细、由浅入深的递推过程，是通过对项目进行可行性研究来进行的，一般包括投资机会研究、初步可行性研究（项目建议书）、详细可行性研究等内容。

2.1.1　可行性研究的含义

　　可行性研究是在对拟建项目进行全面综合调查研究和分析预测的基础上，运用科学的方法对投资项目技术上的先进可行性、经济上的合理性以及建设条件的可能性进行技术经济论证，确定项目是否可行。技术上的先进性和适用性、经济上的盈利性和合理性、建设上的可能性和可行性是项目可行性研究的目标，市场研究、技术研究、效益研究构成项目可行性研究的三大支柱。

可行性研究通过对项目的建设条件、生产技术的可行性以及产品的竞争能力等方面的深入调查论证和预测，以减少决策失误可能造成的风险，保证项目效益的实现。在实践上，缺少可行性研究，导致项目投资失误的主要表现有：与国家宏观经济调控的方针政策不一致或相违背；没有做好市场预测；技术不成熟或盲目引进；资源不明；缺乏便利的交通运输条件。

2.1.2　可行性研究的作用

可行性研究是减少项目盲目决策的有效措施，其具体作用主要体现在以下六个方面：

1. 作为确定建设项目的依据

可行性研究通过对建设规模、产品方案、厂址选择、技术方案、设备方案、工程方案、环境保护、劳动安全、项目实施进度、项目融资等内容的详细分析论证，评价项目的经济效益和社会效益，深入分析项目风险，明确提出项目是否可行的结论和建议。因此，可行性研究的结论是投资者确定是否建设项目的依据。

2. 作为向银行等金融机构申请贷款的依据

可行性研究关于拟建项目融资方案和经济效应评价结论是项目向银行等金融机构申请项目贷款的重要依据，金融机构将综合考虑项目的融资方式、还款能力、经济效应和投资风险，只有当确认项目具有还款能力，金融机构不承担过大风险时，才能同意向拟建项目贷款。

3. 是编制设计文件及进行建设工作的依据

可行性研究中关于建设规模、产品方案、厂址选择、工程技术、环境保护、劳动安全、资金筹措、工程进度安排等方面都作了详细的分析论证，为设计文件的编制和如何实施项目提供了依据。

4. 作为环保部门审查项目对环境影响的依据和向当地政府或规划部门申请建设执照的依据

项目在建设中和投产后对市政建设、环境等产生影响，因此项目的开工建设需要得到当地市政、规划和环保部门的认可。环保部门通过对可行性研究中关于拟建项目的环境影响论证进行评估，审查拟建项目是否符合环保要求，同时拟建项目的可行性研究中对选址、总图布置、环境及生态保护方案等方面的论证，为拟建项目向当地政府和规划部门申请建设执照提供了重要的依据。

5. 作为与有关协作单位签订合同、协议的依据

拟建项目建设涉及原材料供应、设备采购等工作环节，根据可行性研究结论，拟建项目可以与有关协作单位签订原材料燃料供应、运输通信、建筑安装、设备购置等方面的协议。

6. 作为项目后评价的依据

项目在经过一段时间的生产运行后，投资者将对项目的立项决策、设计、施工、竣工验收交付使用、生产运营等进行系统的项目后评价，依据可行性研究中关于经济效应、社会效应、环境影响等方面的评价结论，将项目的预期效果与实际效果进行对比，从而对项目进

行全面综合的评价。

2.1.3　可行性研究的阶段划分

可行性研究一般包括投资机会研究、初步可行性研究、详细可行性研究三个阶段。对于其各个阶段的工作内容、研究深度等要求，见表2-1。

表2-1　可行性研究各个阶段的工作内容、研究深度要求

工作阶段	投资机会研究	初步可行性研究	详细可行性研究
工作内容	鉴别投资方向，寻找投资机会	对关键性问题进行辅助性专题研究，初步判断项目的可行性	对项目进行深入的技术经济论证，在多方案比选的基础上选出最优方案，提出项目的可行性研究结论和建议
工作成果	机会研究报告	初步可行性研究报告	详细可行性研究报告
费用占总投资	0.2%~1%	0.25%~1.5%	中小项目：1%~3% 大型项目：0.2%~1%
误差控制	±30%	±20%	±10%

注：由于不同项目的复杂性、工作范围和难易程度、论证人员的业务水平等存在差异，所以费用占总投资的百分比会有很大差异。

1. 投资机会研究阶段

投资机会研究的主要任务是寻找投资机会、选择项目。投资机会研究的内容包括市场调查、消费分析、投资政策和税收政策研究等，其研究重点是分析投资环境。例如，在某一地区或某一产业部门，对某类项目的背景、市场需求、资源条件、投入产出等进行调查和分析，从而发现有价值的投资机会。投资机会研究包括一般投资机会研究和项目投资机会研究两类。

（1）一般投资机会研究　一般投资机会研究需要进行广泛的调查研究，收集大量的数据资料，通常包括地区投资机会研究、部门（行业）投资机会研究和资源开发投资机会研究，这三类机会研究通常由政府部门或专业机构进行，作为制定经济发展规划的依据。一般投资机会研究的结果是机会研究报告，为决策者提出可供选择的项目发展方向或投资领域。

（2）项目投资机会研究　在一般投资机会研究初步筛选投资方向和投资机会后，需要进行具体项目的投资机会研究。项目投资机会研究通过寻找投资机会，选定项目，将一个项目由意向变成概括的投资建议。具体项目投资机会研究比一般投资机会研究更为深入和具体，包括市场研究、项目意向的外部环境分析、项目承办者的优劣势分析等内容。

通过投资机会研究选定拟建项目，作为开展初步可行性研究的依据。投资机会研究是比较粗略的，项目的建设投资和生产成本一般参照类似项目的数据作粗略的估算，投资估算的误差率约为±30%。

2. 初步可行性研究阶段

初步可行性研究也称预可行性研究，是在投资机会研究的基础上，对项目的关键性问题进行专题辅助研究，如产品市场分析、原料和投入物资分析、实验室和中间工厂的试验、厂址研究、规模的经济性研究、设备选择研究等，对项目方案进行初步的技术经济分析和社会、环境评价，初步判断项目的生命力和盈利性。

以工业项目为例，项目初步可行性研究的主要内容包括：①项目建设的必要性和依据；②需求预测、拟建规模和产品方案；③资源、原材料、燃料供应；④建厂条件和厂址方案；⑤技术方案、设备方案和工程方案；⑥环境影响评价；⑦生产组织、劳动定员和人员培训；⑧项目实施计划和进度；⑨投资估算与融资方案；⑩经济效益及社会评价；⑪风险分析。

初步可行性研究的重点主要是根据国民经济和社会发展长期规划、行业规划、地区规划、国家产业政策等，经过调查研究和市场预测，从宏观上论证项目建设的必要性和可能性。在初步可行性研究中，项目投资和成本费用可主要采用相对粗略的估算指标法，有条件的可采用分类估算法进行估算，投资估算的误差率要控制在 ±20% 以内。

对于企业投资项目，政府不再审批初步可行性研究报告（项目建议书），初步可行性研究仅作为企业内部决策层进行项目投资策划的依据，而对于政府投资项目，仍需按基本建设程序要求审批初步可行性研究报告（项目建议书）。初步可行性研究是介于机会研究和详细可行性研究之间的一个阶段，起承上启下的作用，如果经过初步可行性研究，企业内部判断项目具有生命力或政府投资项目经投资主管部门批准，就可开展下一步的详细可行性研究。对于小型项目或者简单的技术改造项目，在选定投资机会后，可以直接进行详细可行性研究。

3. 详细可行性研究阶段（可行性研究阶段）

详细可行性研究阶段通常简称为可行性研究阶段。详细可行性研究阶段的主要任务是深入研究有关产品方案、资源供应、厂址选择、工艺技术、设备选型、投资筹措计划、组织管理机构等各种可能选择的技术方案，选择最佳方案，并对投资总体建设方案进行企业财务效益、经济费用效益和社会效益的分析与评价，对拟建项目提出结论性意见。

项目详细可行性研究的内容，因项目的性质和行业特点而异，从总体上看，详细可行性研究的内容与初步可行性研究的内容基本相同，但研究的重点有所不同，研究深度有所提高，研究范围有所扩大。详细可行性研究投资估算的误差率要控制在 ±10% 以内。

2.1.4 可行性研究报告的主要内容

目前我国的可行性研究报告编制大纲包括一般工业项目、水利水电项目、铁路项目、公路项目、港口项目、民航项目、城市轨道交通项目、城市基础设施项目、公共建筑项目、农业综合开发项目、种植业项目、畜牧养殖及畜产品加工项目等。

一般工业项目可行性研究报告的主要内容如下：

（1）总论

1）项目背景。包括项目名称，承办单位概况（新建项目指筹建单位情况，技术改造项目指原企业情况，合资项目指合资各方情况），可行性研究报告编制依据，项目提出的理由（项目层次和国民经济层次）与过程。

2）项目概况。包括拟建地点，建设规模与目标，主要建设条件，项目投入总资金及效益情况，主要技术经济指标。

3）问题与建议。

（2）需求预测和拟建规模

1）产品市场供应预测。国内外市场供应现状，国内外市场供应预测。

2）产品市场需求预测。国内外市场需求现状，国内外市场需求预测。

3）产品目标市场分析。目标市场确定，市场占有份额分析。

4）价格现状与预测。产品国内市场销售价格，产品国际市场销售价格。

5）市场竞争力分析。主要竞争对手情况，产品市场竞争力优势、劣势，营销策略。

6）市场风险。

7）建设规模。建设规模方案比选，推荐方案及其理由。

8）产品方案。产品方案构成，产品方案比选，推荐方案及其理由。

（3）资源、原材料、燃料及公用设施情况

1）资源条件评价（指资源开发项目）。资源可利用量，资源品质情况，资源赋存条件，资源开发价值。

2）主要原材料、燃料供应。品种、规格、数量、价格、来源、供应方式。

3）公用设施情况。数量、供应方式、供应条件。

（4）建厂条件和厂址方案

1）场址所在位置现状。地点与地理位置，厂址土地权属类别及占地面积，土地利用现状，技术改造项目现有场地利用情况。

2）厂址建设条件。地形、地貌、地震情况，工程地质与水文地质，气候条件，城镇规划及社会环境条件，交通运输条件，公用设施社会依托条件（水、电、气、生活福利），防洪、防潮、排涝设施条件，环境保护条件，法律支持条件，征地、拆迁、移民安置条件，施工条件。

3）厂址条件比选。建设条件比选，建设投资比选，运营费用比选，推荐厂址方案，厂址地理位置图。

（5）设计方案

1）技术方案。生产方法（包括原料路线），工艺流程，工艺技术来源（需引进国外技术的，应说明理由），推荐方案的主要工艺（生产装置）流程图、物料平衡图，物料消耗定额表。

2）主要设备方案。主要设备选型，主要设备来源（进口设备应提出供应方式），推荐方案的主要设备清单。

3）工程方案。主要建、构筑物的建筑特征、结构及面积方案，矿建工程方案，特殊基础工程方案，建筑安装工程量及"三材"用量估算，技术改造项目原有建、构筑物利用情况，主要建、构筑物工程一览表。

4）总图布置。平面布置（列出项目主要单项工程的名称、生产能力、占地面积、外形尺寸、流程顺序和布置方案），竖向布置，技术改造项目原有建、构筑物利用情况，总平面布置图（技术改造项目应标明新建和原有以及拆除的建、构筑物的位置），总平面布置主要指标表。

5）场内外运输。场外运输量及运输方式，场内运输量及运输方式，场内运输实施及设备。

6）公用辅助工程。给水排水工程，供电工程，通信设施，供热设施，空分、空压及制冷设施，维修设施，仓储设施。

（6）环境保护与劳动安全

1）环境保护。厂址环境条件，项目建设和生产对环境的影响，环境保护措施方案，环境保护投资，环境影响评价。

2）劳动安全与消防。危害因素和危害程度，安全措施方案（采用安全生产和无危害的工艺和设备、对危害部位和危险作业的保护措施、危险场所的防护措施、职业病防护和卫生保健措施），消防设施。

（7）生产组织、劳动定员和人员培训

1）组织机构。项目法人组建方案，管理机构组织方案和体系图，机构适应性分析。

2）人力资源配置。生产作业班次，劳动定员数量及技能素质要求，职工工资福利，劳动生产率水平分析，员工来源及招聘方案，员工培训计划。

（8）项目实施计划和进度　项目实施计划和进度包括建设工期，项目实施进度安排，项目实施进度表（横线图）。

（9）投资估算与资金筹措

（10）社会及经济效益评价

1）财务评价。财务评价基础数据与参数选取，销售收入估算，成本费用估算，财务评价报表，财务评价指标，不确定性分析，财务评价结论。

2）国民经济评价。影子价格及通用参数选取，效益费用范围调整和数值调整，国民经济评价报表，国民经济评价指标，国民经济评价结论。

3）社会评价。项目对社会的影响分析，项目与所在地的互适性分析，社会风险分析，社会评价结论。

（11）风险分析　风险分析包括项目主要风险因素识别，风险程度分析，防范和降低风险对策。

（12）评价结论

1）推荐方案的总体描述。推荐方案的主要内容和论证结果（建设规模与产品方案，厂址方案，工艺技术和主要设备选型方案，主要原材料，燃料动力供应方案，环境保护措施方案，融资方案等），推荐方案的优缺点描述。

2）主要比选方案描述。方案描述，未被采纳的理由。

3）结论与建议。

2.2　工程项目经济评价

工程项目经济评价应根据国民经济和社会发展以及行业、地区发展规划的要求，在工程项目初步方案的基础上采用科学的分析方法，对拟建项目的财务可行性和经济合理性进行分析论证，为工程项目的科学决策提供经济方面的依据。

工程项目经济评价是工程项目前期工作的重要内容，对于加强固定资产投资宏观调控、提高投资决策的科学化水平、引导和促进各类资源合理配置、优化投资结构、减少和规避投资风险、充分发挥投资效益，具有重要作用。

2.2.1　工程项目经济评价的内容和原则

1．工程项目经济评价的内容

工程项目经济评价包括财务评价和国民经济评价。财务评价是根据国家现行财税制度、价格体系和项目评价的有关规定，从拟建项目的角度出发，计算项目范围内的财务效益和费用，分析项目的盈利能力、清偿能力和财务生存能力，评价项目在财务上的可行性。国民经济评价是按照合理配置社会资源的原则，采用货物影子价格、影子汇率、影子工资和社会折现率等经济参数，从国家整体角度考察项目的费用和效益，分析项目对国民经济的净贡献，评价项目在宏观经济上的合理性。国民经济评价中的影子价格是指当社会经济处于某种最优状态下，能够反映社会劳动的消耗、资源稀缺程度和对最终产品需求情况的价格。

工程项目经济评价内容的选择，应根据项目性质、项目目标、项目投资者、项目财务主体以及项目对经济与社会的影响程度等具体情况确定。对于市场自行调节的行业项目，一般只进行财务评价，不必进行国民经济评价；对于关系公共利益、国家安全和市场不能有效配置资源的经济和社会发展项目，除应进行财务评价外，还应进行国民经济评价；对于特别重大的工程项目，尚应辅以区域经济与宏观经济影响分析方法进行国民经济评价。

区域经济影响分析是指从区域经济的角度出发，综合分析特大型工程项目的建设对项目所在区域乃至较大区域的经济活动的各方面影响，包括对区域现存发展条件、经济结构、城镇建设、劳动就业、土地利用、生态环境等方面现实和长远影响的分析。宏观经济影响分析是指从国民经济整体的角度出发，综合分析特大型建设项目的建设对国家宏观经济各方面的影响，包括对国民经济总量增长、产业结构调整、生产力布局、自然资源开发、劳动就业结构变化、物价变化、收入分配等方面影响的分析，以及国家承担项目建设的能力分析、项目时机选择对国民经济的影响分析等。

2．工程项目经济评价应遵循的基本原则

（1）"有无对比"原则　"有无对比"是指"有项目"相对于"无项目"对比分析，应求出项目的增量效益。"无项目"状态是指不对该项目进行投资时，在计算期内，与项目有关的资产、费用与收益的发展情况；"有项目"状态是指对该项目进行投资后，在计算期内资产、费用与收益的预测情况。

（2）费用与效益计算口径对应一致的原则　只有将效益与费用限定在统一计算范围内，计算出的净效益才能反映项目真实的投入产出。

（3）收益与风险权衡的原则　工程项目的实施将受到各种风险因素的影响，如果对于可能给项目带来风险的因素考虑得不全面，对风险可能造成的损失结果估计不足，结果往往有可能导致项目失败。因此，在进行投资决策时，除了关心效益指标，也要关注风险。

（4）定量分析与定性分析相结合，以定量分析为主　一般来说，工程项目经济评价要求尽量采用定量指标，但对一些难以量化的经济因素，需进行定性分析，并综合考虑定量分析和定性分析的结果。

（5）动态分析与静态分析相结合，以动态分析为主　静态分析是指不考虑资金时间价值对现金流量的影响，静态分析指标主要适用于对方案的粗略估计；动态分析是指要考虑资金时间价值对现金流量的影响，动态分析指标更加注重考查拟建项目在计算期内各年现金流量

的具体情况，能够更加直观地反映项目的投入产出情况。工程项目经济评价的核心是动态分析，尽管静态分析指标比较直观，但一般只是作为辅助指标。

2.2.2　财务评价与国民经济评价的异同

1. 财务评价与国民经济评价的相同之处

1）评价目的相同。两者的评价目的都是寻求以最小的投入获得最大产出的项目或方案。

2）评价基础相同。两者均是在完成资源研究、市场分析、方案设计、投资估算及资金筹措的基础上进行的。

3）基本分析方法相同。两者都采用了费用-效益分析方法，从费用和效益的关系入手，通过现金流量分析，编制基本报表，计算净现值、内部收益率等评价指标。

2. 财务评价与国民经济评价的区别

1）评价角度不同。财务评价是从项目的财务主体、投资者或债权人角度考察项目的盈利能力、偿债能力和财务生存能力等；国民经济评价是从全社会角度考察项目对国民经济的净贡献。

2）费用与效益的含义及划分范围不同。财务评价根据项目直接发生的财务收支确定项目的费用和效益，考虑直接费用和直接效益；国民经济评价根据项目所耗费的有用社会资源和为社会提供的有用产品来考察项目的费用和效益，考虑直接费用和间接费用、直接效益和间接效益，并且需要剔除转移支付（如企业向政府缴纳的税金、政府给予企业的补贴、国内银行借款利息等）。

3）采用的价格不同。财务评价采用预测的财务收支价格；国民经济评价采用影子价格。

4）主要参数不同。财务评价采用行业基准收益率或投资者所能接受的最低收益率；国民经济评价采用社会折现率（社会折现率代表社会资金被占用应获得的最低收益率）。

5）分析内容不同。财务评价包括盈利能力分析、偿债能力分析和财务生存能力分析；国民经济评价只进行盈利能力分析。

2.2.3　资金时间价值

对于投资者来讲，必须考虑货币的时间价值，即随着时间的推移，货币具有不断增值的能力。这是因为对于投资者或生产者，其当前拥有的资金能立即用于投资并在将来获取利润，而将来才可取得的资金则无法用于当前的投资；对于出资者或消费者，其拥有的资金一旦用于投资，就不能用于现期消费，应对牺牲现期消费的损失作出必要补偿。

1. 现金流量

现金流量是指拟建项目在整个项目计算期（建设期和生产期）内各个时点上实际所发生的现金流入（记为CI_t）、现金流出（记为CO_t）和净现金流量［记为$(CI-CO)_t$］，通常用现金流量图或现金流量表来表示。净现金流量是指同一时点上现金流入与现金流出的差额。

2. 利息的计算方法

（1）单利法　用P表示本金，r表示利率，n表示计息期数，应用单利法计算利息时利息为：

$$I=Prn \qquad (2-1)$$

本利和为：

$$F=P(1+rn) \tag{2-2}$$

（2）复利法　前一期的本利和作为下一期的本金来计算下一期的利息。用 P 表示本金，r 表示利率，n 表示计息期数，复利法的利息与本利和计算见表2-2。

表2-2　复利法的利息与本利和计算

计息期数	期初本金	期末利息	期末本利和
1	P	Pr	$P(1+r)$
2	$P(1+r)$	$P(1+r)r$	$P(1+r)^2$
$\vdots$	$\vdots$	$\vdots$	$\vdots$
n	$P(1+r)^{n-1}$	$P(1+r)^{n-1}r$	$P(1+r)^n$

3. 名义利率与实际利率

计息周期通常为年。当计息周期是季度、月、周、日等时，将涉及名义利率与实际利率的换算。如果年利率为 r，1年内的计息次数为 m，此时的年利率 r 称为名义利率。对期初本金 P，1年后的本利和为 $P\left(1+\dfrac{r}{m}\right)^m$。设实际年利率为 r^*，则有 $P\left(1+\dfrac{r}{m}\right)^m=P(1+r^*)$，则得到名义利率与实际利率的换算公式为：

$$r^*=\left(1+\frac{r}{m}\right)^m-1 \tag{2-3}$$

4. 资金等值计算

由于资金存在时间价值，不同时点上的等额资金具有不同的价值，因此，在考虑时间价值的情况下，不同时点上的现金流量不能直接相加或进行比较。在工程经济分析中，为了进行方案比较，需要将一个时点上发生的资金换算成另一个时点上价值相同的资金，即对资金进行等值计算。常用的资金等值计算公式见表2-3。

表2-3　常用的资金等值计算公式

计算类型		公式条件	图示	公式
一次支付序列	一次支付终值公式	已知现值为 P，r 为利率，计息期数为 n，求终值 F		$F=P(1+r)^n$　$(1+r)^n$ 为一次支付终值系数，记作 $(F/P,r,n)$
	一次支付现值公式	已知终值为 F，r 为利率，计息期数为 n，求现值 P		$P=F\dfrac{1}{(1+r)^n}$　$\dfrac{1}{(1+r)^n}$ 为一次支付现值系数，记作 $(P/F,r,n)$

（续）

计算类型	公式条件	图示	公式
年金终值公式	已知年金为A，r为利率，计息期数为n，求终值F		$F = A\dfrac{(1+r)^n - 1}{r}$ $\dfrac{(1+r)^n - 1}{r}$ 为年金终值系数，记作 $(F/A,\ r,\ n)$
偿债基金公式	已知终值为F，r为利率，计息期数为n，求年金A		$A = F\dfrac{r}{(1+r)^n - 1}$ $\dfrac{r}{(1+r)^n - 1}$ 为偿债基金系数（资金存储系数），记作 $(A/F,\ r,\ n)$
资金回收公式	已知现值为P，r为利率，计息期数为n，求年金A		$A = P\dfrac{r(1+r)^n}{(1+r)^n - 1}$ $\dfrac{r(1+r)^n}{(1+r)^n - 1}$ 为资金回收系数，记作 $(A/P,\ r,\ n)$
年金现值公式	已知年金为A，r为利率，计息期数为n，求现值P		$P = A\dfrac{(1+r)^n - 1}{r(1+r)^n}$ $\dfrac{(1+r)^n - 1}{r(1+r)^n}$ 为年金现值系数，记作 $(P/A,\ r,\ n)$

第一列跨行标注："等额支付序列"

2.2.4　财务评价

1. 财务评价的程序

（1）基础数据准备　根据可行性研究对有关产品方案、原材料燃料供应、厂址选择、工艺技术、设备选型、投资筹措计划等的调查分析和详细论证，对计算期、项目总投资、销售收入、成本费用、税收等财务效益和费用基础数据进行估算，并测定衡量项目财务效益费用的相关计算参数和判定项目财务合理性的判断参数。

（2）编制基本财务报表，计算与分析财务评价指标　在对项目效益和费用估算的基础上，可着手编制项目财务报表，使用科学规范的评价方法和参数，计算相关财务评价指标，对项目的盈利能力、偿债能力、财务生存能力等进行分析和评价。

影响项目经济效果的因素包括两大类：一类是由项目方案设计本身所决定的因素，当项目本身的建设规模、技术方案等一经确定，项目的投资、价格、产量、成本等也就相应确定下来了；另一类是有融资方案所决定的因素，工程项目的资金来源、投入方式，以及贷款的偿还方式，将影响到项目的经济效果。鉴于影响项目经济效果的因素涉及项目方案本身和融资因素，因此编制财务报表、计算财务评价指标需分两步来进行：首先是排除融资条件的影响，不考虑资金来源，从项目投资总获利的角度，进行项目（全部投资）财务现金流量分析，即进行融资前财务分析；其次是在融资前财务分析满足要求的情况下，初步设定融资方案，进行融资后财务效果分析，分析项目在融资条件下投资各方的盈利能力、偿债能力等。

（3）进行不确定性分析　分析各种不确定性因素的变动对投资效果的影响以及项目的抗风险能力，作出项目在不确定情况下的决策结论或建议。

（4）得出财务评价结论　综合确定性分析与不确定性分析的结果，作出项目财务评价结论。

2. 财务评价参数测定

财务评价参数包括衡量项目财务效益费用的计算参数和财务评价判据参数。

（1）计算参数　计算参数是指用于计算项目的效益、费用和指标的各种基础数据，如有关价格、指数，各种费率、利率等。财务效益和费用估算应采用以市场价格体系为基础的预测价格。对于非完全市场竞争性项目，其投入与产出的价格受政府或行业的影响，则项目计算参数需由政府或有关行业主管部门测算和提供。

（2）财务评价判据参数　财务评价判据参数用于分析和判断项目效益水平，或用作项目可行性指标的基准值或参考值，如投资收益率、投资回收期、利息备付率、偿债备付率、资产负债率、流动比率、速动比率等指标的基准值或参考值。国家有关部门（行业）发布的工程项目财务评价时使用的指标基准值或参考值，在各类工程项目经济评价中可参考使用。

财务基准收益率是指工程项目财务评价中对项目费用和效益进行折现计算财务净现值的折现率，是判断内部收益率指标的基准值，是项目财务评价的重要计算参数和判据参数，反映了项目投资应当获得的最低财务盈利水平。国家行政主管部门统一测定并发布的行业财务基准收益率，在政府投资项目以及按政府要求进行经济评价的建设项目中必须采用，在企业投资等其他各类建设项目的经济评价中可参考选用。

3. 财务效益与费用数据估算

财务效益与费用数据估算是指在项目市场、资源、技术条件分析评价的基础上，从项目（或企业）的角度出发，依据现行的法律法规、价格政策、税收政策其他有关规定，对项目计算期、项目总投资、销售收入、销售税金及附加、成本费用、利润等有关的财务基础数据进行调查、搜集、整理和测算，并编制有关财务基础数据估算表格的工作。

（1）项目计算期　工程项目经济评价的计算期，包括建设期和运营期。建设期的确定应综合考虑建设规模、建设性质、项目复杂程度、当地建设条件、管理水平与人员素质等因素，并与项目进度计划中的建设工期相协调；运营期应根据项目特点参照项目主要固定资产的合理生命周期作为确定项目生产运营期的主要依据，并充分考虑技术进步的影响。

（2）项目总投资　项目总投资是指投资项目从建设前期准备工作开始到项目全部建成投产为止所发生的全部投资费用，由建设投资、建设期利息和流动资金构成。项目总投资的估算方法详见本教材第7章。

（3）总成本费用　项目经济评价中通常采用生产要素估算法对总成本费用进行估算。

总成本费用=外购原材料费+外购燃料动力费+工资及福利费+修理费+折旧费+维简费+

摊销费 + 利息支出 + 其他费用　　　　　　　　　　　　　　　（2-4）

$$外购原材料费 = 主要外购原材料消耗量 \times 单价 + 辅料及其他材料费　　（2-5）$$

$$外购燃料动力费 = 主要外购燃料及动力消耗量 \times 单价 + 其他燃料及动力费　（2-6）$$

$$工资及福利费 = 职工总人数 \times 人均年工资指标（含福利费）　　（2-7）$$

$$修理费 = 固定资产原值 \times 计提比率　　　　　　　　　　　（2-8）$$

利息支出包括建设投资借款利息、流动资金借款利息和短期借款利息。其他费用是指从制造费用、管理费用、销售费用中扣除物料消耗、低值易耗品费用、水电费、工资及福利费、修理费、折旧费、维简费、摊销费后的费用。摊销费包括无形资产摊销费和其他资产摊销费两部分，是无形资产和其他资产的价值年回收额。无形资产和其他资产摊销费一般采用年限平均法提前摊销，不计残值。

固定资产折旧费是指固定资产在使用过程中，由于逐渐发生有形或无形损耗而贬值，因此将价值逐年转移到产品成本中，并在产品销售收入中得到补偿的货币资金额。折旧费的计算方法可在税法允许范围内，由企业自行确定，一般采用直接折旧法，包括平均年限法与工作量法；税法也允许对由于技术进步，产品更新换代较快，或常年处于强振动、高腐蚀状态的固定资产缩短折旧年限或采用加速折旧法，包括双倍余额递减法与年数总和法。

1）年限平均折旧法。公式如下：

$$年折旧率 = \frac{1 - 预计净残值率}{折旧年限} \times 100\%　　　　（2-9）$$

$$年折旧率 = 固定资产原值 \times 年折旧率　　　　　　　（2-10）$$

2）工作量折旧法。公式如下：

$$单位里程折旧率 = \frac{固定资产原值 \times（1 - 预计净残值率）}{总行驶里程}　　　（2-11）$$

$$年折旧率 = 单位里程折旧率 \times 年行驶里程　　　　　　（2-12）$$

$$每工作小时折旧率 = \frac{固定资产原值 \times（1 - 预计净残值率）}{总工作小时}　　（2-13）$$

$$年折旧率 = 每工作小时折旧率 \times 年工作小时　　　　　（2-14）$$

3）双倍余额递减法。公式如下：

$$年折旧率 = \frac{2}{折旧年限} \times 100\%　　　　　　　（2-15）$$

$$年折旧率 = 年初固定资产净值 \times 年折旧率　　　　　（2-16）$$

$$年初固定资产净值 = 固定资产原值 - 以前各年累计折旧　　（2-17）$$

实行双倍余额递减法的，应在折旧年限到期前两年内，将固定资产净值扣除净残值后的净额进行平均摊销。

4）年数总和法。公式如下：

$$年折旧率 = \frac{折旧年限 - 已使用年限}{折旧年限 \times (折旧年限+1) \div 2} \times 100\% \qquad （2-18）$$

$$年折旧率 = （固定资产原值 - 预计净残值）\times 年折旧率 \qquad （2-19）$$

（4）税费 在工程项目经济评价中合理计算各种税费，是正确估算项目财务效益与费用的重要基础，项目经济评价中的营业税金及附加包括营业税、消费税、土地增值税、资源税、城市维护建设税、教育费附加。

4. 财务评价报表

财务评价所使用的主要报表包括基本报表和辅助报表。基本财务报表和财务评价指标见表2-4。辅助财务报表包括总投资估算表，建设投资估算表，流动资金估算表，项目总投资使用计划与资金筹措表，营业收入、营业税金及附加和增值税估算表，总成本估算表。在编制财务评价所用财务报表时，还涉及外购原材料费估算表、外购燃料和动力费估算表、固定资产折旧费估算表、无形资产和其他资产摊销估算表、工资及福利费估算表等基础报表。

表2-4 基本财务报表和财务评价指标

基本财务报表	财务评价内容	财务评价指标	
		静态指标	动态指标
项目投资现金流量表	融资前盈利能力分析	静态投资回收期	动态投资回收期 财务净现值 财务内部收益率
项目资本金现金流量表	融资后盈利能力分析	—	资本金财务内部收益率
投资各方现金流量表	投资方盈利能力分析		投资各方财务内部收益率
财务计划现金流量表	项目生存能力分析	—	
利润与利润分配表	项目利润和利润 分配状况分析	投资利润率 投资利税率 资本金净利润率	—
资产负债表	偿债能力分析	资产负债率 流动比率 速动比率	—
借款还本付息计划表	偿债能力分析	借款偿还期 偿债备付率 利息备付率	—

（1）项目投资现金流量表 项目投资现金流量表不考虑投资资金来源，是站在项目全部投资的角度表示的项目计算期内各年的现金流入与现金流出情况。利用项目投资现金流量表可计算所得税前财务内部收益率、所得税前财务净现值、所得税前投资回收期、所得税后财务内部收益率、所得税后财务净现值、所得税后投资回收期等财务评价指标。

项目投资现金流量表的现金流入包括销售（营业）收入、补贴收入、回收固定资产余值、回收流动资金、其他现金流入等项目；现金流出包括建设投资（不含建设期利息）、流动资金、经营成本、销售税金及附加、维持运营投资、所得税、其他现金流出等项目。

经营成本是指总成本费用扣除固定资产折旧费、无形资产和其他资产摊销费、利息支出后的余额，其中利息支出包括长期借款利息（包括债券利息）、流动资金借款利息和必要的短期借款利息。经营成本的计算公式为：

$$\text{经营成本} = \text{总成本费用} - \text{折旧费} - \text{摊销费} - \text{利息支出} \tag{2-20}$$

（2）项目资本金现金流量表　资本金现金流量表示从权益投资者（项目法人）角度出发，以资本金作为计算基础，把借款本金偿还和利息支出作为现金流出，反映出在一定融资方案下权益投资的获利能力，用以计算资本金财务内部收益率，可为融资方案比选提供依据。

资本金现金流量表的现金流入包括销售（营业）收入、补贴收入、回收固定资产余值、回收流动资金、其他现金流入等项目；现金流出包括资本金、借款本金偿还、借款利息支付、经营成本、销售税金及附加、维持运营投资、所得税、其他现金流出等项目。

（3）投资各方现金流量表　投资各方现金流量表示分别从投资方案各个投资者的角度出发，以投资者的出资额作为计算的基础，用以计算投资各方财务内部收益率。

投资各方现金流量表的现金流入是指出资方因投资方案的实施将实际获得的各种收入，包括实分利润、资产处置收益分配、租赁费收入、技术转让或使用收入、其他现金流入；投资各方现金流量表的现金流出是指出资方因投资方案的实施将实际发生的各种支出，包括实缴资本、租赁资产支出、其他现金流出。

（4）财务计划现金流量表　财务计划现金流量表反映投资方案计算期各年的投资、融资、经营活动的现金流入和现金流出，用于计算累计盈余资金，分析投资方案的财务生存能力。

财务计划现金流量表包括经营活动现金流入和现金流出、投资活动现金流入和现金流出、筹资活动现金流入和现金流出三部分内容。经营活动现金流入包括营业收入、补贴收入、其他流入，经营活动现金流出包括经营成本、营业税金及附加、所得税、其他流出；投资活动现金流出包括建设投资、维持运营投资、流动资金、其他流出；筹资活动现金流入包括项目资本金投入、建设投资借款、流动资金借款、债券、短期借款、其他流入，筹资活动现金流出包括各种利息支出、偿还债务本金、应付利润、其他流出。

（5）利润与利润分配表　通过编制利润与利润分配表，可以了解项目的利润状况，包括利润总额、净利润（税后利润）、未分配利润（可用于偿还借款本金的利润）、息税前利润等。

1）各种利润构成。公式如下：

$$\text{利润总额} = \text{销售（营业）收入} - \text{销售税金及附加} - \text{总成本费用} + \text{补贴收入} \tag{2-21}$$

$$\text{净利润} = \text{利润总额} - \text{所得税} \tag{2-22}$$

$$\text{未分配利润} = \text{净利润} + \text{期初未分配利润} - \text{法定盈余公积金} - \text{任意盈余公积金} - \text{应付利润} \tag{2-23}$$

$$\text{息税前利润} = \text{利润总额} + \text{利息支出} \tag{2-24}$$

2）所得税。公式为：

$$所得税 = 应纳税所得额 \times 适用税率 - 减免税额 - 抵免税额 \tag{2-25}$$

应纳税所得额为利润总额根据国家有关规定进行调整后的数额，企业发生年度亏损，可以在5年内用所得税前的利润延续弥补，5年内不足弥补的，从第6年起应根据其生产经营的应纳税所得缴纳所得税。

3）盈余公积金。法定盈余公积金按净利润的10%提取，当累积法定盈余公积金达到注册资本的50%时，可不再提取。任意盈余公积金和公益金提取的比例须按企业章程或董事会决议确定。在项目的经济评价中，由于缺乏预测的依据，一般不对任意盈余公积金和公益金进行测算。

（6）资产负债表　资产负债表综合反映项目计算期内各年末资产、负债和所有者权益的增减变化及对应关系，用以进行项目的偿债能力分析。

资产包括流动资产总额（货币资金、应收账款、预付账款、存货、其他流动资产）、在建工程、固定资产净值、无形资产及其他资产净值；负债包括流动负债总额（短期借款、预收账款、应付账款、其他流动负债）、建设投资借款、流动资金借款；所有者权益包括资本金、资本公积、累计盈余公积金、累计未分配利润。

（7）借款还本付息计划表　偿还借款本金的资金来源主要包括项目生产期各年的未分配利润、固定资产折旧费、无形资产和其他资产摊销费、其他可用于还款的资金。

国内外贷款的偿还方式很多，如等额利息偿还、等额本息偿还、等额本金偿还、按最大偿还能力偿还（气球法）等。设期初贷款总额为L_0，贷款实际年利率为i，则各种还款方式对应的还本付息额见表2-5。

表2-5　各种还款方式对应的还本付息额

还款方式	应付利息（INT）	应还本金（CP）	备注
等额利息偿还	$INT_t = L_0 i$	$CP_m = L_0$	m为借款偿还期
等额本息偿还	$INT_t = L_{t-1} i$ $L_t = L_{t-1} - CP_t$	$CP_t = L_0(A/P, i, m) - INT_t$	$t=1, \cdots, m$；L_t为$t+1$年年初贷款余额；m为借款偿还期
等额本金偿还	$INT_t = L_{t-1} i$ $L_t = L_{t-1} - CP_t$	$CP_t = \dfrac{L_0}{m}$	
最大还款能力偿还	$INT_t = L_{t-1} i$ $L_t = L_{t-1} - CP_t$	$CP_t = $ 第t年的折旧 + 第t年的摊销 + 第t年的未分配利润t	折旧和摊销应优先用于偿还借款本金，但并非必须用全部的未分配利润来偿还借款本金

5. 财务评价指标

（1）净现值、净现值率和净年值

1）净现值（NPV）。净现值是指把项目计算期内各年的净现金流量，按照一个给定的标准折现率（基准收益率）折算到项目计算期第一年年初（建设期初）的现值之和。其表达式为：

$$NPV(i_c) = \sum_{t=0}^{n}(CI-CO)_t(1+i_c)^{-t} \tag{2-26}$$

式中 $(CI-CO)_t$——第 t 年的净现金流量；

n——项目计算期；

i_c——标准折现率。

标准折现率代表了项目投资应获得的最低财务盈利水平，一般以行业基准收益率为基础来确定。对于具有常规现金流量（即在项目计算期内，方案的净现金流量序列的符号只改变一次）的投资方案，其净现值随标准折现率的增大而减小。

当 $NPV \geq 0$ 时，说明投资方案实施后项目的投资收益率高于或等于标准折现率，则方案可以考虑接受；当 $NPV < 0$ 时，说明投资方案实施后项目的投资收益率低于标准折现率，则方案不可行。

2）净现值率（$NPVR$）。净现值率（$NPVR$）是指项目的净现值与项目的投资现值之比。其表达式为：

$$NPVR(i_c) = \frac{NPV(i_c)}{I_p(i_c)} = \frac{\sum_{t=0}^{n}(CI-CO)_t(1+i_c)^{-t}}{\sum_{t=0}^{n}I_t(1+i_c)^{-t}} \tag{2-27}$$

式中 I_p——投资现值；

I_t——第 t 年的投资。

当 $NPVR \geq 0$ 时，方案可以考虑接受；当 $NPVR < 0$ 时，方案不可行。

3）净年值（NAV）。净年值也称净年金，是把项目生命周期内的净现金流量按设定的折现率折算成与其等值的各年年末的等额净现金流量值。其表达式为：

$$NAV(i_c) = NPV(i_c)(A/P, i_c, n) \tag{2-28}$$

用净现值和净年值对一个项目进行评价，结论是一致的，在项目经济评价中，很少采用净年值指标，但是，对寿命不相同的多个互斥方案进行比选时，净年值比净现值有其独到的简便之处。

（2）投资收益率

1）静态投资收益率。静态投资收益率的计算不考虑资金的时间价值，是年收益与总投资的比值，如投资利润率、投资利税率、资本金净利润率等。公式如下：

$$投资利润率 = \frac{年利润总额}{项目总投资} \times 100\% \tag{2-29}$$

$$总投资收益率 = \frac{年息税前利润}{项目总投资} \times 100\% \tag{2-30}$$

$$息税前利润 = 利润总额 + 利息支出 \tag{2-31}$$

总投资收益率高于同行业的收益率参考值，表明用总投资收益率表示的盈利能力满足要求。

资本金净利润率的计算式为：

$$资本金净利润率 = \frac{年净利润}{项目资本金} \times 100\% \tag{2-32}$$

资本金净利润率表示项目资本金的盈利水平，项目资本金净利润率高于同行业净利润率参考值，表明项目资本金净利润率表示的盈利能力满足要求。

2）动态投资收益率。动态投资收益率的计算考虑了资金的时间价值，在项目经济评价中称为内部收益率。内部收益率是指项目在整个计算期内各年净现金流量的现值之和等于零时的折现率。内部收益率（IRR）的理论计算公式为：

$$\sum_{t=0}^{n} (CI-CO)_t (1+IRR)^{-t} = 0 \tag{2-33}$$

当 $IRR \geqslant i_c$ 时，方案可以考虑接受；当 $IRR < i_c$ 时，方案不可行。

求解内部收益率需要对一元高次方程进行求解，其求解过程相当繁琐，在实际应用中，一般采用线性插值算法来求得内部收益率的近似解。基本步骤如下：

①根据经验，选定一个适当的折现率 i_0 作为试算起点。

②根据投资方案的现金流量情况，利用选定的折现率 i_0，求出方案的财务净现值 NPV (i_0)。

③若 NPV (i_0) > 0，则适当使 i_0 继续增大；若 NPV (i_0) < 0，则适当使 i_0 继续减小。

④重复步骤③，直到找到这样的两个折现率 i_1 和 i_2，其所对应求出的财务净现值 NPV (i_1) > 0，NPV (i_2) < 0，且 i_2-i_1 不超过 5%。

⑤采用线性插值公式求出内部收益率的近似解：

$$IRR = i_1 + \frac{NPV(i_1)}{NPV(i_1) + |NPV(i_2)|} (i_2 - i_1) \tag{2-34}$$

（3）投资回收期　投资回收期是指由项目的净收益回收其全部投资所需要的时间，通常以年为单位，从建设开始年初算起，按照是否考虑资金的时间价值分为静态投资回收期和动态投资回收期。

1）静态投资回收期（P_t）。静态投资回收期的表达式为：

$$\sum_{t=0}^{P_t} (CI-CO)_t = 0 \tag{2-35}$$

静态投资回收期可借助现金流量表的净现金流量数据和累计净现金流量数据进行计算，计算公式为：

$$静态投资回收期 \quad P_t$$
$$= \left(\begin{matrix} 累计净现金流量开始出现 \\ 正直的年份数 \end{matrix} - 1 \right) + \frac{上年累计净现金流量的绝对值}{当年净现金流量} \tag{2-36}$$

2）动态投资回收期（P'_t）。动态投资回收期的表达式为：

$$\sum_{t=0}^{P'_t}(CI-CO)_t\left(1+i_c\right)^{-t}=0 \tag{2-37}$$

动态投资回收期可借助现金流量表的净现金流量现值数据和累计净现金流量现值数据进行计算，计算公式为：

动态投资回收期 P'_t

$$=\left(\begin{matrix}累计净现金流量现值开始出现\\正直的年份数\end{matrix}-1\right)+\frac{上年累计净现金流量现值的绝对值}{当年净现金流量现值} \tag{2-38}$$

一般来说，投资者都希望尽快收回投资，即投资回收期越短越好。将求出的投资回收期与行业的基准投资回收期（P_c）比较，当投资回收期≤P_c时，表明项目投资能在规定的时间内收回，则项目在财务上可以考虑接受。

【例2-1】 某拟建项目各年的净现金流量见表2-6，基准收益率为10%。完成表2-6中的累计净现金流量、净现金流量现值及累计净现金流量现值的计算，并计算项目的静态投资回收期和动态投资回收期。

表2-6 某拟建项目各年的净现金流量表 　　　　　（单位：万元）

年份	0	1	2	3	4	5	6
净现金流量	-100	-160	80	120	120	120	120
累计净现金流量							
折现系数（1.1^{-t}）	1.0000	0.9091	0.8264	0.7513	0.6830	0.6209	0.5645
净现金流量现值							
累计净现金流量现值							

解 在表2-6中分别填入：累计净现金流量为-100、-260、-180、-60、60、180、300；净现金流量现值为-100、-145.46、66.11、90.16、81.96、74.51、67.74；累计净现金流量现值为-100、-245.46、-179.35、-89.19、-7.23、67.28、135.02。则项目净现值 $NPV=135.06$ 万元。

静态投资回收期（P_t）$=\left[(4-1)+\dfrac{|-60|}{120}\right]$ 年 $=3.5$ 年

动态投资回收期（P_t）$=\left[(5-1)+\dfrac{|-7.23|}{74.51}\right]$ 年 $=4.1$ 年

（4）固定资产投资借款偿还期（P_d）　固定资产投资借款偿还期是指在国家财政规定及项目具体财务条件下，以项目投产后可用于还款的资金偿还固定资产借款本金和建设期利息所用的时间。

其表达式如下：

$$\sum_{t=1}^{P_d} R_t - I_d = 0 \qquad (2-39)$$

式中　P_d——固定资产借款偿还期（从借款开始年计算）；

R_t——第t年可用于还款的资金，包括利润、折旧、摊销及其他还款资金（应扣除当年企业留利额）；

I_d——固定资产借款本息之和。

（5）利息备付率和偿债备付率　利息备付率是指在借款偿还期内的息税前利润与当年应付利息的比值，它是从付息资金来源的充裕性角度反映支付债务利息的能力。其计算式为：

$$利息备付率 = \frac{息税前利润}{应付利息额} \qquad (2-40)$$

利息备付率应分年计算，表示利息支付的保证倍数，利息备付率越高，偿债风险越小。对于政策经营的企业，利息备付率至少应大于1，一般不宜低于2，并结合债权人的要求确定。

偿债备付率是从偿债资金来源的充裕角度反映偿付债务本息的能力，是指在债务偿还期内，可用于计算还本付息的资金与当年应还本付息额的比值。当年可用于计算还本付息的资金是指息税折旧摊销前利润减去所得税后的余额；当年应还本付息金额包括还本金额及计入总成本费用的全部利息。偿债备付率的计算式为：

$$偿债备付率 = \frac{息税折旧摊销前利润 - 所得税}{应还本付息额} \qquad (2-41)$$

$$息税折旧摊销前利润 = 息税前利润 + 折旧 + 摊销 \qquad (2-42)$$

偿债备付率应分年计算，表示偿付本息保证倍数，偿债备付率越高，偿债风险越小。偿债备付率至少应大于1，一般不宜低于1.3，并结合债权人的要求确定。

（6）资产负债率、流动比率和速动比率　资产负债率是指企业某个时点负债总额同资产总额的比率，过高的资产负债率表明企业财务风险过大，过低的资产负债率表明企业对财务杠杆利用不够，实际分析时应结合国家总经济运行状况、行业发展趋势、企业实力和投资强度等具体条件进行判定。流动比率是指企业某个时点流动资产同流动负债的比率。流动比率用来衡量企业资产流动性的大小，该比率越高，表明偿还流动负债的能力越强。国际公认的标准比率是2.0，但行业间流动比率的差异很大。速动比率是指企业某个时点的速动资产同流动负债的比率。速动比率也是衡量企业流动性的指标，该指标越高，说明偿还流动负债的能力越强。国际公认的标准比率是1.0，但行业间速动比率的差异很大，实践中应结合行业特点进行判断。它们的计算式分别为：

$$资产负债率 = \frac{负债总额}{资产总额} \times 100\% \qquad (2-43)$$

$$流动比率 = \frac{流动资产}{流动负债} \times 100\% \qquad (2-44)$$

$$速动比率 = \frac{速动资产}{流动负债} = \frac{流动资产 - 存货}{流动负债} \qquad (2-45)$$

2.2.5 不确定性分析

对工程项目进行财务评价时，所采用的投资额、产品价格、折现率等基础数据是基于一定假设条件的预测数据，项目未来的实际情况与预测结果不可能完全一致，这种不一致性就是项目的不确定性，将来容易发生变化的因素称为不确定性因素。

工程项目可能遇到的不确定性包括：价格的变化，如产品价格、原材料价格等；生产能力的变化，如由于原材料、燃料动力供应及市场销路等的变化使生产能力达不到设计生产能力时对项目经济效益的影响；工艺技术的变化，如由于新工艺、新技术的采用使原来估计的一些参数发生变化；投资费用的变化，如评价时低估了投资额或建设期、投产期延长对项目经济指标的影响；经济形势的变化，如国家财政、税收、金融、价格等经济政策的变化；社会政治环境的变化，会使政策失去稳定性、连续性并影响到项目的经济效益。

不确定性分析是指针对投资项目技术经济分析中存在的不确定性因素，分析其在一定幅度内发生变动时对项目经济效益的影响程度，一般包括盈亏平衡分析和敏感性分析。

1. 盈亏平衡分析

盈亏平衡分析是根据项目正常生产年份的产量、成本、产品售价和税金等，分析项目的成本与收益的平衡关系。项目盈利与亏损的转折点称为盈亏平衡点（BEP），它是项目不亏不盈的生产经营临界水平。盈亏平衡分析的前提条件是：①将成本划分为固定成本与变动成本；②按照单一产品计算；③假定产量和销量相等。

根据生产成本及销售收入与产销量之间是否为线性关系，盈亏平衡分析可分为线性盈亏平衡分析和非线性盈亏平衡分析。工程项目经济评价中，通常进行线性盈亏平衡分析。线性盈亏平衡分析除应具备以上三个前提条件外，还应具备：①单位产品变动成本相对固定；②单位产品售价保持不变。

设 TR 为总收益，TC 为总成本，FC 为固定成本，VC 为变动成本，Q 为产量（销量），Q_0 为设计生产能力，P 为单位产品价格，E 为利润，v 为单位产品变动成本，t 为单位产品销售税金及附加，tr 为产品销售税金及附加税率。

不考虑销售税金及附加时 $\qquad\qquad TR = PQ \qquad\qquad\qquad (2-46)$

考虑销售税金及附加时 $\qquad TR = (P-t)Q = P(1-tr)Q \qquad (2-47)$

总成本 $\qquad\qquad\qquad\qquad TC = FC+VC = FC+vQ \qquad (2-48)$

利润 $\qquad\qquad\qquad\qquad\qquad E = TR - TC \qquad\qquad\qquad (2-49)$

当项目达到盈亏平衡时 $\qquad\qquad TR = TC$

1）以产量表示的盈亏平衡点：

$$BEP(产量) = \frac{FC}{P-t-v} = \frac{FC}{P(1-tr)-v} \tag{2-50}$$

2）以单价表示的盈亏平衡点：

$$BEP(单价) = \frac{FC}{Q_0} + v + t = \frac{FC+vQ_0}{(1-tr)Q_0} \tag{2-51}$$

3）以销售收入表示的盈亏平衡点：

$$BEP(销售收入) = P \times BEP(产量) \tag{2-52}$$

4）以生产能力利用率表示的盈亏平衡点：

$$BEP(生产能力利用率) = \frac{BEP(产量)}{Q_0} \times 100\% \tag{2-53}$$

盈亏平衡分析的目的是找出项目的盈亏平衡点，以产量表示的盈亏平衡点越低，说明项目盈利的可能性越大，亏损的可能性越小，因而项目的抗风险能力越大。在多方案的比较和选择时，如果其他条件相同，则盈亏平衡点低的方案为最优方案。

【例2-2】 某拟建项目年设计生产能力为500t，产品价格$P=600$元/t，正常年份年固定成本$FC=6.25$万元，年可变成本$VC=17.5$万元，不考虑销售税金及附加，试求盈亏平衡产量、保持盈亏平衡的销售收入、正常年份的盈利额。

解 总收益$TR=$总成本TC，即$PQ = FC + vQ$

单位产品可变成本$v = 175000$元$\div 500t = 350$元/t

$$BEP(产量) = \frac{FC}{P-v} = \frac{62500}{600-350}t = 250t$$

$BEP(销售收入) = P \times BEP(产量) = 600$元/t$\times 250t = 150000$元

正常年份盈利额$= 600$元/t$\times 500t - 62500$元-175000元$= 62500$元

---

2. 敏感性分析

敏感性分析是通过分析、预测项目主要影响因素发生变化时对项目经济评价指标的影响，通过计算敏感度系数和临界点，估计经济评价指标对不确定性因素的敏感程度，找出敏感因素，并寻找回避和减少风险损失的措施。

敏感性分析的步骤：

1）确定敏感性分析的对象，如NPV、IRR等财务评价指标。

2）选择需要分析的不确定性因素，如产品价格、产销量、项目总投资、经营成本、标准折现率、建设年限以及达到设计生产能力的时间、项目经济生命周期等。

3）分析各不确定性因素对经济评价指标的影响程度，确定敏感因素。①选取不确定性因素的变化率，如 ±10%、±20% 等；②计算不确定因素变化后的经济评价指标值；③计算敏感度系数和临界点等敏感性指标（敏感度系数用经济评价指标的变化率与不确定性因素的变化率之比来表示，临界点是指使项目由可行变为不可行的不确定性因素变化临界值）；④结合敏感度系数和临界点的计算结果，对不确定性因素按敏感程度进行排序，找出较为敏感的不确定性因素。

4）综合分析，采取对策。

敏感性分析虽然可以估计不确定因素对项目评价指标的影响程度，找出较为敏感的不确定因素，但不能得出这些影响发生的可能性有多大。

2.3　决策技术

2.3.1　确定型决策

确定型决策，又称肯定型决策，决策人对不同方案的未来自然状态和信息完全已知，可根据完全确定的情况比较选择或者建立数学模型进行运算。确定型决策的具备条件为：①存在决策人希望达到的一个明确目标；②只存在一个确定的自然状态；③存在可供决策人选择的两个或两个以上的行动方案；④不同行动方案在确定自然状态卜的益损值可以计算出来。确定型决策的决策准则为收益最大或费用最小。

1. **备选方案之间的关系**

备选方案之间的关系不同，决定了所采用的评价方法也会有所不同。一般来讲，方案之间存在着三种关系：互斥关系、独立关系、相关关系。

1）互斥关系。各个方案间互相排斥，进行比选时，在各个备选方案中只能选择一个。

2）独立关系。各个方案的现金流量是独立的，不具有相关性，任一方案的采纳与否仅与自身的可行性有关，而与其他方案是否采纳没有关系。

3）相关关系。方案之间存在经济互补关系，某一方案的接受有助于其他方案的接受，或者某一方案的采用与否会对其他方案的现金流量产生影响，进而影响其他方案的采纳与否。

2. **互斥方案的比较与选择**

互斥方案的比较与选择包括两个步骤：考察各个方案自身的经济效果，对各方案进行绝对效果检验；考察方案的相对最优性，进行相对效果检验。

（1）计算期相同的互斥方案的比较与选择

1）净现值法。计算各个方案的净现值，首先剔除净现值小于0的方案，然后对净现值大于或等于0的方案比较其净现值，选择净现值大的方案为最优方案。

2）增量投资内部收益率（ΔIRR）法。由于内部收益率受现金流分布的影响较大，当采用内部收益率对方案进行比选时，不能直接根据内部收益率的大小来选择最优方案，可以采用增量投资内部收益来对方案进行比选。ΔIRR法的表达式为：

$$\sum_{t=0}^{n}\left[\left(CI-CO\right)_2-\left(CI-CO\right)_1\right]_t\left(1+\Delta IRR\right)^{-t}=0 \tag{2-54}$$

式中 $\left(CI-CO\right)_1$——初始投资小的方案第 t 年的净现金流量；

$\left(CI-CO\right)_2$——初始投资大的方案第 t 年的净现金流量。

利用增量投资内部收益率法比选互斥方案的步骤为：①计算各备选方案的内部收益率，剔除内部收益率小于基准收益率的方案；②将内部收益率大于或等于基准收益率的方案按初始投资额由小到大进行排序；③按初始投资额由小到大依次计算相邻两个方案的增量投资内部收益率 ΔIRR，如果 $\Delta IRR > i_c$，则保留投资大的方案，如果 $\Delta IRR \leqslant i_c$，则保留投资小的方案，直至全部方案比较完毕。

3）费用现值（PC）比较法。对效益基本相同，或效益无法或很难用货币直接计量的互斥方案进行比较时，通常用费用现值比较替代净现值进行评价，选择费用现值最低的方案为最优。费用现值的表达式如下：

$$PC\left(i_c\right)=\sum_{t=0}^{n}CO_t\left(1+i_c\right)^{-t} \tag{2-55}$$

（2）计算期不同的互斥方案的比较与选择　如果互斥方案的计算期不相同，则必须对计算期作出某种假定，使得方案在相等期限的基础上进行比选。

1）净年值法。净年值是以一定的基准收益率将项目计算期内的净现金流量等值换算为等额年值。净年值法（NAV）的表达式为：

$$NAV(i_c)=NPV(i_c)(A/P,i_c,n) \tag{2-56}$$

首先剔除净年值小于0的方案，然后比较剩余各方案的净年值大小，选择净年值最大的方案为最优。在对生命周期不同的互斥方案进行比选时，净年值是最为简便的方法。

2）费用年值（AC）比较法。对效益基本相同，或效益无法或很难用货币直接计量的计算期不同互斥方案进行比较时，常用费用年值比较替代净年值进行评价。费用年值法的表达式为：

$$AC\left(i_c\right)=PC\left(i_c\right)(A/P,i_c,n)=(\sum_{t=0}^{n}CO_t\left(1+i_c\right)^{-t})\left(A/P,i_c,n\right) \tag{2-57}$$

3）最小公倍数法（方案重复法）。选取各备选方案计算期的最小公倍数作为共同计算分析期，备选方案在共同的计算分析期内可按原方案的现金流重复实施若干次。

4）研究期法。选择各备选方案中最短计算期作为各方案的共同计算分析期。

3. 独立方案的比较与选择

（1）资金不受限制的情况　当各个方案相互独立，并且资金对所有项目不构成约束时，只需分别计算各项目的净现值或内部收益率，选择 $NPV \geqslant 0$ 或 $IRR \geqslant i_c$ 的方案即可。

（2）资金有限的情况　当各个方案相互独立，并且资金对所有项目构成约束时，通常采用独立方案互斥化法进行方案比选。

将各独立方案组合成相互排斥的方案，如A、B、C三个方案可以组合成7个互斥组合方案（A、B、C、A+B、A+C、B+C、A+B+C），然后按照互斥方案的比选方法进行方案选择。

2.3.2　不确定型决策

不确定型决策，又称非肯定型决策，是一种对未来可能发生的情况既无法确定其状态，又无法估计其概率的情况下的决策。

1. 乐观决策法（大中取大法）

特点：决策人对客观情况报乐观态度，总是认为会出现最好的情况。

步骤：①求各方案的最大益损值；②找出各最大益损值中的最大值，该值所对应的方案就为最优方案。

2. 悲观决策法（小中取大法）

特点：决策人对现实方案的选择持保守态度，为了保险起见，总是根据最坏的客观条件来考虑行动。

步骤：①求出各方案的最小益损值；②找出各最小益损值中的最大值，该值所对应的方案就为最优方案。

3. 折衷决策法（乐观系数法）

特点：决策人对客观条件的估计及选择既不像悲观者那样保守，也不像乐观者那样冒险，而是从中找出一个折衷的标准。

步骤：①决策人根据历史数据和经验确定一个乐观系数 α 来表达乐观程度，且 $0 \leq \alpha \leq 1$；②计算各方案的折衷益损值；③找出各方案折衷益损值中的最大值，该值所对应的方案就为最优方案。

$$折衷益损值 = \alpha \times 最大益损值 + (1-\alpha) \times 最小益损值 \qquad (2-58)$$

4. 等可能决策法

步骤：①假定有 n 种自然状态，规定每种自然状态出现的概率为 $1/n$；②计算各方案的益损期望值；③选择益损期望值最大的方案为最优方案。

5. 后悔值决策法（大中取小法）

后悔值又称遗憾值，是在某种自然状态下的最大益损值与各方案在该自然状态下的益损值之差。

步骤：①求出对应于各自然状态下的最大益损值；②用最大益损值减去相应自然状态下各方案的益损值，构成由后悔值构成的矩阵；③在后悔值矩阵中找出各方案的最大后悔值；④求出这些最大后悔值中的最小值，该值所对应的方案为最优方案。

【例 2-3】　某企业为生产一种新产品有三种可行方案，第一方案为改造原有生产线，第二方案为引进新的生产线，第三方案为按专业化协作生产。市场需求状况大致分为高、中、低三种可能，概率未知，每个方案在各种自然状态下的收益值见表 2-7，试用后悔值决策法对三个方案进行决策。

表2-7　某企业的新产品生产方案收益值

	θ_1（高）	θ_2（中）	θ_3（低）
A_1（改造生产线）	160	95	30
A_2（引进生产线）	220	120	15
A_3（协作生产）	100	70	50

解　1）各自然状态下的最大益损值为220，120，50。

2）计算后悔值矩阵

	θ_1	θ_2	θ_3
A_1	60	25	20
A_2	0	0	35
A_3	120	50	0

3）各方案的最大后悔值为60，35，120。

4）min｛60，35，120｝= 35

所以 A_2 方案为最优方案。

2.3.3　风险型决策

风险型决策，又称随机型决策或统计型决策，是指在对拟建项目未来各种自然状态出现概率能够估测出来的情况下，作出既有较大把握，又有一定风险的决策。风险型决策的具备条件为：①存在决策人希望达到的一个明确目标；②存在两个或两个以上的自然状态；③存在可供决策人选择的两个或两个以上的行动方案；④不同行动方案在不同自然状态下的益损值可以计算出来；⑤不同自然状态出现的概率可以预先估计或计算出来。

1. 期望值准则

风险型决策的决策准则是应用期望值准则，以益损期望值最大的行动方案作为最优方案，益损期望值按式（2-51）进行计算。在进行项目经济评价时，通常是计算各方案净现值的期望值，以净现值期望值最大的方案为最优方案。期望值准则的表达式为：

$$E(A_i) = \sum_{j=1}^{n} P(\theta_j) a_{ij}$$
（2-59）

式中　$E(A_i)$——A_i 方案的益损期望值；

　　　$P(\theta_j)$——自然状态 θ_j 的发生概率；

　　　a_{ij}——A_i 方案在自然状态 θ_j 下的益损值；

　　　n——自然状态数。

【例2-4】　某项目有新建、扩建、维持三个备选方案（A_1、A_2、A_3），面临未来市场好、中、差三种状态（表2-8），各状态出现的概率已知，要求用风险型决策方法进行决策。

表2-8　某项目方案益损值　　　　　　　（单位：万元/年）

方案 \ 状态与概率	差	中	好
	0.2	0.6	0.2
A_1（新建）	−50	210	490
A_2（扩建）	−10	260	300
A_3（维持）	0	300	250

解　$E(A_1) = [0.2 \times (-50) + 0.6 \times 210 + 0.20 \times 490]$万元/年 = 214万元/年

$E(A_2) = [0.2 \times (-10) + 0.6 \times 260 + 0.20 \times 300]$万元/年 = 214万元/年

$E(A_3) = [0.2 \times 0 + 0.6 \times 300 + 0.20 \times 250]$万元/年 = 230万元/年

所以A_3方案为最优方案。

2. 决策树法

决策树法是风险型决策的一种图解方法，直观易懂，特别适用于多阶段决策。决策树是以"□"和"○"作为结点，并由直线连接而形成的一种树枝状结构。决策树一般由决策点、机会点、方案枝、概率枝等组成（图2-4）。

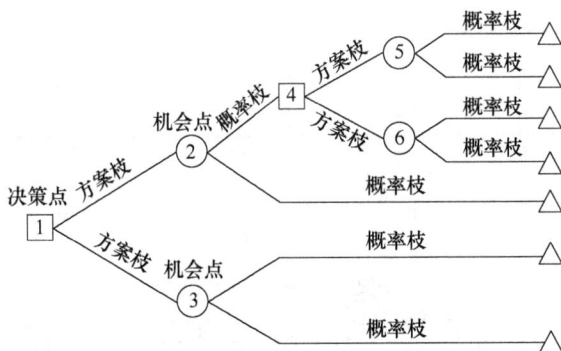

图2-4　决策树结构图

决策树法的解题步骤：

（1）绘制决策树图

1）画出决策点，用"□"表示。

2）从决策点引出若干条直线，每条直线代表一种方案，在方案枝上标明方案名称，在方案枝下标明投资额。

3）在各方案枝的末端画上"○"（机会点）或"□"（决策点）。

4）从机会点引出若干条直线，代表不同的自然状态。

5）在概率枝的上、下标明不同自然状态的概率值及益损值。

6）在概率枝的末端画上"△"，表示终点，有时也可将各概率枝对应自然状态下的益损值标在"△"的后面。

7）对决策点和机会点进行编号，编号的顺序是从左到右，从上到下。

（2）计算各点的益损期望值

1）机会点的益损期望值。各自然状态的概率值乘以相应的益损值，然后相加求和，有时需要减去相应的投资额。

2）决策点的益损期望值。比较与方案枝相连的各机会点期望值的大小，取大值作为决策点的益损期望值，舍弃期望值小的机会点前的方案，在方案枝上画上修枝符号。

（3）确定方案　从右向左，寻找未舍弃的方案。

【例2-5】 某厂为了生产某种新产品有两个方案：方案1是建一个规模大的车间，需投资500万元；方案2是建一个规模小的车间，需投资200万元。两个方案的使用期都是10年，在这期间的自然状态概率及年度益损值（净现金流量）见表2-9。折现率为10%，不考虑建设期的持续时间，试用决策树法进行方案选择。图2-5所示为【例2-4】的决策树。

表2-9　某车间建设方案的自然状态概率及年度益损值

自然状态	概率	年度益损值/万元	
		方案1	方案2
销路好	0.7	200	80
销路差	0.3	− 50	60

解

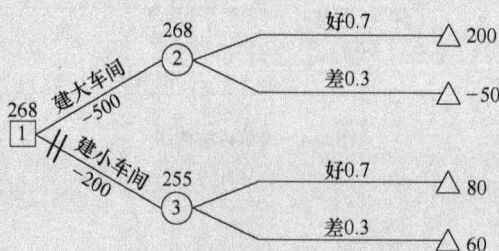

图2-5　【例2-4】的决策树

$$E_2= （ 0.7 \times 200-0.3 \times 50 ） （ P/A, 10\%, 10 ） - 500$$

$$= \left[（ 0.7 \times 200-0.3 \times 50 ） \times \frac{1.1^{10} -1}{0.1 \times 1.1^{10}} - 500 \right] 万元$$

$$=[（ 0.7 \times 200-0.3 \times 50 ） \times 6.145 - 500] 万元=268 万元$$

$$E_3= （ 0.7 \times 800 + 0.3 \times 60 ） （ P/A, 10\%, 10 ） - 200$$

$$=[（ 0.7 \times 800 + 0.3 \times 60 ） \times 6.145 - 200] 万元=255 万元$$

因为 $E_2>E_3$，所以 $E_1=E_2=268$ 万元，则建大车间为最优方案。

【例2-6】 对【例2-4】分前3年和后7年两期考虑，根据市场预测，前3年新产品销路好的概率为0.7，如果前3年销路好，则后7年销路好的概率为0.9；如果前3年销路差，则后7年销路肯定差。试问在这种情况下，应选择哪一种方案？图2-6所示为【例2-6】的决策树。

解

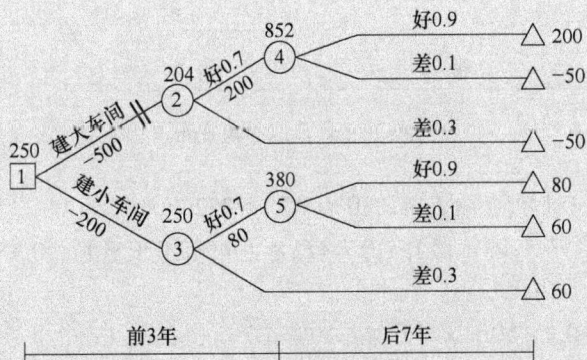

图2-6 【例2-6】的决策树

$$E_4= （ 0.9 \times 200-0.1 \times 50 ） （ P/A, 10\%, 7 ）$$

$$= \left[（ 0.9 \times 200-0.1 \times 50 ） \times \frac{1.1^7 -1}{0.1 \times 1.1^7} \right] 万元=[（ 0.9 \times 200-0.1 \times 50 ） \times 4.868] 万元=852 万元$$

$$E_2=0.7 \times 200 \times （ P/A,10\%,3 ） + 0.7 \times E_4 \times （ P/F,10\%,3 ） + 0.3 \times （ -50 ） \times （ P/A, 10\%, 10 ） - 500$$

$$= \left[0.7 \times 200 \times \frac{1.1^3 -1}{0.1 \times 1.1^3} + 0.7 \times 852 \times \frac{1}{1.1^3} + 0.3 \times （ - 50 ） \times 6.145 - 500 \right] 万元$$

$$=[0.7 \times 200 \times 2.487 + 0.7 \times 852 \times 0.751 + 0.3 \times （ - 50 ） \times 6.145 - 500] 万元=204 万元$$

$$E_5= （ 0.9 \times 80 + 0.1 \times 60 ） \times （ P/A, 10\%, 7 ）$$

$$=[（ 0.9 \times 80 + 0.1 \times 60 ） \times 4.868] 万元=380 万元$$

$$E_3=0.7 \times 80 \times （ P/A, 10\%, 3 ） + 0.7 \times E_5 \times （ P/F, 10\%, 3 ） + 0.3 \times 60 \times （ P/A, 10\%, 10 ） - 200$$

=[0.7×80×2.487 + 0.7×380×0.751 + 0.3×60×6.145 − 200]万元=250万元

因为 $E_2 < E_3$，所以 $E_1 = E_3 = 250$ 万元，则建小车间为最优方案。

【例2-7】 在【例2-5】中若再提出方案3，先建小车间，如果销路好，3年后再考虑扩建，扩建需要投资100万元，扩建后可使用7年，每年益损值与建大车间相同，试比较三种方案，用决策树法进行决策（图2-7）。

解

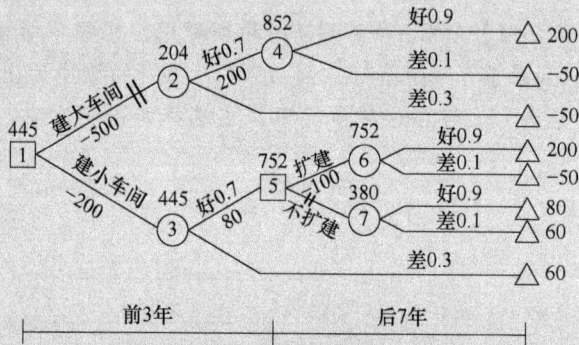

图2-7 【例2-7】的决策树

$E_4 = (0.9×200−0.1×50)(P/A, 10\%, 7) = 852$ 万元

$E_2 = 0.7×200×(P/A,10\%,3) + 0.7×E_4×(P/F,10\%,3) + 0.3×(−50)×(P/A, 10\%, 10) − 500 = 204$ 万元

$E_6 = (0.9×200−0.1×50)×(P/A, 10\%, 7) − 100$

　$= [(0.9×200−0.1×50)×4.868 − 100]$万元$= 752$ 万元

$E_7 = (0.9×80 + 0.1×60)×(P/A, 10\%, 7)$

　$= [(0.9×80 + 0.1×60)×4.868]$万元$= 380$ 万元

因为 $E_6 < E_7$，所以 $E_5 = E_6 = 752$ 万元。

$E_3 = 0.7×800×(P/A, 10\%, 3) + 0.7×E_5×(P/F, 10\%, 3) + 0.3×60×(P/A, 10\%, 10) − 200$

$= [0.7×800×2.487 + 0.7×752×0.751 + 0.3×60×6.145 − 200]$万元$= 445$ 万元

因为 $E_2 < E_3$，所以 $E_1 = E_3 = 445$ 万元，则最优方案是先建小车间，3年后如果销路好再扩建。

2.4　案例分析

<背景资料>

某拟建项目建设投资为3600万元（含建设期借款利息），其中：预计形成固定资产为3060万元，无形资产为540万元。固定资产使用年限为10年，残值率为4%。该项目的建设期为2年，生产运营期为6年。

项目的资金投入、收益、成本等基础数据见表2-10。

表2-10　某拟建项目的资金投入、收益、成本等基础数据　　　（单位：万元）

序号	项　目 \ 年份	1	2	3	4	5~8
1	建设投资： 资本金 借款（含建设期利息）	1200	340 2060	—	—	—
2	流动资金： 资本金 借款	—	—	300 100	400	—
3	年销售量/万件	—	—	60	120	120
4	年经营成本	—	—	1682	3230	3230

建设投资借款年利率为6%（按年计息），建设期不付息，建设投资借款的还款方式为运营期前4年等额还本；流动资金借款年利率为4%（按年计息）。

无形资产在生产运营期6年中均匀摊入成本。

设计生产能力为年产量120万件，产品售价为38元/件，销售税金及附加的税率为6%，所得税率为25%，行业基准收益率为8%。

行业平均总投资收益率为10%，资本金净利润率为15%。

应付投资各方股利按股东会事先约定计提：运营期前两年按可供分配利润的10%计提，以后各年均按30%计提，亏损年份不计提。

本项目不考虑计提任意盈余公积金。

<问题>

1. 编制借款偿还计划表、总成本费用估算表、利润和利润分配表。

2. 计算项目总投资收益率和资本金净利润率，并判断项目的可行性。

<参考答案>

第3年年初借款本息累计为2060万元，则每年偿还本金=2060万元÷4=515万元

表2-11所示为项目借款还本付息计划表。

表2-11　某项目借款还本付息计划表　（单位：万元）

序号	项目	1	2	3	4	5	6	7	8
1	建设投资借款	—	—	—	—	—	—	—	—
1.1	期初借款余额	—	—	2060.00	1545.00	1030.00	515.00	—	—
1.2	当期还本付息 其中：还本 付息（6%）	—	—	638.60 515.00 123.60	607.70 515.00 92.70	1133.00 515.00 61.80	545.9 515.00 30.9	—	—
1.3	期末借款余额	—	2060.00	1545.00	1030.00	515.00	—	—	—
2	流动资金借款	—	—	—	—	—	—	—	—
2.1	期初借款余额	—	—	100.00	500.00	500.00	500.00	500.00	500.00
2.2	当期还本付息 其中：还本 付息（4%）			4.00 4.00	20.00 20.00	20.00 20.00	20.00 20.00	20.00 20.00	20.00 20.00
2.3	期末借款余额	—	—	100.00	500.00	500.00	500.00	500.00	—
3	临时借款								
3.1	期初借款余额	—	—	—	131.24				
3.2	当期还本付息 其中：还本 付息（4%）	—	—	—	136.49 131.24 5.25	—	—	—	—
3.3	期末借款余额	—	—	131.24	—	—	—	—	—

计算固定资产折旧费和无形资产摊销费：

固定资产原值=（3000＋60）万元=3060万元

折旧费=3060万元×（1-4%）÷10=293.76万元

摊销费=540万元÷6=90万元

第3年销售收入为（60×38）万元=2280万元

第3年销售税金及附加为2280万元×6%=136.80万元

第4~8年营业收入为（120×38）万元=4560万元

第4~8年销售税金及附加为4560万元×6%=273.60万元

表2-12所示为项目成本费用估算表。

表2-12　某项目成本费用估算表　（单位：万元）

序号		3	4	5	6	7	8
1	经营成本	1682.00	3230.00	3230.00	3230.00	3230.00	3230.00
2	折旧费	293.76	293.76	293.76	293.76	293.76	293.76
3	摊销费	90.00	90.00	90.00	90.00	90.00	90.00
4	建设投资借款利息	123.60	92.70	61.80	30.90	—	—

（续）

序号		3	4	5	6	7	8
5	流动资金借款利息	4.00	20.00	20.00	20.00	20.00	20.00
6	短期借款利息	—	5.25	—	—	—	—
7	总成本费用	2193.36	3731.71	3695.56	3664.66	3633.76	3633.76

表2-13所示为项目利润与利润分配表。

表2-13　某项目利润与利润分配表　　　　（单位：万元）

序号	项目	3	4	5	6	7	8
1	销售收入	2280.00	4560.00	4560.00	4560.00	4560.00	4560.00
2	总成本费用	2193.36	3731.71	3695.56	3664.66	3633.76	3633.76
3	销售税金及附加	136.80	273.60	273.60	273.60	273.60	273.60
4	补贴收入	—	—	—	—	—	—
5	利润总额（1−2−3+4）	−50.16	554.69	590.84	621.74	652.64	652.64
6	弥补以前年度亏损	—	50.16	—	—	—	—
7	应纳税所得额（5−6）	—	504.33	590.84	621.74	652.64	652.64
8	所得税（7）×25%	—	126.13	147.71	155.44	163.16	163.16
9	净利润（5−8）	−50.16	428.56	443.13	466.30	489.48	489.48
10	期初未分配利润	—	—	39.51	175.59	285.44	508.18
11	可供分配利润（9+10−6）	—	378.40	482.64	641.89	774.92	997.66
12	法定盈余公积金（9）×10%	—	42.86	44.31	46.63	48.95	48.95
13	可供投资者分配利润（11−12）	—	335.54	438.33	595.26	725.97	948.71
14	应付投资者各方股利	—	33.55	131.50	178.58	217.79	284.61
15	未分配利润（13−14）	—	301.99	306.83	416.68	508.18	664.10
16	用于还款未分配利润	—	262.48	131.24	131.24	—	—
17	剩余利润	—	39.51	175.59	285.44	508.18	664.10
18	息税前利润（5+当年利息支出）	77.44	672.64	672.64	672.64	672.64	672.64

在不考虑临时借款时，第3年利润为负值，所以该年不计所得税，不计提盈余公积金和可供投资者分配利润，还需要短期借款（515−293.76−90）万元=131.24万元

第4年净利润为428.56万元，为盈利年份，可计提法定盈余公积金和可供投资者分配利润等。

总投资收益率=正常年份的息税前利润 ÷ 总投资

$$=672.64 ÷（3540 + 60 + 800）× 100\% = 15.29\% > 行业平均值10\%$$

年平均净利润=（−50.16 + 428.56 + 443.13 + 466.30 + 489.48 + 489.48）万元 ÷ 6 = 377.80万元

资本金净利润率=年平均净利润 ÷ 资本金

$$=377.80 ÷（1540 + 300）× 100\% = 20.53\% > 行业平均值15\%$$

从总投资收益率和资本金净利润率判断，该项目的盈利能力大于行业平均水平，故该项目可行。

本 章 习 题

一、单选题

1.（　）阶段研究的重点是投资环境分析，鉴别投资方向，选定建设项目。

A. 投资机会研究阶段　　　　　　　B. 编制项目建议书阶段

C. 初步可行性研究阶段　　　　　　D. 可行性研究阶段

2. 可行性研究内容与初步可行性研究相比主要区别在于（　）。

A. 增加市场分析　　　　　　　　　B. 研究深度提高

C. 增加社会评价　　　　　　　　　D. 投资估算值提高

3. 进行项目投资现金流量分析不需要的基础数据是（　）。

A. 建设投资　　B. 建设期利息　　C. 营业收入　　D. 流动资金

4. 下列财务评价指标中，属于动态评价指标的是（　）。

A. 流动比率　　B. 资产负债率　　C. 内部收益率　　D. 投资利润率

5. 在进行投资项目方案经济比选时，对于仅有费用流量且计算期相同的互斥方案，以（　）的方案为最优方案。

A. 内部收益率最大　　　　　　　　B. 资金成本率最小

C. 投资回收期最长　　　　　　　　D. 费用现值最小

二、多选题

1. 可行性研究报告中，项目经济评价的内容主要包括（　）。

A. 财务评价　　B. 社会评价　　C. 环境影响评价

D. 国民经济评价　　E. 资源评价

2. 工程项目经济评价应遵循的基本原则包括（　）。

A. 有无对比

B. 定量分析与定性分析相结合，以定性分析为主

C. 收益与风险权衡

D. 费用与效益计算口径对应一致

E. 动态分析与静态分析相结合，以动态分析为主

3. 下列关于项目财务评价指标的表述中，正确的有（　　）。

A. 利用投资回收期进行决策可能导致判断失误

B. 利用动态指标进行评价的方法相对更为客观

C. 项目资本金净利润率表示项目资本金的盈利水平

D. 总投资收益率是项目投产期的利润与项目总投资的比值

E. 投资回收期是以项目的净利润回收项目投资所需的时间

4. 进行投资项目方案经济比选时，生命周期不等的互斥方案可以直接采用的比选方法有（　　）。

A. 净年值法　　　　B. 增量投资内部收益率法　　　　C. 净现值法

D. 费用现值法　　　E. 年费用法

5. 下列关于盈亏平衡分析的表述，正确的有（　　）。

A. 盈亏平衡点的固定成本等于变动成本

B. 进行盈亏平衡分析可以考察项目的抗风险能力

C. 以生产能力利用率和产量表示的盈亏平衡点高，表明项目对市场变化的适应能力大

D. 盈亏平衡点可以采用图解法求取

E. 盈亏平衡分析应按项目达产年份的数据计算

第 3 章
工程项目组织管理

本章概要

（1）工程项目管理组织

（2）工程项目管理的组织制度以及工作内容

（3）工程项目管理组织机构的设计原则

（4）工程项目管理组织结构形式

（5）项目经理

（6）施工项目组织协调

3.1　工程项目组织概述

工程项目管理的一切工作都要依托组织来进行。建立科学合理的组织机构和组织制度是实现工程项目目标的组织保证。

3.1.1　工程项目管理组织概述

1. 组织

组织是指完成特定使命的人们为了实现共同目标而组合成的有机整体。组织一般有两种含义：一种是有目的、有系统集合起来，即通过一定权力体系或影响力，为达到某种工作的目标，对所需要的一切资源进行合理的配置过程，如组织员工，这种组织是管理的一种职能。另一种含义是指按照一定的宗旨和目标建立起来的集体，如企业、机关、学校、医院、各级政府部门、各个层次的经济实体、各个党派和政治团体等，这些都是组织。通常研究的内容是各生产要素相结合的形式和制度，前者表现为组织结构，后者表现为组织的工作规则。

本章所讨论的组织是第二种含义，即根据建筑工程项目的要求建立合理的建筑工程项目管理组织结构及工作规则等，它具有以下三个特征：

（1）明确的目标　没有目标就不是组织，而仅是一个人群。目标是组织的愿望和外部环境结合的产物，所以组织的目的性不是无限的，而是受环境影响和制约的，这个环境包括政治、经济、法律、技术及社会文化环境，有了目标后组织才能确定方向。

（2）拥有资源 组织拥有的资源主要包括五大类，即人、财、物、信息和时间。

1）人力资源。它是组织最核心的资源，是组织创造力的源泉，是五种资源中唯一的"活"的要素，具有能动性。

2）财力资源。它主要是指资金，是流动中的货币。组织在其存在和发展中需要大量的资金，这些钱有一部分是归组织或股东所有的，还有相当一部分是通过各种渠道聚集起来的，有了一定量的资金，组织的各项工作才能运转起来。

3）物的资源。做任何事情物资管理都非常重要，仅有资金是不够的，货币是一种抽象的资源，只有转化成物资，才完成了从抽象到具体、从一般到特殊的过程，从而能满足组织发展的特定需要。

4）信息资源。信息实际上是一种可以认知其意义的符号，现代社会信息传输、交换、存储的手段已经非常发达，信息量的激增，给管理带来了许多好处，同时也向其提出了挑战。在信息海洋中如何找到最有价值的信息，如何能在信息不完全的情况下进行经营决策，这是对每一个管理者的考验。运用好信息资源对一个企业来说是非常关键的。所以在谈到企业组织运营特色的时候，管理学大师彼得·德鲁克说，一个管理者最不同于其他岗位和领域的人员的三大特征：一是他要交换和处理信息；二是基于前者作出决策；三是要为组织进行战略规划。可见信息对管理是非常重要的。

5）时间。时间具有不可重复性、不可再生性，而且是不可替代的。科学管理起源于工业革命后期企业家对效率的追求，而效率就是对时间的节约，同样的时间做更多的事、产生更多的成果就是效率。

（3）保持一定的权责结构 这种权责结构表现为层次清晰，任务有明确的承担者，并且权力和责任是对等的。

2. 工程项目管理组织

组织一词的具体含义根据不同使用环境和使用场合而不同，工程项目管理组织是人们为了实现特定的项目目标，通过明确分工协作关系，建立不同层次的责任、权力、利益制度而构成的从事项目具体工作的运行系统。工程项目管理组织的建立是项目顺利完成的保证，它与企业组织既有区别又有联系。工程项目管理组织的特点如下：

（1）项目管理组织的系统性 项目管理组织的设置应能完成项目所有工作（工作包）和任务，即通过项目结构分解得到的所有工程（工作），都应无一遗漏地落实完成。所以项目系统结构对项目的组织结构有很大的影响，它决定了项目组织工作的基本分工，以及组织结构的基本形态。

（2）项目管理组织管理的主动性 不同于一般的企业组织，项目组织必须给各管理人员以主动性、决定权和一定范围内变动的自由，即充分发挥项目管理人员的主观能动性，这样才能最有效地工作。

（3）项目管理组织的一次性 每一个具体的工程项目都是一次性的、暂时的，所以项目组织也是一次性的、临时的，具有临时组合性特点。项目组织的寿命与它在项目中所承担任务（由合同规定）的时间长短有关。项目结束或相应项目任务结束后，项目组织就会解散或重新构成其他项目组织。

项目管理组织的一次性和暂时性，是它区别于企业组织的一大特点，它对项目组织的运行和沟通、参加者的组织行为以及组织控制有很大的影响。

（4）项目管理组织与企业组织（项目的上层系统）之间有复杂的关系 无论是企业内的项目，还是由多企业合作进行的项目，项目组织常常依附于企业组织，项目管理的人员和部门常常由企业提供，有些项目任务也由企业部门完成。

（5）项目管理组织有高度的弹性、可变性 它不仅表现为许多组织成员随项目任务的承接和完成，以及项目的实施过程而进入或退出项目管理组织，或承担不同的角色，而且可以随目标和计划变化而变化。

项目管理组织的上述特点，不同于一般的企业组织和社团组织，它在很大程度上决定了项目管理的特点、项目中沟通的特点。

3.1.2 工程项目管理组织的工作内容

工程项目管理组织是实施施工项目管理而建立的组织机构，以及该机构为实现施工项目目标所进行的各项组织工作的总称。工程项目管理组织作为组织机构，是根据项目管理目标通过科学设计而建立的组织实体——项目经理部。该机构是由一定的领导体制、部门设置、层次划分、职责分工、规章制度、信息管理系统等构成的有机整体。一个以合理有效的组织机构为框架所形成的权力系统、责任系统、利益系统、信息系统是实施施工项目管理及实现最终目标的组织保证。作为组织工作，则是以法定形式形成的权力系统，通过所具有的组织力、影响力，在工程项目管理中，集中统一指挥，合理配置生产要素，协调内外部及人员间关系，发挥各项业务职能的能动作用，确保信息畅通，推进工程项目目标的优化和实现等全部管理活动。工程项目管理组织机构及其所进行的管理活动的有机结合，才能充分发挥施工项目管理的职能。

工程项目管理组织的工作内容包括组织设计、组织运行、组织调整三个环节。具体内容有以下几个方面：

1. 工程项目管理组织的组织设计

1）根据施工项目管理目标及任务，建立合理的项目管理组织结构，包括管理层次的划分、部门的设置。

2）根据管理业务性质和责权对等的原则，规定各部门、各岗位的职责范围和相应的权限，并建立必要的规章制度。

3）根据分工协作的要求，规定各部门或各岗位的相互关系，建立各种信息的沟通渠道，以及它们之间的协调原则和方法。

2. 工程项目管理组织的组织运行

1）根据权职对等的原则，配备符合工作要求的管理人员，使他们在各自的岗位上履行职责、行使权力、交流信息，正确开展管理活动。

2）对管理人员进行培训、激励、考核和奖惩，以提高其素质和士气，通过共同努力实现项目管理目标。

3. 工程项目管理组织的组织调整

根据工作的需要、环境的变化，分析原有项目管理组织的不足、适应性和效率，对原有项目管理组织系统进行调整和重新组合，包括组织形式的变化、人员的变动、规章制度的修订、责任系统和信息系统的调整等。

3.1.3　工程项目管理组织机构的设计原则

工程项目的组织机构是按照一定的活动宗旨（管理目标、活动原则、功效要求等），把项目的有关人员根据工作任务阶段性质划分为若干层次，明确各层次的管理职能，并使其具有系统性、整体性的组织系统。高效率的组织机构的建立是项目管理取得成功的组织保证。

组织机构设计就是要在管理分工的基础上，设计出组织所需的管理职能和各个管理职能之间的关系。一个合理的组织机构，应该能够随外部环境的变化而适时调整，才能为项目管理者创造良好的管理环境，才有利于更有效地实现管理目标。组织机构设计的目的，就是要通过创造柔性灵活的组织，动态地反映外在环境变化的要求，并且能够在组织演化成长的过程中，有效积聚新的组织资源要素，同时协调好组织中部门与部门之间、人员与任务之间的关系，使员工明确自己在组织中应有的权力和应担负的责任，有效地保证组织活动的开展，最终保证组织目标的实现。因此，组织机构的设计非常重要，必须遵守一定的原则。

1. 目标性原则

任何一个组织的设立都有其特定的任务和目标，没有任务和目标的组织是不存在的。因此，在进行组织结构设计时必须遵守这一原则。项目管理者应对管理组织认真分析，围绕任务和目标确立需要设置的人员、职位、部门、职能等要素。同时，组织在随外部环境变化对内部要素进行调整、合并、取消时也必须遵守目标性的原则，以是否有利于实现其任务目标作为衡量组织结构的标准。

2. 系统化管理的原则

项目自身具有系统化的原则，因此在组织设立时应体现系统化，即组织要素之间既要分工协作又必须统一命令。分工协作是指为了提高专业化管理程度和工作效率，把管理任务目标分解到人、到岗位，同时各人各岗位之间必须相互协作，共同完成管理目标。分工越细，专业化水平越高，责任越明确，工作效率越高。但由于部门机构繁多，工作交接多，相互之间的沟通较难，对协作提出了更高的要求。在管理过程中，要想做好分工协作、提高效率，就必须统一命令，建立起严格的管理责任制，逐层负责制，保证政令畅通。

3. 管理跨度和管理层次适中的原则

管理跨度是指一个领导者所直接领导的人员数量。如一名经理配备二名副经理和三名总师（总工程师、总经济师、总会计师），那么经理的管理跨度就是5。现代管理学家已经证明，管理跨度增加一个，则领导与下级之间的工作接触将成倍增加。英国管理学家丘格纳斯认为：如果下级人数以算术级数增加时，其领导者同下属人员之间的人际关系数，将以几何级数增加，其公式为：

$$C = N\left(2^{N-1} + N - 1\right) \tag{3-1}$$

式中　　C——可能存在的人际关系数；

N——管理跨度。

例如，一个领导者直接领导2人共同工作，其可能存在的人际关系数是6，如果直接领导下级人数由2人增加为3人，则其人际关系数就由6增加为18。当然，按此公式计算，管理跨度增为十几人时，人际关系数非常大，实际情况可能并不那样严重，但跨度太大，的确常常会出现应接不暇，顾此失彼的现象。一般认为，跨度大小应是个弹性限度。上层领导为3~9人，以6~7人为宜；基层领导为10~20人，以12人为宜；中层领导则居中。

为使领导者控制适当的管理跨度，可将管理系统划分为若干层次，使每一层次的领导者可集中精力在其职责范围内实施有效的管理。管理层次是指从最高管理者到实际工作人员的等级层次的数量。管理层次划分的多少，应根据部门事务的繁简程度和各层次管理跨度的大小加以确定。如果层次划分过多，信息传递容易发生失真及遗漏现象，可能导致管理失误。但是，若层次划分过少，各层次管理跨度过大，会加大领导者的管理难度，也可能导致管理失误。管理组织机构中一般分为三个层次：一是决策层，二是中间控制层（协调层和执行层），三是作业层（操作层）。决策层是指管理目标与计划的制定者，由项目经理及其助理组成对项目进行重大决策，为项目负责；协调层是决策层的重要参谋、咨询层，由专业工程师组成，是协调项目内外事务和矛盾的技术与管理核心，是项目质量、进度、成本的主要控制监督者；执行层是指直接调动和安排项目活动、组织落实项目计划的阶层，是项目具体工作任务的分配监督和执行者；操作层是指从事和完成具体任务的阶层，由熟练的作业技能人员组成。

科学的管理跨度，加上适当的管理层次划分和适当的授权，正是建立高效率组织机构的基本条件。

4. 责、权、利相平衡的原则

组织内部有了明确的分工就意味着每一个人或职位要承担一定的责任，而组织成员要完成责任就必须拥有相应的权力，同时必须享受相应的利益。在组织设计时，一要考虑到一个人所负的责任应和它所拥有的权力和所享受的待遇相一致；二要考虑到同一层次人员之间的责、权、利相平衡。同工不同酬、同岗不同酬都不利于调动人员积极性，更不利于管理，难以保证管理目标的实现。

5. 精简高效的原则

精简高效是任何一个组织建立时都力求实现的组织目标。组织成员越多，管理费用就越高，而且越不利于组织运转。但是精简却不是指人少，而应做到人员少而精。因此，精简的原则是在保证完成组织任务的前提下，尽量简化机构，选用精干的队伍，选用"一专多能"的人员，这样才有利于提高组织工作效率，更好地实现组织管理目标。

6. 稳定性和灵活性相结合的原则

组织建立的任务和目标是进行有效的组织活动，这就要求组织必须处于一种相对稳定的状态。但是，随着项目实施的进展，管理目标有所改变，组织的任务目标也应发生相应的变化，那么组织结构就必须适时调整，有针对性地对组织因素加以适当调整以适应新的管理要求。一成不变的组织不可能创造出业绩，也不能完成管理目标。因此，组织结构形式的设立必须在稳定的基础上可以灵活改变，提高组织适应性。

3.2　工程项目组织结构形式

3.2.1　工程项目施工方组织机构的常见类型

工程项目管理组织机构是指表现构成管理组织的各要素（人员、职位、部门、级别等）的排列顺序、空间位置、聚集状态、联系方式及相互关系的一种形式，一般以组织结构图的形式来表达。组织结构图是指组织的基本架构，是描述组织中所有部门以及部门之间关系的框图。以方框表示各种管理职务及相应的部门，箭线表示权力的指向，通过箭线将各方框连接，表明了各种管理职务或部门在组织结构中的地位以及他们之间的相互关系。

1. 直线式组织结构形式

直线式组织结构是最早也是最简单的组织形式，也称为线性组织结构形式，它来源于严格的军事组织系统。该组织形式没有职能机构，从组织的最高层到最低层，上下垂直领导。资本主义早期以手工作坊为主的小规模生产都采用这种组织形式。它不适用于经营规模较大、管理工作复杂的项目。其结构如图3-1所示。

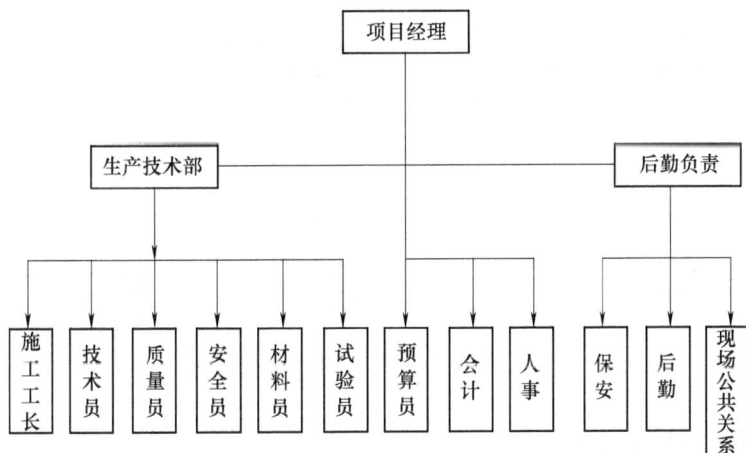

图3-1　直线式组织结构

（1）直线式组织结构的特点

1）组织中每一位主管人员执行全部管理职能。

2）自上而下执行单一命令原则。

3）主管人员通晓必需的各种专业知识。

（2）直线式组织结构的优点

1）组织结构设置简单，权责分明，信息沟通快。

2）便于统一指挥、集中管理。

3）管理费用低。

（3）直线式组织结构的缺点

1）缺乏横向协调，适应性差。

2）没有职能机构当领导的助手，领导负担重，容易产生忙乱现象。

2. 职能式组织结构形式

职能式组织结构形式是一种传统的组织结构模式。在人类历史发展过程中，当手工业作坊发展到一定的规模时，一个企业内需要设置对人、财、物和产、供、销管理的职能部门，这样就逐步形成了初级的职能组织结构。

职能式组织结构形式是指企业按职能划分部门，如计划、采购、生产、营销、财务、人事等职能部门。项目的全部工作作为各职能部门的一部分工作进行，各职能部门根据项目的需要承担本职能范围内的工作，每一个职能部门根据它的管理职能对其直接和非直接的下属工作部门下达工作指令。职能式组织结构的特点是采用按职能实行专业化的管理办法，即上层主管的下面设立职能机构和人员，把相应的管理职责和权力交给这些机构，下级既要服从上级主管人员的指挥，也要听从上级各职能部门的指挥。职能式组织结构如图3-2所示。

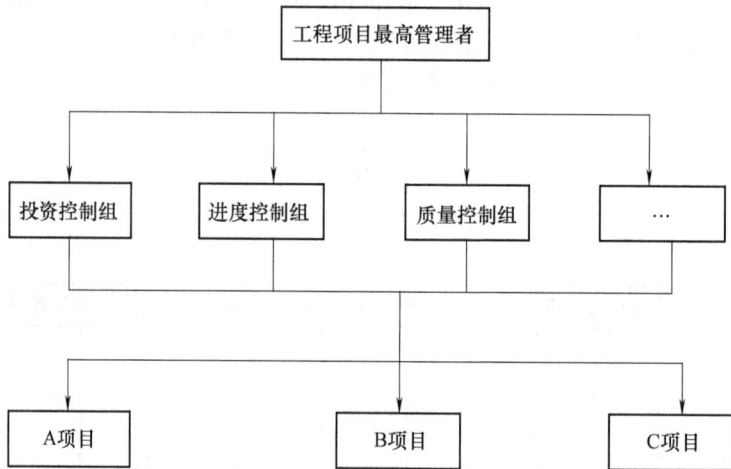

图3-2　职能式组织结构

（1）职能式组织结构的优点

1）在资源利用上具有较大的灵活性。各职能部门主管可以根据项目的需要灵活调配人力等资源的强度，待所分配的工作完成后，可做其他日常工作，降低了资源闲置成本。

2）有利于提高企业技术水平。职能式组织结构形式是以职能的相似性来划分部门的，同一部门人员之间可交流经验，共同研究，有利于提高业务水平，也有利于提高企业的整体技术水平。

3）有利于协调企业的整体活动。由于职能部门主管只向企业领导负责，企业领导可以从全局出发，协调各职能部门的工作。

（2）职能式组织结构形式的缺点

1）工作中常会出现交叉和矛盾的工作指令。在职能式组织结构形式中，每一个工作部门可能得到其直接和非直接的上级工作部门下达的工作指令，这样就会形成多头领导，可能会严重影响项目管理机制的运行和项目目标的实现。

2）责任不明，协调困难。由于各职能部门只负责项目的一部分，没有一个人承担项目的全部责任，各职能部门内部人员责任也比较淡化，而且各部门常常只从其局部利益出发，对部门之间的冲突很难协调。

3）跨部门之间的沟通困难。由于各个职能部门的本位主义思想，各个部门之间沟通困难。对于技术复杂的项目，跨部门之间的沟通更为困难。

3. 直线职能式组织结构

现阶段，我国施工企业一般采用直线职能式的组织形式。直线职能式是由直线式与职能式演变而成的一种组织形式。直线职能式吸收了二者的优点，将它们结合起来。其组织特点是公司负责人一方面通过职能部门对公司承揽的工程项目实行横向领导，另一方面又通过职能部门实行纵向（直线）领导。在施工企业中，主要有两种直线职能式组织形式。

（1）混合工作队式 混合工作队在国外称为特别工作组，其结构如图3-3所示。

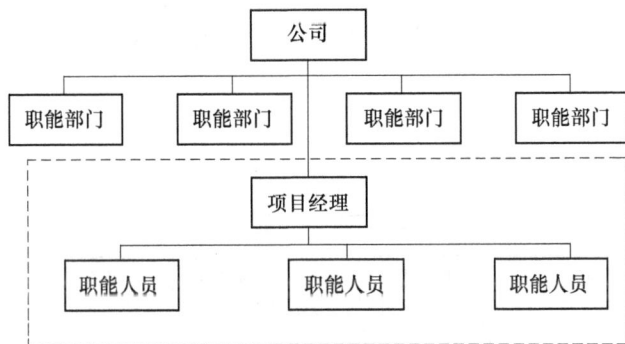

图3-3 混合工作队式组织结构

1）特点。混合工作队式组织结构的特点：①企业任命项目的项目经理，该项目经理在企业内招聘或抽调职能人员组成项目管理机构（混合工作队），由项目经理领导，独立性很强。②项目管理班子成员在工程建设期间与原所在部门断绝领导与被领导关系。原单位负责人员负责业务指导及考察，但不能随意干预其工作或调回人员。③项目管理组织与项目同寿命。项目结束后机构撤销，所有人员仍回原所在部门和岗位。

2）适应范围。这是一种按照对象原则组织的项目管理机构，可独立地完成任务，相当于一个"实体"。企业职能部门处于服从地位，只提供一些服务。这种项目组织类型适用于大型项目、工期要求紧迫的项目以及需多工种多部门密切配合的项目。因此，它要求项目经理素质要高，指挥能力要强，有快速组织队伍及善于指挥来自各方人员的能力。

3）优点。混合工作队式组织结构的优点：①项目经理从职能部门抽调或招聘了一批有专业技术特长的人员，他们在项目管理中配合，协同工作，可以取长补短，有利于培养一专多能的人才并充分发挥其作用；②各专业人才集中在现场办公，减少了扯皮和等待时间，办事效率高，解决问题快；③项目经理权力集中，干扰少，故决策及时，指挥灵便。

4）缺点。混合工作队式组织结构的缺点：①各类人员在同一时期内所担负的管理工作任务可能有很大差别，因此很容易产生忙闲不均，可能导致人员浪费。特别是对稀缺专业人才，难免会在企业内调剂使用。②人员长期离开原部门，即离开了自己熟悉的环境和工作配合对象，容易影响其积极性的发挥。而且由于环境变化，容易产生临时观点和不满情绪。③职能部门的优势无法发挥作用。由于同一部门人员分散，交流困难，也难以进行有效的培养、指导，削弱了职能部门的工作。当人才紧缺而同时又有多个项目需要按这一形式组织时，或者对管理效率有很高要求时，不宜采用这种项目组织类型。

（2）部门控制式　部门控制式组织结构如图3-4所示。

1）特点。部门控制式组织结构的特点：这是一种按职能原则建立的项目组织。它并不打乱现行的建制，把项目委托给企业某专业部门或委托给某一施工队，由被委托的部门（施工队）领导负责项目的组织和实施。

2）适用范围。这种形式的项目组织机构一般适用于小型的、专业性较强而不需涉及众多部门的工程项目。

3）优点。部门控制式组织结构的优点：①人才作用发挥较充分。这是因为由熟人组合办熟悉的事，人事关系容易协调。②从接受任务到组织运转启动，时间较短。③职责明确，职能专一，关系简单。④项目经理无需专门训练便容易进入状态。

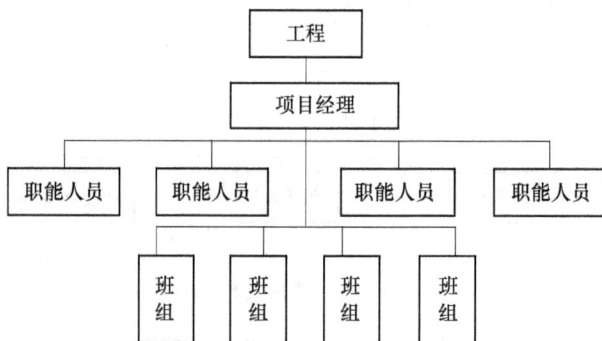

图3-4　部门控制式组织结构

4）缺点。部门控制式组织结构的缺点：①不能适应大型项目管理需要，而真正需要进行项目管理的工程正是大型项目。②不利于对计划体系下的组织体制（固定建制）进行调整。③不利于精简机构。

4. 矩阵式组织结构

一个企业同时承担多个项目工程，在这种情况下，各项目对专业技术人才和管理人员都有需求，且数量较大；项目的复杂程度不同，要求多部门、多技术、多工种配合实施；在不同阶段，对不同人员，有不同数量和搭配各异的需求。简单的组织结构形式不能适应，一般采用矩阵式组织结构形式。矩阵组织结构是一种较新型的组织结构模式，如图3-5所示。在矩阵式组织结构中，最高指挥者下设纵向和横向两种不同类型的工作部门。纵向工作部门可以是计划管理、技术管理、合同管理、财务管理和人事管理部门等，横向工作部门可以是项目部。矩阵式施工项目管理组织形式可以充分利用有限的人力资源同时对多个项目进行管理，特别有利于发挥稀有人才的作用，适用于大型、复杂的施工项目。

（1）矩阵式组织结构的特点

1）项目组织机构的职能部门和企业的职能部门相对应，多个项目与企业职能部门结合成矩阵形状的组织机构。

2）职能原则与对象原则相结合，既发挥项目组织的横向优势，又发挥职能部门的纵向优势。

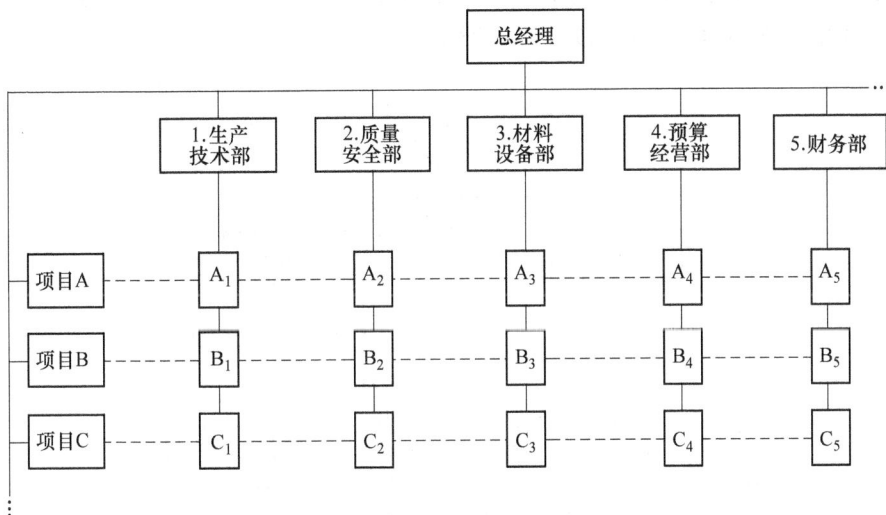

图3-5 矩阵式项目组织结构

3）企业职能部门是永久性的，项目管理组织机构是临时的。职能部门负责人对参与项目管理班子的成员有调动、考察和业务指导的责任；项目经理则将参与项目组织的人员有效地组织起来，进行项目管理的各项工作。

4）项目管理班子成员接受企业原职能部门负责人和项目经理的双重领导。职能部门侧重业务领导，项目经理侧重行政领导。项目经理对参与项目组织的成员有使用、奖惩、增补、调换或辞退的权力。

（2）矩阵式组织结构的优点

1）兼有直线和职能两种项目组织结构形式的优点，将职能原则和项目原则结合为一体，实现企业长期例行性管理和项目一次性管理的一致。

2）能通过对人员的及时调配，实现以最少的人力资源实现多个项目管理的高效率。

3）项目组织具有弹性和应变能力。

（3）矩阵式组织结构的缺点

1）矩阵式项目组织的结合部门多，组织内部的人际关系、业务关系、沟通渠道等都较复杂，易造成信息量膨胀，引起信息流失或失真，需要依靠有力的组织措施和规章制度规范管理。

2）项目组织成员接受原部门负责人和项目经理的双重领导，难以统一命令，出现问题也难以查清责任。

矩阵式组织结构对企业的管理水平、项目的管理水平、领导者的素质、组织机构的办事效率、信息沟通渠道的畅通等，都有较高的要求。在组织协调内部关系时，必须要有强有力的组织措施和协调办法。

5. 事业部式组织结构

事业部式项目管理组织是指，在企业内作为派往项目的管理班子，对企业外具有独立法人资格的项目管理组织。事业部对企业来说是内部的职能部门，对企业外具有相对独立的经营权，也可以是一个独立的法人单位。事业部可以按地区设置，也可以按工程类型或经营内容设置。事业部式项目组织结构如图3-6所示。

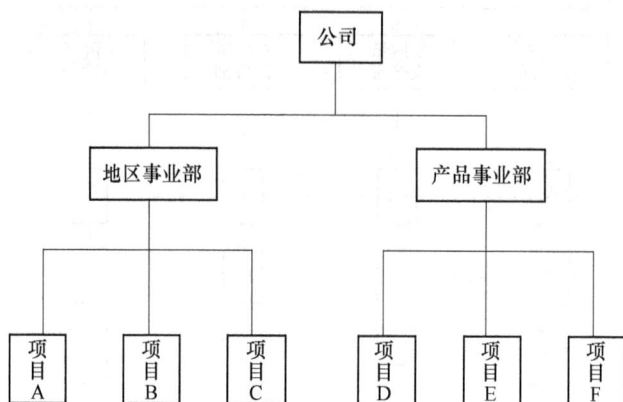

图3-6 事业部式项目组织结构

事业部式项目管理组织，能迅速适应环境变化，提高企业的应变能力和决策效率，有利于延伸企业的经营管理职能，拓展企业的业务范围和经营领域。事业部式项目组织适用于大型经营性企业的工程承包，特别适用于远离公司本部的工程承包项目。

（1）事业部式组织结构优点

1）能充分发挥事业部的积极性和独立经营作用，便于延伸企业的经营职能，有利于开拓企业的经营业务领域。

2）能迅速适应环境变化，提高公司的应变能力。既可以加强公司的经营战略管理，又可以加强项目管理。

（2）事业部式组织结构缺点

1）企业对项目经理部的约束力减弱，协调指导机会减少，以致有时会造成企业结构松散。

2）事业部的独立性强，企业的综合协调难度大，必须加强制度约束和规范化管理。

3.2.2 工程项目施工方组织机构的选择

选择什么样的项目组织机构，应将企业人员的素质、任务、条件、基础同工程项目的规模、性质、内容、要求的管理方式结合起来分析，选择最适宜的项目组织机构，不能生搬硬套某一种形式，更不能不加分析地盲目作出决策。一般来说，可按下列思路选择项目组织机构形式：

1）大型综合企业，人员素质好，管理基础强，业务综合性强，可以承担大型任务，宜采用矩阵式、混合工作队式、事业部式的项目组织机构。

2）简单项目、小型项目、承包内容专一的项目，应采用部门控制式项目组织机构。

3）在同一企业内可以根据项目情况采用几种组织形式，如将事业部式与矩阵式的项目组织结合使用，将工作队式项目组织与事业部式结合使用等。但不能同时采用矩阵式及混合工作队式，以免造成管理渠道和管理秩序的混乱。表3-1为常见项目组织机构选择形式。

表3-1　常见项目组织机构选择形式

项目组织形式	项目性质	施工企业类型	企业人员素质	企业管理水平
工作队式	大型项目，复杂项目，工期紧的项目	大型综合建筑企业，有得力项目经理的企业	人员素质较强，专业人才多，职工和技术素质较高	管理水平较高，基础工作较强，管理经验丰富
部门控制式	小型项目，简单项目，只涉及个别少数部门的项目	小建筑企业，事务单一的企业，大、中型基本保持直线职能制的企业	素质较差，力量薄弱，人员构成单一	管理水平较低，基础工作较差，项目经理难寻
矩阵式	多工种、多部门、多技术配合的项目，管理效率要求很高的项目	大型综合建筑企业，经营范围很宽、实力很强的建筑企业	文化素质、管理素质、技术素质很高，但人才紧缺，管理人才多，人员一专多能	管理水平很高，管理渠道畅通，信息沟通灵敏，管理经验丰富
事业部式	大型项目，远离企业基地项目，事业部制企业承揽的项目	大型综合建筑企业，经营能力很强的企业，海外承包企业，跨地区承包企业	人员素质高，项目经营强，专业人才多	经营能力强，信息手段强，管理经验丰富，资金实力强

3.2.3　项目组织效果评价

项目组织确定后，应对其进行评价。基本评价因素如下：

1）管理层次及管理跨度的确定是否合适，是否能产生高效率的组织。

2）职责分明程度。是否将任务落实到各基本组织单元。

3）授权程度。项目授权是否充分，以及授权保证的程度、授权的范围。

4）精干程度。在保证工作顺利完成的前提下，项目工作组成员有多少。

5）效能程度。是否能充分调动人员积极性，高效完成任务。

根据所列各评价因素在组织中的重要程度及对组织的影响程度，分别给予一定的权数，然后对各因素打分，得出总分，以作评价。

3.3　项目经理

建设工程项目是一个特殊而复杂的一次性活动，项目的总任务包含了许多子任务，在不同阶段又有不同的阶段性任务，这些任务又是由许多单位共同完成的。在工程项目建设的全过程中，会有许多不可预见的因素，其管理涉及人力、技术、设备、资金、设计、施工、生产准备、竣工验收等多方面因素和多元化关系。不仅需要正确的前期决策、充足的资金、先进的技术和设备，更重要的是人的因素。为了更好地进行决策、规划、组织、指挥和协调，保证项目建设按照客观规律和科学程序进行，为了统一意志、提高效率、取得管理的成功，就必须设置项目经理，使之在管理保证系统中处于最高管理者的地位。GB/T 50326—2006《建设工程项目管理规范》规定："项目经理责任制应作为项目管理的基本制度"，同时指出"项目经理是企业法定代表人在承包的建设工程项目上的授权委托代理人"。

原建设部颁发的《建筑施工企业项目经理资质管理办法》中指出："施工企业项目经理是受企业法定代表人委托，对工程项目施工过程全过程全面负责的项目管理者，是建筑施工企业法定代表人在工程项目上的代表人"。项目经理在项目管理中占有重要的地位，其管理、组织与协调的能力以及自身的综合素质对项目的成败有着决定性影响。因此，项目经理的知识结构、经验水平、管理水平、组织能力、领导艺术都起着决定性的作用。项目经理负责制已经成为国际上一个主要的项目管理制度。

项目经理责任制（Responsibility System of Construction Project Manager）是我国施工管理体制上一个重大的改革，对加强工程项目管理，提高工程质量起到了很好的作用。它是以项目经理为责任主体的施工项目管理目标责任制度，是项目管理目标实现的具体保障和基本条件，用以确定项目经理部与企业、职工三者之间的责、权、利关系。它是以施工项目为对象，以项目经理全面负责为前提，以"项目管理目标责任书"为依据，以创优质工程为目标，以求得项目产品的最佳经济效益为目的，实行从施工项目开工到竣工验收的一次性全过程的管理。

就建筑施工企业来说，项目经理在项目管理中处于中心地位，是企业法人代表在施工项目中派出的全权代表，是项目中最高的责任者、组织者，是项目决策的关键人物。

3.3.1　项目经理的作用

我国工程项目管理实行的是项目经理负责制，项目经理是施工承包企业法定代表人在项目上的一次性授权代理人，是对施工项目管理实施阶段全面负责的管理者，在项目管理中具有举足轻重的地位，是项目管理成败的关键。项目经理的地位和作用主要表现如下。

1. 建设工程项目经理是建筑企业法人代表在工程项目上的委托代理人

从企业内部看，项目经理是工程项目全过程所有工作的总负责人，是项目动态管理的体现者，是项目生产要素合理投入和优化组合的组织者；从对外方面看，作为企业法人代表的企业经理，不直接对每个建设单位负责，而是由项目经理在授权范围内对建设单位直接负责。因此，项目经理是项目目标的全面实现者，既要对建设单位的成果性目标负责，又要对企业效益性目标负责。

2. 项目经理是工程项目组织工作的协调者

一个大型复杂的工程项目涉及许多部门和单位，而项目经理就是工程项目有关各方协调配合的桥梁和纽带，他是组织工作的协调中心。工程项目管理是一个动态的管理过程，在工程项目实施过程中，众多的结合部分、复杂的人际关系，必然会产生各种矛盾、冲突和纠纷，而负责沟通、协商、解决这些矛盾的关键人物就是项目经理。作为业主和承包商的全权代理人，甲、乙双方的项目经理既代表着双方的利益，对工程项目行使管理权，也对工程项目目标的实施承担着全部责任，他的地位和作用是任何其他人所不能替代的。

3. 项目经理是工程项目合同的代表人

工程项目主要是以经济和法律方法为基础实施管理，工程项目各方是以合同关系联系在一起。项目经理作为法人代表，是履行合同义务、执行合同条款、承担合同责任、处理合同变更、行使合同权力的合法当事人。他们的权力、责任、义务，受到法律的约束和保护，按合同履约是项目经理一切行动的准则，拒绝承担合同以外的其他各方强加的干预、指令，是项目经理的基本权力。当然，合同的签订与执行必须遵守法律，在合同与法律范围内，组织工程项目管理是项目经理的义务。

4. 项目经理是工程项目实施过程的控制者

工程项目的管理过程是一个决策过程，其实质是一个信息的变换过程。为了有效地进行信息沟通以及对工程项目进行控制，项目经理既是信息中心，又处于控制中心地位，他是工程项目实施过程中各种重要信息、指令、目标、计划、方法的发起者和控制者。例如，在工程项目实施过程中，来自工程项目外部，如业主、政府、承包商、当地社会环境、国内外市场等的有关重要信息，均要通过项目经理汇总、沟通，得以实现。对于工程项目内部，项目经理则是工程项目各种重要目标、决策、计划、措施和制度的决策人和制定者，同时又要依据目标管理组织原则来具体实施，在实施过程中，依据信息反馈，不断地对工程项目过程进行调整与控制。

3.3.2　项目经理的素质要求

项目经理是项目成败的关键人物之一，应具备相应的素质。不同项目对项目经理的素质要求不可能完全相同，但基本的素质要求是一致的，即应具备良好的道德素养、必备的知识、较强的能力、丰富的经验和强健的身体素质。

1. 良好的道德素养

道德素养决定着人的行为处事。良好的道德素养是对项目经理最基本的要求。这种道德素养体现在两方面：一是对社会的道德素养；二是个人行为的道德素养。

2. 必备的知识

项目经理要对项目进行有效管理，必须具备项目管理的理论知识，需要掌握项目管理的理念、观点、思想、方法、工具和技术；此外，还应掌握必要的专业技术。对于大型复杂的工程项目，其工艺、技术、设备的专业性要求较强，项目经理应具备必要的专业技术知识，否则就无法决策。不熟悉专业技术，往往是导致项目管理失败的主要原因之一。

3. 较强的能力

不同的项目，对项目经理能力要求的程度不同。大型、复杂、重要的项目要求项目经理的能力强，反之则可降低。所以，项目经理应具备与所承担项目管理责任相适应的能力，其中包括领导能力、管理能力、组织能力、决策能力、协调能力、沟通能力、创新能力、系统的思维能力等。

4. 丰富的经验

项目管理是实践性很强的科学。如何将项目管理的理论方法应用于实践则是一门艺术。只有通过足够的项目管理实践，积累丰富的经验，才能增加对项目及项目管理的"习惯"，这种"习惯"有助于项目经理对项目实现有效的管理。

5. 健康的身体素质

由于工程项目复杂、条件艰苦、要求高，管理任务繁重，故项目经理应具有健康的身体素质才能适应和胜任。

6. 相应的执业资格

工程建设项目经理应通过国家有关部门的考试，获得与所承担工程项目相应级别的建造师执业资格，这是能力和素质的重要体现。

3.3.3 项目经理的选择方式

项目经理是决定施工项目成败的关键人物，因此选择合适的项目经理是非常重要的。项目经理的选择必须遵守一定原则，按一定程序进行，选择方式必须有利于人才选拔。项目经理产生的程序必须具有一定的资质审查和监督机制，最后决定权属于企业法定代表人，采用选拔和聘任方式。对项目经理的挑选应在获得充分信息的基础上进行，这些信息包括个人简历、学术成就、成绩评估、心理测试以及员工的职业发展计划。

项目经理的选择方式有竞争招聘制，企业经理委任、基层推荐，企业和用户协商三种，它们的选择范围、程序和特点各有不同。

1. 竞争上岗的方式

其主要程序是由上级部门（有可能是一个项目管理委员会）提出项目的要求，广泛征集项目经理人选，候选人需提交项目的有关目标文件，由项目管理委员会进行考核与选拔。这种方式的优点是可以充分挖掘参与人各方面的潜力，有利于人才的选拔，有利于发现人才。同时有利于促进项目经理的责任心和进取心。

2. 由企业高层领导委派、基层推荐

这种方式的一般程序是，由企业高层领导提出人选或由企业职能部门推荐人选，经企业人事部门听取各方面的意见，进行资质考察，合格则经由总经理委派。这种方式要求公司总经理本身必须是负责任的主体，并且能知人善任。这种方式的优点是能坚持一定的客观标准和组织程序，听取各方面的评价，有利于选出合格的人选。

3. 由企业和用户协商选择

这种方式的一般程序是，分别由企业内部及用户提出项目经理的人选，然后双方在协商的基础上加以确定。这种方式的优点是能集中各方面的意见，形成一定的约束机制。由于用户参与协商、一般对项目经理人选的资质要求较高。

3.3.4 项目经理的任务

项目经理的任务与职责主要包括两个方面：一方面是要保证施工项目按照规定的目标高速、优质、低耗地全面完成；另一方面是保证各生产要素在项目经理授权范围内最大限度地优化配置。具体包括以下几项：

1）确定项目管理组织机构的构成并配备人员，制定规章制度，明确有关人员的职责，组织项目经理部开展工作。

2）确定管理总目标和阶段目标，进行目标分解，实行总体控制，确保项目建设成功。

3）及时、适当地作出项目管理决策，包括投标报价决策、人事任免决策、重大技术组织措施决策、财务工作决策、资源调配决策、进度决策、合同签订及变更决策，对合同执行进行严格管理。

4）协调本组织机构与各协作单位之间的协作配合及经济、技术关系，在授权范围内代理（企业法人）进行有关签证，并进行相互监督、检查，确保质量、工期，以及搞好成本控制和节约工作。

5）建立完善的内部及对外信息管理系统。

6）实施合同，处理好合同变更、洽商纠纷和索赔，处理好总分包关系，搞好与有关单位的协作配合，与建设单位相互监督。

3.3.5　项目经理的工作职责

项目经理在项目管理中的地位和在企业中的地位，决定了它的职责。《建筑施工企业项目经理资质管理办法》的第七条规定了项目经理的四项职责：

1）贯彻执行国家和工程所在地政府的有关法律、法规和政策，执行企业的各项管理制度。

2）严格财经制度，加强财经管理，正确处理国家、企业与个人的利益关系。

3）执行项目承包合同中由项目经理负责履行的各项条款。

4）对工程项目施工进行有效控制，执行有关技术规范和标准，积极推广应用新技术，确保工程质量和工期，实现安全、文明生产，努力提高经济效益。

3.3.6　项目经理的权限

项目经理在工程项目管理中的权限有：

1）参与企业进行的施工项目投标和签订施工合同等工作。

2）有权决定项目经理部的组织形式，选择、聘任有关管理人员，明确职责，根据任职情况定期进行考核评价和奖惩，期满辞退。

3）在企业财务制度允许的范围内，根据工程需要和计划安排，对资金投入和使用作出决策和计划；对项目经理部的计酬方式、分配办法，在企业相关规定的条件下作出决策。

4）按企业规定选择施工作业队伍。

5）根据《施工项目管理目标责任书》和《施工项目管理实施大纲》组织指挥项目的生产经营管理活动，进行工作部署、检查和调整。

6）以企业法定代表人代理人的身份，处理、调整与施工项目有关的内部、外部关系。

7）有权拒绝企业经理和有关部门违反合同行为的不合理摊派，并对对方所造成的经济损失有索赔权。

8）企业法人授予的其他管理权力。

3.3.7　项目经理的利益

施工项目经理最终利益是项目经理行使权力和承担责任的结果，也是市场经济条件下责、权、利相互统一的具体体现。施工项目经理应享有以下利益：

1）项目经理的工资主要包括基本工资、岗位工资和绩效工资，其中绩效工资应与施工项目的效益挂钩。

2）在全面完成《施工项目管理目标责任书》确定的各项责任目标、交工验收并结算，接受企业的考核、审计后，应获得规定的物质奖励和相应的表彰、记功、优秀项目经理荣誉称号等精神奖励。

3）经企业考核、审计，确认未完成责任目标或造成亏损的，要按有关条款承担责任，并接受经济或行政处罚。

4）对项目经理进行培养，进行工程技术、经济、管理、法律和职业道德等方面的继续教育和能力培养，有条件的企业还应选择优秀的项目经理参加全国的管理研究班或到国外考察和短期培训，不断提高项目经理的能力。

3.4　施工项目组织协调

3.4.1　施工项目组织协调的概念

施工项目组织协调是指以一定的组织形式、手段和方法，对工程项目中产生的关系不畅进行疏通，对产生的干扰和障碍予以排除的活动。施工项目组织协调是工程项目管理的一项重要职能。项目经理部应该在项目实施的各个阶段，根据其特点和主要矛盾，动态地、有针对性地通过组织协调，及时沟通，排除障碍，化解矛盾，充分调动有关人员的积极性，发挥各方面的能动作用，协同努力，提高项目组织的运转效率，以保证项目施工活动顺利进行，更好地实现项目总目标。

3.4.2　施工项目组织协调的范围

施工项目组织协调的范围可分为内部关系协调和外部关系协调，外部关系协调又分为近外层关系协调和远外层关系协调。施工项目组织协调范围示意如图3-7所示，施工项目组织协调范围见表3-2。

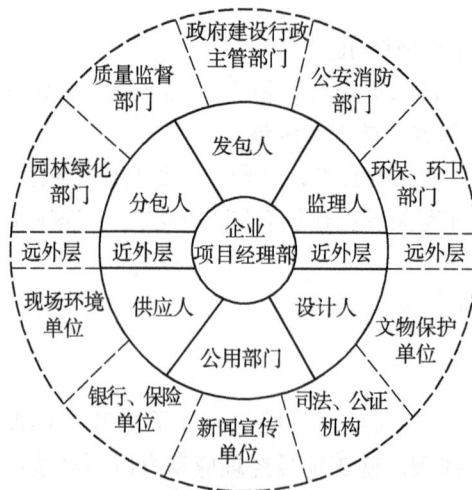

图3-7　施工项目组织协调范围示意

表3-2　施工项目组织协调范围

协调范围		协调关系	协调对象
内部关系		领导与被领导关系 业务工作关系 与专业公司的合同关系	·项目经理部与企业之间 ·项目经理部内部部门之间、人员之间 ·项目经理部与作业层之间 ·作业层之间
外部关系	近外层	直接或间接合同关系 或服务关系	·企业、项目经理部与业主、监理单位、设计单位、供应商、分包单位、贷款人、保险人等
	远外层	多数无合同关系但要受法律、法规和社会公德等约束	·企业、项目经理部与政府、环保、交通、环卫、环保、绿化、文物、消防、公安等

3.4.3　施工项目组织协调的内容

　　施工项目组织协调的内容主要包括人际关系、组织关系、供求关系、协作配合关系和约束关系等方面的协调。

　　1. 施工项目经理部内部关系协调

　　施工项目经理部内部关系协调的内容与方法见表3-3。

表3-3　施工项目经理部内部关系协调的内容与方法

协调关系		协调内容与方法
人际关系	·项目经理与下层关系 ·职能人员之间的关系 ·职能人员与作业人员之间 ·作业人员之间	·坚持民主集中制，执行各项规章制度 ·以各种形式开展人际间内部交流、沟通，增强了解、信任和亲和力 ·运用激励机制，调动人的积极性，用人所长，奖罚分明 ·加强政治思想工作，做好培训教育，提高人员素质 ·发生矛盾，重在调节、疏导，缓和利益冲突
组织关系	·纵向层次之间、横向部门之间的分工协作和信息沟通关系	·按职能划分，合理设置机构 ·以制度形式明确各机构之间的关系和职责权限 ·制定工作流程图，建立信息沟通制度 ·以协调方法解决问题，缓冲、化解矛盾
供求关系	·劳动力、材料、机械设备、资金等供求关系	·通过计划协调生产要求与供应之间的平衡关系 ·通过调度体系，开展协调工作，排除干扰 ·抓住重点、关键环节，调节供需矛盾
经济制约关系	·管理层与作业层之间	·以合同为依据，严格履行合同 ·管理层为作业层创造条件，保护其利益 ·作业层接受管理层的指导、监督、控制 ·定期召开现场会，及时解决施工中存在的问题

　　2. 施工项目经理部与企业本部关系协调

　　施工项目经理部与企业本部关系协调的内容与方法见表3-4。

表3-4 施工项目经理部与企业本部关系协调的内容与方法

协调对象及协调关系			协调内容与方法
党政管理	与企业有关的主管领导	上下级领导关系	·执行企业经理、党委决议，接受其领导 ·执行企业有关管理制度
业务管理	与企业相应的职能部、室	接受其业务上的监督指导关系	·执行企业的工作管理制度，接受企业的监督、控制 ·项目经理部的统计、财务、材料、质量、安全等业务纳入企业相应部门的业务系统管理
	水、电、运输、安装等专业公司	总包与分包的合同关系	·专业公司履行分包合同 ·接受项目经理部监督、控制，服从其安排、调配 ·为项目施工活动提供服务
	劳务分公司	劳务合同关系	·履行劳务合同，依据合同解决纠纷、争端 ·接受项目经理部监督、控制，服从其安排、调配

3.4.4 施工项目外部关系协调

1. 施工项目经理部与近外层关系协调

施工项目经理部与近外层关系协调的内容与方法见表3-5。

表3-5 施工项目经理部与近外层关系协调的内容与方法

协调对象及协调关系		协调内容与方法
发包人	甲乙双方合同关系（项目经理部是工程项目的施工承包人的代理人）	·双方洽谈、签订施工项目承包合同 ·双方履行施工承包合同约定的责任，保证项目总目标实现 ·依据合同及有关法律解决争议纠纷，在经济问题、质量问题、进度问题上达到双方协调一致
监理工程师	监理与被监理关系（监理工程师是项目施工监理人，与业主有监理合同关系）	·按《建设工程监理规范》的规定，接受监督和相关的管理 ·接受业主授权范围内的监理指令 ·通过监理工程师与发包人、设计人等关联单位经常协调沟通 ·与监理工程师建立融洽的关系
设计人	平等的业务合作配合关系（设计人是工程项目设计承包人，与业主有设计合同关系）	·项目经理部按设计图样及文件制定项目管理实施规划，按图施工 ·与设计单位搞好协作关系，处理好设计交底、图样会审、设计洽商变更、修改、隐蔽工程验收、交工验收等工作
供应人	有供应合同者为合同关系	·双方履行合同，利用合同的作用进行调节
	无供应合同者为市场买卖、需求关系	·充分利用市场竞争机制、价格调节和制约机制、供求机制的作用进行调节
分包人	总包与分包的合同关系	·选择具有相应资质等级和施工能力的分包单位 ·分包单位应办理施工许可证，劳务人员有就业证 ·双方履行分包合同，按合同处理经济利益、责任，解决纠纷 ·分包单位接受项目经理部的监督、控制

（续）

协调对象及协调关系		协调内容与方法
公用部门	相互配合、协作关系 相应法律、法规约束关系（业主施工前应去公用部门办理相关手续并取得许可证）	·项目经理部在业主取得有关公用部门批准文件及许可证后，方可进行相应的施工活动 ·遵守各公用部门的有关规定，合理、合法施工 ·项目经理部应根据施工要求向有关公用部门办理各类手续 ·到交通管理部门办理通行路线图和通行证 ·到市政管理部门办理街道临建审批手续 ·到自来水管理部门办理施工用水设计审批手续 ·到供电管理部门办理施工用电设计审批手续等 ·在施工活动中主动与公用部门密切联系，取得配合与支持，加强计划性，以保证施工质量、进度要求 ·充分利用发包人、监理工程师的关系进行协调

2. 施工项目经理部与远外层关系协调

施工项目经理部与远外层关系协调的内容与方法见表3-6。

表3-6　施工项目经理部与远外层关系协调的内容与方法

关系单位或部门	协调关系内容与方法
政府建设行政主管部门	·接受政府建设行政主管部门领导、审查，按规定办理好项目施工的一切手续 ·在施工活动中，应主动向政府建设行政主管部门请示汇报，取得支持与帮助 ·在发生合同纠纷时，政府建设行政主管部门应给予调解或仲裁
质量监督部门	·及时办理建设工程质量监督通知单等手续 ·接受质量监督部门对施工全过程的质量监督、检查，对所提出的质量问题及时改正 ·按规定向质量监督部门提供有关工程质量文件和资料
金融机构	·遵守金融法规，向银行借贷，委托，送审和申请，履行借贷合同 ·以建筑工程为标的向保险公司投保
消防部门	·施工现场有消防平面布置图，符合消防规范，在办理施工现场消防安全资格认可证审批后方可施工 ·随时接受消防部门对施工现场的检查，对存在问题及时改正 ·竣工验收后还须将有关文件报消防部门，进行消防验收，若存在问题，立即返修
公安部门	·进场后应向当地派出所如实汇报工地性质、人员状况，为外来劳务人员办理暂住手续 ·主动与公安部门配合，消除不安定因素和治安隐患
安全监察部门	·按规定办理安全资格认可证、安全施工许可证、项目经理安全生产资格证 ·施工中接受安全监察部门的检查、指导，发现安全隐患及时整改、消除
公证鉴证机构	·委托合同公证、鉴证机构进行合同的真实性、可靠性的法律审查和鉴定
司法机构	·在合同纠纷处理中，在调解无效或对仲裁不服时，可向法院起诉
现场环境单位	·遵守公共关系准则，注意文明施工，减少环境污染、噪声污染，搞好环卫、环保、场容场貌、安全等工作 ·尊重社区居民、环卫环保单位意见，改进工作，取得谅解、配合与支持
园林绿化部门	·因建设需要砍伐树木时，须提出申请，报市园林主管部门批准 ·因建设需要临时占用城市绿地和绿化带，须办理临建审批手续，经城市园林部门、城市规划部门、公安部门同意，并报当地政府批准
文物保护部门	·在文物较密集地区进行施工，项目经理部应事先与省市文物保护部门联系，进行文物调查或勘探工作，若发现文物要共同商定处理办法 ·施工中发现文物，项目经理部有责任和义务，妥善保护文物和现场，并报政府文物管理机关，及时处理

3.5 案例分析

我国的房地产业作为改革开放以来最具活力和发展潜力的行业之一，随着经济的迅猛发展，企业规模逐渐加大，很多企业由原先从事单一产品的小区块地产开发，转变为跨地区、多项目、不同使用功能的集合运作，并且企业内部同期多项目的运行成了房地产企业经营运作的突出特点。为适应这种发展，房地产企业必须在多项目管理的情况下对原有组织结构作出适当的调整。

房地产企业作为房产开发建筑的主体，应该结合自身运行项目的情况，建立与企业经营运作相适应的组织结构，使得这种组织结构既能体现项目开发全过程各个阶段的任务，又能符合多项目运作的特点。

上海大宇房地产公司成立于2000年，经过十年多的发展，逐步确定了以工业复合地产开发为主导，房地产代建业务为支撑，适当开展工业园区配套业务的发展格局。随着企业房产开发项目的不断增多，项目组织结构的不适性越来越明显。该房产公司原来的组织结构如图3-8所示。

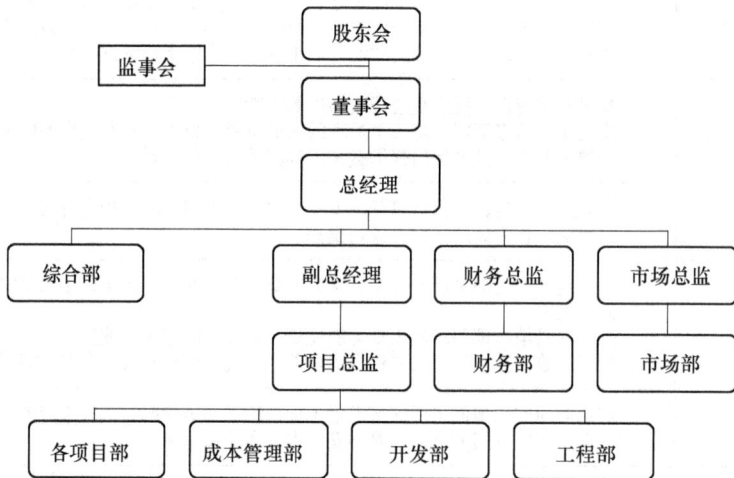

图3-8 原有组织结构

该公司按照房产项目开发的过程设置了开发部、预算部、工程部、市场销售部等负责项目全过程开发的业务，并设立了综合部、财务部统管企业日常工作和财务工作，对业务部分进行支持和服务。在项目开工后，组建项目部负责项目实施阶段的项目管理工作。由于企业人员不多，管理效率较高，项目部经理主要由职能部门的经理兼任。

从图3-8中可以看出这种组织结构的特点：同期多个开发和运行项目在逐年增加，需要组建的项目部增多；项目业务阶段性特点比较明显；直线职能式管理模式，但职能部门职责不清；不同阶段部门的权力在不断变化，项目经理处理项目职权与职能职权之间冲突比较多。这种组织结构模式随着企业的发展暴露出的问题越来越多。

首先，企业的职能部门的职责主要是依据专业设置的职能部门，但对于公司同期并行运作多个项目时，没有专门的部门和人员进行统筹、计划、组织、协调、监督和控制，导致项目之间经常出现资源调配不均、进度受限、公司成本增加等问题，无法实现工作效率的最大化。

其次，公司各部门职责制度不健全，各职能部门分工不明确，项目部具体职责宽泛，工作权限不清晰。同时，在项目实施过程中，项目部介入时点不清，衔接方式不实，导致各项工作配合不协调，交接不顺利。

再次，每个项目启动前均没有专门的部门和人员负责对项目进行可行性分析，统领项目的策划，导致在项目实施过程中没有明确的项目目标、职责、进度计划、投资（成本）及风险预控方案，无法对项目本身及项目部人员实行有效的评价和考核。

针对企业的实际情况，大宇公司对本企业组织结构进行调整，如图 3-9 所示，构建了企业"职能制 + 项目制"的复合的组织结构，突出解决了统筹和管控企业多项目运作的问题。

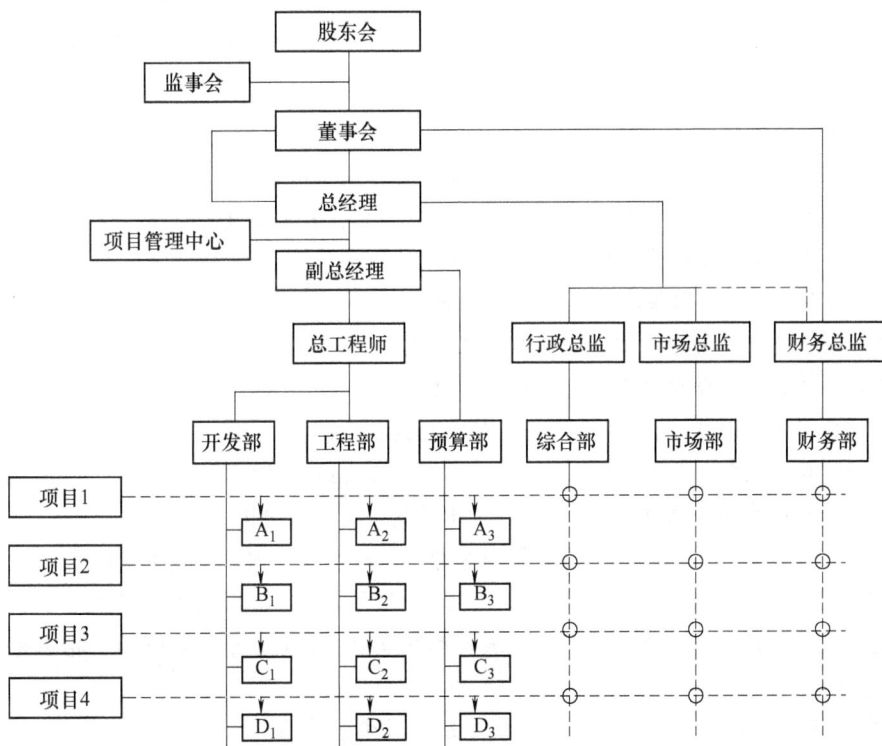

图 3-9　调整后的企业组织结构

项目管理中心主要负责企业多项目管理，对每个项目从前期策划、概预算、工程实施、工程验收等全过程进行协调管理，决策企业内部资源配置问题，以及企业项目运作风险预控和决策问题等，是企业项目运作的决策结构。

项目管理中心各部门主要职责明确并统一，协调项目实施阶段的管理，以及多项目之间与规划、预算、市场部门之间衔接协调。市场部、财务部、综合部等职能部门为项目全过程提供服务。

新增企业项目管理矩阵式组织格局，明确各职能部门在项目实施阶段与项目部的职责定位，项目部负责工程建设相关工作，确保工程建设目标的实现；建立项目团队，协调项目实施过程中相关利益方的关系；办理工程报建手续；施工现场管理，制定有效的项目管理实施计划，对项目施工阶段的工期、质量、投资进行有效控制，确保工程建设质量和进度最优。

大宇企业通过对组织结构细微的调整，解决了阻碍该企业进一步发展存在的问题，为企业在激烈的市场竞争中提供了强有力的后盾。

本 章 习 题

一、单选题

1．下列哪种组织结构中，每一个工作部门只有一个指令源，避免了由于矛盾的指令影响组织系统的运行（　　）

　A．矩阵式组织结构　　　　　　　　B．职能式组织结构

　C．线性组织结构　　　　　　　　　D．复合式组织结构

2．关于管理幅度、管理层次与组织规模三者的关系，表述正确的是（　　）

　A．管理幅度既定，管理层次与组织规模成反比

　B．管理幅度既定，管理层次与组织规模成正比

　C．组织规模既定，管理层次与管理幅度成正比

　D．管理层次既定，管理幅度与组织规模成反比

3．下列组织结构模式中，（　　）适用于较大的组织系统。

　A．职能式组织结构　　　　　　　　B．矩阵式组织结构

　C．混合工作队式组织结构　　　　　D．复合式组织结构

4．每一个工作部门可能有多个矛盾的指令源，这种组织结构是（　　）组织结构。

　A．线性　　　　　B．职能式　　　　　C．矩阵式　　　　　D．事业部式

5．适宜用于大的组织系统，项目中的成员都受项目经理和职能部门领导，指令源头有两个的组织结构是（　　）。

　A．职能式组织结构　　　　　　　　B．线性组织结构

　C．矩阵式组织结构　　　　　　　　D．线性职能式组织结构

二、多选题

1．常用的组织结构模式包括（　　）等。

　A．职能式组织结构　　　　　　　　B．复合式组织结构

　C．线性组织结构　　　　　　　　　D．参谋式组织结构

　E．矩阵式组织结构

2．下列关于项目管理组织结构模式的说法中，正确的有（　　）

　A．职能式组织结构中每一个工作部门只有一指令源

B. 矩阵式组织结构中有两个指令源

C. 大型线形组织结构系统中的指令路径太长

D. 线形组织结构中可以跨越管理层级下达指令

E. 矩阵式组织结构适用于大型组织结构

3. 以下关于线性组织结构模式的描述中，正确的有（　　）。

A. 指令路径较短　　　　　　　　B. 指令源是唯一的

C. 不能跨部门下达指令　　　　　D. 只适用于大型工程项目

E. 允许越级指挥

第 4 章
工程项目招标投标与合同管理

本章概要

（1）工程项目招标投标概述

（2）工程项目招标与投标

（3）工程项目合同管理

（4）工程施工索赔

（5）国际工程招标投标与合同概述

（6）案例分析

4.1 工程项目招标投标概述

4.1.1 工程项目招标投标的基本概念

工程项目招标投标是指建设单位或个人（即业主或项目法人）通过招标的方式，将工程项目的勘察、设计、施工、材料设备供应、监理等业务一次或分次发包，由具有相应资质的承包单位通过投标竞争的方式承接的活动。

4.1.2 常见招标方式

根据《中华人民共和国招标投标法》规定，我国的招标投标方式分为公开招标和邀请招标两种。

1. 公开招标

公开招标，又叫无限竞争型招标，是指招标人以招标公告的方式邀请不特定的法人或者其他组织投标。即招标人在指定的报刊、电子网络或者其他媒体上发布招标公告，吸引符合条件的承包人参加招标竞争，招标人从中择优选择中标者的招标方式。公开招标是在市场经济条件下广泛采用的招标方式，它的优点是可以广泛地吸引投标人，投标单位的数量不受限制，凡通过资格预审的单位都可以参加投标。公开招标的透明度高，能赢得投标人的信赖，而且招标单位有加大的选择范围，可以在较广的范围内选择最有竞争实力的承包单位。但是对于保密工程、项目技术复杂或者抢险救灾的特殊工程和公开招标时费用较大的工程不宜采用公开招标。

2. 邀请招标

邀请招标，又叫有限竞争型招标，是指招标人以投标邀请书的方式邀请特定的法人或者其他组织投标。邀请招标是由接到投标邀请书的法人或者其他组织才能参加的法人或者其他组织才能参加投标的一种招标方式，其他潜在的投标人则被排斥在投标竞争之外。邀请的对象不应少于 3 家。被邀请人同意参加投标后，从招标人处获取招标文件，按照招标程序和须知进行投标报价。邀请招标的优点是由于被邀请参加竞争的投标人为数有限，可以节省招标费用和时间，提高投标单位的中标概率，降低标价。但是由于招标人掌握的资料和信息有限，往往邀请的范围较窄，可能失去了在技术上或报价上最有竞争力的一些潜在投标人，因此这种竞争具有局限性。

4.1.3　招标投标活动遵循的基本原则

招标投标行为是市场经济的产物，并随着市场的发展而发展，必须遵循市场经济活动的基本原则。招标投标活动应当遵循公开、公平、公正和诚实信用原则。

1. 公开原则

招标投标活动的公开原则，首先要求进行招标活动的信息要公开。采用公开招标方式，应当发布招标公告，依法必须进行招标项目的招标公告，必须通过国家指定的报刊、信息网络或者其他公共媒介发布。无论是招标公告、资格预审公告，还是招标邀请书，都应当载明能大体满足潜在投标人决定是否参加投标竞争所需要的信息。另外，开标的程序、评标的标准和程序、中标的结果等都应当公开。

2. 公平原则

招标投标活动的公平原则，要求招标人严格按照规定的条件和程序办事，同等地对待每一个投标竞争者，不得对不同的投标竞争者采用不同的标准。招标人不得以任何方式限制或者排斥本地区、本系统以外的法人或者其他组织参加投标。

3. 公正原则

在招标投标活动中，招标人行为应当公正。招标人对每一个投标人应一视同仁，给予所有投标人平等的机会。特别是在评标时，评标标准应当明确、严格，对所有在投标截止日期以后送到的投标书都应拒收，与投标人有利害关系的人员都不得作为评标委员会的成员。招标人和投标人双方在招标投标活动中的地位平等，任何一方不得向另一方提出不合理的要求，不得将自己的意志强加给对方。

4. 诚实信用原则

诚实信用是民事活动的一项基本原则，它要求招标投标当事人以诚实、守信的态度行使权力，履行义务，处理自身利益与社会利益的平衡。

4.2 工程项目施工招标与投标

4.2.1 工程项目施工招标程序

招标是招标人选择中标人并与其签订合同的过程，而投标是投标人力争获取招标项目参加竞争的过程。在现代工程中，已形成十分完备的招标投标程序和标准化的文件。

对于不同的招标方式，招标程序会有一定的区别。工程项目施工招标的一般程序如图4-1所示。但总的来说，对于公开招标，通常包括如下八项工作。

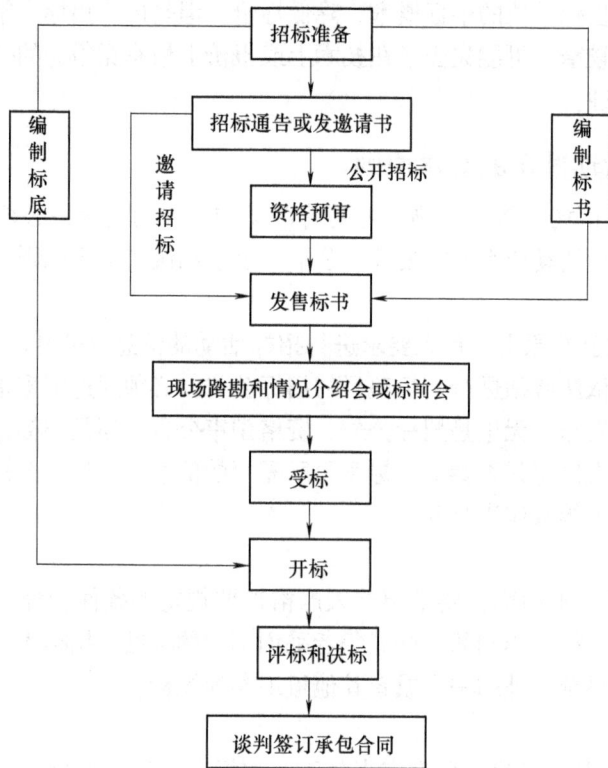

图4-1 工程项目施工招标的一般程序

1. 招标前的准备工作

1）建立招标的组织机构。

2）完成工程招标的各种审批手续，如规划、用地许可、项目的审批等。

3）向政府的招标投标管理机构提出招标申请等。

2. 编写招标文件及标底

通常公开招标由业主委托咨询工程师编写招标文件。在整个工程的招标投标和施工过程中招标文件是一份最重要的文件。一方面，招标文件是提供给投标人的投标依据，投标人根据招标文件介绍的项目情况、合同条款、技术、质量和工期的要求等投标报价；另一方面，招标文件是签订工程合同的基础，是业主方拟定的合同草案。几乎所有的招标文件内容都将成为合同文件的组成部分。

（1）一般招标文件的主要内容

1）投标邀请书（Invitation to Bids）。

2）投标人须知（Instruction to Bidders）。

3）合同条件（Conditions of Contract），也称合同条款。

4）技术规范（Technical Specifications）。

5）设计图样（Drawings）。

6）工程量报价表（Bill of Quantities）。

7）投标书格式和投标保证书格式。

8）补充资料表（Schedule of Supplementary Information）。

9）合同协议书（Agreement）。

10）履约保证和动员预付款保函。

（2）招标文件的要求　按照工程惯例和诚实信用原则，业主必须对招标文件的正确性、完备性负责，即如果招标文件中出现错误、矛盾、二义性，则由业主承担责任，这最终会导致索赔。所以，对招标文件的要求有：

1）完备、正确，没有矛盾和二义性。

2）符合工程惯例，尽可能采用标准格式的文本。

3）使承包商十分简单而又清楚地理解招标文件，明了自己的工程范围、技术要求和合同责任，方便且精确地作出实施方案、计划和报价，能够正确地执行。尽可能详细地、如实地、具体地说明拟建工程、供应或服务的情况和合同条件；出具准确的、全面的规范、图样、工程地质和水文资料。

（3）标底　它通常由业主委托造价咨询单位编制，是业主对拟建工程的预期价格。

3. 发布招标通告或发出招标邀请

对公开招标项目一般在公共媒体上发布招标通告，介绍招标工程的基本情况、资金来源、工程范围、招标投标工作的总体安排和资格预审工作安排。如果采用邀请招标方式，则要在相关领域中广泛调查，以确定拟邀请的对象。

4. 资格预审

（1）资格预审的内容　资格预审的内容应考虑到评标的标准，凡评标时考虑的因素，一般在资格预审时不予考虑。资格预审是对投标申请人整体资格的综合评定，因此应包括以下几方面内容：

1）法人地位。审查其企业的资质等级、批准的营业范围、机构及组织等是否与招标项目相适应。若为联合体投标，对联合体各方均要审查。

2）商业信誉。主要审查企业在建设工程承包活动中已完成项目的情况，资信程度，严重违约行为，业主对施工质量状况的满意程度，施工荣誉等。

3）财务能力。财务能力审查除了要关注投标人的注册资本、总资产外，重点应放在近3年经过审计的报表中所反映出的实有资金、流动资产、总负债和流动负债，以及正在实施而尚未完成工程的总投资额、年均完成投资额等。此外，还要评价其可能获得银行贷款的能力，或要求其提供银行出具的信贷证明文件。总之，财务能力审查着重看投标人可用于本项目的纯流动资金能否满足要求，或施工期间资金不足时的解决办法。

4）技术能力。主要是评价投标人实施工程项目的潜在技术水平，包括人员能力和设备能力两方面。在人员能力方面，又可以进一步划分为管理人员和技术人员的能力评价两个方面。

5）施工经验。不仅要看投标人最近几年已完成工程的数量、规模，更要审查与招标项目相类似的工程施工经验，因此在资格预审须知中往往规定有强制性合格标准。必须注意，施工经验的强制性标准应定得合理、分寸适当。由于资格预审是要选取一批有资格的投标人参与竞争，同时还要考虑被批准的投标人不一定都来投标这一因素，所以标准不应定得过高。但强制性标准也不能定得过低，尤其是对一些专业性较强的工程，标准定得过低，就有可能使缺乏专业施工能力或经验的承包人中标。

（2）资格预审的方法　对投标人的资格一般采取评分的方法进行综合评审。

1）首先淘汰报送资料极不完整的投标申请人。因为资料不全，难以在机会均等的条件下进行评分。

2）根据招标项目的特点，将资格预审所要考虑的各种因素进行分类，并确定各项内容在评定中所占的比例，即确定权重系数。每一大项下还可进一步划分若干小项，对各资格预审申请人分别给予打分，进而得出综合评分。

3）淘汰总分低于预定及格线的投标申请人。

4）对及格线以上的投标人进行分项审查。为了能将施工任务交给可靠的承包人完成，不仅要看其综合能力评分，还要审查其各分项得分是否满足最低要求。

评审结果要报请业主批准，若为使用国际金融组织贷款的工程项目，还需报请该组织批准。经资格预审后，招标人应当向资格预审合格的投标申请人发出资格预审合格通知书，告知获取招标文件的时间、地点和方法，并同时向资格预审不合格的投标申请人告知资格预审结果。

5. 标前会议和现场考察

（1）标前会议　标前会议是指招标人在招标文件规定的日期（投标截止日期前），为解答投标人研究招标文件和现场勘察中所提出的有关质疑问题而举行的会议，又称交底会。

（2）组织现场勘察　招标人负责组织各投标人，在招标文件中规定的时间到施工现场进行考察。

6. 开标

（1）开标程序　开标应当在招标文件确定的提交投标文件截止时间的同一时间公开进行。开标地点应当为招标文件中预先确定的地点。

开标由招标人主持或者招标代理人主持，邀请所有投标人参加，评标委员会委员和其他有关单位的代表也应当应邀出席开标。投标人或者他们的代表则不论是否被邀请，都有权参加开标。开标时，首先由投标人或者其推选的代表检查投标文件的密封情况，也可以由招标人委托的公证机构进行检查并公证。经确认无误后，由有关工作人员当众拆封，宣读投标人名称、投标价格和投标文件的其他主要内容，并由记录人在预先准备好的表册上逐一登记。登记表册由读标人、记录人和公证人签名后作为开标的正式记录，由招标人存档备查。在宣读各投标书时，对投标致函中的有关内容，如临时降价声明、替代方案、优惠条件、其他"可议"条件等均应予以宣读，因为这些内容都直接关系到招标人和投标单位的切身利益。

开标时，招标人应该当众拆封、宣读在招标文件要求提交投标文件的截止时间前收到的所有有效投标文件。

在开标时，投标文件出现下列情形之一的，应当作为无效投标文件，不得进入评标。

1）投标文件未按照招标文件的要求予以密封的。

2）投标文件中的投标函未加盖投标人的企业及企业法定代表人印章的，或者企业法定代表人委托代理人没有合法、有效的委托书（原件）及委托代理人印章的。

3）投标文件的关键内容字迹模糊、无法辨认的。

4）投标人未按照招标文件的要求提供投标保函或者投标保证金的。

5）组成联合体投标的，投标文件未附联合体各方共同投标协议的。

（2）公布标底　开标时是否公布标底，要根据招标文件中说明的评标原则而定。对于单位工程量价格或单位平方米造价较为固定的中小型工程，经常采用评标价（而非投标报价）最接近标底者中标，同时，规定超过标底一定范围的投标均为废标，则开标时必须公布标底，以使每个投标人都知道自己标价所处的位置。但对于大型复杂的建设项目，标底仅为评标的一个尺度，一般以最优评标价者中标，此时没有必要公布标底。因为对于大型复杂的工程，采用先进技术、合理的施工组织和施工方法、科学的管理措施等，完全可以突破常规而达到优质价廉的目的。先进与落后反映在标价上会有很大出入，而且投标人所采用的施工组织和方法可能与编制标底时所依据的原则完全不同，因此不能完全以标底价格判别报价的优劣。

7. 评标

评标的目的是根据招标文件中确定的标准和方法，对每个投标人的标书进行评审，以选出最低评标价的中标人。根据《中华人民共和国招标投标法》规定，评标委员会应由招标人代表和有关技术、经济等方面的专家组成，成员人数为5人以上单数，其中技术、经济等方面的专家不得少于成员总数的2/3。评标委员会的专家成员，应当由招标人从建设行政主管部门及其他有关政府部门确定的专家名册或者工程招标代理机构的专家库内相关专业的专家名单中确定。确定专家成员一般应当采取随机抽取的方式。与投标人有利害关系的人不得进入相关项目的评标委员会。评标委员会成员的名单在中标结果确定前应当保密。

评标委员会可以要求投标人对投标文件中含意不明确的内容作必要的澄清或者说明，但是澄清或者说明不得超出投标文件的范围或者改变投标文件的实质性内容。对招标文件的相关内容作出澄清和说明，其目的是有利于评标委员会对投标文件的审查、评审和比较。

评标委员会应当按照招标文件确定的评标步骤和方法，对投标文件进行评审和比较；对于设有标底的，应当参考标底。评标委员会完成评标后，应当向招标人提出书面评标报告，并推荐合格的中标候选人。招标人根据评标委员会提出的书面评标报告和推荐的中标候选人确定中标人；招标人也可以授权评标委员会直接确定中标人。评标只对有效投标进行评审。

评标的方法很多，方式有繁有简，究竟采用哪种方法，要根据招标项目的复杂程度、专业特点等来决定。评标可以采用下列方法：

1）专家评议法。由评标委员会根据预先确定拟评定的内容，如工程报价、合理工期、主要材料消耗、施工方案、工程质量和安全保证措施等项目，经过认真分析、横向比较和调查后进行综合评议。最终通过协商和投票，选择各项都较优良的投标人作为中标候选人推荐给业主。这种方法实际上是一种定性的优选法，虽然能深入地听取各方面的意见，但容易发生众说纷纭、意见难以统一的情况。而且由于没有进行量化评定和比较，评标的科学性较差。其优点是评标过程简单，在较短时间内即可完成，一般仅适用于小型工程或规模较小的改扩建项目。

2）综合评分法。评标委员会事先根据招标项目特点将准备评审的内容进行分类，各类内容再细化成小项，并确定各类及小项的评分标准。

3）最低评标价法。以评审价格（或称评标价）作为衡量标准，选取最低评标价者作为推荐中标人。评标价并非投标价，它是将一些因素折算为价格，然后再评定标书次序。由于很多因素不能折算为价格，如施工组织机构、管理体系、人员素质等，因此采用这种方法必须建立在严格的资格预审基础上；只要投标人通过了资格预审，就被认为已具备可靠承包人的条件，投标竞争只是一个价格的比较。投标人的报价，虽然是评标价的基本构成要素，但如果发现有明显漏项时，可相应地补项而增加其报价值。如某项税费在报价单内漏项，可将合同期内按规定税率计算的应缴纳税费加入其报价内。尽管从理论上讲，承包人的报价过低的后果由其自负，但承包人在实施过程中如果发生严重亏损时，必然会将部分风险转移给业主，使业主实际支出的费用超过原合同价。

评标价的其他构成要素还包括工期的提前量、标书中的优惠条件、技术建议产生的经济效益等，这些条件都折算成价格作为评标价内的扣减因素。如标书中工期提前较多，可以以月为单位将业主所得收益按一定比例折合为优惠价格计入评标价内；技术建议的实际经济效益也按一定的比例折算。通过以工程报价为基础，对可以折合成价格的因素经换算后加以增减，就组成了该标书的评标价。

8. 决标和签约

（1）决标前谈判　招标人在确定中标人前不得与投标人就投标价格、投标方案等实质性内容进行谈判。但为了最终确定中标人，可以分别与评标委员会所推荐的候选中标人，就投标书中提及而又未明确说明的某些内容进行商谈，以便定标。会谈内容可能涉及落实施工方案中的某些细节，评标报告中提到的质量保证体系需加以落实或完善的内容，招标人准备接受的投标书提出的合理化建议落实细节等。

（2）签约　中标人接到中标通知书后，应在30天内与业主签订施工合同。如果中标人拒签合同，业主有权没收其投标保证金，再与其他人签订合同。

4.2.2　工程项目投标程序、报价及报价技巧

1. 投标程序

投标与招标是工程承发包活动的两项工作，投标程序与招标程序是相互对应的，只是在程序中各自有各自的工作内容。投标程序中的工作内容是从投标者角度考虑的。下面对程序中的主要内容作一介绍。

（1）参加资格预审　投标人资格预审在招标人能否通过，是投标工作的第一关。投标人应按资格预审文件的要求和内容认真填写各种表格，在规定有效期限内递送到规定的地点，

请予审查。

（2）熟悉招标文件　招标文件是投标人投标报价的主要依据，研究招标文件重点放在投标者须知、专用条款、设计图样、工程范围及工程量清单上。

（3）校核工程量　多数工程招标由业主提供工程量清单，但也有的工程招标业主没有提供，仅供图样，这就要求投标人按照自己的习惯列出工程细目并计算其工程量。业主提供的工程量清单，投标人应对此进行核对。如果是总价合同，按图样校核工程量和细目是否有漏项就更为重要。如果是单价合同，即使工程量清单有漏项或数量计算错误，投标人也不要在招标文件上修改，仍按招标文件要求填报自己的报价，这种情况一般在投标策略和技巧中考虑。

（4）编制施工规划　投标人编制施工规划很重要，一方面招标人根据投标人拟定的工程进度计划和施工方案，考察投标人是否采取了充分而又合理的措施，保证按期、按质量要求完成工程施工任务。另一方面，工程进度计划安排是否合理，施工方案选择是否妥当，对工程成本有着直接的影响。

（5）计算投标报价　投标报价计算工作内容一般包括定额分析、单价分析、工程成本计算、确定间接费率和利润率，最后确定报价。

（6）编制投标文件　投标文件应完全按照招标文件的要求编制，一般不带任何附加条件，有附加条件的投标文件（书）一般视为废标处理。投标文件的内容包括：

1）投标书。

2）投标保证书。

3）报价表。报价表格式随合同类型而定，单价合同一般将各项单价开列在工程量表（清单）上，有时业主要求报单价分析表，则需按招标文件规定，将主要的或全部的单价均附上单价分析表。

4）施工组织设计或施工规划。各种施工方案（包括建议的新方案）及其施工进度计划表。

5）施工组织机构图表及主要工程施工管理人员名单和简历。

6）若将部分子项工程分包给其他承包人，则需将分包商的情况写入投标文件。

7）其他必要的附件及资料。如投标保函、承包人营业执照、企业资质等级证书、承包人投标全权代表的委托书及其姓名和地址、能确认投标者财产及经济状况的银行或金融机构的名称和地址等。

2. 投标报价的组成

报价的组成主要有直接费、间接费、利润、税金和不可预见费等。

1）直接费。直接费是指工程施工中直接用于工程上的人工、材料、设备和施工机械使用费用的总和（包括分包项目费用组成）。

2）间接费。间接费是指组织和管理工程施工所需的各项费用，主要由施工管理费和其他间接费组成。其他间接费包括临时设施费和远程工程增加费等。

3）利润和税金。利润是指投标时的计划利润，税金是按规定应向国家缴纳的营业税、城市建设维护税及教育经费附加等税金。

4）不可预见费。不可预见费是对风险分析后确定的用于防范风险的费用。

3. 投标报价的计算方法

投标报价有工料单价计算和综合单价计算方法。

（1）工料单价计算方法　根据已审定的工程量，按照定额或市场的单价，逐项计算每个项目的价格，分别填入招标人提供的工程量清单内，计算出全部工程量直接费，然后按企业自定的各项费率及法定税率，依次计算出间接费、计划利润及税金。另外，还要考虑一项不可预见费，其总和即为基础报价。一般国内工程报价多采用此种方法计算。

（2）综合单价计算方法　按综合单价计算报价，是所填入工程量清单的单价，应包括人工费、材料费、机械使用费、其他直接费、现场经费、间接费、计划利润和税金，以及材料差价及风险金等全部费用，构成基础单价，即综合单价。此种方法用于单价合同的报价，报价金额等于工程量清单的汇总金额加上暂定金额。

（3）投标报价的计算与编制标底的区别　编制标底是按照国家规定的基础定额、取费标准、技术标准和规范等，采用概（预）算的方法编制并报请有关部门审核批准后的工程计划价格，在评标时可能作为报价评分得分衡量的标准或作为一个参考价值。

投标报价可根据企业实际水平进行计算，也可以根据本企业的实际情况进行上下浮动，无需报送建设主管部门审核批准，如果按这种情况计算的报价中标的话，则它是一个确定的合同价格。

4. 投标报价技巧

投标报价技巧是指在投标报价中采用某些手法既可使业主接受，中标后又能获更多的利润。

（1）不平衡报价法　不平衡报价法也称前重后轻法。它是指一个工程项目的投标报价在总价基本确定后，如何调整内部各个子项目的报价，以期既不影响总报价，又在中标后可以获得较好的经济效益。下列几种情况可考虑采用不平衡报价法：

1）能够早日完工的项目，如基础工程、土方工程等，可以报较高的单价，以利于及早收回工程款，加速资金周转；而后期工程项目，如机电设备安装、装饰等工程，可适当降低单价。

2）对于单价合同，经工程量核算，估计今后工程量会增加的项目，其单价可适当提高；而工程量可能减少的项目，其单价可适当低些。

3）设计图样内容不明确，估计修改后工程量要增加的项目，其单价可高些；而工程内容不明确的，其单价不宜提高。

4）没有工程量只填报单价的项目，如疏浚工程中的淤泥开挖，其单价高些并不影响到总价。

5）暂定项目或选择项目，若经分析肯定要做，则单价不宜低；若不一定做，则单价不宜高。

不平衡报价法的应用一定要建立在对工程量表中的工程量仔细核对分析的基础上。同时，提高或降低单价也应有个范围或幅度，一般可在10%左右，以免引起业主反感，甚至导致废标。

（2）多方案报价法　对于某些招标文件，若要求过于苛刻，则可采用多方案报价法对付，即按原招标文件报一个价，然后再提出；若对某些条件作些修改，可降低报价，报另一个较低的价，以此来吸引业主。投标者有时在研究招标文件时会发现，原招标文件的设计和施工方案不尽合理，则投标者可提出更合理的方案吸引业主，同时提出一个和该方案相适应的报价，以供业主比较。当然，一般这种新的设计和施工方案的总报价要比原方案的报价低。

应用多方案报价法时要注意的是，对原招标方案一定要报价，否则按废标处理。

（3）突然降价法　报价是一项保密的工作，但由于竞争激烈，其对手往往通过各种渠道或手段来刺探情况，因此在报价时可采用一些迷惑对方的手法。例如，不打算参加投标，或准备报高价，表现出无利可图不想干等表象，并有意泄露一些情报，而到投标截止前几小时，突然前去投标，并压低报价，使对手措手不及。

采用突然降价法时，一定要考虑好降价的幅度，在临近投标截止日期前，根据情报分析判断，作出正确决策。

（4）优惠条件法　当招标文件中明确的评标方法可考虑某些优惠条件时在投标中能给业主一些优惠条件，如贷款、垫资、提供材料、设备等，解决业主的某些困难，是投标取胜的重要因素。

（5）先亏后盈法　有的承包人为了占领某一地区的建筑市场，或承包一些大型工程中的第一期工程，往往不计利润，只求中标。这样，在后续工程或第二期工程招标时，凭借经验、临时设施及创立的信誉等因素，比较容易拿到工程，并争取获利。

【例 4-1】

<背景>

某市政协的综合办公楼进行施工招标，要求投标企业为房屋建筑施工总承包一级及以上资质。资格预审公告后，有 15 家单位报名参加。在招标投标过程中发生以下事件：

1）资格预审时，有招标人代表提出不能使用民营企业，应选择国有大中型企业。

2）资格预审文件中规定资格审查采用合格制，评审过程中招标人发现合格的投标申请人达到 12 家之多，因此要求对他们进行综合评价和比较，并采用投票方式优选出 7 家作为最终的资格预审合格投标人。

3）现场踏勘时，有 2 家单位因故未能参加，招标人按该 2 家单位放弃投标考虑。

4）到投标截止时间有 1 家投标人因路上堵车迟到了 5min（已事先电话告知招标人）招标人拒绝接收其投标文件。

5）开标仪式上，有 1 家投标人未派代表出席，但其投标文件提前寄到了招标人处，招标人因该投标人代表未在场为由，没有开启其投标文件。

6）发出中标通知书之前，招标人书面要求中标人作出 2% 的让利。

<问题>

1）工程施工招标资格审查方法有哪两种？合格制的资格审查办法的优缺点是什么？

2）上述程序中，有哪些不妥之处？试说明理由。

<参考答案>

1）资格审查有资格预审和资格后审两种。合格制的优点是设置一个门槛，达到要求就通过，投标竞争力强，比较客观公平，有利于获得更多、更好的投标人和投标方案；其缺点是，条件设置不当容易造成投标人过多，增加评标成本或投标人不足三人。

2）上述程序的不妥之处及理由：

①资格预审时，有招标人代表提出不能使用民营企业，应选择国有大中型企业的说法不妥，属歧视性条件。

②资格预审文件中规定资格审查采用合格制，评审过程中招标人发现合格的投标申请人达到12家之多，因此要求对他们进行综合评价和比较，并采用投票方式优选出7家作为最终的资格预审合格投标人，这样做改变了在资格预审公告载明资格预审办法，是错误的。

③现场踏勘时，有2家单位因故未能参加，招标人按2家单位放弃投标考虑的做法不妥，法规未要求投标人必须现场踏勘。

④到投标截止时间有1家投标人因路上堵车迟到了5min（已事先电话告知招标人），招标人拒绝接收其投标文件的做法是正确的，符合招标投标法有关规定。

4.3　工程项目合同管理

工程项目合同各参与方的目的是在业主商定的时间内，以最低的费用令人满意地完成任务，同时确保总承包者以及其他专业承包者能够获得合理利润。无论合同文件编制得多好，从工程开工直到竣工期间，也会经常出现分歧、争议以及延误等问题，这些往往会破坏各参与方最初的良好愿望，而这一切都离不开合同，离不开对合同的有效管理。

4.3.1　合同管理的概念与地位

1. 合同管理的概念

合同管理是指对合同的订立、履行、变更、终止、违约、索赔、争议处理等进行的管理。合同管理是项目管理的重要内容，也是项目管理中其他活动的基础和前提。从广义上讲，工程建设合同有两个层次，第一个层次是政府对工程合同的宏观管理，第二个层次是合同当事人各方对合同实施的具体管理。

2. 合同管理在工程项目管理中的地位

合同确定工程的价格（成本）、工期（时间）和质量（功能）等目标，规定着合同双方责、权、利的关系，合同管理是工程项目管理的核心，工程的全部工作都可以纳入合同管理的范围。合同管理贯穿于工程实施的全过程，对整个工程的实施起到控制和保证的作用。在现代工程中，没有合同意识，则项目整体目标不明确。没有合同管理，则项目管理难以形成系统，难以高效率地进行，项目目标也就难以实现。

合同管理作为项目管理的一个重要组成部分，必须融入整个项目管理中。要实现项目的目标，必须对全部项目、项目实施的全过程和各个环节、项目的所有工程活动实施有效的合同管理。合同管理与其他管理职能密切结合，共同构成了工程项目管理系统。

4.3.2　合同总体策划

合同形成阶段的管理工作主要是合同总体策划。

1. 合同策划的依据

合同双方有不同的立场和角度，但他们有相同或相似的合同策划内容。

合同策划的依据主要有：

1）项目要求。主要包括管理者或承包者的资信、管理水平和能力，项目的界限、目标，企业经营战略、工程的类型、规模、特点，技术复杂程度、工程质量要求和范围、计划程度，招标时间和工期的限制，项目的盈利性，风险程度等。

2）资源情况。主要包括人力资源，工程资源（如资金、材料、设备等供应及限制条件），环境资源（如法律环境，物价的稳定性，地质、气候、自然、现场条件及其确定性），获得额外资源的可能性等。

3）市场状况。主要包括采购策划过程必须考虑在多大范围市场采购、采购的条款和条件、市场竞争程度等市场因素。承包者同样要考虑市场情况。

2. 业主的合同总体策划

业主的合同总体策划目标是通过合同分解项目目标，落实负责人，并实施对项目的控制权力。由于业主处于主导地位，他的合同总体策划对整个工程有很大的影响，同时直接影响承包者的合同策划。

（1）与业主签约的承包者的数量　业主在招标前必须决定，将一个完整的项目分为几个标段。

项目的采购可以采用分散平行（分阶段或分专业工程）承包的形式，可以采用全包的形式，也可以采用介于上述两者之间的中间形式。

1）分散平行承包方式的特点。分散平行承包方式的特点是业主可以分阶段进行招标，可以通过协调和项目管理加强对工程的干预，但业主管理工作量大。项目前期需要比较充裕的时间。同时，承包者之间存在着一定的制衡，如各专业设计、设备供应、专业工程施工之间存在制约关系。另外，业主要对各承包者之间互相干扰造成的问题承担责任。

业主通常不能将工程项目分得太细，否则直接管理承包者的数量太多，管理跨度太大，容易造成混乱，协调困难，管理费用增加，最终导致总投资的增加和工期的延长。对这样的项目，业主的管理和控制比较细，必须具备较强的项目管理能力。当然，业主也可以委托监理进行工程管理。

2）全包承包方式的特点。通过全包一方面可以减少业主面对的承包者的数量，这给业主带来很大的方便。业主事务性管理工作较少，主要提出总体要求，作宏观控制，验收结果，一般不干涉承包者的工程实施过程和项目管理工作，在工程中业主责任较小，所以合同争执和索赔很少。但全包对承包者的要求很高，对业主来说，承包者资信风险很大。

另一方面，承包者能将整个项目管理形成一个统一的系统，避免多头领导，降低管理费用；方便协调和控制，减少大量的重复的管理工作，减少花费，使得信息沟通方便、快捷、不失真。它有利于施工现场的管理，减少中间检查和交接的环节和手续，避免由此引起的工程拖延，从而使工期（招标投标和建设期）大大缩短。

所以全包工程对双方都有利，项目整体效益高。

（2）招标方式的确定　除了强制招标项目，业主必须选择公开招标方式外，其他项目可以选择公开招标、邀请招标、甚至不招标的直接发包（议标）。各种招标方式有其特点及适用范围。一般要根据承包形式、合同类型、业主所拥有的招标时间（工程紧迫程度）、业主的项目管理能力和期望控制工程建设的程度等决定。

（3）合同种类的选择　在实际工程中，合同计价的方式有很多种。不同种类的合同，有不同的应用条件，有不同的权力与责任的分配，对合同双方有不同的风险。因此，应按具体情况选择合同类型。有时在一个承包合同中，不同的分项采用不同的计价方式。合同的计价方式可分为总价合同、单价合同和成本加酬金合同。

1）总价合同。所谓总价合同（Lump Sum Contract），是指根据合同规定的工程施工内容和有关条件，应付给承包商的款额是一个规定的金额，即明确的总价。总价合同也称作总价包干合同，即根据施工招标时的要求和条件，当施工内容和有关条件不发生变化时，业主付给承包价款总额就不发生变化。总价合同又分固定总价合同和变动总价合同两种。

固定总价合同的价格计算是以图样及规定、规范为基础，工程任务和内容明确，业主的要求和条件清楚，合同总价一次包死，固定不变，即不再因为环境的变化和工程量的增减而变化。在这类合同中，承包商承担了全部的工作量和价格的风险。因此，承包商在报价时应对一切费用的价格变动因素以及不可预见因素都做充分的估计，并将其包含在合同价格之中。采用固定总价合同，双方结算比较简单，但是由于承包商承担了较大的风险，因此报价中不可避免地要增加一笔较高的不可预见风险费。承包商的风险主要有两个方面：一是价格风险，二是工作量风险。价格风险有报价计算错误、漏报项目、物价和人工费上涨等；工作量风险有工程量计算错误、工程范围不确定、工程变更或者由于设计深度不够所造成的误差等。

变动总价合同又称为可调总价合同，合同价格是以图样及规定、规范为基础，按照时价（Current Price）进行计算，得到包括全部工程任务和内容的暂定合同价格。它是一种相对固定的价格，在合同执行过程中，由于通货膨胀等原因而使所使用的工、料成本增加时，可以按照合同约定对合同总价进行相应的调整。当然，一般由于设计变更、工程量变化和其他工程条件变化所引起的费用变化也可以进行调整。因此，通货膨胀等不可预见因素的风险由业主承担，对承包商而言，其风险相对较小，但对业主而言，不利于其进行投资控制，突破投资的风险就增大了。

2）单价合同。当施工发包的工程内容和工程量不能十分明确、具体地予以规定时，则可以采用单价合同（Unit Price Contract）形式，即根据计划工程内容和估算工程量，在合同中明确每项工程内容的单位价格（如每米、每平方米或者每立方米的价格），实际支付时则根据每一个子项的实际完成工程量乘以该子项的合同单价计算该项工作的应付工程款。

单价合同的特点是单价优先，例如FIDIC土木工程施工合同中，业主给出的工程量清单表中的数字是参考数字，而实际工程款则按实际完成的工程量和合同中确定的单价计算。虽然在投标报价、评标以及签订合同中，人们常常注重总价格，但在工程款结算中单价优先，对于投标书中明显的数字计算错误，业主有权先作修改再评标，当总价和单价的计算结果不一致时，以单价为准调整总价。由于单价合同允许随工程量变化而调整工程总价，业主和承包商都不存在工程量方面的风险，因此对合同双方都比较公平。另外，在招标前，发包单位无需对工程范围作出完整、详尽的规定，从而可以缩短招标准备时间，投标人也只需对所列工程内容报出自己的单价，从而缩短投标时间。

采用单价合同对业主的不足之处是，业主需要安排专门力量来核实已经完成的工程量，需要在施工过程中花费不少精力，协调工作量大。另外，用于计算应付工程款的实际工程量可能超过预测的工程量，即实际投资容易超过计划投资，对投资控制不利。

3）成本加酬金合同。成本加酬金合同也称为成本补偿合同，这是与固定总价合同正好相反的合同，工程施工的最终合同价格将按照工程的实际成本再加上一定的酬金进行计算。在合同签订时，工程实际成本往往不能确定，只能确定酬金的取值比例或者计算原则。

采用这种合同，承包商不承担任何价格变化或工程量变化的风险，这些风险主要由业主承担，对业主的投资控制很不利。而承包商则往往缺乏控制成本的积极性，常常不仅不愿意控制成本，甚至还会期望提高成本以提高自己的经济效益。因此，这种合同容易被那些不道德或不称职的承包商滥用，从而损害工程的整体效益。所以，应该尽量避免采用这种合同。

（4）合同条件的选择　合同协议书和合同条件是合同文件中最重要的部分。在实际工作中，业主可以按照需要自己起草合同协议书（包括各合同条款），也可以选择标准的合同条件（合同范本）。

对一个项目，有时会有几个同类型的合同条件供选择，特别在国际工程中，合同条件的选择应注意如下问题：

1）大家从主观上都十分希望使用严密的、完备的、科学的合同条件，但合同条件应该与双方的管理水平相配套。双方的管理水平很低，而使用十分完备、周密，同时规定又十分严格的合同条件，则这种合同条件没有可执行性。

2）选用的合同条件最好双方都熟悉，这样能较好地执行。由于承包者是合同的具体实施者，要保证项目顺利实施，选用合同条件时应更多地考虑使用承包者熟悉的合同条件，而不能仅从业主自身的角度考虑这个问题。

3）合同条件的使用应注意到其他方面的制约。

3. 承包者的合同总体策划

对于业主的合同决策，承包者常常必须执行或服从。例如，招标文件、合同条件常常规定承包者必须按照招标文件的要求准备投标文件，不允许修改合同条件，甚至不允许使用保留条件。但承包者也有自己的合同策划问题，它服从于承包者的基本目标（取得利润）和企业经营战略。

（1）投标方向的选择　投标方向的确定要能最大限度地发挥自己的优势，符合承包者的经营总战略。如果正准备发展，力图打开局面，则应积极投标。承包者不要企图承包超过自己技术水平、管理水平和财务能力的项目，以及自己没有竞争力的项目。

（2）合同风险的总评价　承包者在合同策划时必须对本项目的合同风险有一个总体的

评价。

对工程合同来说，如果存在以下问题，则风险很大：

1）工程规模较大，工期较长，而业主采用固定总价合同形式。

2）业主要求采用固定总价合同，但工程招标文件中的图样不详细、不完备，工程量不准确、范围不清楚等。

3）业主将制作标期压缩得很短，承包商没有时间详细分析招标文件，而且招标文件为外文，采用承包商不熟悉的合同条件。在国际工程中，人们分析大量的工程案例发现，作标期与工程争执、与索赔额、与工期拖延成反比。作标期长则争执少、索赔少、工期延长少。有许多业主为了加快项目进度，采用缩短作标期的方法，这不仅会使承包商风险太大，而且会造成对整个工程总目标的损害，常常欲速则不达。

4）工程环境不确定性大。如物价和汇率大幅度波动、水文地质条件不清楚，而业主要求采用固定价格合同。

大量的工程实践证明，如果存在上述问题，特别当一个工程中同时出现上述问题时，这个工程可能会彻底失败，甚至有可能将整个承包企业拖垮。

（3）合作方式的选择　总承包合同投标前，承包者必须就如何完成合同范围的工程作出决定。因为任何承包者都不可能自己独立完成全部工程（即使是最大的公司），一方面没有这个能力，另一方面也不经济。他必须与其他承包者合作，就合作方式作出选择。无论是分包还是联营或成立联合公司，都是为了合作，为了充分发挥各自的技术、管理、财力的优势，以共同承担风险。但不同合作形式其风险分担程度不一样。

1）分包。通过分包的形式可以弥补总承包者在技术、人力、设备、资金等方面的不足。同时，总承包者又可通过这种形式扩大经营范围，承接自己不能独立承担的项目。通过分包，可以将总包合同的风险部分地转嫁给分包商。这样，大家共同承担总承包合同风险，提高经济效益。当然，过多的分包，如专业分包过细、多级分包，也会造成管理层次增加和协调的困难，使业主怀疑承包者本身的承包能力。这对合同双方来说都是不利的。

承包者的各个分包合同与拟由自己完成的工程（或工作）一起应能涵盖总承包合同责任。

2）联合承包。联合承包是指两家或两家以上的承包者（最常见的为设计承包商、设备供应商、工程施工承包商）联合投标，共同承接工程。承包者通过联合，承接工程量大、技术复杂、风险大、难以独家承揽的项目，使经营范围扩大。在国际工程中，国外的承包者如果与当地的承包者联合投标，可以获得价格上的优惠，这样更能增加报价的竞争力。联合体作为一个整体，全面承担与业主之间的合同责任。联合成员之间的关系是平等的，按各自完成的工程量进行工程款结算，按各自投入资金的比例分割利润。

（4）合同执行战略　合同执行战略是承包者按企业和项目具体情况确定的执行合同的基本方针。例如：

1）企业必须考虑该项目在企业同期许多项目中的地位、重要性，确定优先等级。对重要的有重大影响的项目必须全力保证，在人力、物力、财力上优先考虑。

2）承包者必须以积极合作的态度热情圆满地履行合同。特别在遇到重大问题时积极与业主合作，以赢得业主的信赖，赢得信誉。

3）对明显导致亏损的项目，特别是企业难以承受的亏损，或业主资信不好，难以继续合作时，有的承包者不惜以撕毁合同来解决问题。有时承包者主动地中止合同，比继续执行合同的损失要小。

4.4　工程施工索赔

索赔是合同执行阶段一种避免风险的方法，同时也是避免风险的最后手段。工程建设索赔在国际建筑市场上是承包商保护自身正当权益、弥补工程损失、提高经济效益的重要和有效手段。许多工程项目，通过成功的索赔能使工程收入达到工程造价的10%~20%，有些工程的索赔额甚至超过了工程合同额本身。"中标靠低价，盈利靠索赔"便是许多承包商的经验总结。在国内，索赔及其管理还是工程建设管理中的一个相对薄弱的环节。

4.4.1　索赔的概念

索赔是指当事人在履行合同过程中，根据法律、合同规定及惯例，对并非由于自己的过错，而是属于应由对方承担责任的情况所致，且实际发生了损失，向对方提出给予补偿或赔偿的权利要求。

从索赔的含义来讲，索赔就是业主和承包商都拥有的权利，但是从通用条件内规定的索赔程序条款来看，索赔就是指承包商向业主要求补偿的权利主张。而业主向承包商索赔，一般称反索赔，这种索赔实质上就是扣款，业主有权利主张，索赔就会实现。

4.4.2　索赔的基本特征

1. 索赔是双向的

由于通常是承包商首先提出要求经济补偿，因此主动提出索赔的一方往往也是承包商，故而人们常说承包商进行索赔而业主是在反索赔，给人的印象好像有主动与被动之别。实际上这种经济要求的行为是双向的，在英文中都是使用相同的"Claim"这个词，并没有主动与被动之分，只是索赔的出发点和对象各不相同罢了。

2. 只有实际发生了经济损失或权利损害，一方才能向对方索赔

经济损失是指因对方因素造成合同外的额外支出，如人工费、材料费、机械费、管理费等额外开支；权利损害是指虽然没有经济上的损失，但造成了一方权利上的损害，如由于恶劣气候条件对工程进度的不利影响，承包商有权要求工期延长等。

3. 索赔是一种未经确认的单方行为

索赔与我们通常所说的工程签证不同。在施工过程中，签证是承发包双方就额外费用补偿或工期延长等达成一致的书面证明材料和补充协议，它可以直接作为工程款结算或最终增减工程造价的依据，而索赔则是单方面行为，对对方尚未形成约束力，这种索赔要求能否得到最终实现，必须要通过确认（如双方协商、谈判、调解或仲裁、诉讼）后才能实现。或者说只有获得了索赔的款项，索赔才算获得成功。

4. 索赔的成败，取决于是否获得了对自己有利的证据

索赔的关键在于"索"，你不"索"，对方就没有任何义务主动地来"赔"。同样，"索"得乏力、无力，即索赔依据不充分、证据不足、方式方法不当，也是不可能成功的。索赔在某种程度上来说与聘请律师打官司相似，索赔的成败常常不仅在于事件的实情，而且取决于

能否找到有利于自己的证据，能否找到为自己辩护的法律条文。

5. 对于特定干扰事件的索赔，没有固定的模式，没有额定的统一标准

对于特定干扰事件的索赔，要想达到索赔的目的，需要弄清楚导致索赔的主要影响因素：

1）合同背景，即合同的具体规定。不同的合同，对风险有不同的定义和规定，就会有不同的赔偿范围、条件和方法，则索赔会有不同的解决结果。

2）业主的管理水平。如果业主不太精明，咨询工程师也比较平庸，则索赔易于解决；如果业主是精明强干的管理专家，或者业主聘请管理公司进行工程管理，则通常情况下索赔比较困难。

3）承包商的管理水平。这是影响索赔的主要原因。如果承包商能全面履行合同职责，没有违约行为，工程管理中没有失误行为，而且能及时、完整地提出索赔证据，那么索赔成功应是比较有把握的。

4.4.3 索赔的分类

1. **按索赔的目的分类**

（1）工期索赔　由于业主的违约或承担的风险与责任，而导致承包商施工进度的延误，承包商要求批准顺延合同工期的索赔称为工期索赔。工期索赔实质上是避免不能按原合同竣工日期完工时被发包人追究拖期违约责任。一旦获得批准，工期可以顺延，承包人可以免除违约责任，而且还可能提前工期从而得到奖励。

（2）费用索赔　索赔事件发生后，一般情况下，工期索赔和费用索赔是会同时发生的。费用索赔就是要求经济补偿，要求因非自身的原因而导致施工成本的增加或附加的开支，以挽回实际的经济损失。

因不可抗力事件导致的费用由双方按以下方法分别承担：

1）工程本身的损坏、因工程损害导致第三方人员伤亡和财产的损失以及运至施工现场用于施工的材料和待安装的设备的损害，由发包人承担。

2）合同双方人员伤亡由其所在单位负责，并承担相应费用。

3）承包人机械设备损坏及停工损失，由承包人承担。

4）停工期间，承包人应工程师要求留在施工现场的必要的管理人员及保卫人员的费用由发包人承担。

5）工程所需清理、修复费用，由发包人承担。

6）延误的工期相应顺延。

2. **按索赔的依据分类**

1）合同内索赔。此种索赔的依据是合同条款明文规定的索赔。如业主违约、合同缺陷、工程师的错误指令等造成承包人损失的索赔。

2）合同外索赔。此种索赔一般难以直接从合同的条款中找到索赔的依据，但可以从对合同条款的合理推断或同其他有关条款联系起来论证该索赔是属合同规定的索赔。也可以是由于政策、法规的改变而成立的索赔。

3）道义索赔。这种索赔无合同和法律的依据，而承包人在施工中确实遭到了很大损失，从而向发包人要求给予道义上的补偿。

4.4.4　索赔的作用

1. 维护合同当事人的正常权益

索赔是合同法律效力的具体体现，是维护自己正常利益，避免损失，增加经济效益的手段。精通索赔业务，搞好索赔是合同管理的重要内容，是维护企业生产经营不可缺少的一个重要环节。

2. 提高合同意识，加强合同管理

索赔的依据主要是合同条款。要想提出索赔要求，首先要熟悉合同文件、加强合同管理。合同文件中的内容可能存在很多索赔的依据。正常开展索赔工作，必然会起到提高合同的意识，加强合同管理的作用。

3. 保证合同的实施

合同中有索赔条款，对合同当事人双方具有约束力，同时也起到了警戒作用，应按履行合同的原则，履行各自的义务，否则就会形成索赔，受到经济的损失或信誉的损害。因此，施工索赔会起到保证施工合同实施的作用。

4. 促使工程造价更合理

施工索赔的开展，可以把原来打入工程报价的一些不可预见费用，改为按实际发生的损失支付，有助于降低工程报价，使工程造价更为合理。

5. 落实和调整合同双方的经济责任关系

索赔的依据主要是合同约定的义务和责任，合同当事人任何一方不履行其义务或职责，就会发生索赔，从而进一步地调整或落实了当事人的经济责任关系。

4.4.5　索赔工作程序

索赔工作是按合同约定且有一定的法定程序的，而且每道程序又有必做的工作。下面按索赔的程序作简单的介绍。

1. 索赔意向通知

索赔事件第一次发生后28天内，承包商应以书面的形式向工程师提出索赔意向通知。通知的内容通常有：

1）索赔事件发生的时间和情况的简述。

2）索赔的理由和依据。

3）可能索赔的内容。

4）做好有关索赔事件记录，可按工程师的指令通报事件发展的情况。

2. 做好同期记录

这个阶段就是索赔证据、资料的准备。这对承包商的索赔要求十分重要。所以，凡是与索赔事件有关的文件或记录都应及时收集整理，必要时征求工程师的意见，以便为索赔事件的处理提供确切的证据。

3. 索赔中间报告

如果索赔事件继续发生，承包商应按工程师指令的时间及时提交索赔中间报告，其内容是报告事件发展的情况，已采取了何种措施防止损失的扩大，现已影响工程成本和工期的程度，争取工程师的进一步指令等。

4. 索赔最终报告

索赔事件结束后28天内，承包商应向工程师提出索赔的最终报告。报告的内容要全面、详细、具体、准确，要写明索赔的依据，明确责任，要求应合理，索赔值应按实际发生的损失准确计算，同时要出具充分的证据资料。

5. 工程师审核索赔报告

一般情况下，工程师对索赔报告的审核是业主授予的在合同范围内的审核权力。关于合同外的索赔，大多是业主亲自处理。工程师对索赔报告应签字确认或提出修改意见，如果与承包商发生争议，应采取协商的方式处理索赔的问题。

6. 业主审查索赔处理

业主对承包商提出的索赔报告及工程师对此处理的审核意见，权衡施工的实际情况后，可对索赔报告予以批准，工程师即可签发有关证书。

4.4.6 索赔计算

1. 工期索赔计算

工期索赔的计算主要有网络分析法和比例计算法两种。

（1）网络分析法　网络分析法是利用网络图对延误工作进行分析。如果延误的工作是发生在关键线路上的关键工作，则延误的时间为索赔工期，可纳入合同工期。如果延误的工作发生在非关键工作上，当延误的时间超过该工作的总时差时，则超过总时差的时间为索赔工期。

（2）比例计算法　如果已知额外增加工程量的价格，可用下式进行计算：

$$工期索赔值 = 额外增加的工程量的价格 / （原合同价格 \times 原合同工期） \qquad （4-1）$$

比例计算比较简单，但有时不符合实际情况，应用时应慎重。

2. 费用索赔计算

（1）总费用法　总费用法就是从计算出工程已实际开支的总费用中减去投标报价时的成本费用，即为要求补偿的费用额。

此种方法并不十分科学，但具备以下条件时采用总费用法计算索赔费用额也是较合理的。

1）实际开支的总费用是合理的。

2）承包商原始报价是合理的。

3）费用的增加不是因承包商的原因造成的。

4）难以用精确的方法进行索赔费用的计算。

（2）分项计算法

1）人工费索赔。人工费索赔侧重于人员闲置和劳动生产率降低费用的计算。人员闲置费用，一般按人工单价的0.75折算。劳动生产率降低费用的计算，一般采用实际成本和预算成本比较法或正常施工期与受影响期比较法。后者是指受影响时生产率的下降而使人工费用的增加。

2）机械费用索赔。机械闲置费用索赔计算有两种情况。对于自有机械的闲置，一般只给该机械的折旧费；如果是租赁的机械，则给付台班费。

（3）现场管理费索赔计算　现场管理费索赔的计算一般采用如下公式：

$$现场管理费索赔值 = 索赔的直接成本费用 \times 现场管理费率 \qquad （4\text{-}2）$$

（4）上级管理费索赔计算　上级管理费包括公司的管理费、办公楼的折旧、职工的工资等。一般仅在工程延期和工程范围变更时才允许索赔上级管理费。

【例4-2】　某工程原合同报价如下。

工地总成本：（直接费＋工地管理费）	3800000元
公司管理费：（总成本×10%）	380000元
利润：（总成本＋公司管理费）×7%	292600元
合同价：	4472600元

在实际工程中，由于完全非承包商原因造成实际工地总成本增加至4200000元。现用总费用法计算索赔值如下。

总成本增加量：（4200000-3800000）元	400000元
总部管理费：（总成本增量×10%）	40000元
利润：（仍为7%）	30800元
利息支付：（按实际时间和利率计算）	4000元
索赔值：	474800元

4.5　国际工程招标投标与合同概述

随着我国改革开放的不断深入和国际交流的日益频繁，建筑企业开始走出国门参与国际承包市场的竞争，按照国际招标投标惯例和程序承揽工程。国内也有许多工程咨询公司和承包企业参与国际工程的咨询和承包领域。许多大型项目开始尝试采用新的承发包模式，在国际建筑市场上进行招标。

国际工程就是指一个工程项目从咨询、投资、招标投标、承包、设备采购、培训到施工监理，各个阶段的参与者来自不同的国家，并且按国际通用的工程管理模式进行管理和实施的工程。国际工程包括在国内进行的涉外工程和在国外进行的海外工程。

4.5.1　国际工程招标

国际工程招标（Invitation to Tender）是指由发包人（业主）就拟建工程项目的内容、要求和预选投标人的资格等提出条件，通过公开或非公开的方式邀请投标人根据上述条件提出报价、施工方案和施工进度等，然后由发包人择优选定投标人的过程。择优一般是指选择具有最佳技术，可实现最佳质量，而花费最低价格和利用最短工期的投标人（投标人）。发包人要想在众多的投标人中选出在上述四个方面均具有优势的投标人是比较困难的，故发包人应根据自己的资金能力、项目的具体要求、投标人的专长和所报的价格与条件来确定中标者。

1. 招标方式

国际上通常采用两类招标方式：一类是竞争性招标，分为公开招标和选择性招标，也就是国内常提到的公开招标和邀请招标；一类是非竞争性招标，主要指谈判招标，一般适用于专业技术较强、施工难度较大、多数投标人难以胜任的工程项目，在这种招标方式下，投标人能否中标的决定因素主要不是价格，而是投标人的技术能力、施工质量和工期等条件。

2. 资格预审（Prequal1fication of Bidders）

国际工程的资格预审文件一般由设计单位或咨询公司来编制，其主要内容包括工程项目简介、对投标人的要求、各种附表等。招标人应事先组织业主代表、财务和技术专家、资金提供部门等有关人员组成资格预审评定委员会，本着完全性、有效性、正确性的原则对收到的资格预审文件从财务方面、施工经验、人员、设备等方面进行评审，具体做法与国内类似。

3. 开标、评标与定标

在规定的日期、时间、地点当众宣布所有投标人递送的投标文件中的投标人名称及报价，使全体投标人了解各家标价和自己在其中的顺序。替代方案的报价也在开标时宣读。之后转入评标阶段。

开始评标之前，招标人要组织由招标人、咨询设计单位、资金提供者、有关方面专家（技术、经济合同）等人员成立评标委员会。就施工项目评标而言，评标主要包括两方面的工作。一方面是符合性检验，即审查投标文件的符合性和核对投标报价；另一方面是实质性检验，即检查投标文件是否符合招标文件的实质性要求。

定标即最后决定中标者并授予合同。定标前招标人要与中标者进行谈判，达成的协议应有书面记载，根据协议编写合同协议书备忘录或附录。谈判结束，双方各派一名高级代表审阅合同文件，每页均要签字。

4.5.2　国际工程投标报价及应注意的问题

国际工程投标是以投标人为主体从事的活动。它是指投标人根据招标文件的要求，在规定的时间并以规定的方式，投报其拟承包工程的实施方案及所需的全部费用，争取中标的过程。国际工程投标要经过投标前的准备、询价、制定标价、制作标书、竞标等程序。

1. 投标前的准备

（1）收集有关信息和资料　投标竞争，实质上是各个投标人之间实力、经验、信誉以及投标策略和技巧竞争，特别是国际竞争性投标，不仅是一项经济活动，而且受到政治、法律、资金、商务、工程技术等多方面因素的影响，是一项复杂的综合经营活动，因此投标信息资料搜集工作对于综合经营活动的顺利进行是十分重要的。

（2）组成投标小组　如果是一个投标人单独投标，当投标人决定要投标之后，最主要的工作是组成投标小组。投标小组应该由具备以下基本条件的人员组成：

1）熟悉了解有关外文招标文件，对投标、合同谈判和合同签约有丰富的经验。

2）对该国有关经济合同方面的法律和法规有一定的了解。

3）不仅需要有丰富的工程经验、熟悉施工的工程师，还要有具备设计经验的设计工程师参加，从设计或施工的角度，对招标文件的设计图提出改进方案或备选方案，以节省投资和加快工程进度。

4）最好还有熟悉物资采购的人员参加，因为一个工程的材料、设备开支往往占工程造价的一半以上。

5）有精通工程报价的经济师或会计师参加。

6）国际工程需要工程翻译，但参与投标的人员也应该有较高的外语水平，这样可以取长补短，避免工程翻译不懂技术和合同管理而出现失误。

总之，投标小组最好由多方面的人才组成。一个投标人应该有一个按专业或承包地区组成的稳定的投标小组，但应避免把投标人员和实施人员完全分开的做法，部分投标人员必须参加所投标的工程的实施，这样才能减少工程实施中的失误和损失，不断地总结经验，提高总体投标水平。

（3）联营体 联营体是在国际工程承包和咨询时经常采用的一种组织形式，是针对一个工程项目的招标，由一个国家或几个国家的投标人组成的一个临时合伙式的组织参与投标，并在中标后共同实施项目。一般如果不中标，则联营体解散。在以后其他项目投标和实施需要时再自由组织，不受上一个联营体的约束和影响。

（4）询价 询价是投标人在投标前必做的一项工作。因为投标人在承包活动中，不仅需要提供设备和原材料，还要关注生活物资和劳务的价格，询价的目的在于准确地核算工程成本，以作出既有竞争力又能获利的报价。

2. 项目投标决策

项目投标决策时一般考虑以下几个方面的因素：

1）投标人方面的因素主要为主观条件因素，即有无完成此项目的实力以及对投标人目前和今后的影响，主要包括投标人的施工能力和特点、投标人的设备和机械，特别是临近地区有无可供调用的设备和机械、有无从事过类似工程的经验、有无垫付资金的来源、投标项目对投标人今后业务发展的影响。

2）工程方面的因素包括工程性质、规模、复杂程度以及自然条件（水文、气象、地质等）、工程现场工作条件，特别是道路交通、电力和水源、工程的材料供应条件、工期的要求等。

3）业主方面的因素包括业主信誉，特别是项目资金来源是否可靠，业主支付能力，是否要求投标人带资承包、延期支付等，工程所在国政治、经济形势，货币币值稳定性，机械、设备、人员进出该国有无困难，该国法律对外商的限制程度等。

在实际投标过程中，影响因素很多，投标人应该从战略角度全面地对各种因素进行权衡之后再进行决策。

3. 确定标价

（1）成本核算 成本主要包括直接成本和间接成本。直接成本主要包括工程成本、产品的生产成本，包装费、运输费、运输保险费、口岸费和工资等；间接成本主要包括投标费、捐税、施工保险费、经营管理费和贷款利息等。此外，一些不可预见的费用也应考虑进去，如设备、原材料和劳务价格的上涨费、货币贬值费及无法预料或难以避免的经济损失费等。

（2）确定标价要考虑的因素

1）成本。投标人在成本的基础上加一定比例的利润便可形成最后的标价。

2）竞争对手的情况。如果竞争对手较多并具有一定的经济和技术实力，标价应定得低一些；如果本公司从事该工程的建造有一定的优势，竞争对手较少或没有竞争对手，那么标价可以定得高些。

3）投标的目的。若是想通过工程的建设获取利润，那么标价必须高于成本并有一定比例的利润。在目前承包市场竞争如此激烈的情况下，很多投标人不指望通过工程的建造来取得收益，而是想通过承包工程带动本国设备和原材料的出口，进而从设备和原材料的出口中获取利润，出于这种目的的投标人所制定的标价往往与工程项目的建造成本持平或低于成本。当然，标价定得越低，中标率则越高。

4. 标书制作与递交

标书是投标书的简称，也称投标文件。标书的具体内容依据项目的不同而有所区别，主要包括投标书及附件、投标保证、工程量清单和单价表、有关的技术文件等，投标人的报价、技术状况和施工质量也要体现在标书中。编制的标书一定要符合招标文件的要求，否则投标无效。

投标书编制完成以后，投标人应按招标人的要求装订密封，并在规定的时间内（投标截止日期前）送达指定的地点。投递标书不宜过早，一般应在投标截止日期前几天为宜，但若超过投标截止日期则为废标。

5. 竞标

开标后投标人为中标而与其他投标人的竞争叫竞标。投标人参加竞标的前提条件是成为中标的候选人。在一般情况下，招标人在开标后先将投标人按报价的高低排出名次，经过初步审查选定2~3个候选人，如果参加投标的人数较多并且实力接近，也可选择5~7名候选人，招标人通过对候选人的综合评价，确定最后的中标人。有时候也会出现2~3个候选人条件相当、招标人难以取舍的情况，在这种情况下，招标人便会向候选人重发通知，再次竞标。

6. 国际工程投标策略

国际工程投标是一场紧张而又特殊的国际商业竞争。目前，国际工程招标多半是针对大型、复杂的工程项目进行的，投标竞争的风险也比较大。投标策略的制定就是使投标人更好地运用自己的实力，在影响投标成功的各项因素上发挥相对优势，从而取得投标的成功。

（1）深入腹地策略　所谓深入腹地策略，是指外国投标人利用各种手段，进入工程所在国和地区，使自己尽可能地接近或演化为当地企业，以谋取国际投标的有利条件。深入腹地主要通过在工程所在国注册、登记和聘请工程所在国代理人等方法。

许多国家在国际招标的问题上，采取对当地投标人与外国投标人的差别性政策，给本国投标人更多的优惠，这一点在发展中国家最为明显。这些国家在招标文件中明文规定，本地企业享受一定的优惠，较大的报价差别削弱了外国投标人的报价竞争力。在有些发达国家，虽然从其招标法律或条文中找不到对投标人的差别待遇规定，但在实际操作时，以各式各样条例限制外国投标人与本国企业竞争。因此，各国的国际招标都有所偏向，只不过有些采用公开手段，而有些实施隐蔽策略。

为保持自己的竞争优势，外国投标人应在条件允许的情况下，把自己演化为当地企业，以享受最惠国待遇。投标人参加某国国际工程招标之前，在该国贸易注册局或有关机构注册登记，是变为外国公司的有效途径。投标人在工程所在国注册后成为当地法人，就成为该国独立的法律主体，从事民事和贸易活动，接受当地国家法律管辖，并享受与当地投标人平等的权利和地位。

外国投标人在工程所在国或地区聘请代理人，即外国企业作为委托人，授权工程所在国内某人或机构，代表委托人进行投标及有关活动。

（2）联合策略　联合策略是指投标人使用联合投标的方法，改变外国投标人不利的竞争地位，提高竞争水平。即有两家以上投标人根据投标项目组成单项合营，注册成立合伙企业或结成松散的联合集团，共同投标报价。联合投标成员要签订协议，规定各自的义务、分担的资金、分别提供的设备和劳动力等，由其中某一成员作为合同执行的代表，作为负责人（称主办人或责任人），其他成员（称合伙人）则受到协议条款的约束。

（3）最佳时机策略　最佳时机策略是指投标人在接到投标邀请至截止投标这段时间内选择于己最有利的机会投出标书。投标时间的选择十分重要。选择最佳时机，投标人应掌握的原则是反应迅速、战术多变、情报准确。即使投标人有了较为准确的报价，仍然要等待时机，在重要竞争对手之后采取行动。竞争对手的人数多少，竞争对手的报价高低，会严重干扰投标人中标的可能性。所以，在了解了竞争对手数量及其报价之后，按照实际中标的可能性修改原报价，才能使标价更合理。

在国际招标进行过程中，招标人在公开开标之前，难以得知投标人的确切数量。并且，所有投标人都要采取保密措施，避免对方了解自己的根底。因此，一个投标人不可能掌握全部竞争对手的详细资料。这时投标人应瞄准一两个主要的竞争对手，在竞争对手投标之后报价，投标人可以利用这段时间迷惑对手，再随机投标。

（4）公共关系策略　公共关系策略是指投标人在投标前后加强同外界的联系，宣传扩大本企业的影响，沟通与招标人的感情，以争取更多的中标机会。目前，在国际工程招标中这种场外活动比较普遍，采用的手段也多种多样。常用家访、会谈、宴会等比较亲切的交际方式与当地投标机构人员建立联系，与当地政府官员、社会名流联络感情，或寻找机会宣传、介绍企业等。公共关系策略运用得当才会对中标产生积极的效果。因此，在使用时要特别注意不同工程所在国家地区的文化习俗差异，见机行事，有的放矢。其宗旨在于，培植外界对本企业的信任与感情。

4.5.3　国际工程通用合同条件

在国际工程承包项目中，普遍采用FIDIC合同条件、英国NEC合同条件和美国AIA合同条件。

1. FIDIC合同条件

FIDIC是国际咨询工程师联合会的缩写，该组织于1913年成立，目前已有60多个国家和地区成为其会员。FIDIC是世界上多数独立的咨询工程师的代表，是最具有权威的咨询工程师组织。FIDIC组织编制了一系列合同条件，被FIDIC成员国在世界范围内广泛使用，也被世界银行、亚洲开发银行、非洲开发银行等世界金融组织指定在招标文件中使用。

FIDIC合同条件包括《土木工程施工合同条件》（红皮书）、《电气和机械工程合同条件》

（黄皮书）、《业主／咨询工程师标准服务协议书》（白皮书）、《设计－建造与交钥匙工程合同条件》（橘皮书）等。以上合同文本在国际工程承包中得到广泛应用，尤其是红皮书，被誉为"土木工程合同的圣经"。

1999年，FIDIC组织重新对以上合同作了修订。新版的合同如下：《施工合同条件》（新红皮书）、《永久设备和设计－建造合同》（新黄皮书）、《EPC交钥匙项目合同条件》（银皮书）、《简短合同格式》（绿皮书）。新红皮书用于业主设计的或由咨询工程师设计的房屋建筑工程和土木工程；新黄皮书用于永久设备的设计、制造和安装；银皮书用于工厂建设之类的开发项目，包含了项目策划、可行性研究、具体设计、采购、建造、安装、试运行等在内的全过程承包；绿皮书用于价值较低（50万美元以下）的或形式简单、或重复性的、或工期较短的房屋建筑和土木工程。

2. 英国NEC合同条件

NEC合同条件是由英国土木工程师协会ICE编制的工程合同体系，NEC系列工程施工合同体系包括6种工程款的支付方式（业主可以从中选择适合自己的方式）、9项核心条款。6种工程款的支付方式为：固定总价合同、固定单价合同、目标总价合同、目标单价合同、成本加酬金合同和工程管理合同。NEC合同条件灵活实用，且主要条款通俗易懂，规定设计责任不固定由业主或承包商承担，而是可根据具体情况由业主或承包商按一定比例承担。就我国的工程承包现状来看，NEC合同条件具有一定的借鉴意义。

3. 美国AIA合同条件

美国建筑师学会（AIA）制定并发布的合同主要用于私营的房屋建筑工程，针对不同的工程管理模式出版了多种形式的合同条件，因此在美国得到广泛应用。AIA合同比较复杂，包括了建设项目中的各类合同。AIA合同条件包括以下几种：

A系列，用于业主和承包商的标准合同文件。

B系列，用于业主与建筑师之间的标准合同文件，包括建筑设计、室内装修工程等特定情况下的标准合同条件。

C系列，用于建筑师与专业咨询人员之间的标准合同文件。

D系列，建筑师行业内部使用的文件。

F系列，财务管理报表。

G系列，建筑师企业与管理中使用的文件。

4.6　案例分析

【案例一】

<背景材料>

某大型工程，由于技术特别复杂，对施工单位的施工设备及同类工程的施工经验要求较高，经省有关部门批准后决定采取邀请招标方式。招标人于2012年3月8日向通过资格预审的A、B、C、D、E五家施工承包企业发出了投标邀请书，五家企业接受了邀请并于规定时间内购买了招标文件。招标文件规定：2012年4月20日下午4时为投标截止时间，5月10日发出中标通知书。

在4月20日上午，A、B、D、E四家企业提交了投标文件，C企业于4月20日下午5时才送达。4月23日由当地投标监督办公室主持进行了公开开标。

评标委员会由7人组成，其中当地招标办公室1人，公证处1人，招标人1人，技术经济专家4人。评标时发现B企业投标文件有项目经理签字并盖了公章，但无法定代表人签字和授权委托书；D企业投标报价的大写金额与小写金额不一致；E企业对某分项工程报价有漏项。招标人于5月10日向A企业发出了中标通知书，双方于6月12日签订了书面合同。

<问题>

1. 该项目采取的招标方式是否妥当？说明理由。

2. 分别指出对B企业、C企业、D企业和E企业投标文件应如何处理？并说明理由。

3. 指出开标工作的不妥之处，并说明理由。

4. 指出评标委员会人员组成的不妥之处。

5. 指出招标人与中标企业6月12日签订合同是否妥当，并说明理由。

<参考答案>

1. 妥当。工程方案、技术特别复杂的工程经批准后方可进行邀请招标。

2. B企业投标文件无效，因无法人代表签字，又无授权书；C企业投标文件超出投标截止时间，应作废标处理；D企业投标文件有效，属细微偏差；E企业投标文件有效，属细微偏差。

3. ①开标时间不妥，开标时间应为投标截止时间；②开标主持单位不妥，开标应由招标单位代表主持。

4. ①公证处人员只公证投标过程，不参与评标；②招标办公室人员只负责监督招标工作，不参与评标；③技术经济专家不得少于评标委员会成员总数的2/3，即不少于5人。

5. 不妥。招标人与中标人应于中标通知书发出之日起30日内签订书面合同。

【案例二】

<背景材料>

某电器设备厂筹资新建一生产流水线，该工程设计已完成，施工图样齐备，施工现场已完成"三通一平"工作，已具备开工条件。工程施工招标委托招标代理机构采用公开招标方式代理招标。招标代理机构编制了标底（800万元）和招标文件。招标文件中要求工程总工期为365天。按国家工期定额规定，该工程的工期应为460天。

通过资格预审并参加投标的共有A、B、C、D、E五家施工单位。开标会议由招标代理机构主持，开标结果是这五家投标单位的报价均高出标底近300万元。这一异常引起了业主的注意，为了避免招标失败，业主提出由招标代理机构重新复核和制定新的标底。招标代理机构复核标底后，确认是由于工作失误，漏算部分工程项目，使标底偏低。在修正错误后，招标代理机构确定了新的标底。A、B、C三家投标单位认为新的标底不合理，向招标人要求撤回投标文件。由于上述问题纠纷导致定标工作在原定的投标有效期内一直没有完成。为了早日开工，该业主更改了原定工期和工程结算方式等条件，指定了其中一家施工单位中标。

<问题>

1. 根据该工程的具体条件，造价工程师应向业主推荐采用何种合同（按付款方式划分）？为什么？

2. 根据该工程的特点和业主的要求，在工程的标底中是否应含有赶工措施费？为什么？

3. 上述招标工作存在哪些问题？

4. A、B、C三家投标单位要求撤回投标文件的做法是否正确？为什么？

5. 如果招标失败，招标人可否另行招标？投标单位的损失是否应由招标人赔偿？为什么？

<参考答案>

1. 应推荐采用总价合同。因该工程施工图齐备，现场条件满足开工要求，工期为1年，风险较小。

2. 应该含有赶工措施费。因该工程工期压缩率（460-365）／460=20.7%>20%。

3. 在招标工作中，存在以下问题：

1）开标以后，又重新确定标底。

2）在投标有效期内没有完成定标工作。

3）更改招标文件的合同工期和工程结算条件。

4）直接指定施工单位。

4. 不正确，因为投标是一种要约行为。

5. 招标人可以重新组织招标。招标人不应给予赔偿，因招标属于要约邀请。

【案例三】

<背景材料>

某建筑公司（乙方）于某年4月20日与某厂（甲方）签订了修建建筑面积为3000m²工业厂房（带地下室）的施工合同。乙方编制的施工方案和进度计划已获监理工程师批准。该工程的基坑开挖土方为4500m³，假设直接费单价为4.2元/m²，综合费率为直接费的20%。该基坑施工方案规定：土方工程采用租赁一台斗容量为1m³的反铲挖掘机施工（租赁费450元/台班）。甲、乙双方合同约定5月11日开工，5月20日完工。在实际施工中发生了以下事件：

1. 因租赁的挖掘机大修，晚开工2天，造成人员窝工10个工日。

2. 施工过程中，因遇软土层，接到监理工程师5月15日停工的指令，进行地质复查，配合用工15个工日。

3. 5月19日接到监理工程师于5月20日复工令，同时提出基坑开挖深度加深2m的设计变更通知单，由此增加土方开挖量900m³。

4. 5月20日~5月22日，因下大雨迫使基坑开挖暂停，造成人员窝工10个工日。

5. 5月23日用30个工日修复冲坏的永久道路，5月24日恢复挖掘工作，最终基坑于5月30日开挖完毕。

<问题>

1. 建筑公司对上述哪些事件可以向厂方要求索赔，哪些事件不可以要求索赔，并说明原因。

2. 每项事件工期索赔各是多少天？总计工期索赔是多少天？

3.建筑公司应向厂方提供的索赔文件有哪些?

<参考答案>

1.事件1:索赔不成立。因为此事件发生原因属承包商自身责任。

事件2:索赔成立。因为该施工地质条件的变化是一个有经验的承包商所无法合理预见的。

事件3:索赔成立。这是由于设计变更引发的索赔。

事件4:索赔成立。这是由于特殊反常的恶劣天气造成工程延误。

事件5:索赔成立。因为恶劣的自然条件或不可抗力引起的工程损坏及修复应由业主承担责任。

2.事件2:索赔工期为5天(5月15日~5月19日)。

事件3:索赔工期为2天。

因增加工程量引起的工期延长,按批准的施工进度计划计算。原计划每天完成工程量为$4500m^3 \div 10 = 450m^3$,现增加工程量为$900m^3$,因此应增加工期为$(900 \div 450)$天$= 2$天。

事件4:索赔工期为3天(5月20日~5月22日)。

因自然灾害造成的工期延误责任由业主承担。

共计索赔工期为$(5+2+3+1)$天$= 11$天。

3.索赔文件即索赔证据,包括招标文件、投标报价文件、施工协议书及其附属文件、来往信件、会议记录、施工现场记录、工程财务记录、现场气象记录、市场信息资料、工程所在国家的政策法令文件等。

本 章 习 题

一、单选题

1.邀请招标程序是直接向适于本工程的施工单位发出邀请,其程序与公开招标大同小异,不同点主要是没有( )环节。

A.资格预审　　　B.招标预备会　　　C.发放招标文件　　　D.招标文件的编制和送审

2.评标委员会由招标人的代表和有关技术、经济方面的专家组成,成员人数为( )以上单数,其中技术、经济方面的专家不得少于成员总数的( )。

A.5人 2/3　　　B.7人 2/3　　　C.5人 1/2　　　D.7人 1/2

3.一个项目总报价确定后,通过调整内部各个项目的报价,以期既不提高单价,不影响中标,又能在结算时得到更理想的经济效益的报价技巧,属于( )。

A.多方案报价法　　B.不平衡报价法　　C.增加建设方案　　　D.突然降价法

4.编制标底应遵循的原则中,不正确的是( )。

A.一个工程只能编制一个标底

B.标底作为建设单位的合同价,应力求与市场的实际变化吻合

C.标底应由成本、利润、税金组成,应控制在批准的总概算及投资包干的限额内

D. 标底应考虑保险以及采用固定价格的工程的风险金等

5. 招标文件除了在投标须知写明的招标内容外,还应说明招标文件的组成部分。下列关于其组成部分,说法错误的是( )。

A. 对招标文件的解释是其组成部分

B. 对招标文件的修改是其组成部分

C. 对招标文件的补充是其组成部分

D. 以上说法均不对

6. 将建筑工程合同按付款方式不同进行划分,分类不正确的是( )。

A. 总价合同　　　　B. 单价合同　　　　C. 成本合同　　　　D. 成本加酬金合同

7. ( ) 适用范围比较宽,其风险可以得到合理的分摊,能鼓励承包商提高工效,节约成本。

A. 总价合同　　　　B. 单价合同　　　　C. 成本加酬金合同　　　D、计量估价合同

8. 工程项目施工合同以付款方式划分可分为:① 总价合同;② 单价合同;③ 成本加酬金合同。以业主所承担的风险从小到大的顺序来排列,应该是( )。

A. ③—②—①　　B. ①—②—③　　C. ③—①—②　　D. ①—③—②

9. 工程索赔必须以( )为依据。

A. 工程师要求　　B. 提出索赔要求的一方　　C. 合同　　D. 发包人要求

10. 施工中发包方需对原工程设计进行变更,应不迟于变更前( ),以书面形式向承包方发出变更通知。

A. 7 天　　　　B. 14 天　　　　C. 15 天　　　　D. 28 天

二、多选题

1. 公开招标设置资格预审程序的目的是( )。

A. 选取中标人　　B. 减少评标工作量　　C. 优选最有实力的承包商参加投标

D. 迫使投标单位降低投标报价　　　　E. 了解投标人准备实施招标项目的方案

2. 下列哪些是招标文件应包括的内容( )。

A. 工程资金的来源与落实情况

B. 投标函的格式及附录

C. 工程量清单单价

D. 投标文件编制、提交、修改、撤回的要求

E. 拟签订合同的主要条款

3. 招标工程标底具有( )等作用。

A. 确定工程合同价格的参考依据

B. 衡量、评审投标人投标报价是否合理的尺度和依据

C. 投标的重要尺度

D. 进行工程结算的重要依据

E. 工程决算的参考依据

4. 成本加酬金合同( )。

A. 承包单位有风险,其报酬往往较高

B. 业主对工程总造价不易控制，承包商也往往不注意降低项目成本

C. 适用于风险很大的项目

D. 适用于需要立即开展工作的项目

E. 适用于新型的工程项目，或对项目工程内容及技术经济指标未确定的项目

5. 业主设计变更导致工程暂停一个月，则承包商可索赔的费用有（　　）。

A. 利润　　　　　　B. 人工窝工费　　　C. 机械设备窝工费

D. 增加的现场管理费　　　　　　　　　E. 贷款利息

5

第 5 章
工程项目施工管理

本章概要

（1）工程项目施工管理概述

（2）流水施工原理

（3）施工组织设计概述

（4）工程施工项目资源管理

（5）工程施工现场安全管理

（6）案例分析

5.1 工程项目施工管理概述

工程项目施工阶段管理内容多，工程项目建筑功能、规模的不同，结构形式的变化，在项目施工阶段管理内容的深浅、粗细方面也会体现出不同。主要体现在建设项目施工阶段的进度管理、质量管理、成本管理、安全管理、资源管理、合同管理和施工现场管理等方面。

在建设项目施工阶段，施工企业为实现工期短、质量好、成本低、效益高的目标，必须以施工现场管理的基础工作为主，把目标落实，主要反映在施工现场的各项技术管理工作和日常业务管理工作上，而本章的进度管理、安全管理、资源管理和施工现场管理内容即为上述内容的集中体现。

5.2 流水施工原理

建立在分工合作基础上的流水施工是建筑安装工程施工最有效的科学组织方法，由于建筑产品及其生产的特点，流水施工的概念 、特点和效果与其他工业产品的流水作业有所不同。

5.2.1　施工组织方式及流水施工基本概念

1. 施工组织方式

在建筑安装工程施工中，常用的施工组织方式有依次施工、平行施工和流水施工三种。

（1）依次施工组织方式　按照建筑工程内各分部工程、各分项工程内在的联系，将拟建工程项目的整个建造过程分解成若干个施工过程，按照各施工过程必须遵循的施工顺序，依照顺序组织施工。即前一个施工过程完成后，后一个施工过程才开始施工；或前一个工程完成后，后一个工程才开始施工。

（2）平行施工组织方式　将同类的工程建筑安装任务，组织若干个相同的工作队，在同一时间、不同空间上，完成同样的施工任务。

（3）流水施工组织形式　将工程项目分成若干段，按照工序组织若干工作队，各队依次进入各工作段作业，直至完成。

2. 不同施工组织方式的特点

结合简单示例，如四栋建筑基础阶段施工，按照挖土（5人）→垫层（5人）→基础（10人）→回填土（5人）的施工顺序，其中每道工序需2天完成，三种施工组织方式的施工进度计划（用横道图表示）、工期和劳动力动态曲线如图5-1所示。

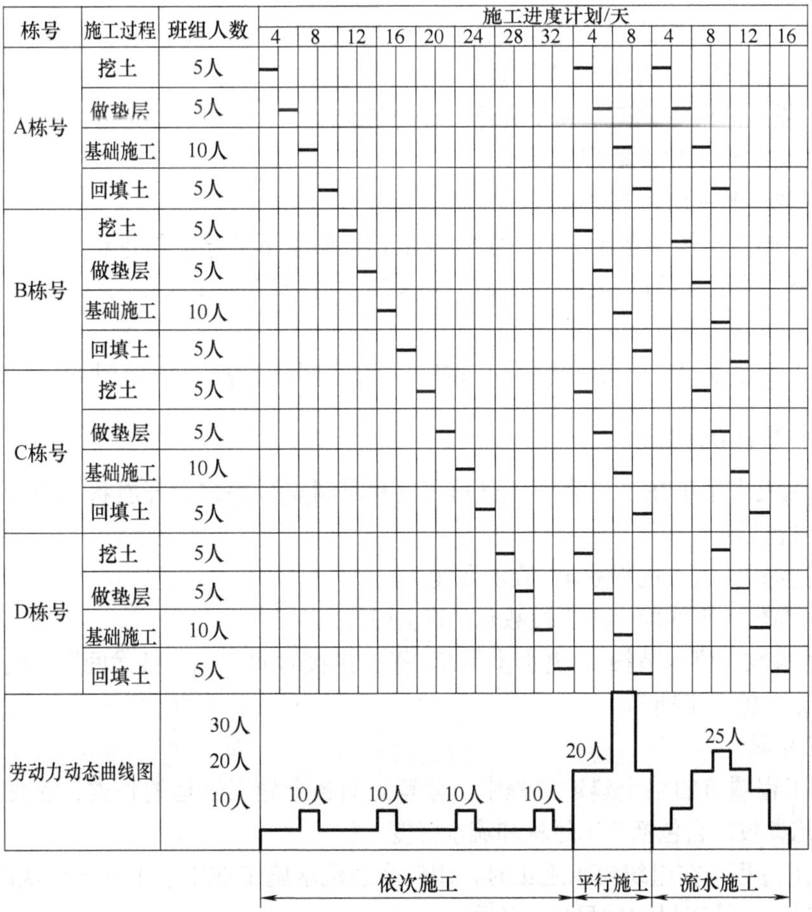

图5-1　三种施工组织方式的施工进度计划、工期和劳动力动态曲线

（1）依次施工组织方式的特点　由图 5-1 可知：

1）未充分利用空间（工作面）、工期长。

2）如果按专业成立工作队，各专业工作队工作不连续，有时间间歇；如果由一个工作队的综合班组完成全部施工任务，则工作队不能实现专业化施工，不利于改进工人的操作方法和施工机具，不利于提高劳动生产率和生产质量。

3）每天资源（劳动力、材料、设备和机械）需求量低，资源供应容易组织。

4）施工现场组织、管理简单。

（2）平行施工组织方式的特点　由图 5-1 可知：

1）充分利用空间（所有工作面都占用），工期短。

2）如果按专业成立工作队，各专业工作队工作不连续；如果由一个工作队的综合班组完成全部施工任务，则工作队不能实现专业化施工，不利于改进工人的操作方法和施工机具，不利于提高劳动生产率和生产质量。

3）每天投入的资源量大，不利于资源供应的组织。

4）施工现场组织、管理复杂。

（3）流水施工组织方式的特点　由图 5-1 可知：

1）科学利用空间，争取了时间，工期较短。

2）按专业成立工作队，各专业工作队工作连续，有利于改进工人的操作方法和施工机具，有利于提高劳动生产率和生产质量。

3）每天投入的资源均衡，利于资源供应的组织。

4）方便文明施工和科学管理。

3. 流水施工的分级和表达方式

按照流水施工组织的范围，可以把建设工程按照以下顺序分解进行流水施工：群体工程流水施工→（若干）单位工程流水施工→（若干）分部工程流水施工→（若干）分项工程流水施工。

流水施工表达方式主要有横道图和网络图两种。网络图表达方式详见第六章。

5.2.2　流水参数的确定

用以表达流水施工在工艺流程、空间布置和时间安排等方面开展状态的参数，称为流水参数。主要包括：

1）工艺参数。施工过程数 n、流水强度。

2）空间参数。工作面、施工段数 m、施工层 r。

3）时间参数。流水节拍 t、流水步距 K、平行搭接时间 $C_{j,j+1}$、技术间歇时间 $Z_{j,j+1}$、组织间歇时间 $G_{j,j+1}$、施工工期 T。

1. 工艺参数

在拟建工程项目的整个建造过程中，分解后的各个施工过程的种类、性质和数目的总称，称为工艺参数。它包括施工过程和流水强度。

（1）施工过程　在组织流水施工时，用以表达流水施工在工艺上开展层次的有关过程，统称为施工过程。施工过程数目以 n 表示。

　　根据流水组织计划的作用及项目工作内容划分，分解的施工过程可粗可细，如施工过程可以是分项工程，又可以是分部工程，还可以是单位工程。一般是实施性计划应划分得细些，控制性计划可划分得粗些。

　　在编制实施性进度计划时，占施工项目空间、影响工期的主导施工过程必须列入施工进度计划里。主导施工过程对整个工程项目的施工起决定性作用，在编制施工进度计划时必须重点考虑。如砖混住宅的主体砌筑工程为主导施工过程，混凝土结构的模板工程为主导施工过程。与主导施工过程相互搭接或平行穿插施工的穿插施工过程，受主导施工过程的控制，如混凝土结构施工中的电气管线埋设、门窗、脚手架工程等。在编制计划时，需要注意综合考虑施工过程的特点，以复杂的主导施工过程连续施工为主线，综合合理布置简单、间断性的穿插施工过程。

　　（2）流水强度　在组织流水施工时，某施工过程在单位时间内所完成的工程数量，称为该过程的流水强度。一般分为机械操作流水强度和人工操作流水强度。它可按下式计算：

$$V_j = R_j S_j \tag{5-1}$$

式中　V_j——施工过程 j 流水强度；

　　　R_j——施工过程 j 的工人数或机械台数；

　　　S_j——施工过程 j 的计划产量定额。

　　2. 空间参数

　　（1）工作面　在组织流水施工时，某专业工种所必须具备的活动空间，称为该工种的工作面。工作面直接影响工人的劳动生产率。它可根据该工种的计划产量定额和安全施工技术规程要求确定。

　　（2）施工段　将拟建项目在平面上划分为若干个劳动量大致相等的施工段落。其数目以 m 表示。施工段过多，则空间操作面小，进度慢；施工段过少，则可能窝工，不连续，但速度快。

　　在划分施工段时，应遵循以下原则：

　　1）主要专业工种在各个施工段所消耗的劳动量要大致相等，其相差幅度不宜超过 10% ~ 15%。

　　2）在保证专业工作队劳动组合优化的前提下，施工段大小要满足专业工种对工作面的要求。

　　3）施工段数目要满足合理流水施工组织要求，即 $m \geqslant n$。

　　4）施工段分界线应尽可能与结构自然界线相吻合，如温度缝、沉降缝或单元界线等处；如果必须将其设在墙体中间时，可将其设在门窗洞口处，以减少施工留槎。

　　5）多层施工项目既要在平面上划分施工段，又要在竖向上划分施工层，以组织有节奏、均衡、连续地流水施工。

　　（3）施工层 r　在组织流水施工时，为满足专业工种对操作高度要求，通常将施工项目在竖向上划分为若干个作业层，这些作业层均称为施工层，例如砌砖墙施工层高为 1.2m。装饰工程施工层多以楼层为准。

　　3. 时间参数

　　（1）流水节拍 t_i　在组织流水施工时，每个专业工作队在各个施工段上所必需的持续时间，称为流水节拍。确定流水节拍的方法有定额计算法、经验估算法、工期计算法等。

　　流水节拍 t_i 常用定额计算法确定，t_i=每段工程量/（产量定额×出勤人数×工作班），即：

$$t_i^j = \frac{Q_i^j}{S_j R_j N_j} = \frac{P_i^j}{R_j N_j}$$

（5-2）

式中　t_i^j——专业工作队 j 在施工段 i 上的流水节拍；

Q_i^j——专业工作队 j 在施工段 i 上的工程量；

S_j——专业工作队 j 的计划产量定额；

R_j——专业工作队 j 的工人数或机械台数；

N_j——专业工作队 j 的工作班次；

P_i^j——专业工作队 j 在施工段 i 上的劳动量。

流水节拍既应满足最小工作面要求（人数不得过多），还应满足工艺组合要求（人数不得过少）。

【例5-1】 某墙体砌筑每层300m³，分三个流水施工段施工，每工日产量2m³，每天一班制，出勤人数50人，则流水节拍为 $t=[100/（2×50×1）]$ 天=1天。

（2）流水步距 $K_{j,j+1}$　在组织流水施工时，通常将相邻两个专业工作队先后开始施工的合理时间间隔，称为它们之间的流水步距，并以 $K_{j,j+1}$ 表示，如图5-2所示。在确定流水步距时，通常要满足以下原则：

1）要满足相邻两个专业工作队在施工顺序上的制约关系。

2）要保证相邻两个专业工作队在各个施工段上都能够连续作业。

3）要使相邻两个专业工作队，在开工时间上实现最大限度、合理搭接。

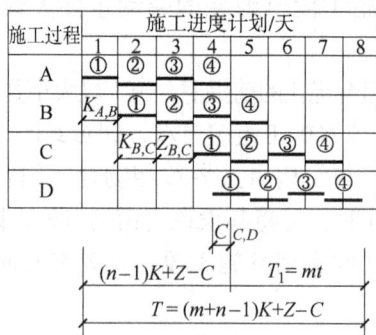

图5-2　横道图流水参数示例

（3）平行搭接时间 $C_{j,j+1}$　在组织流水施工时，为了缩短工期，有时在工作面允许的前提下，某施工过程可与其紧前施工过程平行搭接施工，其平行搭接时间以 $C_{j,j+1}$ 表示，如图5-2所示。

（4）技术间歇时间 $Z_{j,j+1}$　在组织流水施工时，通常将施工对象的工艺性质决定的间歇时间，统称为技术间歇，并以 $Z_{j,j+1}$ 表示，如图5-2所示。例如现浇构件养护时间，以及抹灰层和油漆层硬化时间。

（5）组织间歇时间 $G_{j,j+1}$　在组织流水施工时，通常将施工组织原因造成的间歇时间，统称为组织间歇，并以 $G_{j,j+1}$ 表示。例如施工机械转移时间，以及其他需要很多时间的作业前准备工作。

5.2.3　流水施工基本方式

1. 等节拍流水

在组织流水施工时，如果每个施工过程在各个施工段上的流水节拍都彼此相等，其流水步距也等于流水节拍，这种流水施工方式称为等节拍流水。

（1）等节拍专业流水的基本特点

1）流水节拍都彼此相等，即 $t_i^j = t$（t 为常数）。

2）流水步距都彼此相等，并且等于流水节拍，$K_{j,j+1} = K = t$。

3）每个专业工作队都能够连续作业，施工段没有间歇时间。

4）专业工作队数目等于施工过程数目，即 $n_1 = n$。

（2）等节拍专业流水的组织步骤

1）确定施工起点流向，分解施工过程。

2）确定施工顺序，划分施工段。

3）确定流水节拍，此时 $t_i^j = t$。

4）确定流水步距，此时 $K_{j,j+1} = K = t$。

5）确定计算总工期 T。

6）绘制流水施工指示图表。

（3）等节拍专业流水施工工期计算　流水施工的工期 T，是指从第一个施工过程开始施工，到最后一个施工过程结束施工的全部持续时间。

等节拍专业流水施工的工期计算有如下两种情况：

1）不分层施工：

$$m_{\min} = n + (\sum Z_{j,j+1} + \sum G_{j,j+1} - \sum C_{j,j+1})/K \tag{5-3}$$

$$T = (m+n-1)K + \sum Z_{j,j+1} + \sum G_{j,j+1} - \sum C_{j,j+1} \tag{5-4}$$

式中　T——流水施工工期；

j——施工过程编号，$1 \leqslant j \leqslant n$；

$\sum Z_{j,j+1}$——所有技术间歇时间总和；

$\sum G_{j,j+1}$——所有组织间歇时间总和；

$\sum C_{j,j+1}$——所有平行搭接时间总和。

其他参数如前述。

2）分层施工：

$$m_{\min} = n + (\max Z_1 + \max Z_2 - C)/K \tag{5-5}$$

$$T = (m+nr-1)K + Z_1 - \sum C_{j,j+1} \tag{5-6}$$

式中　T——流水施工工期；

Z_1——一个施工层内各施工过程之间的技术间歇时间和组织间歇时间总和；

Z_2——施工层间的技术间歇时间和组织间歇时间总和；

r——施工层数目。

其他参数如前述。

（4）等节拍流水施工应用举例

1）无间歇的固定节拍流水。

【例5-2】 某二层现浇混凝土工程有支模→钢筋→混凝土三道工序，流水节拍均为2天，取$m=n=3$，试绘制流水施工进度计划表。

解 由已知条件，可知：$r=2$层，$n=3$个，可取$m=n=3$段，$t=2$天，组织等节拍流水施工。

1）确定流水步距$K=t=2$天。

2）计算工期 $T=(m+nr-1)K+Z_1-\sum C_{j,j+1}$

$$=(m+nr-1)K$$
$$=(3+3\times2-1)\text{天}\times2$$
$$=16\text{天}$$

3）绘制流水施工进度计划表，如图5-3所示。

施工层	施工过程	施工进度计划/天							
		2	4	6	8	10	12	14	16
1层	支模板	①	②	③					
	绑扎钢筋	$K=2$ ①	②	③					
	浇筑混凝土	$K=2$	①	②	③				
2层	支模板		$K=2$	①	②	③			
	绑扎钢筋		$K=2$	①	②	③			
	浇筑混凝土			$K=2$	①	②	③		

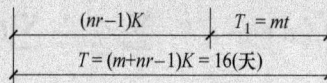

$(nr-1)K$ $\qquad$ $T_1=mt$

$T=(m+nr-1)K=16(\text{天})$

图5-3 【例5-2】流水施工进度计划表

如果【例5-2】中取$m<n$，即$m=2$段，此时对应的流水施工进度计划表如图5-4所示。

施工过程	施工进度计划/天						
	2	4	6	8	10	12	14
支模板	①	1层 ②		①	2层 ②		
绑扎钢筋		①	②		①	②	
浇筑混凝土			①	②		①	②

图5-4 $m<n$时竖向流水施工进度计划表

由以上所述内容可知：在竖向流水中应满足$m \geqslant n$，才能保证专业队连续作业；如果$m < n$，则各专业队均不能连续作业（图5-4），此时的解决办法是，使间断的专业队在场外或场内安排其他工作，注意现场施工组织的协调，可以避免窝工情况，如模板安装班组安排拆模，钢筋安装班组安排制作钢筋等。

2）有间歇的固定节拍流水。间歇可能包括技术间歇时间和组织间歇时间。因为间歇要求工作面停工，为保证连续施工，则应注意施工段数的选取，可由式（5-3）和式（5-5）求得。

【例5-3】 某两层建筑物，某分部工程有A→B→C三个工序，节拍均为2天，B施工后需技术间歇2天后进行C工序，试绘制流水施工进度计划表。

解 由已知条件，可知r=2层，n=3个，t=2天。

1）确定流水步距$K=t$=2天。

2）确定流水节拍$m_{min}=n+（\max Z_1+\max Z_2-C）/K$

=（3+2/2）段

=4段

3）计算工期$T=（m+nr-1）K+\Sigma Z_{j,j+1}+\Sigma G_{j,j+1}-\Sigma C_{j,j+1}$

=[（4+3×2−1）×2+（2+2）]天

=22天

4）绘制流水施工进度计划表，如图5-5所示。

施工层	施工过程	施工进度计划/天										
		2	4	6	8	10	12	14	16	18	20	22
1层	A	①	②	③	④							
	B	K=2	①	②	③	④						
	C		K=2	Z=2	①	②	③	④				
2层	A				K=2	①	②	③	④			
	B					K=2	①	②	③	④		
	C						K=2	Z=2	①	②	③	④

$(nr-1)K+rZ$　　$T_1=mt$

$T=(m+nr-1)K+rZ=22$(天)

图5-5 【例5-3】流水施工进度计划表

3）平行搭接固定节拍流水。在满足施工工艺及施工条件下，为缩短工期，在前一个施工过程尚未结束时，后一个施工过程即进入施工段工作。

【例5-4】 某工程分为A→B→C→D四个施工过程，流水节拍均为1天，C与B平行搭接0.5天，分四段施工，试绘制流水施工进度计划表。

解 由已知条件可知，$n=4$个，$m=4$段，$t=1$天，$C=0.5$天。

1）确定流水步距$K=t=1$天

2）计算工期$T=(m+n-1)K+\sum Z_{j,j+1}+\sum G_{j,j+1}-\sum C_{j,j+1}$
$$=[(4+4-1)\times 1-0.5]天$$
$$=6.5天$$

3）绘制流水施工进度计划表，如图5-6所示。

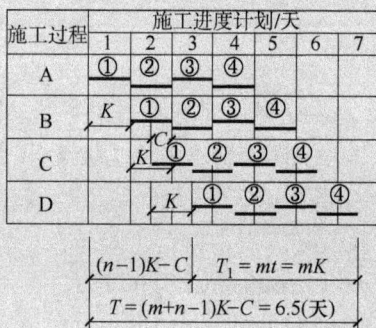

图5-6　【例5-4】流水施工进度计划表

---

2. 成倍节拍流水

在组织流水施工时，如果同一施工过程在各个施工段上的流水节拍彼此相等，而不同施工过程在同一施工段上的流水节拍之间存在一个最大公约数，为加快流水施工速度，可按最大公约数的倍数确定每个施工过程的专业工作队，这样便构成了一个工期最短的成倍节拍流水施工方案。

例如：三个施工段施工基础，挖土每段2天，砌筑每段3天，填土每段1天。可以开展成倍节拍流水。

（1）成倍节拍流水施工基本特点

1）各工序（施工过程）之间流水节拍不同，本工序流水节拍在各施工段相同。

2）流水步距彼此相等。

3）专业队连续施工，施工段无空闲。

（2）成倍节拍流水施工处理方法

1）合理确定流水步距，否则流水阻塞。

2）调整节拍（变成等节拍）。

3）间断流水，即流水节拍虽不同，但节拍之间成倍数关系（属于变节拍流水）。

（3）成倍节拍流水施工的建立步骤

1）确定施工起点流向。

2）分解施工过程，确定施工顺序。

3）按以上要求确定每个施工过程的流水节拍。

4）按下式确定流水步距：

$$K_b = 最大公约数\{各施工过程流水节拍\} \tag{5-7}$$

式中　K_b——成倍节拍流水的流水步距。

5）按下式确定专业工作队数目：

$$\left.\begin{array}{l} b_j = t_i^j / K_b \\[2mm] n_1 = \sum\limits_{j=1}^{n} h_j \end{array}\right\} \tag{5-8}$$

式中　b_j——施工过程 j 的专业工作队数目；

　　　n_1——成倍节拍流水的专业工作队总和。

其他符号同前。

6）划分施工段 $m = \sum b_i + (\sum Z + \sum G)/K$

7）按下式确定计算总工期：

$$T = (n_1 r - 1)K_b + m_n t_n + \sum Z_{j,j+1} | \sum G_{j,j+1} \quad \sum C_{j,j+1} \tag{5-9}$$

8）绘制流水施工指示图表。

【例5-5】 某钢筋混凝土框架结构，支模、绑筋、浇注混凝土三道工序流水节拍分别为6天、4天、2天。试做流水施工进度计划，求计算工期。

解　由已知知，$r=1$ 层，$t_{模板}=6$ 天，$t_{绑筋}=4$ 天，$t_{浇筑混凝土}=2$ 天。故按照成倍节拍流水施工安排进度计划。

1）确定流水布距 K_b

$K_b = 最大公约数\{各施工过程流水节拍\}$

$K_b = 最大公约数\{6, 4, 2\} = 2$ 天

2）确定工作队数：

支模队 $b_{模板} = (6/2)$ 天 = 3 队

绑筋队 $b_{绑筋} = (4/2)$ 天 = 2 队

浇筑混凝土队 $b_{浇筑混凝土} = 1$ 队

$$n_1 = \sum_{j=1}^{n} b_j = 3 + 2 + 1 = 6 \ 队$$

3）确定流水段 m

$$m = \sum b_i + (\sum Z + \sum G)/K = \sum b_i = (3+2+1) \ 段 = 6 \ 段$$

4）计算工期　$T = (rn_1-1)K + T_1 = (1 \times 6-1) \times 2+12$

$$= (m+n-1)K + \sum Z = (m + \sum b_i - 1)K$$
$$= 22 \text{天}$$

若为2层时，则工期　$T = (rn_1-1)K + T_1 = (2 \times 6-1) \times 2+12$

$$= (m+n-1)K + \sum Z = (m + \sum b_i - 1)K$$
$$= 34 \text{天}$$

5）绘制流水施工进度计划表，如图5-7所示。

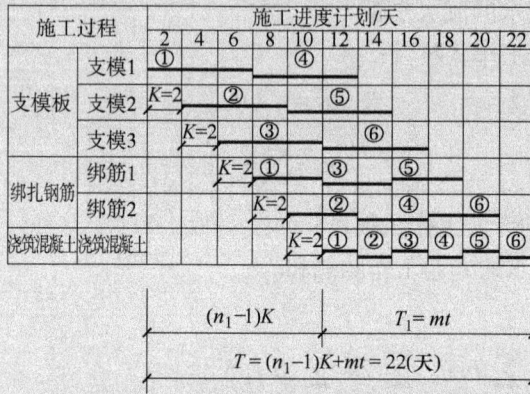

施工过程		施工进度计划/天										
		2	4	6	8	10	12	14	16	18	20	22
支模板	支模1	①			④							
	支模2	$K=2$	②			⑤						
	支模3		$K=2$	③			⑥					
绑扎钢筋	绑筋1			$K=2$		③		⑤				
	绑筋2				$K=2$		④		⑥			
浇筑混凝土	浇筑混凝土				$K=2$	①②③④⑤⑥						

$(n_1-1)K$ ｜ $T_1 = mt$

$T = (n_1-1)K + mt = 22(天)$

图5-7　【例5-5】流水施工进度计划表

【例5-6】 某2层钢筋混凝土框架结构，支模、绑筋、浇注混凝土三道工序流水节拍分别为6天、4天、2天，若浇筑混凝土后间歇2天，则又该如何安排流水施工进度计划？

解 由已知，$r=1$层，$t_{模板}=6$天，$t_{绑筋}=4$天，$t_{浇筑混凝土}=2$天，$Z=2$天。故按照成倍节拍流水施工安排进度计划。

1）确定流水布距K_b

$K_b = $ 最大公约数 $\{6, 4, 2\} = 2$天

2）确定工作队数。

由 $\left. \begin{array}{l} b_j = t_i^j / K_b \\ n_1 = \sum_{j=1}^n b_j \end{array} \right\}$ 知：

支模队 $b_{模板} = (6/2)$ 队 $= 3$ 队，

绑筋队 $b_{绑筋} = (4/2)$ 队 $= 2$ 队，

浇筑混凝土队 $b_{浇筑混凝土} = 1$ 队

$n_1 = \sum_{j=1}^n b_j = (3+2+1)$ 队 $= 6$ 队

3）确定流水段 m

$$m=n_1+\left(\sum Z+\sum G\right)/K=(6+1)\text{段}=7\text{段}$$

4）计算2层工期 $T=(r\times n_1-1)\times K+T_1+\sum Z=[(2\times6-1)\times2+14+2（或4）]$天 $=38$天（或40天）

5）绘制流水施工进度计划表，如图5-8所示。

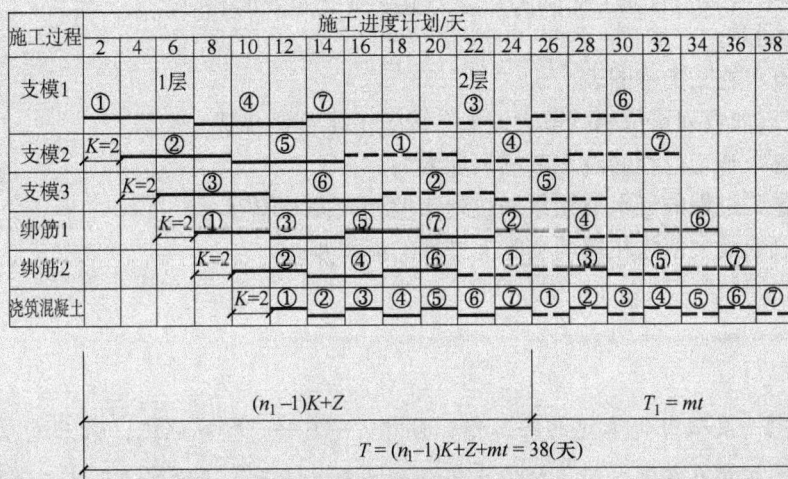

图5-8　【例5-6】流水施工进度计划

3. 无节奏（分别）专业流水

在工程项目实际施工中，通常会遇到每个施工过程在各个施工段上的工程量彼此不相等，造成大多数的流水节拍也彼此不相等，不可能进行等节拍专业流水或成倍节拍专业流水。此时，在保证施工工艺、满足施工顺序的要求下，利用流水施工的基本概念，按照一定的计算方法，确定相邻专业工作队之间的流水步距，使各相邻的两个专业工作队能够最大限度地合理搭接起来，形成每个专业工作队都能够连续作业的施工方式，即为无节奏（分别）专业流水。

（1）无节奏（分别）专业流水的基本特点

1）各个施工过程在各自施工段上的流水节拍通常不等，即各个施工过程之间的流水节拍不等，每个施工过程在各施工段上的流水节拍也不等。

2）在多数情况下，流水节拍紊乱，流水步距彼此不相等。为保证连续施工，要根据流水节拍与流水步距之间关系合理确定流水步距。

3）每个专业工作队能够连续施工，个别施工段可能有空闲。

4）专业工作队数目等于施工过程数目，即 $n_1=n$。

（2）无节奏（分别）专业流水的组织步骤

1）确定施工起点流向，分解施工过程。

2）确定施工顺序，划分施工段。

3）计算每个施工过程在各个施工段上的流水节拍。

4）确定相邻两个专业工作队之间的流水步距。

5）按下式确定计算总工期：

$$T = \sum_{j=1}^{n_1} K_{j,j+1} + \sum_{i=1}^{m} t_i^m + \sum Z_{j,j+1} + \sum G_{j,j+1} - \sum C_{j,j+1} \qquad (5-10)$$

式中 t_i^m ——最后一个专业工作队 n_1 在各个施工段上的流水节拍。

其他符号同前。

6）绘制流水施工指示图表。

（3）用"累加数列错位相减取大差法"确定流水步距步骤

1）计算各个施工过程的流水节拍累加数列。

2）各个施工过程的流水节拍累加数列错位相减得差值。

3）取差值的最大值为相邻两个施工过程的流水步距。

【例5-7】 某项目部承建的某工程，按照A→B→C顺序施工，该三道工序分三个施工段，三道工序在各施工段上的流水节拍如表5-1所示。试编制流水施工进度计划。

表5-1 【例5-7】的流水节拍表 （单位：天）

	施工段1	施工段2	施工段3
A	2	3	2
B	3	4	2
C	1	2	1

解 1）计算各个施工过程的流水节拍累加数列。

施工过程A：2，5，7

施工过程B：3，7，9

施工过程C：1，3，4

2）利用"累加数列错位相减取大差法"确定相邻施工过程的流水步距：

$$
\begin{array}{r}
K_{A,B} \qquad 2,\ 5,\ 7 \\
-)\qquad\ \ 3,\ 7,\ 9 \\
\hline
2,\ 2,\ 0,\ -9
\end{array}
$$

$K_{A,B} = \max(2,2,0,-9) = 2$ 天

$$
\begin{array}{r}
K_{B,C} \qquad 3,\ 7,\ 9 \\
-)\qquad\ \ 1,\ 3,\ 4 \\
\hline
3,\ 6,\ 6,\ -4
\end{array}
$$

$K_{B,C} = \max(3,6,6,-4) = 6$ 天

3）确定计算总工期

$$T = \sum_{j=1}^{n} K_{j,j+1} + \sum_{i=1}^{m} t_i^n + \sum Z_{j,j+1} + \sum G_{j,j+1} - \sum C_{j,j+1} = [（2+6）+4]天 = 12天$$

4）绘制流水施工指示图表，如图5-9所示。

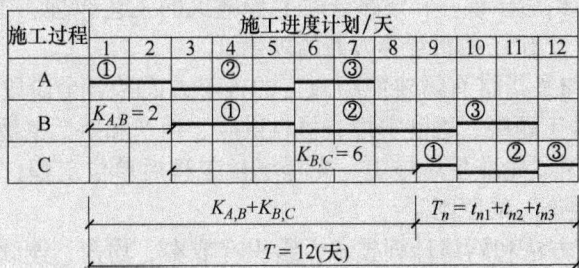

图5-9　【例5-7】流水施工进度计划

5.3　施工组织设计概述

5.3.1　概述

1. 建筑产品及其生产的特点

建筑产品的使用功能、平面与空间组织、结构与构造形式、所用材料物理力学性能的特殊性，决定了建筑产品及其生产的特点。

1）产品的固定性与生产的流动性。任何建筑产品都是在选定的地点上建造使用的，建造开始到拆除前一般不能移动，因此，建筑产品在空间上是固定的。

承包建设项目的项目部，在固定的建筑产品生产中，随着生产的进行，人员工作位置随时变化；单一建筑产品生产后，项目部将承包其他建设项目，从而改变生产地点。因此，建筑产品的生产是流动的。

2）产品的多样性与生产的单件性。不同地区的生活习惯、民族风格、自然条件等，影响建筑产品的功能要求，并且由于建筑表现的不同，使建筑产品在规模、结构、构造、形式、装饰等方面变化复杂，呈现出不同建筑产品的类型多样性；单一建筑产品的地点选择、设计和施工体现出生产单件性。

3）产品的庞大性、复杂性与生产的综合性、协作性。建筑产品无论简单还是复杂，为了满足其使用功能的需要，均需大量的物质资源，占据广大的平面与空间，形成建筑产品的庞大性与复杂性。

建筑产品的生产，需要考虑多专业综合与协作，在平面与空间上需要各类资源的组织与管理，同时又受到各种施工条件和事件的干扰，如生产周期长占有流动资金大、生产露天作业多受气候影响大等，呈现出建筑生产的综合性和协作性。

2. 施工组织的基本原则

1）认真贯彻国家的建设法规和制度，严格执行建设程序。工程建设必须严格贯彻国家的建设法规和制度，必须严格执行建设总程序的计划、设计和施工三个阶段。应杜绝违规生产，减少施工混乱，避免时间浪费、资源损失、质量低劣等后果。

2）遵循施工工艺和技术规律，合理安排施工程序和施工顺序。建筑施工程序和施工顺序是随着拟建工程项目的规模、性质、设计要求、施工条件和使用功能的不同而变化，但是建筑产品生产过程仍然具备可供遵循的共同规律，如局部性的施工规律和全局性的施工规律。

局部性的施工规律是指每一个分部分项工程施工的工艺原理、施工方法、操作技术、机械选用、劳动组织、工作场地布置等方面的规律。

全局性的施工规律是指带有需要照顾施工的各个方面和各个阶段的联系配合问题，如全场性的施工部署、开工顺序、进度安排、材料供应、生产和生活基地的规划等问题。

建筑施工中需遵循"先准备后施工、先全场性工程后单位工程、先场外后场内、先地下后地上、先结构后装饰"的原则。

3）采用流水施工方法和网络计划技术，组织有节奏、均衡、连续的施工。采用现代建筑管理原理、流水施工方法和网络计划技术，组织生产有节奏、资源利用均衡和工人作业连续的施工，能够有效地控制工程质量、工程进度、工程成本和安全的施工。

4）科学地安排冬、雨期施工项目，确保全年生产的连续性和均衡性。建筑生产露天作业多，建筑产品生产的质量、进度、成本和安全等受冬、雨季影响大，必须采取相应可靠的技术组织措施，从而确保全年生产的连续性和均衡性。

5）提高建筑工业化程度、提高机械化程度。现代建筑的科技水平随着科学技术的发展而发展，建筑产品的生产向改善劳动条件、减轻劳动强度和提高生产率的方向发展。因此，建筑构配件的工业化生产、建筑安装的机械化是必然的发展趋势。

建筑产品生产中，需要充分、综合考虑工业化生产的构配件安装，以及施工机械和设备生产率、利用率的有效发挥。

6）尽量采用国内外先进的施工技术和科学管理方法。在能够有效掌握运用的基础上，先进的施工技术和科学管理方法的结合，是改善建筑施工企业生产经营管理素质、提高劳动生产率、保证工程质量和安全、缩短工期、降低工程成本的有效途径。

7）科学合理地布置施工现场，尽可能地减少暂设工程，合理储备物资。尽可能利用永久性设施和组装式施工设施，努力减少施工设施建造量；科学地规划施工平面，减少施工用地。优化现场物资储存量，合理确定物资储存方式，尽量减少库存量和物资损耗，从而降低工程成本，提高工程项目经理部的经济效益。

5.3.2　施工准备工作概述

1. 施工准备工作的重要性

工程项目施工阶段包括施工准备、土建施工、设备安装、交工验收阶段。

施工准备工作为拟建工程的施工提供必要的技术和物资条件，统筹安排施工劳动力和施工现场，是土建施工和设备安装顺利进行的根本保证。

认真做好施工准备工作，可以合理供应资源、加快施工进度、提高施工质量、保证施工安全、降低工程成本，增加经济效益。

2. 工程项目施工准备工作的分类

（1）按准备工作范围分

1）全场性施工准备。它是以一个建设项目为对象而进行的各项施工准备，其目的和内容都是为全场性施工服务的，它不仅要为全场性的施工活动创造有利条件，而且要兼顾单项工程施工条件的准备。

2）单项（位）工程施工条件准备。它是以一个建筑物或构筑物为对象而进行的施工准备，其目的和内容都是为该单项（位）工程服务的，它既要为单项（位）工程做好开工前的一切准备，又要为其分部（项）工程施工进行作业条件的准备。

3）分部（项）工程作业条件准备。它是以一个分部（项）工程或冬、雨季施工工程为对象而进行的作业条件准备。

（2）按工程所处施工阶段分

1）开工前的施工准备工作。它是在拟建工程正式开工前所进行的一切施工准备，其目的是为工程正式开工创造必要的施工条件。它既包括全场性的施工准备，又包括单项工程施工条件的准备。

2）开工后的施工准备工作。它是在拟建工程开工后，每个施工阶段正式开始之前所进行的施工准备。如混合结构住宅的施工，通常分为地下工程、主体结构工程和装饰工程等施工阶段，每个阶段的施工内容不同，其所需物资技术条件、组织要求和现场布置等方面也不同。因此，必须做好相应的施工准备。

3. 施工准备工作的内容

工程项目施工准备工作按照性质和内容，通常包括技术准备、物资准备、劳动组织准备、施工现场准备和施工场外准备。

（1）技术准备　技术准备是施工准备工作的核心。认真做好技术准备，可以避免由于技术的差错或隐患所造成的人身安全和质量事故，避免生命、财产等方面的损失。

1）熟悉与审查施工图样。根据设计资料、设计施工验收规范和有关技术规定等，认真审查施工图样，以保证正确理解设计意图、结构与构造特点和技术要求，从而顺利地生产出符合设计要求的建筑产品。

熟悉和审查施工图的内容及要求包括：

①施工图是否完整和齐全；施工图是否符合国家有关工程设计和施工的方针及政策。

②施工图与其说明书在内容上是否一致；施工图及其各组成部分间有无矛盾和错误。

③建筑图与其相关的结构图，在尺寸、坐标、标高和说明方面是否一致，技术要求是否明确。

④熟悉工业项目的生产工艺流程和技术要求，掌握配套投产的先后次序和相互关系；审查设备安装图与其相配合的土建图，在坐标和标高尺寸上是否一致，土建施工的质量标准能否满足设备安装的工艺要求。

⑤基础设计或地基处理方案同建造地点的工程地质和水文地质条件是否一致；弄清建筑物与地下构筑物、管线间的相互关系。

⑥掌握拟建工程的建筑和结构的形式和特点，需要采取哪些新技术；复核主要承重结构或构件的强度、刚度和稳定性能否满足施工要求；对于工程复杂、施工难度大和技术要求高的分部（项）工程，要审查现有施工技术和管理水平能否满足工程质量和工期要求；建筑设备及加工订货有何特殊要求等。

⑦明确建设期限、分期分批投产或交付使用部分的顺序和时间，明确工程所需主要的

材料和设备。

⑧ 明确建设单位、设计单位和施工单位之间的协作、配合关系。

熟悉和审查施工图样主要是为编制施工组织设计提供各项依据，通常按图样自审→会审→现场签证的三个阶段顺序进行。施工图自审由施工单位主持，并写出图样自审记录；图纸会审由建设单位主持，设计和施工单位共同参加，形成"图纸会审纪要"，由建设单位正式行文，三方共同会签并盖公章，作为指导施工和工程结算的依据；施工图现场签证是在工程施工中，遵循技术核定和设计变更签证制度，对所发现的问题进行现场签证，作为指导施工、竣工验收和结算的依据。

2）原始资料调查分析。结合有关拟建工程的书面资料，进行拟建工程的实地勘测和调查，获得有关的第一手数据资料，有利于拟定先进合理、切实可行的施工组织设计。

① 自然条件调查分析。它包括建设地区的气象、建设场地的地形、工程地质和水文地质、施工现场地上和地下障碍物状况、周围民宅的坚固程度及其居民的健康状况等调查；为编制施工现场的"三通一平"计划提供依据，如地上建筑物的拆除、高压输电线路的搬迁、地下构筑物的拆除和各种管线的搬迁等工作；为减少施工公害，如打桩工程应在打桩前，对居民的危房和居民中的心脏病患者，采取保护性措施等。

② 技术经济条件调查分析。它包括地方建筑生产企业、地方资源、交通运输、水电及其他能源、主要设备、材料和特种物资、当地劳动力和技术水平、当地生活供应及医疗、当地消防和治安状况等。

3）编制施工预算。施工预算应按照中标后的合同价、施工图样所确定的工程量、施工组织设计拟定的施工方法、施工定额等，由施工单位编制，是企业内部进行成本控制、用工考核、施工任务单签发及领料、基层经济核算等的依据。

4）编制中标后施工组织设计。拟建工程应根据工程规模、结构特点和建设单位要求，编制切实可以指导该工程施工全过程的施工组织设计。

（2）物资准备 内容主要包括建筑材料的准备、构（配）件和制品的加工准备、建筑安装机具的准备和生产工艺设备的准备。

1）物资准备工作内容：

① 建筑材料准备。根据施工预算的材料分析和施工进度计划的要求，编制建筑材料需要量计划，为施工备料、确定仓库和堆场面积以及组织运输提供依据。

② 构（配）件和制品加工准备。根据施工预算所提供的构（配）件和制品加工要求，编制相应计划，为组织运输和确定堆场面积提供依据。

③ 建筑施工机具准备。根据施工方案和进度计划的要求，编制施工机具需要量计划，为组织运输和确定机具停放场地提供依据。

④ 生产工艺设备准备。按照生产工艺流程及其工艺布置图的要求，编制工艺设备需要量计划，为组织运输和确定堆场面积提供依据。

2）物资准备工作程序。根据施工预算、施工方法、施工进度计划，按照如下顺序进行物资准备工作。

① 编制各种物资需要量计划。

② 签订物资供应合同。

③确定物资运输方案和计划。

④组织物资按计划进场和保管。

（3）劳动组织准备

1）建立施工项目领导机构。根据工程规模、结构特点和复杂程度，确定施工项目领导机构的人选和名额；遵循合理分工与密切协作、因事设职与因职选人的原则，建立有施工经验、有开拓精神和工作效率高的施工项目领导机构。

2）建立精干的施工队组。根据采用的施工组织方式，确定合理的劳动组织，建立相应的专业或混合工作队组。

3）集结施工力量，组织劳动力进场。按照开工日期和劳动力需要量计划，组织工人进场，安排好职工生活，并进行安全、防火和文明施工等教育。

4）向施工队组、工人进行计划与技术交底。做好职工进场教育工作，为落实施工计划和技术责任制，应按管理系统逐级进行交底。交底内容通常包括：工程施工进度计划和月、旬作业计划；施工工艺、质量标准、各项安全技术措施、降低成本措施和质量保证措施和验收规范要求；以及设计变更和技术核定事项等，都应详细交底，必要时进行现场示范；同时健全各项规章制度，加强遵纪守法教育。

5）建立、健全各项管理制度。为保证工地各项施工活动顺利进行、有章可循，必须建立、健全工地的各项管理制度，通常包括：工程质量的检验与验收制度，工程档案管理制度，建筑材料、构配件、制品的检查验收制度，技术责任制度，施工图学习和会审制度，技术交底制度，安全交底、操作制度，材料出入库制度，机具使用保养制度，职工考勤、考核制度，工地、班组的经济和算制度等。

（4）施工现场准备　为给拟建工程创造有利的施工条件和物资保证，必须做好施工现场准备工作。

1）做好施工现场场地的控制网测量。根据给定永久性坐标和高程，按照建筑总平面图要求，进行施工场地控制网测量，设置场区永久性控制测量标桩。

2）搞好"三通一平"。确保施工现场水通、电通、道路畅通和场地平整；按消防要求，设置足够数量的消火栓。

3）做好施工现场的补充勘探。查找拟建建筑地面下的枯井、防空洞、古墓、地下管线等隐蔽物，为基础施工创造有利条件。

4）建造临时设施。按照施工平面图和施工设施需要量计划，建造各项施工设施，为正式开工准备好用房。

5）组织施工机具进场。根据施工机具需要量计划，按施工平面图要求，组织施工机械、设备和工具进场，按规定地点和方式存放，并应进行相应的保养和试运转等工作。

6）组织建筑材料进场。根据建筑材料、构（配）件和制品需要量计划，组织其进场，按规定地点和方式储存或堆放。

7）提出建筑材料的试验、试制申请计划。建筑材料进场后，应进行各项材料的试验、检验。对于新技术项目，应拟定相应试制和试验计划，并均应在开工前实施。

8）做好新技术项目的试制、试验和人员培训。

9）做好季节性施工准备。按照施工组织设计要求，认真落实冬施、雨施和高温季节施工项目的施工设施和技术组织措施。

（5）施工场外准备

1）材料设备的加工和订货。根据各项资源需要量计划，同建材加工和设备制造部门或单位取得联系，签订供货合同，保证按时供应。

2）施工机具租赁或订购。对于本单位缺少且需用的施工机具，应根据需要量计划，同有关单位签订租赁合同或订购合同。

3）做好分包工作。通过经济效益分析，适合分包或委托劳务而本单位难以承担的专业工程，如大型土石方、结构安装和设备安装工程，应尽早做好分包或劳务安排；采用招标或委托方式，同相应承担单位签订分包或劳务合同，保证合同实施。

4）向主管部门提交开工申请报告。为落实以上各项施工准备工作，建立、健全施工准备工作责任和检查等制度，使其有领导、有组织和有计划地进行，必须编制相应施工准备工作计划。

4. 施工准备工作计划

为保证各项施工准备工作的落实，需根据各项施工准备工作项目的内容、起讫时间、负责单位和负责人员，编制施工准备工作计划，建立健全施工准备工作的责任制度和检查制度，能够有领导、有组织、有计划和分期分批地进行施工准备工作。

5.3.3 施工组织设计概述

1. 施工组织设计的分类

（1）按编制的目的与阶段分 根据编制的目的与编制阶段的不同，施工组织设计可划分为标前设计和标后设计两类，其区别见表5-2。

表5-2 两种施工组织设计的区别

种 类	服务范围	编制时间	编制者	主要特性	追求的主要目标
标前设计	投标与签约	商务标编制前	经营管理层	规划性	中标和经济效益
标后设计	施工准备至验收	签约后开工前	项目管理层	作业性	施工效率和效益

（2）按针对的工程对象分

1）施工组织设计大纲。施工组织设计大纲是以一个投标工程项目为对象进行编制，用以指导其投标全过程各项实施活动的技术、经济、组织、协调和控制的综合性文件。它是编制工程项目投标书的依据，其目的是为了中标。主要内容包括：项目概况、施工目标、施工组织和施工方案，以及施工进度、施工质量、施工成本、施工安全、施工环保和施工平面等计划，及其施工风险防范。它是编制施工组织总设计的依据。

2）施工组织总设计。施工组织总设计是以一个建设项目为对象进行编制，用以指导其建设全过程各项全局性施工活动的技术、经济、组织、协调和控制的综合性文件。它是经过招标投标确定了总承包单位之后，在总承包单位的总工程师主持下，会同建设单位、设计单位和分包单位的相应工程师共同编制。主要内容包括：建设项目概况、施工总目标、施工组织、施工部署和施工方案，以及施工准备工作、施工总进度、施工总质量、施工总成本、施工总安全、施工总资源、施工总环保和施工总设施等计划，以及施工总风险防范、施工总平面和主要技术经济指标。它是编制单项（位）工程施工组织设计的依据。

3）单项（或单位）工程施工组织设计。单项（位）工程施工组织设计是以一个单项或其一个单位工程为对象进行编制，用以指导其施工全过程各项施工活动的技术、经济、组织、协调和控制的综合性文件。它是在签订相应工程施工合同之后，在项目经理组织下，由项目工程师负责编制。主要内容包括：工程概况、施工组织和施工方案，以及施工准备工作、施工进度、施工质量、施工成本、施工安全、施工资源、施工环保和施工设施等计划，以及施工风险防范施工平面布置和主要技术经济指标。它是编制分部（项）工程施工设计的依据。

4）分部（分项）工程作业设计。分部（项）工程施工设计是以一个分部工程或其一个分项工程为对象进行编制，用以指导其各项作业活动的技术、经济、组织、协调和控制的综合文件。它是在编制单项（位）工程施工组织设计的同时，由项目主管技术人员负责编制，作为该项目专业工程具体实施的依据。

2. 施工组织设计的作用

标前施工组织设计的主要作用，是指导工程投标与签订工程承包合同，并作为投标书的一项重要内容（技术标）和合同文件的一部分。

标后施工组织设计的主要作用，是指导施工前的准备工作和工程施工全过程的进行，并作为项目管理的规划性文件，提出工程施工中进度控制、质量控制、成本控制、安全控制、现场管理、各项生产要素管理的目标及技术组织措施，提高综合效益。

3. 施工组织设计的内容

施工组织设计中，其主要编制内容一般包含如下几个方面：

（1）工程概况

1）工程性质和作用。主要包括：工程类型、使用功能、建设目的、建设工期、质量要求和投资额，以及工程建成后的地位和作用。

2）建筑和结构特征。主要包括：工程平面组成、层数、层高和建筑面积，并附以平面、立面和剖面图；结构特点、复杂程度和抗震要求，并附以主要工种工程量一览表。

3）建造地点特征。主要包括：建造地点及其空间状况；气象条件及其变化状况；工程地形和工程地质条件及其变化状况；水文地质条件及其变化状况；以及冬季施工起讫时间和土壤冻结深度。

4）工程施工特征。结合工程具体施工条件，找出其施工全过程的关键工程，并从施工方法和措施方面予以合理地解决。在单层装配式工业厂房施工中，要重点解决地下工程、预制工程和结构安装工程。在多层民用房屋施工中，要重点解决地下工程、主体结构工程和装饰工程。

（2）施工部署及施工方案

1）确定施工起点流向。施工起点流向是指单项工程在平面上和竖向上施工开始部位和进展方向，它主要解决施工项目在空间上施工顺序合理的问题，其决定因素包括：

① 工程生产工艺流程要求，如影响其他工段试车投产的工段先施工。

② 建设单位对工程投产或交付使用的工期要求，如先投产使用的部位先施工。

③ 当工程各部分复杂程度不同时，应从技术复杂、工期长的部位开始。

④ 当工程有高低层并列时，应从并列处开始；当工程基础深度不同时，应从深基础部分开始；屋面防水施工按先低后高、先远后近施工。

⑤ 考虑施工现场周边环境状况和施工方案。

⑥ 考虑分部分项工程的特点和相互关系。如室内装饰工程可选择自上而下、自下而上、自中而下再自上而中的施工起点流向，室外装饰工程通常选择自上而下的施工起点流向。

2）确定施工程序。施工程序是指单项工程不同施工阶段之间所固有的、密切不可分割的先后施工次序。它既不可颠倒，也不能超越。

单项（位）工程施工总程序包括：签订工程施工合同→施工准备→全面施工→竣工验收。此外，其施工程序还应遵循"先场外后场内、先地下后地上、先主体后装修和先土建后设备安装"的顺序。在编制施工方案时，必须认真研究单项工程施工程序。

3）确定施工顺序。施工顺序是指单项（位）工程内部各个分部（项）工程之间的先后施工次序。施工顺序合理与否，将直接影响工种间配合、工程质量、施工安全、工程成本和施工速度，必须科学合理地确定单项工程施工顺序。

① 多层混合结构民用房屋施工顺序。该类房屋主要需要确定的施工顺序包括：地下工程、主体结构工程、屋面工程、装饰工程和建筑设备安装工程等几个阶段的施工顺序。

a.基础工程施工顺序通常为：放线→挖土→做垫层→放线→基础施工→铺设防潮层→回填土。

b.主体工程施工顺序通常为：放线→构造柱绑筋→砌筑墙体→搭脚手架→砌筑墙体→过梁安装→构造柱浇筑混凝土→圈梁施工→楼板。

c.屋面工程施工顺序通常为：找平层→隔汽层→保温层→找平层→防水层→保护层。

d.装饰工程施工顺序：装饰工程又包括室内装饰工程和室外装饰工程两个部分。其中室内墙面抹灰包括顶棚、墙面和地面3个分项工程，其施工顺序有两种：顶棚→墙面→地面；地面→顶棚→墙面。前一种施工顺序有利于地面成品保护和施工中收集落地灰节约材料，但是影响工期；后者恰好相反。室内、外装饰需注意施工流向和施工顺序关系，也需考虑施工顺序与成品保护的关系。如底层地面多在其他层室内装饰完成后进行，门窗框多在抹灰前完成，门窗扇及玻璃可在抹灰前或抹灰后完成。

② 高层混凝土结构房屋施工顺序。该类房屋需要确定的施工顺序主要包括：基础及地下室工程、主体工程、屋面工程、装饰工程等几个阶段的施工顺序。

a.基础及地下室工程施工顺序一般为：降水、基坑支护→挖基坑→清槽→验槽→桩施工→做垫层→桩头处理→清理→做防水层→保护层→放线→绑基础钢筋、柱墙插筋→支基础模板→浇基础混凝土→养护→放线→施工缝防水处理→柱、墙绑筋→柱、墙模板→柱、墙混凝土浇筑→顶盖梁板模板→梁板绑筋→混凝土浇筑→养护→拆室外模板→外墙防水→保护层→基坑回填土等施工顺序。

b.混凝土主体工程施工顺序：一般情况下模板工程为主导工程。

第一种施工顺序：放线→柱、墙绑筋→柱、墙模板→柱、墙混凝土浇筑→梁、板模板→梁、板绑筋→梁、板混凝土浇筑。

第二种施工顺序：放线→柱、墙绑筋→柱、墙模板→柱、墙混凝土浇筑→梁、底模板→梁绑筋→梁侧模板→板绑筋→梁、板混凝土浇筑。

第三种施工顺序：放线→柱、墙绑筋→柱、墙模板→梁、板模板→梁、板绑筋→柱、墙、梁、板混凝土浇筑。

第一种施工顺序，能够避免或减少相关质量通病，如减少浇筑混凝土后钢筋移位，减少柱墙竖向偏移，但柱、梁核心区箍筋绑扎困难、质量不容易保证。第二种施工顺序，可以有效地避免或减少相关质量通病，如方便柱、梁核心区箍筋绑扎，减少浇筑混凝土后钢筋移位，减少柱墙竖向偏移。第三种施工顺序，施工质量管理复杂，容易产生相关质量通病，如浇筑混凝土后钢筋移位，柱墙竖向偏移大，柱、梁核心区箍筋绑扎困难等。

c.其他工程：同混合结构。

③ 装配式钢筋混凝土结构工业厂房施工顺序。该类工业厂房需要确定的施工顺序包括：地下工程、预制工程、结构安装工程、围护结构工程、装饰工程、建筑设备安装工程和工艺设备安装工程等几个阶段的施工顺序。

a.地下工程施工顺序一般为：挖基坑→做垫层→绑基础钢筋→支基础模板→浇基础混凝土→养护→拆基础模板→基坑回填土等施工顺序。其中挖基坑、绑基础钢筋、支基础模板和浇基础混凝土为主导分项工程，其余为穿插分项工程。依此类推，其他分部工程也包括若干个分项工程，其中有主导的，也有穿插的分项工程，照例可以确定它们之间的施工顺序。

b.预制工程施工顺序：中小型构件，一般在加工厂预制；质量大不易运输的大型构件，一般现场预制。

预制构件预制，分件吊装和综合吊装不同。综合吊装，构件一次制作；分件吊装，根据场地大小，可在场内一次制作、分批制作或场外制作。

c.结构安装工程施工顺序：结构安装工程是单层厂房施工中的主导工程。按照施工方案可以分为分件吊装和综合吊装。其施工内容为：柱、吊车梁、连系梁、基础梁、托架、屋架、天窗架、屋面板等构件的吊装、校正和固定。

4）确定施工方法。

① 选择施工方法。在选择施工方法时，要重点解决影响整个单项（位）工程施工的主要分部（项）工程。对于人们熟悉的、工艺简单的分项工程，只要加以概括说明即可。对于下述工程，则要编制具体的施工过程设计：

a.工程量大而且地位重要的工程项目。

b.施工技术复杂或采用新结构、新技术、新工艺的工程项目。

c.特种结构工程或应由专业施工单位施工的特殊专业工程。

② 选择施工机械。

a.在选择主导施工机械时，要充分考虑工程特点、机械供应条件和施工现场空间状况，合理地确定主导施工机械类型、型号和台数。

b.在选择辅助施工机械时，必须充分发挥主导施工机械的生产效率，要使两者的台班生产能力协调一致，并确定出辅助施工机械的类型、型号和台数。

c.为便于施工机械管理，同一施工现场的机械型号尽可能少，当工程量大而且集中时，应选用专业化施工机械；当工程量小而且分散时，要选择多用途施工机械。

5）确定安全施工措施。

① 预防自然灾害措施，包括防台风、防雷击、防洪水、防山洪暴发和防地震灾害等措施。

② 防火防爆措施，包括大风天气严禁施工现场明火作业、明火作业要有安全保护、氧气瓶防震防晒和乙炔罐严防回火等措施。

③ 劳动保护措施，包括安全用电、高空作业、交叉施工、施工人员上下、防暑降温、防冻防寒和防滑防坠落，以及防有害气体毒害等措施。

④ 特殊工程安全措施，如采用新结构、新材料或新工艺的单项工程，要编制详细的安全施工措施。

⑤ 环境保护措施，包括有害气体排放、现场雨水排放、现场生产污水和生活污水排放，以及现场树木和绿地保护等措施。

6）评价施工方案的主要指标。

① 定性评价指标。结合工程施工实际经验，对多个方案进行定性的分析、比较，找出优缺点。常用的定性指标有：

a.施工操作难易程度和安全可靠性。

b.为后续工程创造有利条件的可能性。

c.利用现有或取得施工机械的可能性。

d.施工方案对冬雨期施工的适应性。

e.为现场文明施工创造有利条件的可能性。

② 定量评价指标。对多个方案的工期指标、实物量指标、价值指标等进行定量计算，找出优选方案。常用的定量指标有：

a.工程施工工期。它包括建设项目总工期、独立交工系统工期以及独立承包项目和单项工程工期。在确保工程质量、安全和成本较低的条件下，优先考虑工期短的方案。

b.工程施工成本。它包括建设项目总造价总成本和利润，每个独立交工系统总造价、总成本和利润，独立承包项目造价成本和利润，每个单项工程、单位工程造价、成本和利润，以及其产值（总造价）利润率和成本降低率。

c.工程施工质量。它包括分部工程质量标准，单位工程质量标准，以及单项工程和建设项目质量水平。

d.工程劳动消耗量。它包括建设项目总用工量，独立交工系统用工量，每个单项工程用工量，以及它们各自平均人数、高峰人数和劳动力不均衡系数，劳动生产率，主要大型机械使用数量、台班量和利用率。

e.工程主要材料消耗量，主要为材料消耗量和节约量。

f.项目施工其他指标。它包括施工设施建造费比例、综合机械化程度、工厂化程度和装配化程度，以及流水施工系数和施工现场利用系数。

（3）施工进度计划

1）施工进度计划编制步骤：

① 熟悉审查施工图样，研究原始资料。

② 确定施工起点流向，划分施工段和施工层。

③ 分解施工过程，确定施工顺序和工作名称。

④ 选择施工方法和施工机械，确定施工方案。

⑤ 计算工程量，确定劳动量或机械台班数量。

⑥ 计算工程项目持续时间，确定各项流水参数。

⑦ 绘制施工进度计划（横道图、网络图）。

⑧ 按照项目进度控制目标要求，调整和优化施工网络计划。

2）施工进度计划编制要点：

① 确定好施工起点流向和划分施工段和施工层。

② 计算工程量。如果工程项目划分与施工图预算一致，可以采用施工图预算的工程量数据，工程量计算要与所采用施工方法一致，其计算单位要与所采用定额单位一致。

③ 确定分项工程劳动量或机械台班数量。公式为：

$$P_i = Q_i/S_i = Q_i H_i \qquad (5-11)$$

式中　P_i——某分项工程劳动量或机械台班数量；

$\quad Q_i$——某分项工程的工程量；

$\quad S_i$——某分项工程计划产量定额；

$\quad H_i$——某分项工程计划时间定额。

④ 确定分项工程持续时间。公式为：

$$t_i = \frac{P_i}{R_i N_i} \qquad (5-12)$$

式中　t_i——某分项工程持续时间；

$\quad R_i$——某分项工程工人数或机械台数；

$\quad N_i$——某分项工程工作班次；

⑤ 安排施工进度。同一性质主导分项工程尽可能连续施工；非同一性质穿插分项工程，要最大限度搭接起来；计划工期要满足合同工期要求；要满足均衡施工要求；要充分发挥主导机械和辅助机械生产效率。

⑥ 调整施工进度。如果工期不符合要求，应改变某些分项工程施工方法，调整和优化工期，使其满足进度控制目标要求。

如果资源消耗不均衡，应对进度计划初始方案进行资源调整。如网络计划的资源优化和施工横道计划的资源动态曲线调整。

3）制定施工进度控制实施细则：

① 编制月、旬和周施工作业计划。

② 落实劳动力、原材料和施工机具供应计划。

③ 协调同设计单位和分包单位关系，以便取得其配合和支持。

④ 协调同业主的关系，保证其供应材料、设备和图样及时到位。

⑤ 跟踪监控施工进度，保证施工进度控制目标实现。

（4）施工平面图

1）施工平面布置依据：

① 建设地区原始资料。

② 一切原有和拟建工程位置及尺寸。

③ 全部施工设施建造方案。

④ 施工方案、施工进度和资源需要量计划。

⑤ 建设单位可提供的房屋和其他生活设施。

2）施工平面布置原则：

① 施工平面布置要紧凑合理，尽量减少施工用地。

② 尽量利用原有建筑物或构筑物，降低施工设施建造费用。

③ 合理地组织运输，保证现场运输道路畅通，尽量减少场内运输费。

④ 尽量采用装配式施工设施，减少搬迁损失，提高施工设施安装速度。

⑤ 各项施工设施布置都要满足方便生产、有利于生活、安全防火、环境保护和劳动保护要求。

3）施工平面布置内容。

① 设计施工平面图。包括建筑总平面图上的全部地上、地下建筑物、构筑物和管线；地形等高线，测量放线标桩位置；各类起重机械停放场地和开行路线位置；以及生产性、生活性施工设施和安全防火设施位置。

② 编制施工设施计划。包括：生产性和生活性施工设施的种类、规模和数量，以及占地面积和建造费用。

4）设计施工平面图步骤：

① 确定起重机械数量和位置。

a.确定起重机械数量：

$$N = \Sigma Q/S \tag{5-13}$$

式中　　N——起重机台数；

ΣQ——垂直运输高峰期每班要求运输总次数；

S——每台起重机每班运输次数。

b.确定起重机械位置

固定式起重机械位置，如龙门架和井架等要根据其力学性能、建筑物平面尺寸、施工段划分状况和材料运输去向具体确定。自行有轨式起重机械位置、塔式起重机要根据建筑物平面尺寸、吊物重量和起重机能力具体确定，要考虑其覆盖范围、可吊物件的运输和堆放。自行无轨式起重机械位置，如轮胎式和履带式起重机要根据建筑物平面尺寸、构件重量、安装高度和吊装方法具体确定。

② 确定搅拌站、材料堆场、仓库和加工场位置。当采用固定式起重机械时，搅拌站及其材料堆场要靠近起重机械；当采用自行有轨式起重机械时，搅拌站及其材料堆场应在其起重半径范围内；当采用自行无轨式起重机械时，应将其布置在沿起重机械开行路线和起重半径范围内。

施工现场仓库位置，应根据其材料使用地点优化确定。各种加工场位置，要根据加工品使用地点和不影响主要工种工程施工为原则，通过不同方案优选来确定。

③ 确定运输道路位置。施工现场应优先利用永久性道路，或者先建永久性道路路基，作为施工道路使用，在工程竣工前再铺路面。运输道路要沿生产性和生活性施工设施布置，使其畅通无阻，并尽可能形成环形路线。道路宽度单行道不小于4m，双行道不小于6m，载重车转弯半径不宜小于15m，道路两侧要设排水沟，保持路面排水畅通，道路每隔一定距离要设置一个回车场，每个施工现场至少要有两个道路出口。

④ 行政管理和文化福利设施布置。它包括办公室、工人休息室、食堂、烧水房、收发室和门卫等设施。要根据方便生产、有利于生活、安全防火和劳动保护要求，具体确定它们各自位置。办公用房适宜设置在工地入口处；作业人员宿舍适宜设置在场外，避免设置在不利于健康的地方。

⑤ 确定水电管网位置。

a.施工供水和排水。在布置施工供水管网时，应力求供水管网总长度最短，供水管径大小要根据计算确定，并按建设地区特点，确定管网埋设方式。施工临时用水包括：现场施工用水量、施工机械用水量、施工现场生活用水量、生活区生活用水量和现场消防用水量。需要根据计算后的施工临时用水量确定供水系统。

为排除现场地面水和地下水，要接通永久性地下排水管道；同时做好地面排水，在雨季到来之前修筑好排水明沟。

b.施工供电设施。通常工程施工用电，要先计算出施工用电总量，并选择相应变压器，然后计算支路导线截面积，并确定供电网形式。施工现场供电线路，通常要架空敷设，并尽量使其线路最短。

5.4　工程施工项目资源管理

5.4.1　建筑工程劳动力管理

1.劳务用工管理

（1）劳务用工基本规定

1）从事建设工程劳务活动的劳务企业，个人实行资质和资格管理制度。

2）劳务企业必须使用自有劳务工人完成所承接的劳务作业，不得再行分包或转包给无资质、无自有队伍、无施工作业能力的个体劳务队。

3）建筑劳务企业必须依法与工人签订劳动合同，劳务企业应当每月对劳务作业人员应得工资进行核算。

4）劳务企业必须建立健全培训制度，从事建设工程劳务作业人员必须持有相应的执业资格证书并在工程所在地建设行政主管部门登记备案。

5）总承包企业、专业承包企业项目部应当以劳务班组为单位，建立建筑劳务用工档案，并以单项工程为单位，按月将企业自有建筑劳务的情况和使用的劳务分包企业情况向工程所在地建设行政主管部门报告。

6）总承包企业或专业承包企业支付劳务企业劳务分包款时，应责成专人现场监督劳务企业将工资直接发放给工人本人。

（2）劳务作业分包管理

1）劳务作业分包的定义和范围。劳务作业分包是指施工总承包企业或专业承包企业将其承包工程中的劳务作业发包给具有相应资质和能力的劳务分包企业完成的作业活动。如：模板作业、钢筋作业、混凝土作业、砌筑作业、脚手架作业、焊接作业、抹灰作业、油漆作业、木工作业、水暖电作业等。

2）劳务作业分包管理流程。劳务分包单位信息的收集→劳务分包单位资格预审→实地考察劳务分包位→评定劳务分包→培训劳务分包→推荐劳务分包→劳务分包单位参与投标→评定及确定中标单位→签订劳务分包合同→注册、登记→进场施工及现场管理→考核评估劳务分包单位→协作终止。

（3）劳务工人实名制管理

1）劳务工人实名制管理的作用：

① 通过劳务工人实名制管理，可以规范总、分包单位双方的用工行为，杜绝非法用工、劳资纠纷、恶意讨薪问题的发生。

② 通过劳务工人实名制数据采集，可及时掌握施工现场的人员状况，有利于管理和调剂工程项目施工现场的劳动力。

③ 通过劳务工人实名制数据公示，公开劳务分包单位企业人员、农民工的出勤状况，避免或减少工资和劳务费支付方面的欠薪或恶意讨要事件。

④ 通过劳务工人实名制管理，方便项目经理部对施工现场的劳务作业进行安全管理和治安保卫管理。

⑤ 通过劳务工人实名制管理卡的金融功能，简化工资发放程序。

2）劳务工人实名制管理的主要措施：

① 总承包企业、项目经理部和劳务分包单位必须按照规定分别设置劳务管理机构和劳务管理员（简称劳务员），制定劳务管理制度。

② 在进场施工前，劳务分包单位的劳务员，将在进场施工人员的花名册、合同、相关证件等的复印件及时报送总承包商备案。总承包单位的劳务员，需逐一对照进场施工人员核对分包单位提供的劳务人员信息资料，不具备上述条件的不得使用和进入施工现场。

③ 劳务员需做好劳务管理中内业资料的收集、整理、归档工作。

④ 项目部劳务员负责项目日常劳务管理、相关数据的收集统计，建立劳务费、工资结算与兑付台账，检查、监督工资支付情况。

3）劳务工人实名制管理的技术手段——"建筑企业实名制管理卡"功能：

① 工资管理功能：支持工资存储、现金支取、查询余额、异地支取。

② 考勤管理功能：施工现场打卡机记录工人出勤情况，项目劳务员通过采集卡对考勤记录进行采集、打印、存档并公示。

③ 门禁管理功能：劳务人员出入施工项目施工区、生活区的通行许可证。

④ 售饭管理功能：劳务分包单位按月将饭费打入卡内，工人用餐划卡付费。

2. 劳动力配置方法

（1）施工劳动力结构特点

1）长工期少，短工期多。由于建筑产品的地点和施工期的固定性，从事建筑施工的劳动具有流动性和间断性。

对于施工项目部的管理人员、技术人员、各工种的技术骨干，相对的聘用期较长。

对于按照各分部工程、分项工程的技术要求不同雇用的不同工种和技术等级的工人，以短期的合同工或临时工为主。

2）技术工少，普通工多。目前国内的大部分建筑生产总体技术水平要求不高、劳动技能要求不均衡，同时，建筑市场对劳动力的需求量大，从而使普通工需求量增大。对于少数的工种，如木工、装饰工等，技术工人的比例相对高些，大部分工种对于普工比例相对需求量大。

3）老年、青年工人少，中年工人多。建筑施工的劳动条件艰苦，室外作业多，高空作业多，重体力劳动比例大，不适合老年人承担。

社会经济的发展，农村、城市的经济收入提高，社会受教育程度的提高，使就业的形式多样化，从事建筑施工的青年人比例呈下降趋势。

相对于建筑施工的短期比例大，对劳动技能要求不高，农村劳动力转移，在建筑施工现场呈现中年工人从事劳动作业多的现象。

4）女性工人少，男性工人多。建筑工程施工的流动性，劳动强度和作业方式的特殊性，决定了从事建筑行业的女性人员少。

（2）施工劳动力计划与配置

1）劳动力计划编制要求：

① 保持劳动力均衡使用。如果劳动力不均衡使用，出现过多、过大的需求高峰，将会使劳动力调配困难，增加劳动力管理成本，出现住宿、交通、饮食、工具等多方面需考虑的问题。

② 根据工程实物量和定额标准，分析计算劳动量总工日，确定生产工人、工程技术人员的数量和比例。便于对现有人员进行调整、组织、培训，以保证施工现场的劳动力到位。

③ 准确计算工程量和施工期限。工程量计算越准确，工期计划安排越合理，劳动力使用计划越准确。

2）劳动力需要计划。工程项目劳动力的需要量确定，并决定劳动力的招聘计划、培训计划，还直接影响其他管理计划的编制。

①确定劳动效率。在建筑工程施工中，劳动效率通常用产量定额（产量/单位时间）或时间定额（工时消耗量/单位工作量）表示。

$$劳动力投入总工时 = 工程量/产量定额 \tag{5-14}$$

或

$$劳动力投入总工时 = 工程量 \times 时间定额 \tag{5-15}$$

在建筑工程中，可以在《建设工程劳动定额》中直接查到代表社会平均先进水平的劳动效率。但在实际应用中，必须考虑具体情况后进行合理调整，如考虑环境、气候、地形、地质、工程特点、施工方案特点、现场平面布置、施工机具等。

②确定劳动力投入量。劳动力投入量也称为劳动组合或投入强度。即每班次所需劳动力投入量为：

$$劳动力投入量 = \frac{劳动力投入总工时}{\left(\frac{班次}{日}\right) \times \left(\frac{工时}{班次}\right) \times 活动持续时间} \tag{5-16}$$

或

$$劳动力投入量 = \frac{工程量 \times 工时消耗量/单位工程量}{\left(\frac{班次}{日}\right) \times \left(\frac{工时}{班次}\right) \times 活动持续时间} \tag{5-17}$$

③劳动力需求计划编制。编制劳动力需求计划时，需注意调节工程量、劳动力投入量、持续时间、班次等之间的变量关系。

在工程项目施工中，安排混合班组承接一些工作任务时，要考虑整体劳动效率、设备能力和材料供应能力、与其他班组工作的协调等问题。

劳动力需求计划中还需包括现场其他人员的使用计划，可根据劳动力投入计划按比例计算，或根据现场实际需要安排。

3）劳动力配置计划：

①劳动力配置计划的内容。包括：制定合理的工作制度和运营班次，提出人工配置数量，确定各类人员应具备的劳动技能和文化素质，测算职工工资等费用，测算劳动生产率和员工聘用方案。

②劳动力配置计划的编制方法。可以按照以下方法进行计算确定：按设备计算定员，按劳动定额定员，按岗位定员，按比例计算定员，按劳动效率计算定员，按照组织机构职责范围、业务分工计算管理人员人数。

5.4.2　建筑工程材料管理

1. 建筑工程材料采购

（1）工程项目材料采购的要求

1）项目经理部应编制工程项目所需要的主要材料、大宗材料的需要量计划，由企业的物资采购部门订货或采购。

2）材料采购应按照企业质量管理体系和环境管理体系的要求，根据项目经理部提出的材料需要量计划进行采购。材料采购可按照下列方法选择：

① 选择企业发布的合格分供方名册中的厂家。

② 对于企业发布的合格分供方名册以外的厂家，应按照企业规定经过对分供方审批合格后，方可签订采购合同进行采购。

③ 对于不需要对分供方审批的一般材料，采购金额在不少于5万元的，必须签订订货合同。

3）材料采购时，需注意采购周期、批量、库存量要求，使采购费和储存费之和最低。

（2）材料采购方案的确定　按照采购费和储存费之和最低，选择材料采购方案。计算公式如下：

$$F = \frac{Q}{2}PA + \frac{S}{Q}C \qquad (5-18)$$

式中　F——采购费和储存费之和；

Q——每次采购量；

P——采购单价；

A——仓库储存费率；

S——总采购量；

C——每次采购费。

（3）材料最优采购批量的计算　最优采购批量，即最优库存量，指采购费和储存费之和最低的采购批量：

$$\mathrm{d}\left(\frac{Q}{2}PA+\frac{S}{Q}C\right)/\mathrm{d}Q = 0 \Rightarrow Q_0 = \sqrt{\frac{2SC}{PA}} \qquad (5-19)$$

式中　Q_0——最优采购批量。

2. 建筑工程材料的进场验收和保管

（1）建筑工程材料的进场验收　材料进入现场，应进行材料凭证、数量、外观的验收。验收完成后进行实物挂牌标识，建立"收料台账记录"。

1）凭证验收。包括发货明细、材质证明或合格证，进口材料应具有国家商检局检验证明书。

2）数量验收。包括数量是否与发货明细相符、是否与进场计划相符，抽样检验数量，计量方法为过磅或验尺。

3）外观验收。需填报外观检验记录。

（2）建筑工程材料的进场保管　经验收合格的材料应按照施工现场平面布置一次就位，做好材料标识。

1）材料堆放场地应平整夯实，有排水、防扬尘措施。

2）材料应分品种、规格分类码放整齐，标识齐全清晰，码放高度不超过1.5m。

3）库外材料应下垫上盖，有防雨防潮要求的应入库保管。

4）周转材料不得挪作他用，严禁高空坠落，拆除后应及时退库。

5）施工现场散落材料必须及时清理分拣归垛。

6）易燃易爆有毒等危险品须设明显危险品标识，设置专库保管。

7）钢材、木材、地方材料等进场验收后进行待检标识，送检并复检合格后发放使用。

对于建筑材料的现场管理，可以按照ABC分类法，确定重点、次要和一般管理内容。

3. 建筑工程材料需要量计划

根据施工预算中的工料分析表、施工进度计划、材料储备和消耗定额，将施工中所需要的材料，按品种、规格、数量、使用时间分类汇总列表，形成建筑工程材料需要量计划。该计划作为备料、供料、组织运输及仓库、堆场面积确定的依据。

5.4.3　建筑工程施工机械管理

1. 施工机械设备的配置方法

编制施工方案进行施工机械选择时，通常使用单位工程量成本比较法确定施工机械的类型和数量，即依据相应类型施工机械的额定台班产量和台班单价，分别计算其单位工程量成本，选择成本最低的施工机械选择方案。

为满足施工进度要求，施工机械需要配套使用时，也按照单位工程量成本比较法确定。

2. 施工机械设备的选择

（1）土方机械　土方施工常用机械有推土机、铲运机、挖掘机（正铲、反铲、拉铲、抓铲）、装载机。

根据工程规模、基础形式、开挖深度、土质情况、工程量、取弃土地点及运距、工期等要求，结合土方施工机械特点和适用范围，综合考虑确定土方施工机械类型和数量，确定施工方案时需考虑施工流向、施工顺序，充分发挥施工机械工效，加速施工进度，节约机械成本。

（2）垂直运输机械　多高层建筑施工常用的垂直运输机械有行走式起重机、塔式起重机、施工电梯、物料提升架、混凝土泵、其他小型起重机具等。

在建筑施工中，垂直运输机械负责由地面到高空的材料设备垂直输送和人员上下建筑物不同楼层的功能。

1）行走式起重机。主要包括履带式起重机和汽车式起重机。行走式起重机主要用于单层重型结构安装工程，以及有施工机械安装、拆除吊装要求的情况。

其型号选择应注意随着吊装方案的变化，对其起重参数（起重量、起重半径、起重高度）要求的影响。

2）塔式起重机。主要包括固定式、行走式、附着式、内爬式塔式起重机。塔式起重机主要用于多高层建筑施工，也是目前最常用、最重要的具有提升、回转、水平运输功能的垂直运输机械设备。

3）施工电梯。主要分为齿条驱动和绳轮驱动两类，吊厢包括单吊箱和双吊箱两种。多数施工电梯为人货两用，少数为货用。常采用与建筑物相连接的附着，保证施工电梯稳定的安全性。

4）物料提升架。包括井架、龙门架、塔架和独杆升降台。物料提升架用于多高层建筑施工的货物垂直运输。

5）混凝土泵。主要包括固定式和移动式混凝土输送泵，是混凝土水平运输和垂直运输的专用设备，广泛应用于多高层建筑物混凝土施工中。

6）其他小型起重机具。一般起重量不超过1t的小型起重机具，如手动葫芦、电动葫芦、倒链、滑轮、卷扬机等及其相应的提升架、悬挂架构成的小型起重机具。常用于多层建筑物辅助垂直施工设施。

3. 施工机械设备需要量计划

根据施工方案、施工进度计划，确定施工机械设备的类型、数量和进场时间。将单位工程中每一个施工过程、所需要的机械设备进行汇总列表，形成施工机械设备需要量计划，据此落实其来源及组织进场。

5.4.4　施工项目资金管理

项目资金管理指项目经理部对项目资金的计划、使用、核算和防范风险的管理工作，直接影响到施工项目的顺利实施和经济利益的获得。施工项目资金管理的主要环节包括：资金的收支预测和对比、资金的筹措和资金的使用管理等。

1. 项目资金需要量预测

（1）项目资金的收入预测　项目资金收入一般指预测收入，项目资金按合同收取，应从预付款开始，每月按进度结算工程进度款，直到最终竣工结算，并考虑自有资金的投入或为弥补资金缺口而获得的有偿资金。

（2）项目资金的支出预测　项目资金支付预测应根据施工组织设计、成本费用控制计划和材料、设备等物资储备计划来完成，可以预测出随工程进度每月预计的人工费、材料费、机械费等直接费、措施费、间接费等各项支付。

（3）项目资金的收支对比分析　项目资金收支对比分析是确定应筹措资金数量的主要依据。将施工项目资金收入预测累计结果和支出预测累计结果进行对比分析，在相应时间的收入和支出的资金数量差，就是筹措资金数。

2. 项目资金筹措

施工项目所需要的资金来源，包括在承发包合同中规定的发包方提供的工程备料款和分期结算工程款；还包括当项目资金不能及时到位或不足以保证施工需要时，由施工企业垫支部分的自有资金、银行贷款或其他项目资金的调剂占用。

3. 资金使用管理

项目经理部按照企业内部的管理规定，自主管理项目实施过程中所需资金的使用，在资金运作全过程中都要接受企业内部银行的管理。项目经理部在项目资金管理方面，需重视资金的收支预测与支出控制，并建立健全项目资金管理责任制。

项目经理部按照公司下达的用款计划控制资金使用，以收定支，节约开支；按照会计制度规定设立财务台账，记录资金支出情况，加强财务核算，及时盘点盈亏。

5.5 工程施工现场安全管理

工程施工现场安全管理是一个系统性、综合性的管理过程，管理内容涉及建筑生产的各个环节。建筑施工企业在工程施工现场安全管理中必须坚持"安全第一，预防为主，综合治理"的安全方针，制定安全政策、计划和措施，完善安全生产组织管理体系和检查体系，加强施工安全管理。

5.5.1 建筑工程施工安全内容

1. 建筑施工安全管理的目标

建筑施工企业应依据企业的总体发展目标，制定企业的安全生产年度管理目标和中长期管理目标。

安全管理目标应包括：生产安全事故控制指标、安全隐患治理目标，以及安全生产、文明施工管理目标等。安全管理目标应量化。

安全管理目标应分解到各管理层及相关职能部门，并且定期进行考核，企业的各管理层及相关职能部门应根据企业安全管理目标的要求制定自身管理目标和措施，保证目标的实现。

2. 建筑施工安全管理的主要内容

1）制定安全政策。

2）建立、健全安全管理组织体系。

3）确保安全生产管理计划的进行和实施。

4）进行安全生产管理业绩考核。

5）进行安全管理业绩总结。

3. 建筑施工安全管理的程序

1）确定安全管理目标。

2）编制安全措施计划。

3）实施安全措施计划。

4）进行安全措施计划实施结果的验证。

5）评价安全管理绩效并持续改进。

4. 安全措施计划的主要内容

1）工程概况。

2）管理目标。

3）组织机构与职责权限。

4）规章制度。

5）风险分析与控制措施。

6）安全专项施工方案。

7）应急准备与响应。

8）资源配置与费用投入计划。

9）教育培训。

10）检查评价、验证与持续改进。

5. 应单独编制安全专项施工方案的分部分项工程

《危险性较大的分部分项工程安全管理办法》是为加强对危险性较大的分部分项工程安全管理，明确安全专项施工方案的编制内容，规范专家论证程序，确保安全专项施工方案实施，积极防范和遏制建筑施工生产安全事故的发生，依据《建设工程安全生产管理条例》及相关安全生产法律法规而制定的。

危险性较大的分部分项工程是指建筑工程在施工过程中存在的、可能导致作业人员群死群伤或造成重大不良社会影响的分部分项工程，危险性较大的分部分项工程范围见表5-3。

施工单位应在危险性较大的分部分项工程施工前编制专项施工方案。对于超过一定规模的危险性较大的分部分项工程，施工单位应当组织专家对专项方案进行论证。超过一定规模的危险性较大的分部分项工程范围见表5-4。

表5-3 危险性较大的分部分项工程范围

序号	危险性较大的分部分项工程	
	工程名称	适用条件
1	基坑支护、降水工程	1. 开挖深度不小于3m 2. 虽未超过3m但地质条件和周边环境复杂的基坑（槽）支护、降水工程
2	土方开挖工程	开挖深度不小于3m的基坑（槽）的土方开挖工程
3	模板工程及支撑体系	1. 各类工具式模板工程：包括大模板、滑模、爬模、飞模等工程 2. 混凝土模板支撑工程 1）搭设高度不小于5m 2）搭设跨度不小于10m 3）施工总荷载为10kN/m²及以上 4）集中线荷载为15kN/m及以上 5）高度大于支撑水平投影宽度并且相对独立无联系构件的混凝土模板支撑工程 3. 承重支撑体系：用于钢结构安装等满堂支撑体系
4	起重吊装及安装拆卸工程	1. 采用非常规起重设备、方法，且单件起吊重量为10kN及以上的起重吊装工程 2. 采用起重机械进行安装的工程 3. 起重机械设备自身的安装、拆卸
5	脚手架工程	1. 搭设高度为24m及以上的落地式钢管脚手架工程 2. 附着式整体和分片提升脚手架工程 3. 悬挑式脚手架工程 4. 吊篮脚手架工程 5. 自制卸料平台、移动操作平台工程 6. 新型及异性脚手架工程

（续）

序号	危险性较大的分部分项工程	
	工程名称	适用条件
6	拆除、爆破工程	1. 建筑物、构筑物拆除工程 2. 采用爆破拆除的工程
7	其他	1. 建筑幕墙安装工程 2. 钢结构、网架和索膜结构安装工程 3. 人工挖扩孔桩工程 4. 地下暗挖、顶管及水下作业工程 5. 预应力工程 6. 采用新技术、新工艺、新材料、新设备及尚无相关技术标准的危险性较大的分部分项工程

表5-4 超过一定规模的危险性较大的分部分项工程范围

序号	超过一定规模的危险性较大的分部分项工程	
	工程名称	适用条件
1	深基坑支护、降水工程	1. 开挖深度不小于5m的基坑（槽）的土方开挖、支护、降水工程 2. 开挖深度虽未超过5m但地质条件、周边环境和地下管线复杂，或影响毗邻建筑（构筑）物安全的基坑（槽）土方开挖、支护、降水工程
2	模板工程及支撑体系	1. 工具式模板工程：包括滑模、爬模、飞模工程 2. 混凝土模板支撑工程 1）搭设高度不小于8m 2）搭设跨度不小于18m 3）施工总荷载为15kN/m²及以上 4）集中线荷载为20kN/m及以上 3. 承重支撑体系：用于钢结构安装等满堂支撑体系，承受单点集中荷载700kg以上
3	起重吊装及安装拆卸工程	1. 采用非常规起重设备、方法，且单件起吊重量为100kN及以上的起重吊装工程 2. 起重量为300kN及以上的起重机械进行安装的工程 3. 高度为200m及以上内爬起重机械的拆除工程
4	脚手架工程	1. 搭设高度为50m及以上的落地式钢管脚手架工程 2. 提升高度为150m及以上附着式整体和分片提升脚手架工程 3. 架体高度为20m及以上悬挑式脚手架工程
5	拆除、爆破工程	1. 采用爆破拆除的工程 2. 码头、桥梁、高架、烟囱、水塔或拆除中容易引起有毒有害气（液）体或粉尘扩散、易燃易爆事故发生的特殊建、构筑物的拆除工程 3. 可能影响行人、交通、电力设施、通信设施或其他建、构筑物安全的拆除工程 4. 文物保护建筑、优秀历史建筑或历史文化风貌区控制范围的拆除工程
6	其他	1. 施工高度为50m及以上的建筑幕墙安装工程 2. 跨度为36m及以上钢结构安装工程；跨度为60m及以上的网架和索膜结构安装工程 3. 开挖深度超过16m的人工挖扩孔桩工程 4. 地下暗挖、顶管及水下作业工程 5. 采用新技术、新工艺、新材料、新设备及尚无相关技术标准的危险性较大的分部分项工程

安全专项施工方案，应由施工企业专业工程技术人员编制，由施工企业技术部门的专业工程技术人员及监理单位专业监理工程师审核，审核合格后，由施工企业技术负责人、监理单位总监理工程师审批后执行。安全专项施工方案编制内容见表5-5。

表5-5　安全专项施工方案编制内容

序号	专项施工方案构成	专项施工方案编制内容
1	工程概况	危险性较大的分部分项工程概况、施工平面布置、施工要求和技术保证条件
2	编制依据	相关法律、法规、规范性文件、标准、规范及图样（国标图集）、施工组织设计等
3	施工计划	包括施工进度计划、材料与设备计划
4	施工工艺参数	技术参数、工艺流程、施工方法、检查验收等
5	施工安全保证措施	组织保障、技术措施、应急预案、监测监控等
6	劳动力计划	专职安全生产管理人员、特种作业人员等
7	计算书及相关图样	计算过程及相关配图

5.5.2　建筑工程施工安全危险源管理

安全管理主要对象的危险源，是指可能导致人员伤害或疾病、物质财产损失、工作环境破坏的情况或这些情况组合的根源或状态的因素。危险因素和危害因素都属于危险源。

1. 两类危险源

（1）第一类危险源　把可能发生意外释放的能量或危害物质称为第一类危险源。

第一类危险源是事故发生的物理本质，一般情况下，第一类危险源的能量越大，存在的危险物质越多，其潜在的危险性和危害性也就越大。

（2）第二类危险源　造成约束、限制能量和危险物质措施失控的各种不安全因素称为第二类危险源。第二类危险源主要体现在设备故障或缺陷、人为失误和管理缺陷等几个方面。

事故的发生是两类危险源共同作用的结果，第一类危险源是事故发生的前提；第二类危险源的出现是第一类危险源导致事故的必要条件。

2. 危险源的辨识

危险源辨识是安全管理的基础工作，主要目的是从组织的活动中识别出可能造成人员伤害或疾病、财产损失、工作环境破坏的危险或危害因素，并且判断这些因素可能导致的事故类别和导致事故发生的直接原因的过程。

1）危险源的类型。可以把危险源按照工作活动的专业进行分类，如机械类、电器类、辐射类、物质类、高空坠物类、火灾类、爆炸类等。

2）危险源辨识的方法。常用的方法有专家调查法、头脑风暴法、现场调查法、工作任务分析法、安全检查表法等。

3）施工现场采用危险源提问表时的内容设定范围，见表5-6。

表5-6　危险源提问表内容设定范围

序号	内容设定范围
1	从平地上滑倒
2	人员从高处坠落
3	工具、材料等从高处坠落
4	头顶以上空间不足

（续）

序号	内容设定范围
5	用手举起搬运工具、材料等有关的危险源
6	与装配、试车、操作、维护、改造、修理和拆除等有关的装置、机械的危险源
7	车辆危险源
8	火灾和爆炸
9	邻近高压线路和起重设备伸出界外
10	吸入的物质
11	可伤害眼睛的物质或试剂
12	可通过皮肤接触和吸收而造成伤害的物质
13	可通过摄入（如口腔进入体内）而造成伤害的物质
14	有害能量
15	由于经常性的重复动作而造成的与工作有关的上肢损伤
16	不适的热环境
17	照度
18	易滑、不平坦的场地（地面）
19	不合适的楼梯护栏和扶手
20	合同方人员的活动

3. 重大危险源控制系统的组成

重大危险源控制的目的，不仅要预防重大事故的发生，而且要做到一旦发生事故，能将事故危害限制到最低程度。

重大危险源控制系统的构成为：重大危险源的辨识→重大危险源的评价→重大危险源的管理→重大危险源的安全报告→事故应急救援预案→工厂选址和土地实用规划→重大危险源的监察。

5.5.3 建筑工程安全生产检查

1. 建筑工程安全生产检查内容

建筑工程安全生产检查内容见表5–7。

表5–7 建筑工程安全生产检查内容

序号	检查项目	安全生产检查内容
1	安全思想	以项目经理为首的项目全体员工的安全生产意识和对安全生产工作的重视程度
2	安全责任	现场安全生产责任制度的建立；安全生产责任目标的分解和考核；安全生产责任制与责任目标的落实和确认
3	安全制度	现场各项安全生产规章制度和安全技术操作规程的建立和执行
4	安全措施	现场安全措施计划及各项安全专项施工方案的编制、审核、审批及实施情况；重点检查方案的内容是否全面、措施是否具体并且有针对性，现场的实施运行是否与方案规定的内容相符

（续）

序号	检查项目	安全生产检查内容
5	安全防护	现场临边、洞口等各项安全防护设施是否到位，有无安全隐患
6	设备措施	现场投入使用的设备设施的购置、租赁、安装、验收、使用、过程维护保养等各个环节是否符合要求；设备设施的安全装置是否齐全、灵敏、可靠、有无安全隐患
7	教育培训	现场教育培训岗位、教育培训人员、教育培训内容是否明确、具体、有针对性；三级安全教育制度和特种作业人员持证上岗制度的落实是否到位；教育培训档案资料是否真实、齐全
8	操作行为	现场施工作业过程有无违章指挥、违章作业、违反劳动纪律的行为发生
9	劳动保护用品使用	现场劳动防护用品、用具的购置、产品质量、配备数量、使用情况是否符合安全与职业卫生要求
10	伤亡事故处理	现场是否发生伤亡事故，对发生的伤亡事故是否按照"四不放过"原则进行调查处理，是否有针对性地制定了纠正、预防措施，纠正与预防措施是否落实并取得实效

2. 建筑工程安全生产检查的主要形式

建筑工程安全生产检查的主要形式、检查内容及要求见表5-8。

表5-8　建筑工程安全生产检查的主要形式、检查内容及要求

序号	检查形式	检查内容、要求
1	日常巡查	项目部管理人员日常生产中的安全巡查
2	专项检查	针对安全检查内容进行的专项检查
3	定期安全检查	施工企业建立定期分级安全检查制度，进行全面性和考核性检查。施工现场由项目经理亲自组织，应每周开展一次安全检查工作
4	经常性安全检查	现场项目经理、责任工程师及相关技术管理人员在检查生产工作的同时检查安全；现场专兼职安全生产管理、值班人员每天例行开展安全巡视、巡查；作业班组进行班前、班中、班后的安全检查
5	季节性安全检查	为防止暑季、风季、雨季、冬季可能造成的安全不利影响和危害组织的安全检查
6	节假日安全检查	在节假日前后和节日期间，防止现场人员思想麻痹、纪律松懈进行的安全检查
7	开工、复工安全检查	现场是否具备保证安全生产的条件
8	专业性安全检查	由专业工程技术人员、专业安全管理人员参加，对现场施工生产过程中的专业性、系统性安全问题进行单项检查
9	设备设施安全检查	现场垂直运输机械设备、电气设备、脚手架、模板支撑系统等设备设施在安装、搭设过程中与完成后进行的安全检查与验收

3. 建筑工程安全检查方法

建筑工程安全检查方法及检查内容见表5-9。

表5-9　建筑工程安全检查方法及检查内容

序号	方法	检查内容
1	听	听取基层管理人员或施工现场安全员汇报、介绍安全生产情况、经验、问题和发展方向
2	问	询问、提问以项目经理为首的现场管理人员和工人，了解其安全生产意识和安全素质
3	看	查看施工现场安全管理资料和对施工现场进行巡视

（续）

序号	方法	检查内容
4	量	用测量工具对于施工现场的一些设施、装置进行实测实量
5	测	用专用仪器、仪表等监测器具对特定对象及关键性技术参数进行测试
6	运转试验	由具有专业资格的人员对机械设备进行实际操作、试验，检查其运转可靠性或安全限位装置的灵敏性

5.5.4　建筑工程安全检查标准

根据JGJ 59—2011《建筑施工安全检查标准》对建筑工程安全检查进行定量评价。共18张检查评分表。安全检查内容包括保证项目和一般项目。保证项目为一票否决项目，在一张检查表内的保证项目中有一项不得分或保证项目小计得分不足40分时，此张检查评分表不得分。

1. 建筑工程安全检查表

1）"建筑施工安全检查评分汇总表"含10项内容：安全管理、文明施工、脚手架、基坑工程、模板支架、高处作业、施工用电、物料提升机与施工升降机、塔式起重机与起重吊装、施工机具。

2）"安全管理检查评分表"检查项目包括：保证项目（安全生产责任制、施工组织设计及专项施工方案、安全技术交底、安全检查、安全教育、应急救援）6项，一般项目（分包单位安全管理、持证上岗、生产安全事故处理、安全标志）4项。

3）"文明施工检查评分表"检查项目包括：保证项目（现场围挡、封闭管理、施工现场、材料管理、现场办公与住宿、现场防火）6项，一般项目（治安综合治理、公示标牌、生活设施、社区服务）4项。

4）脚手架检查评分表分为"扣件式钢管脚手架检查评分表""门式钢管脚手架检查评分表""碗扣式钢管脚手架检查评分表""承插型盘扣式钢管脚手架检查评分表""满堂脚手架检查评分表""悬挑式脚手架检查评分表""附着式升降脚手架检查评分表""高处作业吊篮检查评分表"8种脚手架的安全检查评分表。

5）"基坑工程检查评分表"检查项目包括：保证项目（施工方案、基坑支护、降排水、基坑开挖、坑边荷载、安全防护）6项，一般项目（基坑监测、支撑拆除、作业环境、应急预案）4项。

6）"模板支架检查评分表"检查项目包括：保证项目（施工方案、支架基础、支架构造、支架稳定、施工荷载、交底与验收）6项，一般项目（杆件连接、底座与托撑、构配件材质、支架拆除）4项。

7）"高处作业检查评分表"检查项目包括：安全帽、安全网、安全带、临边防护、洞口防护、通道口防护、攀登作业、悬空作业、移动式操作平台、悬挑式物料钢平台10项。没有设置保证项目。

8）"施工用电检查评分表"检查项目包括：保证项目（外电防护、接地与接零保护系统、配电线路、配电箱与开关箱）4项，一般项目（配电室与配电装置、现场照明、用电档案）3项。

9）"物料提升机检查评分表"检查项目包括：保证项目（安全装置、防护设施、附墙架与缆风绳、钢丝绳、按拆验收与使用）5项，一般项目（基础与导轨架、动力与传动、通信装置、卷扬机操作棚、避雷装置）5项。

10）"施工升降机检查评分表"检查项目包括：保证项目（安全装置、限位装置、防护设施、附墙架、钢丝绳滑轮与对重、按拆验收与使用）6项；一般项目（导轨架、基础、电气安全、通信装置）4项。

11）"塔式起重机检查评分表"检查项目包括：保证项目（载荷限制装置、行程限位装置、保护装置、吊钩滑轮卷筒与钢丝绳、多塔作业、按拆验收与使用）6项，一般项目（附着、基础与轨道、结构设施、电气安全）4项。

12）"起重吊装检查评分表"检查项目包括：保证项目（施工方案、起重机械、钢丝绳与地锚、索具、作业环境、作业人员）6项，一般项目应（起重吊装、高处作业、构件码放、警戒监护）4项。

13）"施工机具检查评分表"检查项目包括：平刨、圆盘锯、手持电动工具、钢筋机械、电焊机、搅拌机、气瓶、翻斗车、潜水泵、振动器、桩工机械11项。没有设置保证项目。

2. 建筑工程安全检查评分方法

各分项检查评分表和检查评分汇总表满分分值均为100分，评分表的实得分值应为各检查项目所得分值之和。

（1）检查表中各分值的计算方法

1）汇总表中各分项项目实得分数A_1计算方法为：

$$A_1 = \frac{B \times C}{100} \tag{5-20}$$

即：

$$汇总表中各分项项目实得分数 = \frac{该分项在汇总表中应得满分值 \times 该分项在检查表中实得分}{100}$$

2）当评分遇有缺项时，分项检查评分表或检查评分汇总表的总得分值A_2为：

$$A_2 = \frac{D}{E} \times 100 \tag{5-21}$$

即：

$$遇到缺项时评分表总得分 = \frac{实查项目在该表的实得分值之和}{实查项目在该表的应得满分值之和} \times 100$$

3）当按照分项检查评分表评分时，保证项目有一项未得分或保证项目小计得分不足40分，此分项检查评分表不应得分。

4）脚手架、物料提升机、施工升降机、塔式起重机、起重吊装的实得分值，应为所对应专业的分项检查评分表实得分值的算术平均值。

（2）建筑工程安全检查评定等级　按照汇总表的总得分和分项检查评分表的得分，对建筑工程安全检查评定划分为优良、合格和不合格三个等级，见表5-10。

当对建筑工程安全检查评定等级为不合格时，必需限期整改达到合格。

表 5-10 建筑工程安全检查评定等级

序号	评定等级	要求
1	优良	分项检查评定表无零分,汇总表得分值应在80分及以上
2	合格	分项检查评定表无零分,汇总表得分值应在80分以下,70分及以上
3	不合格	有一项分项检查评定表为零分;汇总表得分值不足70分

5.5.5 建筑工程常见安全事故类型及其原因

1. 建筑工程安全生产事故分类

1)按照事故原因及性质分类,建筑安全事故分为生产事故、质量问题、技术事故和环境事故。

2)按照事故类别,可以分为物体打击、车辆伤害、机械伤害、起重伤害、触电、灼烫、火灾、高处坠落、坍塌、透水、爆炸、中毒、窒息以及其他伤害等14类。

3)按照事故严重程度分为轻伤事故、重伤事故和死亡事故三类。

2. 伤亡事故

伤亡事故分为一般事故、较大事故、重大事故、特别重大事故四类,见表5-11。

表 5-11 伤亡事故分类

序号	伤亡事故类别	伤亡事故分类依据
1	特别重大事故	造成30人以上死亡,或者100人以上重伤(包括急性工业中毒,下同),或者1亿元以上直接经济损失的事故
2	重大事故	造成10人以上30人以下死亡,或者50人以上100人以下重伤,或者5000万元以上1亿元以下直接经济损失的事故
3	较大事故	造成3人以上10人以下死亡,或者10人以上50人以下重伤,或者1000万元以上5000万元以下直接经济损失的事故
4	一般事故	造成3人以下死亡,或者10人以下重伤,或者1000万元以下直接经济损失的事故

3. 建筑工程常见安全事故的原因

(1)人的不安全因素 可分为人的不安全因素和人的不安全行为两大类。

人的不安全因素主要有心理上的不安全因素、生理上的不安全因素和能力上的不安全因素三种。

人的不安全行为在施工现场表现类型包括:操作失误、忽视安全、护士警告,造成安全装置失效,使用不安全设备,手代替工具操作,物体存放不当,冒险进入危险场所,攀坐不安全位置,在起吊物下作业、停留,在机器运转时进行检查、维修、保养等工作,有分散注意力的行为,不安全装束,不正确使用安全防护用品、用具,对易燃易爆等危险品处理错误等。

(2)物的不安全状态 主要包括:防护等装置缺乏或有缺陷,设备、设施、工具、附件有缺陷,个人防护用品缺少或有缺陷,施工生产场地环境不良、现场布置杂乱无序等。

(3)管理上的不安全因素 主要包括对物的管理失误、对人的管理失误和管理工作的失误三种。

5.5.6 建筑工程文明施工管理

1）施工现场出入口应该有企业名称或企业标识。主要出入口明显处应设置工程概况牌，大门内应设置施工现场总平面图和安全生产、消防保卫、环境保护、文明施工、管理人员名单及监督电话牌等制度牌。

2）施工现场必须封闭管理。现场出入口设置门卫室，现场四周采用封闭围挡。围挡高度：一般路段不低于1.8m，市区主要路段不低于2.5m。

3）施工现场的场容管理。在合理安排设计的施工平面图和物料器具定位标准化管理的基础上，项目经理部进行所负责区域的施工平面图的规划、设计、布置、使用和管理。

4）按施工平面图要求布置场地。施工现场的主要机械设备、各种材料的加工及堆放场地、施工道路、各种管线、现场的办公生产和生活设施等的布置，均应符合施工平面图的要求。

5）施工现场的施工区域应该与办公区、生活区划分清晰，采取相应的隔离防护措施，在建工程内严禁住人。

6）施工现场应该设置的办公和生活设施所采用的建筑材料应符合环保和消防要求。例如：

现场宿舍必须设置开启式窗户，床铺不得超过2层，严禁使用通铺，每间宿舍人员不得超过16人等。

现场食堂应该设置在远离厕所、垃圾站、有毒有害场所等污染源的地方；食堂外设置密闭式泔水桶，并应及时清运；食堂必须办理卫生许可证，炊事人员必须持身体健康证上岗等。

现场厕所应该设置水冲式或移动式厕所；厕所地面硬化，门窗齐全；专人清扫、消毒，化粪池及时清掏等。

7）施工场地应硬化处理。有条件的对施工现场做绿化处理；主要道路必须进行硬化处理，设置畅通的排水沟渠系统，泥浆和污水未经处理不得直接排放。

8）施工现场建立现场防火制度和火灾应急响应机制，落实防火措施、配备防火器材。高层建筑要设置专用的消防水源和消防立管，每层设置消防水源接口。

9）安全文明施工宣传。施工现场设置宣传栏、报刊栏、悬挂安全标语和安全警示标志牌，加强安全文明施工宣传。

5.6 案例分析

【案例一】

<背景材料>

某高层办公楼分A、B两个区，地下2层（挖深10m），地上25层，总高度为94m，建筑面积为79000m²，钢筋混凝土框架-剪力墙结构。

事件一：项目经理下分设2名栋号经理，每人负责一个分区，每个分区又安排了一名专职安全员。项目经理认为，由栋号经理负责每个栋号的安全生产，自己就可以不过问安全的事了。

事件二：脚手架采用悬挑钢管脚手架，外挂密目安全网，塔式起重机作为垂直运输工具。2012年7月9日在15层结构施工，吊运钢管时，钢丝绳滑扣，起吊离地20m后，钢管散落，造成下面作业的5名人员死亡，2人重伤，经事故调查发现：

1）作业人员严重违章，起重机司机因事请假，工长临时指定一名机械工操作塔吊，钢管没有细扎就托底兜着吊起，而且钢丝绳没有在吊钩上挂好，只是挂在吊钩的端头上。

2）专职安全员在事故发生时不在现场。

3）作业前，施工单位项目技术负责人未详细进行安全技术交底，仅向专职安全员口头交代了施工方案中的安全管理要求。

<问题>

1. 该项目经理对安全的看法是否正确？为什么？

2. 针对现场伤亡事故，项目经理应采取哪些应急措施？

3. 指出本次事故的直接原因。

4. 对本起事故，专职安全员有哪些过错？

5. 指出该项目安全技术交底工作存在的问题。

6. 此事故为几级重大事故？事故发生后应如何上报？

7. 安全事故报告的内容有哪些？

<参考答案>

1. 不正确。《建筑工程安全生产管理条例》第二十一条规定：施工单位的项目负责人应对建设工程项目的安全施工负责，落实安全生产责任制度、安全生产规章制度和操作规程，确保安全生产费用的有效使用，并根据工程的特点组织制定安全施工措施，消除安全事故隐患，及时、如实报告生产安全事故。

项目经理不能只安排了人员管理安全工作，就认为自己可以不对安全负责，应对整个合同项目内的安全负全面领导责任，应认真落实施工组织设计中安全技术管理的各项措施，严格执行安全技术措施审批制度，施工项目安全交底制度和设备、设施交接验收使用制度。

2. 针对现场伤亡事故，项目经理应采取的应急措施有：

迅速抢救伤员并保护好事故现场→组织调查组→现场勘查→分析事故原因，明确责任者→制定预防措施→提出处理意见，写出调查报告→事故的审定和结案→员工伤亡事故登记记录。

3. 本次事故的直接原因：作业人员违规操作，专职安全员未在现场进行指导。

4. 专职安全员过错：专职安全员没有在现场对作业进行严格安全的指导。

5. 安全技术交底工作应该在正式作业前进行，不但要口头讲解，而且应有书面文字材料，并履行签字手续，施工负责人、生产班组、现场安全员三方各保留一份。而本案例中施工单位项目负责人没有详细进行安全技术交底，仅向专职安全员口头交代了施工方案中的安全管理要求是不妥的。安全技术交底应由项目技术负责人进行。

6. 此事故等级为较大事故。

事故发生后，事故现场有关人员应当立即向本单位负责人报告；单位负责人接到报告后，应当于1h内向事故发生地县级以上人民政府安全生产监督管理部门和负有安全生产监督管理职责的有关部门报告。

安全生产监督管理部门和负有安全生产监督管理职责的有关部门接到事故报告后，应按照下列规定上报事故情况，并通知公安机关、劳动保障行政部门、工会和人民检察院：

1）特别重大事故、重大事故逐级上报至国务院安全生产监督管理部门和负有安全生产监督管理职责的有关部门。

2）较大事故逐级上报至省、自治区、直辖市人民政府安全生产监督管理部门和负有安全生产监督管理职责的有关部门。

3）一般事故上报至设区的市级人民政府安全生产监督管理部门和负有安全生产监督管理职责的有关部门。

7. 报告事故应该包括的内容：

1）事故发生单位概况。

2）事故发生的时间、地点以及事故现场情况。

3）事故的简要经过。

4）事故已经造成或者可能造成的伤亡人数（包括下落不明的人数）和初步估计的直接经济损失。

5）已经采取的措施。

6）其他应当报告的情况。

【案例二】

< 背景材料 >

某高层办公楼分A、B两个区，地下2层（挖深10m），地上25层，总高度为94m，建筑面积为79000m²，钢筋混凝土框架–剪力墙结构。

事件一：该工程在进行上部结构施工时，某一天安全员检查巡视正在搭设的扣件式钢管脚手架，发现部分脚手架钢管表面锈蚀严重，经了解是因为现场所堆材料缺乏标志，架子工误将堆放在现场内的报废脚手架钢管用到施工中。

事件二：该项目主体结构在冬期（11月末至3月初）时停止施工，第二年3月中旬继续进行主体结构施工。

< 问题 >

1. 脚手架事故隐患处理方式有哪些？

2. 为防止安全事故发生，安全员应采取什么措施？

3. 事件二中，继续进行主体结构施工前对脚手架是否应该进行检查和验收？检查内容包括哪些？

< 参考答案 >

1. 脚手架事故隐患的处理方式如下：

1）停止使用报废钢管，将报废钢管集中堆放到指定地点封存，安排运出施工现场。

2）指定专人进行整改以达到规定要求。

3）进行返工，用合适脚手架钢管置换报废钢管。

4）对随意堆放、挪用报废钢管的人员进行教育或处罚。

5）对不安全生产过程进行检查和改正。

2. 为防止安全事故发生，安全员应该采取的措施如下：

1）马上下达书面通知，停止脚手架搭设。

2）封存堆放在现场内的报废脚手架钢管，防止再被混用。

3）向有关负责人报告。

3. 应该作如下的检查与验收：

1）脚手架需要进行检查与验收的阶段包括：

① 脚手架基础完工后，架体搭设前。

② 每搭设完 10 ～ 13m 高度后或 3 ～ 5 步后。

③ 作业层施加荷载前。

④ 达到设计高度后或遇到六级及以上风、雨、雪天气。

⑤ 停用超过 个月。

2）脚手架定期检查的内容包括：

① 杆件的设置与连接，连墙件、支撑、门洞桁架等的构造是否符合要求。

② 地基是否积水，立杆是否悬空，底座、扣减螺栓是否松动。

③ 高度在 24m 以上的脚手架，其立杆的沉降、垂直度是否满足规范偏差要求。

④ 架体安全防护措施是否符合要求。

⑤ 是否有超载使用现象。

【案例三】

<背景材料>

某高层办公楼分 A、B 两个区，地下 2 层（挖深 10m），地上 25 层，总高度为 94m，建筑面积为 79000m²，钢筋混凝土框架 – 剪力墙结构。

该基坑北侧距坑边 16m 处为城市主干道，西侧距坑边 6m 处为城市道路及高压线路。基坑土质状况从地面向下依次为：杂填土 0 ～ 1.5m，粉质土 1.5 ～ 4m，砂质土 4 ～ 9m，黏性土 9 ～ 12m，砂质土 12 ～ 18m。上层滞水水位在地表以下 3m（渗透系数为 0.5m ／天），地表下 18m 以内无承压水。基坑支护设计采用灌注桩加锚杆。

事件一：施工单位根据《危险性较大的分部分项工程安全管理办法》，会同建设单位、监理单位、勘察设计单位相关人员三位，聘请了外单位五位专家及本单位总工程师一位，共计九人组成专家组，对《土方及基坑支护工程施工方案》进行论证。专家组提出了口头论证意见后离开，论证会结束。

事件二：施工前，建设单位为节约投资，指示更改设计，除西侧外其余三面均采用土钉墙支护，垂直开挖。基坑在开挖过程中北侧支护出现较大变形，但一直未被发现，最终导致北侧支护部分坍塌。事故调查中发现：

1）施工总承包单位对本工程作了重大危险源分析，确认西侧临道、临边防护、上下通道的安全为重大危险源，并制定了相应的措施，但未审批。

2）施工总承包单位有健全的安全制度文件。

3）施工过程中无任何安全检查记录、交底记录及培训教育记录等其他记录资料。

事件三：2012年5月28日，市建委有关管理部门按照JGJ 59—2011《建筑施工安全检查标准》等有关规定对本项目进行了安全质量大检查。检查人员在对专职安全员进行考核时，当问到"安全管理检查评分表"检查项目的保证项目有哪几项时，安全员只说到了"目标管理""施工组织设计"两项；检查组人员在进行质量检查时，还发现第二层某柱下部混凝土表面存在较严重的"蜂窝"现象。检查结束后检查组进行了讲评，并宣布部分检查结果如下：

1）该工程"文明施工检查评分表""高处作业检查评分表""施工机具检查评分表"等分项检查评分表（按百分制）实得分分别为80分、85分和80分（以上分项中的满分在汇总表中分别占15分、10分和5分）。

2）"塔式起重机与起重吊装安全检查评分表"实得分为0分。

3）汇总表得分值为79分。

<问题>

1. 事件一中有关专家论证方案方面有哪些错误？为何原因需要做专家论证专项方案，专项方案含哪些内容？

2. 该基坑坍塌的直接原因是什么？从技术方面分析，造成该基坑坍塌的主要因素有哪些？

3. 根据JGJ 59—2011《建筑施工安全检查标准》中基坑支护安全检查评分表的要求，本基坑支护工程还应检查哪些项目？

4. 施工总承包单位还应采取哪些有效措施才能避免类似基坑支护坍塌？

5. 事件三中专职安全员关于"安全管理检查评分表"中保证项目的回答还应包括哪几项？

6. 根据各分项检查，将评分换算成汇总表中相应分项的实得分。

7. 本工程安全生产评价的结果属于哪个等级？说明理由。

<参考答案>

1. 事件一正确的做法为：

1）项目参建各方的人员不得以专家身份参加专家论证会。专家组成员应当由5名及以上符合相关专业要求的专家组成。故建设单位、监理单位、勘察设计单位相关人员三位，及本单位总工程师一位，不能加入到专家组成员。

2）专家论证方案应该由专家组提交论证报告，对论证的内容提出明确意见，并在论证报告上签字。

危险性较大的分部分项工程安全专项施工方案应由工程项目经理、项目技术负责人或项目专业技术负责人进行编制，并将专家论证通过的专项方案报送监理工程师审核批示，由施工单位技术负责人组织专项交底会，向建设单位、监理单位、项目经理相关部门，以及分包单位进行书面交底。

3）本基坑工程开挖深度超过5m的基坑（槽）的土方、降水、支护工程，属于超过一定规模的危险性较大的分部分项工程，应进行专家论证专项方案。

4）专项方案编制的内容应包括该爆破工程的概况、编制依据、施工计划、施工工艺技术、施工安全保证措施、劳动力计划、计算书和相关图样。

2. 该基坑坍塌的直接原因及造成基坑坍塌的主要因素：

1）该基坑坍塌的直接原因是采用土钉墙支护，垂直开挖。

2）从技术方面分析，造成该基坑坍塌的主要因素如下：

①基坑（槽）开挖坡度不够或通过不同土层时，没有根据土的特性分别放成不同坡度，致使边坡失稳而塌方。

②在有地表水、地下水作用的土层开挖时，未采取有效的降水、排水措施，土层湿化，内聚力降低，引起塌方。

③边坡顶部堆载过大，或受外力振动影响，使边坡内切应力增大，土体失稳而塌方。

④土质松软，开挖次序、方法不当而造成塌方。

3. 根据 JGJ 59—2011《建筑施工安全检查标准》中基坑支护安全检查评分表的要求，本基坑支护工程还应检查的项目包括：

1）保证项目（60分）：施工方案、坑壁支护、降排水、基坑开挖、坑边荷载、安全防护。

2）一般项目（40分）：基坑监测、支撑拆除、作业环境和应急预案。

4. 施工总承包单位还应采取以下有效措施才能避免类似基坑支护坍塌：应采用临时性支撑加固。挖土时，土壁要求平直，挖好一层，支一层支撑。基坑开挖应尽量防止对地基土的扰动。当用人工挖土，基坑挖好后不能立即进行下道工序时，应预留 15 ~ 30cm 一层土不挖，待下道工序开始再挖至设计标高。采用机械开挖基坑时，为避免破坏基底土，应在基底标高以上预留一层由人工挖掘修整。使用铲运机、推土机时，保留土层厚度为 15 ~ 20cm，使用正铲、反铲或拉铲挖土时为 20 ~ 30cm。基坑开挖时，应对平面控制桩、水准点、基坑平面位置、水平标高、边坡坡度等经常复测检查。

5. 专职安全员关于安全管理检查评分表中保证项目的回答还应包括：安全生产责任制、（分部分项工程）安全技术交底、安全检查、安全教育、应急救援。

6. 文明施工实得分 80 分 × 0.15=12 分，高处作业实得分是 85 分 × 0.1=8.5 分，施工机具实得分是 80 分 × 0.05=4 分。

7. 安全等级是不合格。因有一项分项检查评定表为零分。

本 章 习 题

一、单选题

1. 建设工程施工通常按流水施工方式组织，是因其具有（   ）的特点。

A.适用于组织综合工作队施工，以保证质量

B.单位时间内资源成倍投入，可以缩短工期保证质量

C.实现专业化生产，连续作业、资源均衡、保证质量

D.单位时间内资源强度低，现场管理简单

E.同一施工过程在不同施工段可以同时施工

2. 组织流水施工时，流水步距是指（　　）

A.第一个专业队与其他专业队开始施工的最小间隔时间

B.第一个专业队与最后一个专业队开始施工的最小间隔时间

C.相邻专业队相继开始施工的最小间隔时间

D.相邻专业队相继开始施工的最大间隔时间

3. 流水施工的表达方式主要有（　　）

A.网络图和横道图两种　　　　　　　　B.横道图和垂直图三种

C.网络图一种　　　　　　　　　　　　D.网络图、横道图和垂直图三种

4. 当实际施工进度发生拖延时，为加快施工进度而采取的组织措施可以是（　　）。

A.增加工作面和每天的施工时间　　　B.改善劳动条件并实施强有力的调度

C.采用更先进的施工机械和施工方法　D.改进施工方法，减少施工过程的数量

5. 某工作是由三个性质相同的分项工程合并而成的。各分项工程的工程量和时间定额分别是：$Q_1=2300m^3$，$Q_2=3400m^3$，$Q_3=2700m^3$；$H_1=0.15$工日$/m^3$，$H_2=0.20$工日$/m^3$，$H_3=0.40$工日$/m^3$，则该工作的综合时间定额是（　　）工日／m^3。

A. 0.35　　　　　　B. 0.33　　　　　　C. 0.25　　　　　　D. 0.21

6. 某道路工程划分为4个施工过程、5个施工段进行施工，各施工过程的流水节拍分别为6、4、4、2天。如果组织加快的成倍节拍流水施工，则流水施工工期为（　　）天。

A. 40　　　　　　　B. 30　　　　　　　C. 24　　　　　　　D. 20

7. 某单层建筑分3个施工段，相应组织3个施工过程，且$t=K=2$天，无间歇。则该建筑的流水施工工期为（　　）天。

A.12　　　　　　　B.10　　　　　　　C.8　　　　　　　　D.6

8. 某分部工程有两个施工过程，各分为4个施工段组织流水施工，流水节拍分别为3、4、3、3和2、5、4、3天，则流水步距和流水施工工期分别为（　　）天。

A. 3和16　　　　　B. 3和17　　　　　C. 5和18　　　　　D. 5和19

9. 现浇框架结构主体施工时，（　　）是主导施工过程。

A.钢筋绑扎安装　　B.支设模板　　　　C.电气配管　　　　D.混凝土搅拌

10. （　　）准备是施工准备的核心。因为该项准备的差错或隐患都可能引起人身安全和质量事故，造成生命、财产和经济的巨大损失。

A.劳动组织　　　　B.物资　　　　　　C.技术　　　　　　D.工现场

11. 进行单位工程施工现场平面布置时，应首先确定（　　）的位置。

A.混凝土搅拌机　　B.测量控制标桩　　C.垂直运输设备　　D.材料库房

12. 确定施工流向时，除了满足用户需要和适应施工组织的分区分段外，还应适应（　　）。

A. 工艺流程合理计划分　　　　　　　B.施工过程的合理划分

C.主导工程的合理施工顺序　　　　　D.主导工程的组织原则

13. 下列哪一个不是确定施工顺序遵循的原则（　　）。

A.当地气候条件　　　B.施工机械需求　　　C.成本优化　　　　　D.施工工艺需求

14. 下列哪一个不是评价施工方案的主要指标（　　）。

A. 投资额　　　　　　B.施工持续时间　　　C.主导机械使用率　　D.劳动消耗量

15. 下列哪一个不是评价单位工程施工进度计划质量的指标（　　）。

A.主要施工机械的利用程度　　　　　　　B.劳动生产率

C.资源消耗的均衡性　　　　　　　　　　D.工期

16. 施工组织设计的编制对象是（　　）。

A.单位工程　　　　　B.单项工程　　　　　C.建设项目　　　　　D.分部工程

17. 下列哪一个不是临时设施布置要遵循的原则（　　）。

A.方便施工　　　　　　　　　　　　　　　B.少占或不占农田

C.仓储量　　　　　　　　　　　　　　　　D.尽量运用原有房屋

18. 下列哪一个一般不是工地临时供水设计的内容（　　）。

A.选择水源　　　　　　　　　　　　　　　B.设计配水管网

C.确定消防最大用水量　　　　　　　　　　D.决定需水量

19. 下面不是建筑工程安全检查方法是（　　）。

A.听　　　　　　　　B.问　　　　　　　　C.看　　　　　　　　D.摸

二、多选题

1. 流水施工参数有（　　）。

A.工艺参数　　　　　B.空间参数　　　　　C.过程参数　　　　　D.模拟参数

2. 在组织建设工程流水施工时，加快的成倍节拍流水施工的特点包括（　　）。

A. 同一施工过程中各施工段的流水节拍不尽相等

B. 相邻专业工作队之间的流水步距全部相等

C. 各施工过程中所有施工段的流水节拍全部相等

D. 专业工作队数大于施工过程数，从而使流水施工工期缩短

E. 各专业工作队在施工段上能够连续作业

3. 施工段是用以表达流水施工的空间参数。为了合理地划分施工段，应遵循的原则包括（　　）。

A. 施工段的界限与结构界限无关，但应使同一专业工作队在各个施工段的劳动量大致相等

B. 每个施工段内要有足够的工作面，以保证相应数量的工人、主导施工机械的生产效率，满足合理劳动组织的要求

C. 施工段的界限应设在对建筑结构整体性影响小的部位，以保证建筑结构的整体性

D. 每个施工段要有足够的工作面，以满足同一施工段内组织多个专业工作队同时施工的要求

E. 施工段的数目要满足合理组织流水施工的要求，并在每个施工段内有足够的工作面

4. 单位工程的技术准备工作内容有（　　）。

A.原始资料的调查分析　　B.熟悉审查图样　　C.组织材料进场

D.编制标后施工组织设计　　E.编制施工预算

5. 某分部分项工程的施工方案是对其所采用的（　　）的总体策划，且要形成文件。

A.施工顺序　　　　　　B.施工现场　　　　　　C.施工方法　　　　　　D.使用的施工机具

6. 现浇钢筋混凝土框架施工，可选择的施工顺序为（　　）。

A.柱支模→柱绑筋→柱浇混凝土→梁板支模→梁板绑筋→梁板浇混凝土

B.柱绑筋→柱支模→柱浇混凝土→梁板支模→梁板绑筋→梁板浇混凝土

C.柱支模→柱绑筋→梁板支模→梁板绑筋→梁板柱浇混凝土

D.柱绑筋→柱支模→梁板支模→梁板绑筋→梁板柱浇混凝土

7. 单位工程施工条件准备主要内容有（　　）。

A.施工机械、机具、劳动力供应情况　　　B.修建单位工程必要的暂设工程

C.建筑物定位、放线、引入水准控制点　　D.搞好"三通一平"

8. 单位工程施工组织设计主要包括（　　）等内容。

A.施工进度计划　　B.施工方案　　　C.施工平面图　　　D.施工部署

9. 在施工现场中人的不安全行为表现类型包括（　　）等内容。

A. 操作失误　　　　　　　　　　　　B. 忽视安全、忽视警告

C.手代替工具操作　　　　　　　　　D.在起吊物下作业

三、计算题

1. 某现浇混凝土结构工程中，其墙、柱施工按照绑扎钢筋→支模→浇筑混凝土的顺序施工，该3道施工过程的流水节拍均为3天，试编制水平流水进度计划表。

2. 某2层浇混凝土框架结构，按照柱绑钢筋→支柱、梁板模板→绑梁板钢筋→浇筑混凝土的顺序施工，各施工过程的流水节拍分别为：柱绑钢筋1天，柱、梁板模板3天，梁板钢筋2天，浇筑混凝土1天。要求混凝土浇筑后养护1天，做成倍节拍流水施工，试编制水平流水进度计划表。

3. 某施工项目按照A→B→C→D的顺序施工，该4个工序的流水节拍见表5-12，组织无节奏流水施工，试编制水平进度计划表。

表5-12　流水节拍

施工过程	施工段1	施工段2	施工段3	施工段4
A	1	2	1	1
B	2	2	3	2
C	1	1	2	2
D	2	1	2	1

4. 某工程由Ⅰ、Ⅱ、Ⅲ、Ⅳ施工过程组成，该4个施工过程依次施工；它在平面上划分为5个施工段；每个施工过程在各个施工段上的流水节拍，见表5-13。为缩短计划总工期，允许施工过程Ⅰ与Ⅱ有平行搭接时间2天；在施工过程Ⅱ完成后，其相应施工段至少应有技术间歇时间2天；在施工过程Ⅲ完成后，其相应施工段至少应有作业准备时间1天。试编制水平进度计划表。

表5-13　每个施工过程在各个施工段上的流水节拍

施工过程	流水节拍（天）				
	①	②	③	④	⑤
Ⅰ	4	5	4	4	5
Ⅱ	3	2	2	3	2
Ⅲ	2	4	3	2	4
Ⅳ	3	2	3	4	3

6

第6章
工程网络计划技术与进度管理

本章概要

（1）网络计划的基本概念

（2）双代号网络计划绘制及时间参数的计算

（3）双代号时标网络计划绘制

（4）单代号网络图的绘制

（5）网络计划的优化调整

（6）工程项目进度控制

（7）案例分析

6.1 网络计划的基本概念

网络计划技术亦称为网络计划方法，是20世纪50年代后期发展起来的一种科学管理方法。它的基本原理就是应用网络图形来明确表达一项计划（或工程）中各项工作开展的先后顺序和相互之间的关系；通过对网络图进行时间参数的计算，找出网络计划中的关键工作和关键线路，并计算非关键工作的机动时间；继而通过对网络计划不断的调整和优化，以寻求最优方案，并在计划执行过程中对其进行有效的监督和控制，保证合理地调配使用人力、物力和财力，以最小的消耗取得最大的经济效益。因此，在大型复杂工程项目的进度计划和实施控制中应用网络图，与甘特图（横道图）相比，具有明显的优势。

网络图是由箭线和节点组成的用来表示工作流程的有向、有序的网状图形。网络图有多种分类方法：按表达方式的不同，划分为双代号网络图和单代号网络图；按网络计划终点节点个数的不同，划分为单目标网络图和多目标网络图；按参数类型的不同，划分为肯定型网络图和非肯定型网络图；按工序之间的衔接关系不同，划分为一般网络图和搭接网络图等。

我国从20世纪60年代初在华罗庚教授的倡导下，对网络计划技术进行了研究和应用，收到了一定的效果。在我国，又把网络计划技术称为统筹方法。我国于1992年颁布了JGJ/

T 1001—1991《工程网络计划技术规程》(已作废),又于1999年重新修订和颁布了JGJ/T 121—1999《工程网络计划技术规程》。

6.2　双代号网络计划

6.2.1　网络图的组成

双代号网络图又称箭线网络图。它是指以箭线表示工作,以节点表示工作之间的连接点,并以箭线两端的节点编号代表一项工作的网络图,如图6-1所示。

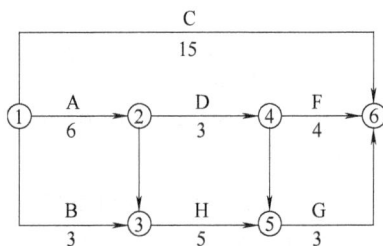

图6-1　双代号网络图

1. 箭线(工作、活动、工序)

箭线主要用来表示一项工作或一个施工过程,通过箭线连接一项工作或一个施工过程的起点节点和终点节点。箭线所代表的工作可大可小。在控制型网络进度计划中,箭线可以表示一个建设项目、一个单位工程或一个分部工程;在实施型网络进度计划中,箭线可以表示一个分项工程、一个工序或一个施工过程。一般在绘制双代号网络图时,往往在箭线的上方标注本工作名称,在箭线的下方标注本工作消耗的资源(通常标注本工作的持续时间,根据需要也可标注资金成本或劳动力消耗等),如图6-2所示。

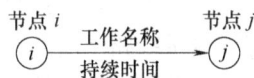

图6-2　箭线的标注

工作通常可分为三种:需要消耗时间和资源(如框架结构中梁板钢筋绑扎安装等)的工作;只消耗时间而不消耗资源(如混凝土养护)的工作;既不消耗时间也不消耗资源的工作。前两种是实际存在的工作,后一种认为是虚设的工作,只表示相邻前后工作之间的逻辑关系,通常称其为"虚工作",一般以虚箭线表示。

就某一箭线所表示的工作而言,可称其为本工作。一般以本工作起点节点为结束节点的工作称为本工作的紧前工作;以本工作结束节点为起点节点的工作称为本工作的紧后工作。如图6-3所示,视 i—j 工作为本工作时,h—i 工作是 i—j 工作的紧前工作,j—k 工作是 i—j 工作的紧后工作。

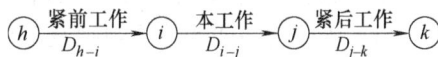

图6-3　本工作、紧前工作、紧后工作示意

2. 节点(也称结点、事件)

节点是网络图箭线端部的圆圈或其他形状的封闭图形,它是箭线之间的连接点,代表各工作开始或结束的瞬间,具有承上启下的衔接作用。节点本身并不消耗时间和资源。

箭线出发的节点称为开始节点,箭线进入的节点称为完成节点,如图6-4所示。在一个网络图中,除整个网络计划的起点节点和终点节点外,其他任何一个节点都具有双重含义,既是前面工作的完成节点,又是后面工作的开始节点。表示整个计划开始的节点称为网络图的起点节点,表示整个计划完成的节点称为网络图的终点节点,其余的节点均称为中间节点,如图6-5所示。

在一个网络图中,每一个节点都有自己的编号。节点应按照从左至右、由小到大的顺

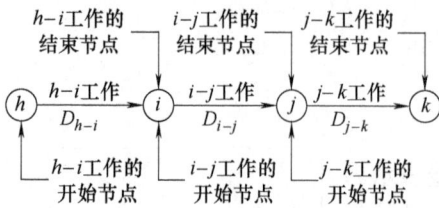

图6-4 节点示意图（一）

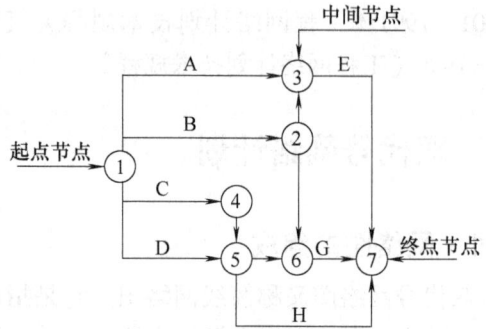

图6-5 节点示意图（二）

序进行编号，各节点编号不得重复，并保证箭尾节点编号小于箭头节点编号。编号既可以连续也可以不连续。如图6-5所示。

3. 线路

线路是指网络图中从起点节点开始，沿箭线方向顺序通过一系列箭线和节点，最后到达终点节点的通路。在一个网络图中，线路往往有许多条，各条线路上有若干项工作，同一条线路上每项工作的持续时间之和，表示此线路从起点节点到终点节点所需的持续时间，也是完成这条线路上所有工作的计划工期。其中持续时间最长的线路称为关键线路，其他的线路称为非关键线路。位于关键线路上的工作称为关键工作。关键工作完成得快慢，直接影响整个计划工期的实现。通常关键线路用粗箭线或双箭线凸显出来。

6.2.2 双代号网络图的绘制

1. 双代号网络图绘制步骤

1）进行工作分析，确定各工作之间的逻辑关系，绘制工作逻辑关系表。

2）按网络计划逻辑关系的正确表示方法，从没有紧前工作的工序画起，按照工作逻辑关系，自左至右逐步把各工作组合在一起，构成组合逻辑关系图。

3）按照网络图的绘图规则及工作逻辑关系，检查、调整组合逻辑关系图，并完善双代号网络图。

4）对网络图进行整理，去掉多余虚工作，并使其布局合理，表达清楚。

2. 工作间的逻辑关系

逻辑关系是指网络计划中各工作间客观上存在的一种先后顺序，包括工艺逻辑关系和组织逻辑关系两种。

工艺逻辑关系是指网络计划中由生产工艺决定的各工作之间的先后顺序。如混凝土独立基础施工中，必须先挖基坑，才能做垫层，做完垫层才能在其上做独立基础。换句话说，挖基坑是做垫层的紧前工作，做垫层又是做独立基础的紧前工作，这些逻辑关系是由已确定的分部工程施工方法的工艺顺序所决定的，通常是不可改变的。

组织逻辑关系是指网络计划中由于资源的组织安排需要而形成的各工作之间的先后顺序。如前述混凝土独立基础施工中，将基础工程划分为两个施工段，必须待第Ⅰ段挖完基坑后，挖基坑的工作队才能进入第Ⅱ段挖基坑，即挖基坑Ⅰ是挖基坑Ⅱ的紧前工作。这些逻辑关系是由组织施工的人员在规划实施施工方案时确定的，通常是可以改变的。

　3. 绘制网络图的基本原则

　1）在网络图中，必须根据施工顺序和施工组织的要求，正确反映各项工作之间的相互制约和相互依赖关系，这些关系是多种多样的。表6-1列出了网络图中常见逻辑关系表示方法。

表6-1　网络图中常见逻辑关系表示方法

序号	工作之间的逻辑关系	双代号表示方法	单代号表示方法
1	A、B两项工作，依次施工	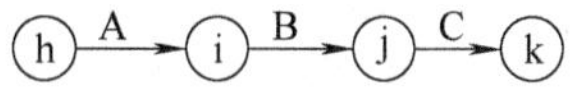	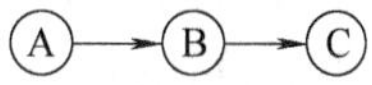
2	A、B、C三项工作同时开始	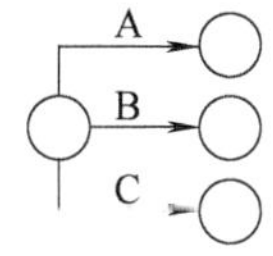	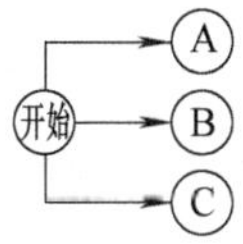
3	A、B、C三项工作同时完成	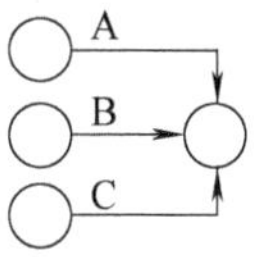	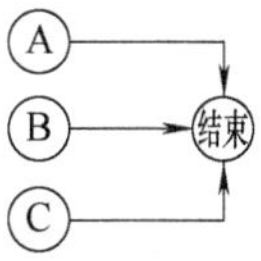
4	A完成后进行B、C	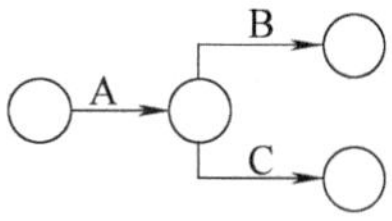	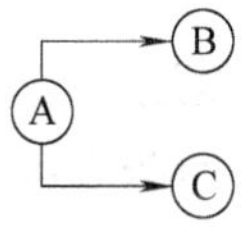
5	A、B完成后进行C	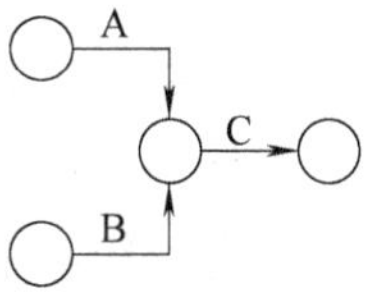	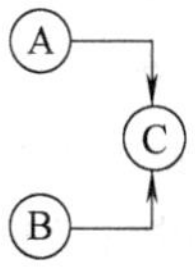
6	A、B都完成后进行C和D	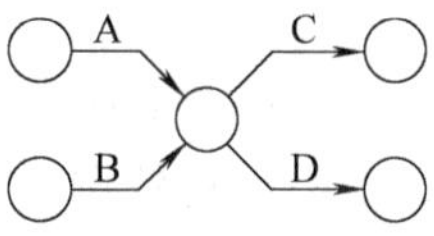	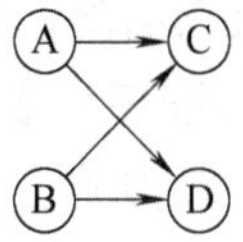
7	A完成后进行C，A、B都完成后进行D	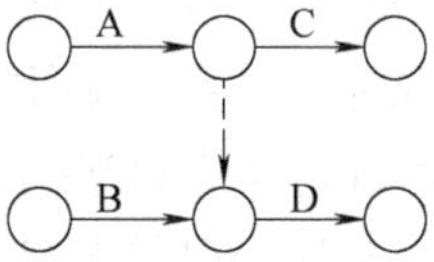	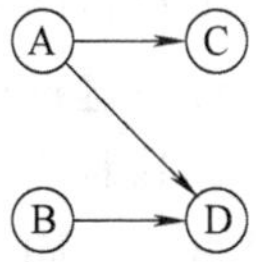
8	A、B都完成后进行D，A、B、C都完成后进行E	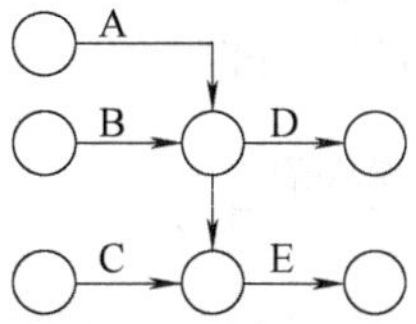	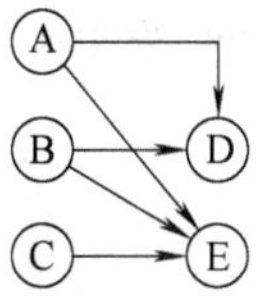
9	A完成进行C，B完成进行D，A、B都完成进行E	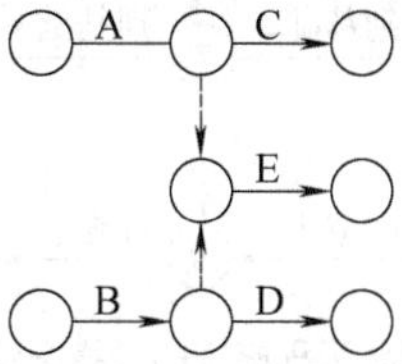	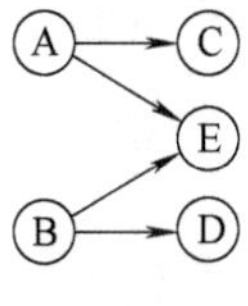

2）在一个网络图中，只允许有一个起点节点（没有一个箭线的箭头指向该节点），单目标网络计划中只允许有一个终点接点（只有箭头指向该节点的箭线）。

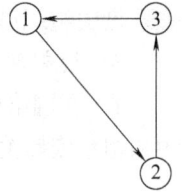

3）网络图中不允许出现闭循环回路（闭合回路），如图6-6所示。这种情形因无法确定其先后顺序，在时间安排上也是无法实施的。

4）不允许出现相同编号的节点或相同编号的不同箭线。

5）不允许出现没有箭头的连线或双向箭头连线，如图6-7所示。

6）不允许从一条箭线中间直接引出或引入另一条箭线，如图6-8所示。

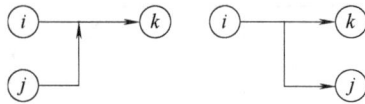

7）不允许出现无箭头节点或无箭尾节点的箭线，如图6-9所示。

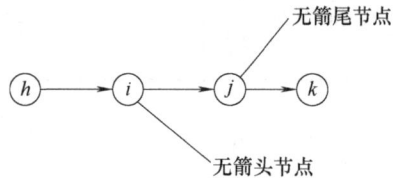

图6-6　闭循环回路（闭合回路）

图6-7　没有箭头的连线或双向箭头连线

图6-8　从一条箭线中间直接引出或引入另一条箭线

图6-9　无箭头节点或无箭尾节点的箭线

8）尽量避免出现交叉箭线。箭线必须出现交叉时，可采用过桥法或指向法表示，如图6-10所示。

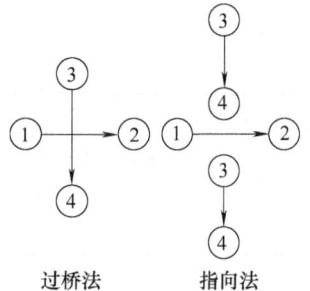

4. 绘制双代号网络图应注意的问题

（1）网络图的布局要层次清晰、重点突出　网络图绘制过程中应注重逻辑关系的合理表达，并且按照便于使用的原则对绘出的网络图进行整理，使其能够清楚反映在工艺上或组织上的相互关系，层次清晰，重点突出。

（2）合理使用虚工作　虚工作是为了合理表示工作之间的逻辑关系而虚拟的工作，它既不消耗时间，也不消耗资源。网络图的绘制要求符合网络逻辑连接关系，但是对于不发生逻辑关系的工作在绘制网络图时容易发生错误，针对这种情况，一般采用虚箭线加以处理。利用虚箭线在线路上隔断无逻辑关系的各项工作，这种方法称为"断路法"。例如混合结构基础工程施工的网络图，该工程有挖基槽、砌筑基础、回填土三项工作，按照挖基槽→砌筑基础→回填土的施工顺序施工，分三段施工，但若按图6-11所示绘制的网络图是错误的。

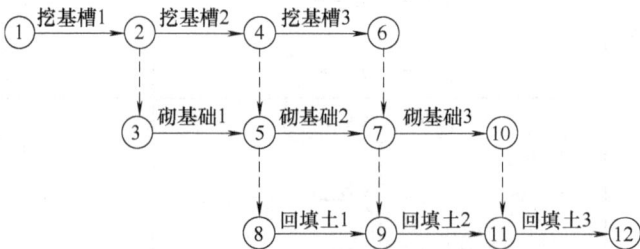

过桥法　指向法

图6-10　过桥法或指向法

图6-11　混合结构基础工程施工的网络图错误画法

分析图6-11所示的网络图，在网络逻辑关系上，因为第1施工段回填土不应受第2施工段挖基槽的制约，第2施工段回填土也不应受第3施工段挖基槽的制约，说明网络逻辑关系表达错误。但是在图中相连接起来了，这是网络图中的原则性错误。在这种情况下，就应采用虚工作在线路上阻断无逻辑关系的各项工作，即采用断路法加以分隔。断路法有两种：在横向上用虚箭线断开无逻辑关系的各项工作称为横向断路法，如图6-12所示，主要用于有时间坐标的网络图中；在纵向用虚箭线断开无逻辑关系的各项工作，称为纵向断路法，如图6-13所示，主要用于无时间坐标的网络图中。

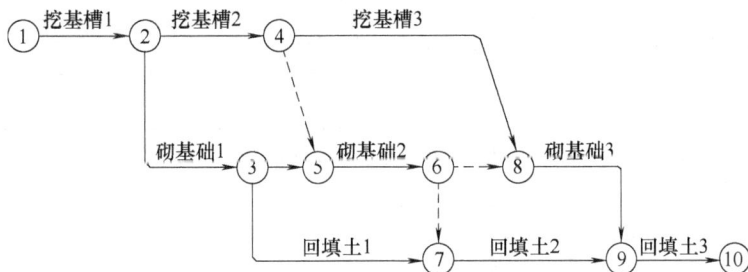

图6-12 横向断路法网络图

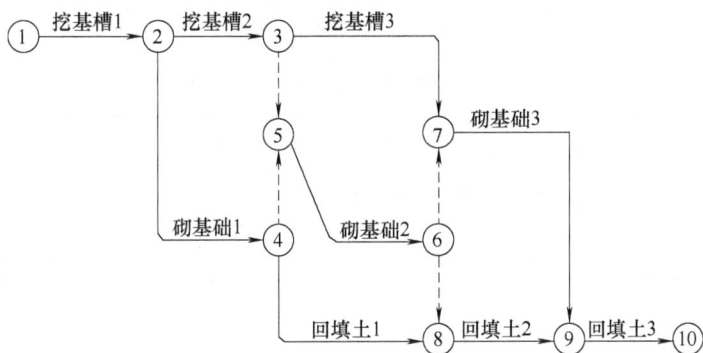

图6-13 纵向断路法网络图

虚工作的使用给网络图的绘制带来很大方便。但虚工作的使用也不应过多，网络图绘制结束前应当检查虚工作的使用是否合理，删除多余的虚工作，这是保证网络图绘图质量的重要一环。

（3）网络图图面规整、流畅 网络图绘制除了满足前面的基本规则外，还应做到规整、流畅。例如绘制网络图时，尽量以水平箭线和竖向箭线为主，尽量不使用斜箭线和曲箭线；避免使用逆向箭线，以免产生逻辑关系的混乱；尽量减少交叉箭线等。

6.2.3 双代号网络图时间参数的计算

1. 双代号网络计划的时间参数

双代号网络计划时间参数计算的目的是通过计算各项工作的时间参数，确定网络计划的关键工作、关键线路和计算工期，为网络计划的优化、调整和执行提供明确的时间参数。

时间参数可分为节点时间参数、工作时间参数和线路时间参数等。以工作$i—j$为例，各时间参数的表示符号及其含义见表6-2。

表6-2 各时间参数的表示符号及其含义

类别	名称	符号	含义
节点时间参数	节点最早时间	ET_i	以该节点为开始节点的各项工作的最早开始时间
	节点最迟时间	LT_i	以该节点为完成节点的各项工作的最迟完成时间
工作时间参数	工作持续时间	D_{i-j}	一项工作从开始到完成的时间
	工作最早开始时间	ES_{i-j}	各紧前工作全部完成后本工作有可能开始的最早时间
	工作最早完成时间	EF_{i-j}	各紧前工作全部完成后本工作有可能完成的最早时间
	工作最迟开始时间	LS_{i-j}	在不影响整个任务按期完成的前提下，工作必须开始的最迟时间
	工作最迟完成时间	LF_{i-j}	在不影响整个任务按期完成的前提下，工作必须完成的最迟时间
	总时差	TF_{i-j}	在不影响总工期的前提下，本工作可以利用的机动时间
	自由时差	FF_{i-j}	在不影响紧后工作最早开始时间的前提下，本工作可以利用的机动时间
	相干时差	IF_{i-j}	使紧后工作最早开始时间向后推迟，推迟范围不超过其最迟开始时间，本工作可以利用的机动时间
线路时间参数	线路时差	PF	非关键线路中可以利用的自由时差之和
	计算工期	T_c	根据时间参数计算所得的工期
	要求工期	T_r	业主提出的项目工期
	计划工期	T_p	根据要求工期和计算工期所确定的作为实施目标的工期

2. 时间参数的计算

在关键线路法中，时间参数的计算主要采用图上计算法进行，包括节点计算法和工作计算法。

（1）节点法计算时间参数　节点计算法是指先计算各个节点的时间参数，再根据节点的时间参数计算各工作的时间参数。节点的最早时间应从网络计划的起点节点开始，顺箭线方向按照节点编号从小到大依次计算，直至网络计划总终点节点；节点最迟时间应从网络计划的终点节点开始，逆箭线方向，按照节点编号从大到小进行计算，直至网络计划起点节点。各时间参数计算见表6-3及表6-4，各项时间参数标注如图6-14所示。

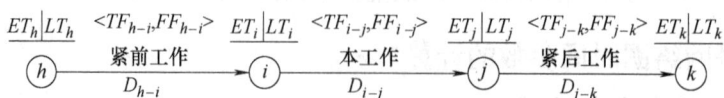

图6-14 时间参数标注

表 6-3 节点法计算时间参数（一）

参数名称		计算公式	说　明
节点最早时间 ET_i	起点节点 ET_i	$ET_i=0$	起点节点未规定最早时间时，其值应等于零
	其他节点 ET_j	$ET_j = ET_i + D_{i\text{-}j}$	当节点 j 只有一条内向箭线时，其最早时间取该箭线箭尾节点的最早时间与该工作持续时间之和
		$ET_j =\max\{ ET_i + D_{i\text{-}j}\}$	当节点 j 有多条内向箭线时，其最早时间取各箭线箭尾节点的最早时间与该工作持续时间之和的最大值
计算工期	T_c	$T_c = ET_n$	计算工期取终点节点 n 的最早时间 ET_n
节点最迟时间 LT_i	终点节点 LT_n	$LT_n = T_p$	终点节点的最迟时间取网络计划的计划工期 T_p，对工期无特殊要求时可取 $T_p = T_c$，则有 $LT_n = ET_n$

表 6-4 节点法计算时间参数（二）

参数名称		计算公式	说　明
节点最迟时间 LT_i	其他节点 LT_i	$LT_i = LT_j - D_{i\text{-}j}$	当节点 i 只有一个外向箭线时，节点 i 的最迟时间 LT_i 为箭头节点的最迟时间与该工作持续时间之差
		$LT_i =\max\{LT_j - D_{i\text{-}j}\}$	当节点 i 有多个外向箭线时，节点 i 的最迟时间 LT_i 为箭头节点的最迟时间与该工作持续时间之差的最小值
工作最早开始时间 $ES_{i\text{-}j}$		$ES_{i\text{-}j} = ET_i$	工作最早开始时间 $ES_{i\text{-}j}$ 等于该工作起始节点的最早时间 ET_i
工作最早完成时间		$EF_{i\text{-}j} = ES_{i\text{-}j} + D_{i\text{-}j}$ $= ET_i + D_{i\text{-}j}$	工作的最早完成时间是工作按最早时间开始进行，持续了 $D_{i\text{-}j}$ 时间后才结束的时间
工作最迟完成时间		$LF_{i\text{-}j} = LT_j$	工作最迟完成时间等于该工作结束节点的最迟时间
工作最迟开始时间 $LS_{i\text{-}j}$		$LS_{i\text{-}j} = LF_{i\text{-}j} - D_{i\text{-}j}$ $= LT_j - D_{i\text{-}j}$	工作最迟开始时间应保证工作经过持续时间 $D_{i\text{-}j}$ 不影响工作按最迟时间 $LF_{i\text{-}j}$ 完成

（2）工作法计算时间参数　工作法是指不计算节点的时间参数，直接计算各工作的时间参数。为了便于理解，举例说明如下：某网络图由 h、i、j、k 4 个节点和 h—i、i—j、j—k 3 项工作组成，i—j 工作为本工作，h—i 工作为紧前工作，j—k 工作为紧后工作，如图 6-15 所示，时间参数的计算见表 6-5。

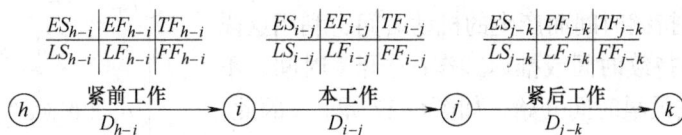

图 6-15　工作时间参数示意

表6-5 工作时间参数

参数名称	计算公式	说　明
工作最早开始时间 ES_{i-j}	$ES_{i-j}=0$	以起点节点为开始节点的工作 i—j，当未规定其最早开始时间 ES_{i-j} 时，其值应等于零
	$ES_{i-j}=ES_{h-i}+D_{i-j}$	当 i—j 工作只有一个紧前工作 h—i 时，工作 i—j 最早开始时间为紧前工作 h—i 的最早开始时间与 h—i 工作持续时间之和
	$ES_{i-j}=\max\{ES_{h-i}+D_{i-j}\}$	当 i—j 工作有多个紧前工作 h—i 时，工作 i—j 最早开始时间为各紧前工作最早开始时间与各紧前工作持续时间之和的最大值
工作最早完成时间	$EF_{i-j}=ES_{i-j}+D_{i-j}$	工作 i—j 按最早开始时间 ES_{i-j} 进行，经过持续时间 D_{i-j} 完成工作所对应的时间，就是工作 i—j 的最早完成时间
计算工期 T_c	$T_c=\max\{EF_{i-n}\}$	计算工期取各最后完成工作最早完成时间的最大值
工作最迟完成时间 LF_{i-j}	$LF_{i-n}=T_p$	以终点节点为结束节点的各项工作最迟完成时间 LF_{i-n}，应按网络计划的计划工期 T_p 确定，当未规定要求工期 T_r 时，可取计划工期等于计算工期，即 $T_p=T_c$，$LF_{i-n}=T_c$
	$LF_{i-j}=LF_{j-k}-D_{j-k}$	当工作 i—j 只有一个紧后工作 j—k 时，其最迟完成时间取紧后工作最迟完成时间与紧后工作持续时间之差
	LF_{i-j} $=\min\{LF_{j-k}-D_{j-k}\}$ $=\min\{LS_{j-k}\}$	当工作 i—j 有多个紧后工作 j—k 时，其最迟完成时间取各紧后工作最迟完成时间与各紧后工作持续时间之差的最小值或取其各紧后工作最迟开始时间的最小值
工作最迟开始时间 LS_{i-j}	$LS_{i-j}=LF_{i-j}-D_{i-j}$	工作 i—j 最迟必须开始时间等于本工作最迟必须完成时间 LF_{i-j} 减去本工作的持续时间 D_{i-j}

（3）时差的计算　工作的时差就是指工作的机动时间。按照其性质和作用，工作的时差主要有工作的总时差（TF）、工作的自由时差（FF）。工作总时差是指在不影响总工期的前提下，本工作可以利用的机动时间；工作自由时差是指在不影响紧后工作最早开始时间的前提下，本工作可以利用的机动时间。

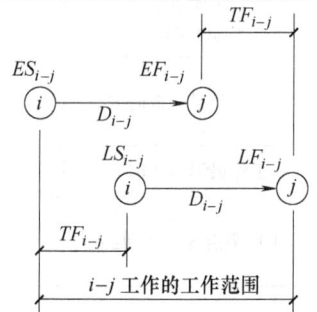

图6-16 总时差与最早时间、最迟时间关系示意

如图6-16所示，由于工作 i—j 最迟结束时间与最早可能开始时间之差大于工作 i—j 的持续时间而产生的机动时间，利用这段时间延长工作 i—j 工作时间或推迟工作 i—j 开工时间，不会影响计划的总工期。因此，总时差可以表示为

$$TF_{i-j}=LF_{i-j}-ES_{i-j}-D_{i-j}=LS_{i-j}-ES_{i-j}=LF_{i-j}-EF_{i-j} \qquad (6-1)$$

在总时差范围内有这样一个时间段，工作 i—j 在其紧后工作 j—k 的最早开始时间与工作 i—j 最早开始时间之差大于工作 i—j 的持续时间而产生的机动时间，利用这段时间延长工作 i—j 持续时间或推迟工作 i—j 开工时间，不会影响紧后工作按最早时间开始，如图6-17所示。因此，自由时差可表示为

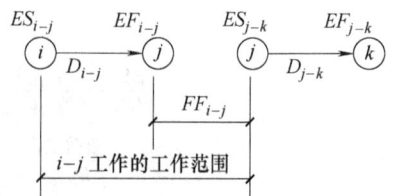

图6-17 本工作的自由时差与紧后工作的最早开始时间关系示意

$$FF_{i-j}=ES_{j-k}-ES_{i-j}-D_{i-j}=ES_{j-k}-EF_{i-j} \qquad (6-2)$$

一项工作的总时差若为零，则自由时差必然为零。

3. 关键线路的确定

关键线路是指从网络计划的起点节点到终点节点作业时间最长的线路，即由关键工作连成的线路就是关键线路，在网络图中一般用双实线或粗实线标注。

关键线路具有下述特点：

1）关键线路为从网络计划的起点节点到终点节点各条线路中时间最长的线路，其长度就是网络计划的计算工期。

2）关键线路上各工作总时差为零（ET_n 等于计划工期）或为负值（ET_n 大于计划工期）或为最小正值（ET_n 接近或稍小于计划工期）。

3）一个网络计划中可以有多条关键线路，且至少有一条关键线路。

关键线路明确指出了保证工程进度的关键工作，在工程管理中只有统筹安排，合理调配人力、物力，重点保证关键工作如期完成，才不致延误工期。另外，应注意挖掘非关键工作的潜力，对降低工程成本也有着重要意义。

【例 6-1】 请采用图上计算法计算图 6-18 所示双代号网络图各工作时间参数，找出关键工作和关键线路，并指出计算工期。

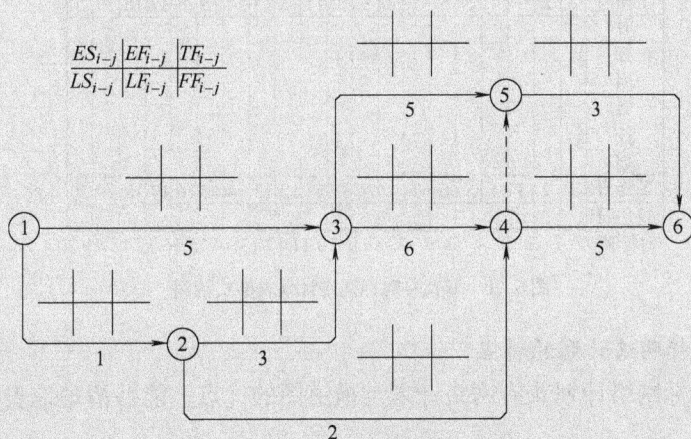

$$\frac{ES_{i-j} \mid EF_{i-j} \mid TF_{i-j}}{LS_{i-j} \mid LF_{i-j} \mid FF_{i-j}}$$

图 6-18　【例 6-1】双代号网络图

解

（1）图上计算法计算双代号网络图工作时间参数如图 6-19 所示。

（2）关键工作为 1—3、3—4、4—6，关键线路为 ①→③→④→⑥。

（3）网络计算工期为 16 天。

图6-19 【例6-1】图上计算法计算双代号网络图工作时间参数

6.2.4 双代号时标网络计划

双代号时标网络图是以时间坐标为尺度编制的双代号网络计划，其示例如图6-20所示。

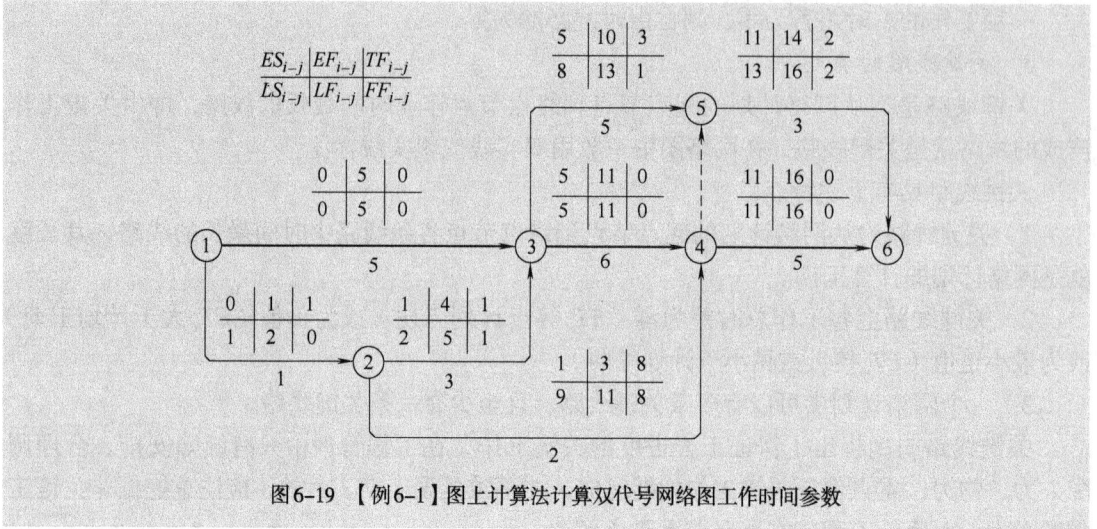

图6-20 双代号时标网络计划表格式示例

1. 双代号时标网络计划的特点

1）双代号时标网络计划兼有网络计划与横道图的优点，能够清楚地表明计划的时间进程。

2）双代号时标网络计划能在图上直接显示各项工作的开始与完成时间、自由时差和关键线路。

3）双代号时标网络计划在绘制中受时间坐标的限制，因此不易产生闭合回路等错误。

4）双代号时标网络计划可以直接统计资源需用量，以便进行资源优化和调整。

2. 双代号时标网络计划的绘制

双代号时标网络计划的绘制方法有两种：一种是在绘制逻辑网络图的基础之上计算节点时间参数，然后根据节点最早时间，将各节点逐个定位在时标网络计划中的相应位置上，最后依次在各节点间绘出箭线长度及时差；另一种是不计算时间参数，直接在时标计划表中绘制网络图。按照从左至右的顺序绘制，按照工作持续时间在时标表上绘制节点外向箭线，中间节点必须在其所有内向箭线都绘制出来之后，按最长箭线定位，其余箭线用波浪线补齐。

虚工作以垂直方向的虚箭线表示，如果虚箭线两端的节点在水平方向上有距离，则用波浪线作为其水平连线。

【例6-2】将图6-21所示的网络图按最早时间绘制成时标网络计划。

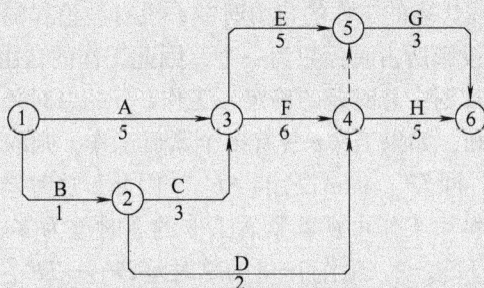

图6-21 【例6-2】双代号网络图

【解】由图6-21，采取图上作业直接绘制法。

（1）将起点节点①定位在时标表的起始刻度线上。

（2）按工作持续时间在时标表上绘制起点节点以外的外向箭线，如图6-22所示。

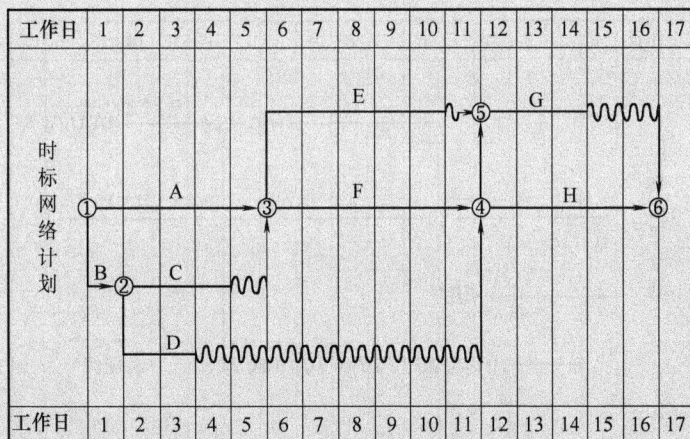

图6-22 【例6-2】双代号时标网络计划

1）①→③节点间A工作持续时间最长，故先绘制A工作的结束节点③，①→③节点间用实箭线连接。

2）补充①→③节点间的②节点。按照B工作的持续时间确定②节点位置，①→②节点间用实箭线连接。

3）补充②→③节点间的工作关系。按照C工作的持续时间确定②→③节点间的实箭线长度，不足部分由波形线补足连接到③节点。

4）按照上述方法，依次确定④、⑤、⑥节点位置，并且补足实箭线和波形线，表示清楚各项工作之间的逻辑关系。

3. 双代号时标网络计划中时差及关键线路的确定

（1）双代号时标网络计划中自由时差的确定　如图6-23所示，波浪线的水平投影所占时标数就是波浪线所在箭线代表的工作的自由时差；没有波浪线的工作自由时差为零。例如工作3—5的波浪线的水平投影所占时标数为一个，因此工作的自由时差$FF_{3—5}=1$。

（2）双代号时标网络计划中总时差的确定　工作$i—j$的总时差等于其紧后工作$j—k$的总时差与本工作自由时差之和，如果工作$i—j$有多个紧后工作，则取其紧后工作总时差的最小值与本工作自由时差之和，即$TF_{i-j}=\min\{TF_{j-k}\}+FF_{i-j}$。因此，总时差的计算从右向左逆箭线进行，对于网络图最右端的结束工作可视其紧后工作的总时差为零。例如，在图6-23中，工作5—6的总时差$TF_{5-6}=2+FF_{5-6}=2$，工作3—5的总时差$TF_{3-5}=TF_{5-6}+FF_{3-5}=2+1=3$。

（3）双代号时标网络计划中关键线路的确定　从时标网络图的终点节点到起点节点，按照逆箭线的顺序，依次寻找由不包含波浪线的工作所组成的线路，该线路就是关键线路。终点节点圆圈中心左侧所对应的时标值与起点节点圆圈左侧所对应的时标值的差值为时标网络计划的计算工期。图6-23所示的时标网络计划的计算工期为16天，关键线路为①→③→④→⑥。

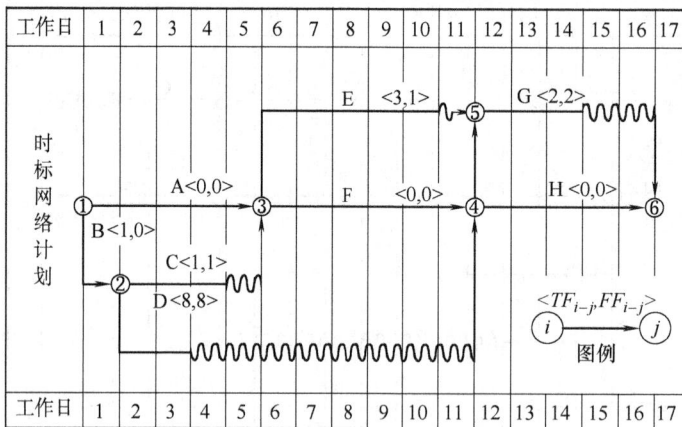

图6-23　双代号时标网络计划时间参数及关键线路的判读

6.3 单代号网络计划

6.3.1 单代号网络计划的构成和基本符号

1. 单代号网络图的基本构成

单代号网络计划是通过单代号网络图来表达的网络计划。单代号网络图是以节点及其编号表示工作，以箭线表示工作之间的逻辑关系的网络图。在单代号网络图中，没有双代号网络图中的虚箭线所表示的虚工作，但可以有虚拟的起点节点和终点节点。

2. 单代号网络图的基本符号

单代号网络图也是由节点、箭线和线路组成。一个节点圆圈或方框代表一项工作（工序、过程），至于与圆圈或方框的内容，可以根据实际需要来填写和列出。一般将工作的名称、编号填写在圆圈或方框的上半部分，完成工作所需要的时间填写在圆圈或方框的下半部分，如图6-24所示；箭线表示相邻两项工作之间的逻辑关系，即工作之间的逻辑关系用实箭线表示，它既不消耗时间，也不消耗资源，只表示各项工作之间的逻辑关系。相对于箭尾和箭头来说，箭尾节点表示紧前工作，箭头结点表示紧后工作。

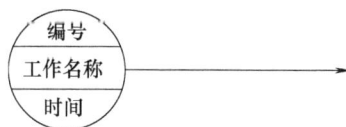

图6-24 单代号表示法

单代号网络图的线路同双代号网络图一样，也分为关键线路和非关键线路，其性质和时间参数的计算方法与双代号网络图相同。

6.3.2 单代号网络图的绘制

双代号网络图的绘制规则在单代号网络图中基本都是适用的，只是需要注意，为了在单代号网络图避免出现两个或两个以上的起点节点和终点节点，需要设置虚拟的起点节点和终点节点。单代号网络图常见逻辑关系的表示方法可参见表6-1。

【例6-3】根据所给各工作之间的逻辑关系，见表6-6，绘制单代号网络图。

表6-6 【例6-3】各工作之间的逻辑关系表

工作代号	A	B	C	D	E	F	G	H
紧后工作	C、D	E	F	G、H	H	G	—	—
持续时间	3	2	4	2	5	3	1	2

解 【例6-3】单代号网络图如图6-25所示。

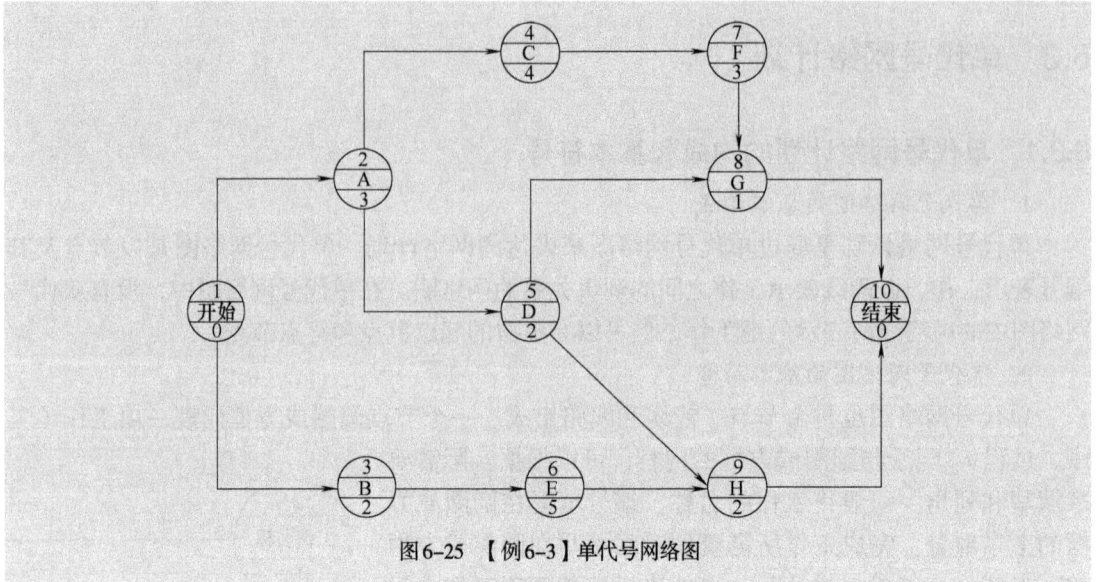

图6-25　【例6-3】单代号网络图

6.3.3　单代号网络图时间参数的计算

　　单代号网络图时间参数的计算内容和计算方法与双代号网络图十分相似，只是在单代号网络图中引入了时间间隔这个时间参数。单代号网络计划中，相邻两项工作i和j的时间间隔$LAG_{i,j}$，是指j工作最早开始时间ES_j与紧前工作i的最早完成时间EF_i的差值。单代号网络图各时间参数的具体计算参见表6-7。

表6-7　单代号网络图各时间参数的具体计算

参数名称	计算公式	说　　明
工作最早开始时间ES_i	$ES_i=0$	当未规定开始节点的最早开始时间时，起点节点i所代表的起始工作的最早开始时间为零
	$ES_i=\max\{ES_h+D_h\}$	受逻辑关系制约，当工作i有多个紧前工作时，工作i最早开始时间应取各紧前工作最早开始时间与紧前工作持续时间之和的最大值
工作最早完成时间EF_i	$EF_i=ES_i+D_i$	工作i的最早完成时间就等于其最早开始时间与本工作持续时间之和
计算工期	$T_c=EF_n$	计算工期等于终点节点的最早完成时间
时间间隔$LAG_{i,j}$	$LAG_{i,j}=ES_j-EF_i$	工作i和工作j的时间间隔$LAG_{i,j}$取j工作的最早完成时间ES_j与其紧前工作i的最早完成时间EF_i的差值
工作总时差TF_i	$TF_n=T_p-EF_n$	终点节点n所代表的结束工作的总时差，等于计划工期T_p与终点节点最早完成时间EF_n的差值，如果对计划工期没有要求，可取计划工期等于计算工期，则$TF_n=T_c-EF_n=0$
	$TF_i=\min\{TF_j+LAG_{i,j}\}$	终点节点以外的其他节点工作的总时差，取其紧后工作总时差与各相应时间间隔之和的最小值

（续）

参数名称	计算公式	说　　明
工作自由时差 FF_i	$FF_n = T_p - EF_n$	终点节点 n 所代表的结束工作的自由时差，等于计划工期 T_p 与终点节点最早完成时间 EF_n 的差值，如果对计划工期没有要求，可取计划工期等于计算工期，则 $FF_n = T_c - EF_n = 0$
	$FF_i = \min\{LAG_{i,j}\} = \min\{ES_j - EF_i\}$	终点节点以外的其他节点工作的自由时差，取其各紧后工作时间间隔的最小值
工作最迟完成时间 LF_i	$LF_n = T_p$	对于最后完成的工作，取计划工期作为其最迟完成时间，当未规定要求工期 T_p 时，可取计划工期等于计算工期，即 $T_p = T_c$，所以 $LF_n = T_c$
	$LF_i = \min\{LS_j\}$	对于其他工作 i 的最迟完成时间，取其各紧后工作最迟开始时间的最小值
	$LF_i = EF_i + TF_i$	工作 i 的最迟完成时间也可取工作 i 的最早完成时间与工作 i 的总时差之和
工作最迟开始时间 LS_i	$LS_i = LF_i - D_i$	工作 i 的最迟开始时间等于其最迟完成时间与本工作持续时间之差
	$LS_i = ES_i + TF_i$	工作 i 的最迟开始时间也可取工作 i 的最早开始时间与工作 i 的总时差之和

1. 单代号网络计划时间参数的标注

单代号网络计划时间参数可以参照图 6-26 所示的形式进行标注。

2. 关键工作和关键线路的确定

单代号网络计划中确定关键工作的方法与双代号网络计划相同，取总时差最小的工作为关键工作。由关键工作组成的线路为关键线路，关键线路上所有工作之间的时间间隔为零。

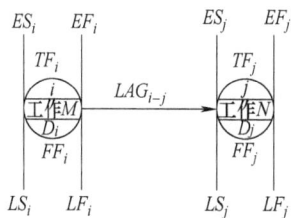

图 6-26　单代号网络计划时间参数标注形式

【例 6-4】计算图 6-27 所示单代号网络计划时间参数，并确定关键线路。

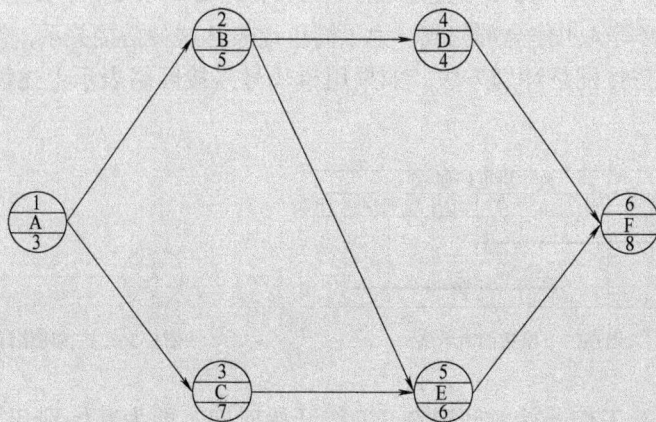

图 6-27　【例 6-4】单代号网络

解 本题时间参数、关键线路如图6-28所示。

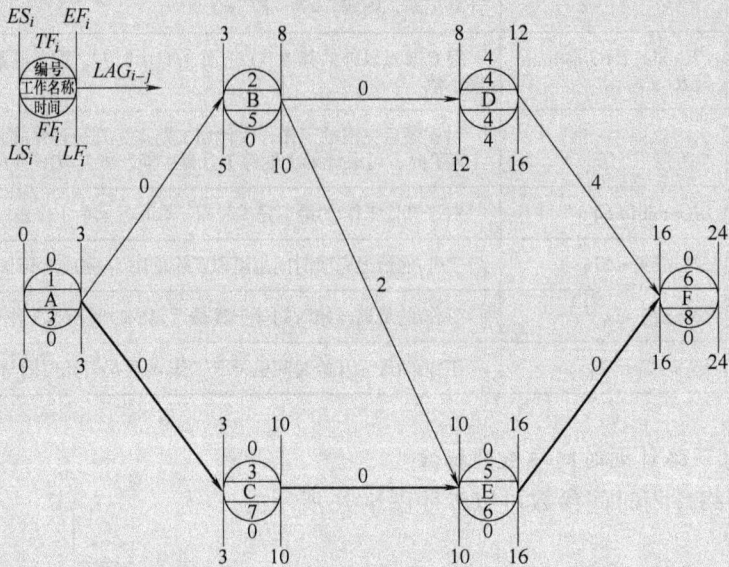

图6-28 【例6-4】单代号网络图时间参数及关键线路

6.3.4 单代号搭接网络计划

1. 单代号搭接网络计划的基本概念

在普通双代号和单代号网络计划中，各项工作按依次顺序进行，即任何一项工作都必须在他的紧前工作全部完成后才能开始，但在实际工作中，许多工作都是采用平行搭接方式进行。例如：图6-29所示为以横道图表示相邻的A、B两项工作，A工作开始4天后B工作即可开始，而不必等A工作全部完成。为了简单地表达这种搭接关系，使编制的网络计划可以简化，出现了搭接网络计划方法。如果用单代号搭接网络表示上述情况，则可以用图6-30表示。

图6-29 横道图表示法

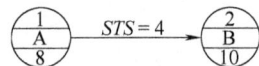

图6-30 搭接网络计划表示

上面的搭接是A工作开始时间限制B工作开始时间，即为开始到开始STS。除上面的开始到开始外，还有几种搭接关系，即开始到结束STF、结束到开始FTS、结束到结束FTF

等，具体如下所述。

2. 单代号搭接网络计划中的搭接关系类型

（1）结束到开始型　表示紧前工作完成与紧后工作开始之间的时间间隔，一般用符号 *FTS*（Finish to Start）表示。

用横道图和双代号网络图表示如图6-31所示，A工作完成后要有一个时间间隔B工作才能开始。例如，修一条堤坝的护坡时，一定要等土堤自然沉降后才能修护坡，这种等待时间即为*FTS*的时间间隔；房屋装修中先油漆，后安玻璃，就必须在油漆完成后有一个干燥时间才能安玻璃，如果需干燥2天，即*FTS*=2，则其单代号网络表示如图6-32所示。

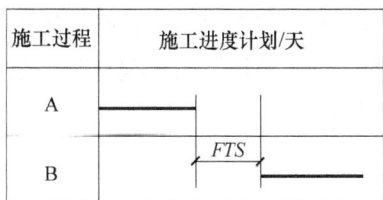

图6-31　用横道图和双代号网络图表示*FTS*搭接关系　　　　图6-32　*FTS*搭接关系单代号网络表示

当*FTS*=0时，即紧前工作完成到本工作开始的时间间隔为零，这就是前面讲述的双代号、单代号网络的正常连接关系，因此，一般的依次顺序关系只是搭接关系的一种特殊表现形式。

（2）完成到完成型　表示紧前工作完成与紧后工作开始之间的时间间隔，一般用符号 *FTF*（Finish to Finish）表示。

用横道图和单代号网络图表示如图6-33所示。例如相邻两项工作，但紧前工作的施工速度小于紧后工作的施工速度时，则必须考虑为紧后工作留有充分的工作面，否则紧后工作因无工作面而无法进行。这种结束工作时间之间的间隔就是*FTF*的时间间隔。

图6-33　用横道图和单代号网络图表示*FTF*搭接关系

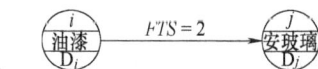

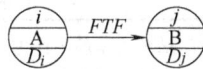

（3）开始到开始型　表示紧前工作开始与紧后工作开始之间的时间间隔，一般用符号 *STS*（Start to Start）表示。

用横道图和单代号网络图表示如图6-34所示。例如挖管沟和敷设管道，分段组织流水施工，每段挖管沟需要3天时间，那么敷设管道的班组在挖管沟开始的3天后就可以开始敷设管道，如图6-35所示。

（4）开始到完成型　表示紧前工作开始与紧后工作完成之间的时间间隔，一般用符号

图6-34　用横道图和单代号网络图表示 *STS* 搭接关系

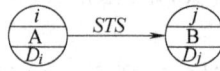

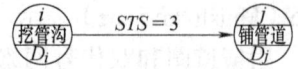

图6-35　*STS* 搭接关系时间参数表示法

STF（Start to Finish）表示。

　　用横道图和单代号网络图表示如图6-36所示。例如，要挖掘带有部分地下水的土壤，地下水位以上的土壤可以在地下水位工作完成之前开始，而地下水位以下的土壤则必须要等到降低地下水位以后才能开始，降低地下水位的完成与何时挖地下水位以下的土壤有关，至于降低地下水位何时开始，则与挖土没有直接联系，如图6-37所示。

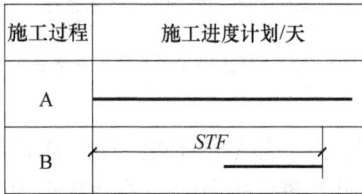

图6-36　用横道图和单代号网络图表示 *STF* 搭接关系

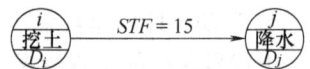

图6-37　*STF* 搭接关系时间参数表示法

　　（5）混合搭接关系　在搭接网络计划中，混合搭接关系是指两项工作之间可同时由四项基本搭接关系中的两种或两种以上来限制工作间的逻辑关系。例如，两项工作可能同时由 *STS* 与 *FTF* 限制，或 *STF* 与 *FTS* 限制等。

6.3.5　单代号搭接网络计划的时间参数计算

　　搭接网络有几种不同的搭接关系，所以其计算也较前面所述的单代号、双代号网络计划时间参数的计算复杂一些，其计算公式见表6-8。

表6-8　搭接网络时间参数计算公式

搭接关系	ES_j 与 EF_j（紧前工作为 i）	LS_i 与 LF_i（紧后工作为 j）
FTS	$ES_j=EF_i+FTS_{i,j}$ $EF_j=ES_j+D_j$	$LF_i=LS_j-FTS_{i,j}$ $LS_i=LF_i-D_i$
STS	$ES_j=ES_i+STS_{i,j}$ $EF_j=ES_j+D_j$	$LS_i=LS_j-STS_{i,j}$ $LF_i=LS_i+D_i$
FTF	$EF_j=EF_i+FTF_{i,j}$ $ES_j=EF_j-D_j$	$LF_i=LF_j-FTF_{i,j}$ $LS_i=LF_i-D_i$
STF	$EF_j=ES_i+STF_{i,j}$ $ES_j=EF_j-D_j$	$LS_i=LF_j-STF_{i,j}$ $LF_i=LS_i+D_i$

6.4　网络计划的优化

根据工程实际需要，能够正确绘制不同类型的网络计划图，并进行时间参数的计算，进而确定关键工作和关键线路，确定网络计划的计算工期，这仅仅是运用网络计划进行工程项目管理的第一步，此时的网络计划只能称作初始网络计划，而绝大多数情况下需要对初始网络计划进行修改和调整，使之在满足工期、成本和资源供应等约束条件下，以期用最小的资源消耗获得最大的收益，这种网络计划才是满意的方案。总之，通过时间参数的调整，按照一定的衡量指标（工期、资源、成本）的要求，不断地调整初始网络计划，寻求最满意方案的过程，称为网络计划的优化。通常有工期优化、成本优化和资源优化。

6.4.1　工期优化

在工程实际中，经常遇到初始网络计划的工期超过要求工期的情况，此时可以通过改变施工工艺，增加人工、材料和机械设备的投入等措施加快施工进度，即缩短网络计划的计算工期，使其满足约束条件的限制。工期优化一般是通过压缩关键工作持续时间的方法来达到缩短工期的目的。需要注意的是，在压缩关键线路的线路时间时，会使某些时差较小的次关键线路上升为关键线路，这时需要同时压缩次关键线路上有关工作的作业时间，才能达到缩短工期的要求。工期优化的主要优化步骤如下：

1）确定初始网络计划的关键线路、关键工作和计算工期。

2）根据要求工期确定应压缩的时间。

3）确定各关键工作可以压缩的工作时间 ΔT

$$\Delta T = \min\left(D_{i,j}^b - D_{i,j}^a,\ TF_{平行工作}\right) \tag{6-3}$$

式中　$D_{i,j}^b$——关键工作 i–j 的正常持续时间或压缩后的持续时间；

$\quad\quad D_{i,j}^a$——关键工作 i–j 的最短持续时间。

4）选择适宜的关键工作对其持续时间进行压缩。所谓适宜的关键工作，是指工作持续时间压缩后，对工程质量和安全影响不大，费用增加最少，同时又有充足的备用资源的关键工作。可以根据各项工作持续时间压缩后对质量和安全的影响程度、费用增加程度和资源充足程度进行综合考虑，并以优先系数的形式对此加以量化，优先系数小的工作可以优先压缩。

5）通过上述步骤对工期压缩后，若计算工期还不能满足要求工期，可重复压缩直至达到要求工期。

6）如果反复压缩后依然不能满足要求工期，则应对原组织方案进行调整或审定要求工期的合理性。

【例6-5】已知某工程工期优化用双代号网络图如图6-38所示，图中箭线下数据为正常持续时间，括号内为最短持续时间，箭线上工作名称后括号内数据为优化系数，假定要求工期为120天。试对该网络计划进行优化。

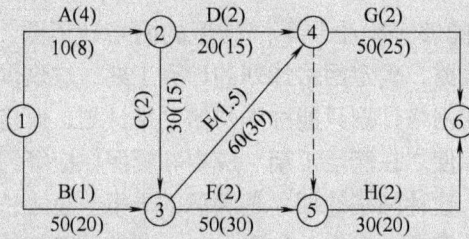

图6-38 【例6-5】工期优化用双代号网络图

解 （1）计算节点时间参数，确定关键线路和工期，如图6-39所示。

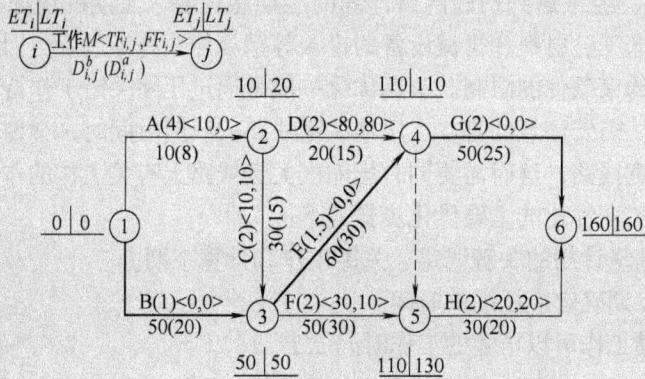

图6-39 【例6-5】节点时间参数、工期计算及关键线路

由图6-39可知，关键线路为B→E→G，工期为160天。

（2）由题意，选择优化系数最小的关键工作进行工期压缩：

1）关键工作B，优化系数为1；

2）关键工作E，优化系数为1.5；

3）关键工作G，优化系数为2。

因此选择压缩关键工作B，其平行工作为工作A，可压缩时间为

$$\Delta T_{\mathrm{B}} = \min\left(D_{i,j}^{b} - D_{i,j}^{a}, \ TF_{平行工作}\right)$$

$$\Delta T_{\mathrm{B}} = \min(50-30,10,10) = 10 \text{天}$$

压缩后网络计划的工作时间参数、关键线路和压缩后工期如图6-40所示。

由图6-40可知，关键线路为B→E→G和A→C→E→G，工期为150天。

（3）由题意，选择优化系数最小的关键工作进行工期压缩：

1）关键工作B+A，优化系数为1+4=5；

2）关键工作B+C，优化系数为1+2=3；

3）关键工作E，优化系数为1.5；

4）关键工作G，优化系数为2。

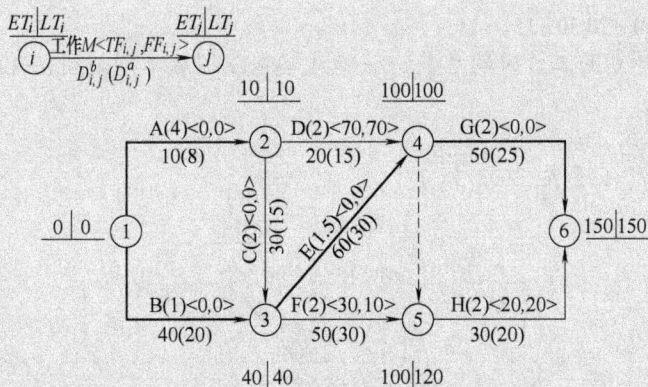

图6-40 【例6-5】压缩关键工作B后的工作时间参数关键线路和压缩后工期

因此选择压缩关键工作E，其平行工作为工作D和工作F，可压缩时间为

$$\Delta T_E = \min\left(D_{i,j}^b - D_{i,j}^a \; , \; TF_{平行工作}\right)$$

$$\Delta T_E = \min\left(60 - 30, 70, 30\right) = 30 \, 天$$

压缩后网络计划的工作时间参数、关键线路和压缩后工期如图6-41所示。

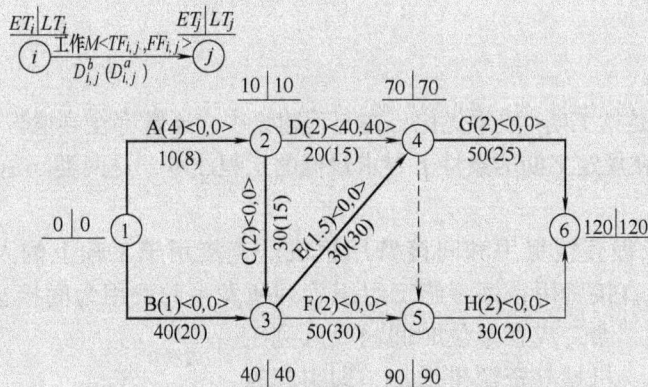

图6-41 【例6-5】压缩关键工作E后工作时间参数、关键线路和压缩后工期

由图6-41可知，关键线路为B→E→G、A→C→E→G、B→F→H和A→C→F→H，工期为120天。并且关键工作E已经压缩到最短持续时间，不能再进行压缩。

至此，满足题意要求压缩工期到120天。

（4）若继续压缩，仍然继续选择优化系数最小的关键工作进行工期压缩，如：

1）关键工作B+A，优化系数为1+4=5；

2）关键工作B+C，优化系数为1+2=3；

3）关键工作G+F，优化系数为2+2=4；

4）关键工作G+H，优化系数为2+2=4。

因此选择压缩关键工作B+C，可压缩时间为

$$\Delta T_{B+C} = \min\left(D_{i,j}^b - D_{i,j}^a \; , \; TF_{平行工作}\right)$$

$$\Delta T_{B+C} = \min(40-20, 30-15) = 15 \text{天}$$

压缩后网络计划的工作时间参数、关键线路和压缩后工期如图6-42所示。

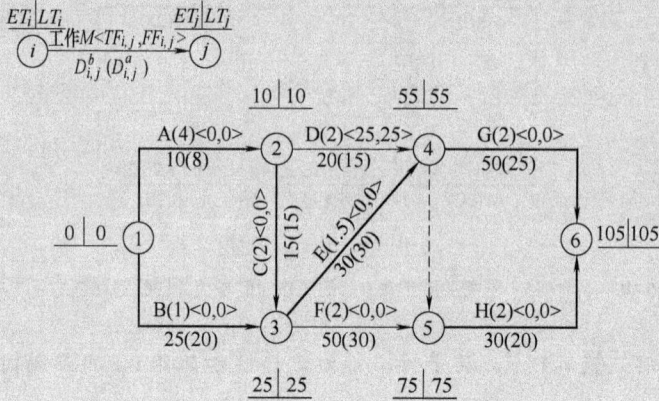

图6-42 【例6-5】压缩关键工作B+C后工作时间参数、关键线路和压缩后工期

6.4.2 成本优化

成本优化一般是指工期-成本优化。在工程建设中，通常都在寻求与最低工程成本相对应的最优工期以及在规定工期的条件下寻求最低的工程成本，这两类问题都属于工期-成本优化问题。

工程成本由工程直接费用和间接费用组成。直接用于工程上的人工、材料、机械等所发生的费用为直接费用；用于施工组织管理所发生的费用为间接费用。在一定范围内，当缩短工期时，会造成在单位时间内投入到工程上的人工、材料、机械等资源量增加，即引起直接费用的增加；同时，由于工期的缩短将在一定程度上减少间接费用的支出。反之，在一定范围内，随着工期的延长直接费用将有所减少，而间接费用将有所增加。直接费用和间接费用相叠加就构成了工程成本，如图6-43所示的工期-成本关系曲线就表示了直接费用、间接费用与工程成本之间的这种关系，以及它们在一定范围内随工期变化而变动的情况。

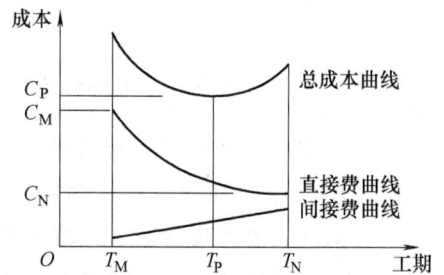

图6-43 工期-成本关系曲线

从图6-43所示的曲线中可知，在总成本曲线上一定有一点P能够使工期和总成本达到最优，P点所对应的工期-成本方案就是最优方案。毫无疑问，任何一个工作的持续时间都不可能随着该工作直接费用支出的增加而无限地缩短，总有一个时间点使直接费用的支出达到一定程度时工作的持续时间都不能再缩短，此时所对应的时间为该工作的最短时

间，用 T_M 来表示，相应的直接费用用 C_M 来表示；直接费用最低时所对应的时间为正常工作时间，正常工作时间用 T_N 表示，相应的直接费用用 C_N 表示。

网络计划中工作的持续时间与直接费用的关系有两种，即非连续型和连续型。某些工作的持续时间与直接费用的关系是非连续型的，如不同吊装设备的选择则会对应不同的施工费用，同时对应着不同的持续时间。这样只有几种方案可供选择如图6-44所示。而某些工作的持续时间与直接费用的关系是连续型的，即任何一个持续时间的变化都会找到相对应的直接费用的变化。如图6-45所示，二者之间的关系不一定是一元线性关系，为了简化计算，一般将二者的关系简化为一元线性关系。则在双代号网络计划中 i—j 工作单位时间内直接费用增加（或减少）值即直接费率可表示为

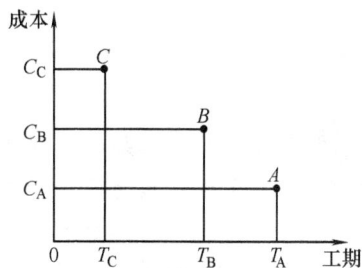

图6-44　离散型成本—工期关系示意图

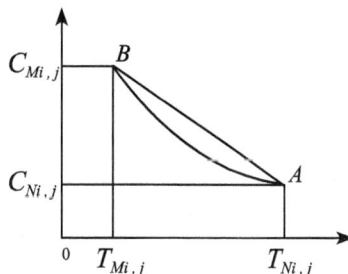

图6-45　连续型成本-工期关系示意图

$$\Delta C_{i,j} = \frac{C_{Mi,j} - C_{Ni,j}}{T_{Ni,j} - T_{Mi,j}} \qquad (6\text{-}4)$$

式中　$\Delta C_{i,j}$——工作 i—j 的直接费率；

　　$C_{Mi,j}$——将工作 i—j 持续时间缩短为最短持续时间后，完成该工作所需的直接费用；

　　$C_{Ni,j}$——在正常条件下完成工作 i—j 所需的直接费用；

　　$T_{Ni,j}$——工作 i—j 的正常持续时间；

　　$T_{Mi,j}$——工作 i—j 的最短持续时间。

工期-成本优化的基本方法就是从组成网络计划的各项工作的持续时间与费用地关系中，找出能使计划工期缩短而又能使得直接费用增加最少的工作，不断地缩短其持续时间，然后考虑间接费用随工期缩短而减少的影响，把在不同工期下的直接费用和间接费用相叠加，即可求得工程成本最低时的相应最优工期和工期一定时相应的最低工程成本。

工期-成本优化的具体步骤如下：

1）工作的正常、最短作业时间及其相应费用，并计算各项工作的直接费率。

2）根据各项工作的正常持续时间计算时间参数，确定关键线路及总工期。

3）确定正常持续时间网络计划的直接费用。

4）压缩关键线路上直接费率最低工作的持续时间，计算总工期和相应直接费用。

5）重复进行步骤4），直至所有关键线路上的工作持续时间不能压缩为止，并计算每一循环后的费用。

6）求出项目工期-间接费曲线。

7）叠加直接费、间接费曲线，求出工期-成本曲线，找出项目总成本最低点和最佳工期。

8）绘制优化后的网络计划。

【例6-6】 已知某工程网络计划如图6-46所示，图中箭线下数据为正常持续时间，括号内为最短持续时间，箭线上工作名称后数据为对应工作持续时间所花费的直接费用（单位：千元），间接费率为0.8千元/天。请绘制总成本曲线，试寻求最优工期。

解 （1）计算节点时间参数，确定关键线路和工期，如图6-47所示。

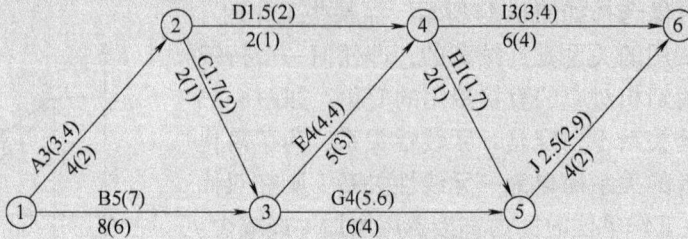

图6-47 【例6-6】工期–成本优化用双代号网络图

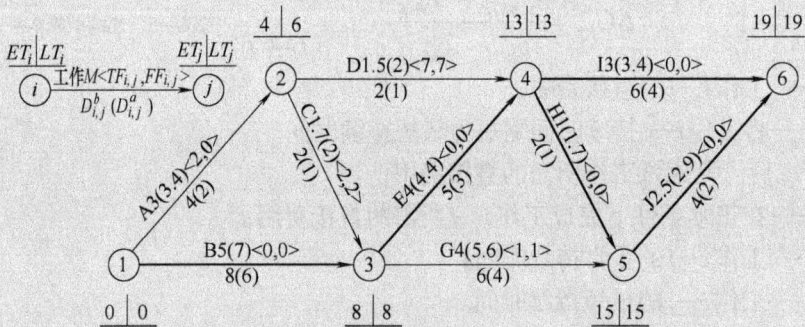

图6-47 【例6-6】节点时间参数、工期计算及关键线路

由图6-47可知，关键线路为B→E→I和B→E→H→J，工期为19天。

（2）各工作的直接费费率，见表6-9。

表6-9 各工作的直接费及直接费费率表

工作	A	B	C	D	E	G	H	I	J
正常直接费用/千元	3	5	1.7	1.5	4	4	1	3	2.5
正常总直接费用/千元	25.7								
正常持续时间	4	8	2	2	5	6	2	6	4
最短持续时间	2	6	1	1	3	4	1	4	2
直接费差值	0.4	2	0.3	0.5	0.4	1.6	0.7	0.4	0.4
持续时间差值	2	2	1	1	2	2	1	2	2
直接费率	0.2	1	0.3	0.5	0.2	0.8	0.7	0.2	0.2

所以，正常工期工程成本为（25.7+0.8×19）千元=40.9千元

（3）由题意，选择直接费率最小的关键工作进行压缩工期，可知：

1）关键工作B，直接费率为1；

2）关键工作E，直接费率为0.2；

3）关键工作H+I，直接费率为0.7+0.2=0.9；

4）关键工作I+J，直接费率为0.7+0.2=0.9。

因此选择压缩关键工作E，其平行工作为工作D和工作G，可压缩时间为

$$\Delta T_E = \min\left(D_{i,j}^b - D_{i,j}^a, \ TF_{平行工作}\right)$$

$$\Delta T_E = \min(5-3,7,1)=1 \ 天。$$

压缩后网络计划的工作时间参数、关键线路和压缩后工期如图6-48所示。

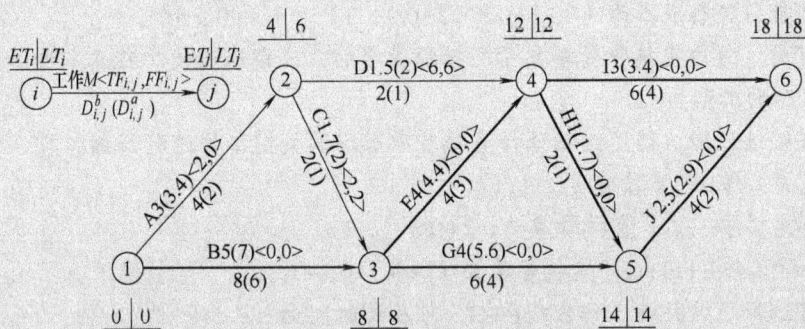

图6-48　【例6-6】压缩关键工作E后工作时间参数、关键线路和压缩后工期

由图6-48可知，关键线路为B→E→I、B→E→H→J和B→G→J，工期为18天。

压缩工期后工程成本为（40.9-0.8×1+0.2×1）千元=40.3千元

（4）由题意，选择直接费率最小的关键工作进行压缩工期，如下：

1）关键工作B，直接费率为1；

2）关键工作E+G，直接费率为0.2+0.8=1；

3）关键工作H+I，直接费率为0.7+0.2=0.9；

4）关键工作H+G，直接费率为0.7+0.8=1.5；

5）关键工作I+J，直接费率为0.7+0.2=0.9。

因此可选择压缩关键工作H+I或I+J，可压缩时间为

$$\Delta T = \min\left(D_{i,j}^b - D_{i,j}^a, \ TF_{平行工作}\right)$$

$$\Delta T_{H+I} = \min(2-1,6-4)=1 \ 天。$$

或$\Delta T_{I+J} = \min(6-4,4-2)=2 \ 天。$

选择压缩关键工作I+J，压缩后网络计划的工作时间参数、关键线路和压缩后工期如图6-49所示。

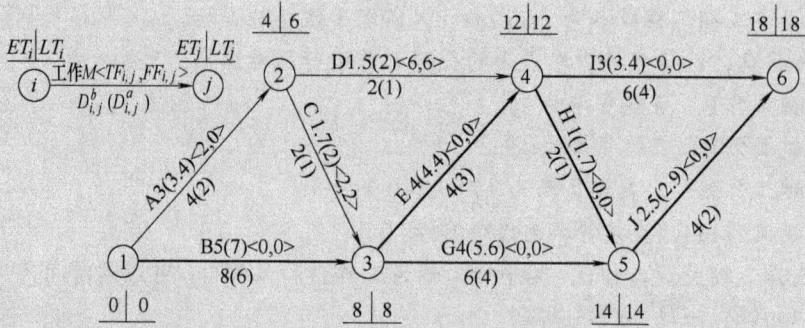

图6-49 【例6-6】压缩关键工作I+J后工作时间参数、关键线路及压缩后工期

由图6-49可知，关键线路仍然为B→E→I、B→E→H→J和B→G→J，工作I和工作J压缩到最短后不能再继续压缩，工期为16天。

压缩工期后工程成本为（40.3-0.8×2+0.9×2）千元=40.5千元

由此可见，随着直接费费率高于间接费费率后，工期压缩使工程正本增加。故18天为成本最低时的工期。

（5）若继续压缩，仍然继续选择直接费率最小的关键工作进行压缩工期，可知：

1）关键工作B，直接费率为1；

2）关键工作E+G，直接费率为0.2+0.8=1；

3）关键工作E+H+G，直接费率为0.7+0.8+0.2=1.7；

因此可选择压缩关键工作B或E+G，可压缩时间为

$$\Delta T_{B+C} = \min\left(D_{i,j}^{b} - D_{i,j}^{a}, \ TF_{平行工作}\right)$$

$$\Delta T_{B} = \min(8-6,2,2) = 2$$

$$或\Delta T_{G+H} = \min(6-4,2-1) = 1$$

选择压缩关键工作B，压缩后网络计划的工作时间参数、关键线路和压缩后工期如图6-50所示。

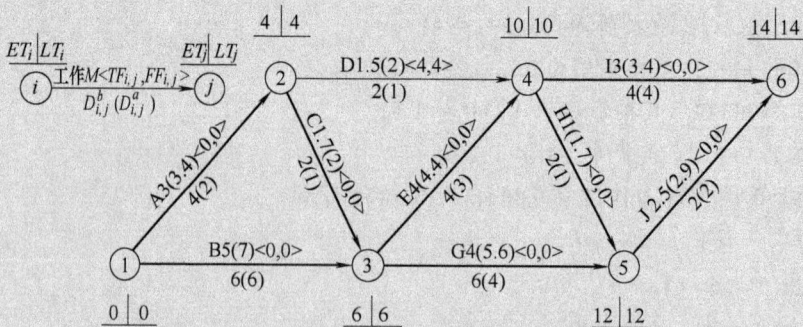

图6-50 【例6-6】压缩关键工作B后工作时间参数、关键线路及压缩后工期

由图6-50可知，关键线路变化为B→E→I、B→E→H→J、B→G→J、A→C→E→I、A→C→E→H→J和A→C→G→J，工作B压缩到最短后不能再继续压缩，工期为14天。

压缩工期后工程成本为（40.5−0.8×2+1×2）千元 =40.9千元

仅仅剩下关键工作 *E+G* 可以继续压缩1天。

（6）工期–成本曲线如图6-51所示。

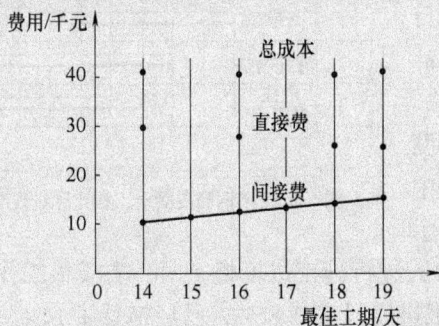

图6-51　【例6-6】工期–成本曲线

6.4.3　资源优化

在项目建设过程中，强调施工过程在时间上和空间上连续性的同时，资源使用的均衡性也很重要，要尽可能避免资源使用强度的大起大落。前面对网络计划的调整，一般都假定资源供应是充分的。然而，在大多数情况下，在一定时间内所提供的资源有 定的限定。资源优化的主要目的就是研究在资源使用均衡性要求与工期要求互为约束的情况下，如何使对方尽可能达到最优，从而使二者得到兼顾。

资源优化有两种情况：

1）在资源供应有限制的条件下，寻求计划的最短工期，称为"资源有限，工期最短"的优化。

2）在工期固定的条件下，力求资源消耗均衡，称为"工期固定，资源均衡"的优化。

6.5　工程项目进度控制

6.5.1　工程项目进度控制基本原理

工程项目进度控制是根据项目的进度目标，编制经济合理的进度计划，并据以检查工程进度计划的执行情况，若发现实际执行情况与计划进度不一致，应及时分析原因，并采取必要的措施对原工程进度计划进行调整或修正的过程。

对进度计划执行情况进行跟踪检查是计划执行信息的主要来源，是进度分析和调整的依据，也是进度控制的关键步骤。要认真做好三个方面的工作：一是定期收集进度报表资料；二是现场实地检查工程进展情况；三是定期召开现场会议。通过定期召开现场会议，工程管理人员与进度计划执行单位的有关人员面对面地交谈，既可以方便了解工程实际进度情况，也可以及时协调有关方面的进度关系。

6.5.2　工程项目进度控制基本方法

1. 横道图比较法

横道图比较法是指将在项目检查过程中收集到的实际进度信息，经分析整理后直接用横道线并列标在原计划的横道线处，进行直观比较的方法。例如，某钢筋混凝土工程的实际进度与计划进度比较如图6-52所示，其中细实线表示计划进度，加粗部分表示

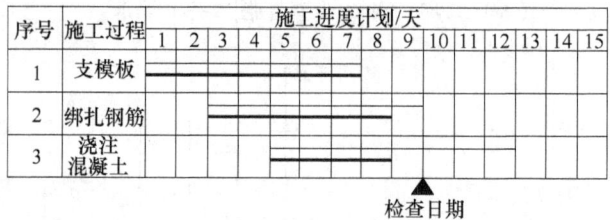

图6-52　某钢筋混凝土工程实际进度与计划进度横道图比较

实际进度。从图中可以看出，在第9天进行施工进度检查时，支模板工作已经完成，绑扎钢筋工作按计划应该完成，但实际施工进度只完成86%，已经拖后了14%，浇注混凝土工作完成了50%，拖后了12.5%。

通过上述记录与比较，为施工管理者提供了实际进度与计划进度之间的偏差，为采取调整措施提供了明确的任务。

横道图比较法具有以下优点：记录和比较方法简单，形象直观，容易掌握，应用方便，广泛应用于简单的进度检测工作中。但是它以横道进度计划为基础，因此存在不可克服的局限性，如各工作之间的逻辑关系不明显，关键工作和关键线路无法确定，一旦某些工作进度产生偏差时，难以预测对后续工作和整个工期的影响以及确定调整方法。

2. S形曲线比较法

S形曲线比较法与横道图比较法不同，它是以横坐标表示进度时间，纵坐标表示累计完成任务量而绘制出的一条按计划时间累计完成任务量的S形曲线，将施工项目的各检查时间实际完成任务量绘在S曲线图上，进行实际进度与计划进度比较的一种方法。累计完成任务量的S形曲线如图6-53所示。

S形曲线比较与横道图一样，都是在图上直观地进行施工项目实际进度与计划进度比较。一般进度控制人员在计划实施前绘制出S形曲线，在项目实施工程中，按规定时间将检查的实际任务完成情况绘制在与计划进度S形曲线的同一张图上，可得实际进度S形曲线，如图6-54所示。比较两条S形曲线可以得到如下信息：

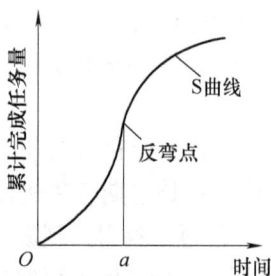

图6-53　累计完成任务量的S形曲线

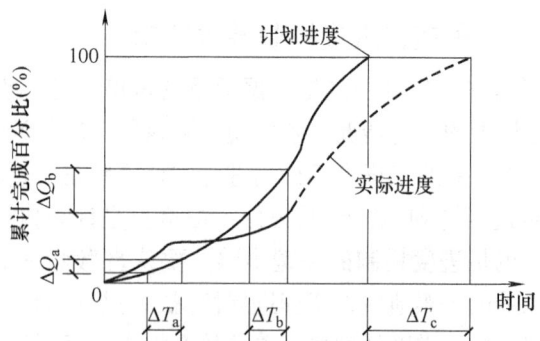

图6-54　实际进度与计划进度S形曲线比较

1）施工实际进度与计划进度比较情况。当实际进度点落在计划S形曲线左侧，则表示此时实际进度比计划进度超前；若落在其右侧，则表示实际进度比计划进度拖后；若刚好落在其上，则表示实际进度与计划进度一致。

2）施工实际进度比计划进度超前或拖后的时间。如图6-54所示，ΔT_a表示T_a时刻实际进度超前时间，ΔT_b表示T_b时刻实际进度拖后时间。

3）建筑工程施工实际进度比计划进度超额或拖欠的任务量。如图6-54所示，ΔQ_a表示T_a时刻超额完成任务量，ΔQ_b表示T_b时刻拖欠任务量。

4）预测工程进度。如图6-53所示，后续工作按原计划速度进行，则工期拖延预测时间为ΔT_c。

3. 香蕉曲线比较法

香蕉曲线是两条S形曲线组合成的闭合曲线，从S形曲线比较中可知某一项目计划时间与累计完成任务量之间的关系，都可以用一条S形曲线表示。一般来说，按任何一个施工项目的网络计划，都可以绘制出两条S形曲线。其中一条是以各项工作的计划最早开始时间安排进度而绘制的S形曲线，称为ES曲线；另一条是以各项工作的计划最迟开始时间安排进度而绘制的S形曲线，称为LS曲线。两条S形曲线都是从计划的开始时刻开始、完成时刻结束，因此两条曲线是闭合的，其余时刻的ES曲线上各点均落在LS曲线相应点的左侧，形成一条形如杏蕉的曲线，因此称为香蕉曲线，如图6-55所示。

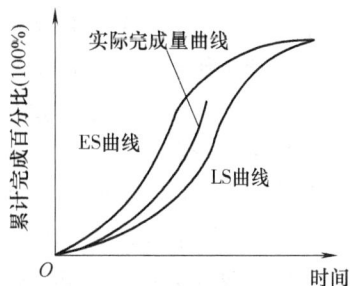

图6-55 香蕉曲线

在项目实施过程中，进度控制的理想状态是任一时刻按实际进度绘出的点，均落在香蕉形曲线的区域内，如图6-55所示。香蕉形曲线比较法的作用主要表现为：利用香蕉形曲线安排进度，对施工的实际进度与计划进度进行比较，确定在检查状态下后期工程的ES曲线和LS曲线的发展趋势。

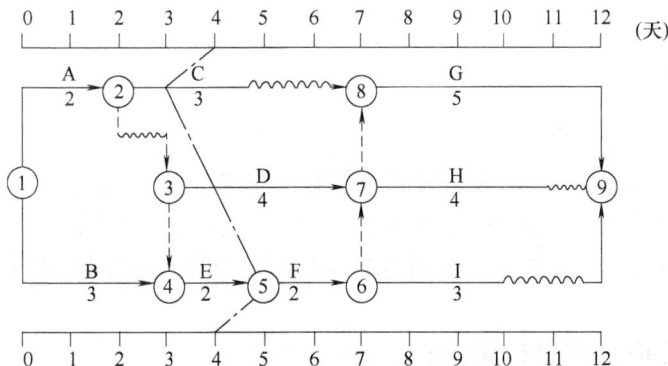

图6-56 实际进度与计划进度的前锋线比较

4. 前锋线比较法

前锋线比较法也是一种简便的进行施工实际进度与计划进度的比较方法。它主要适用于双代号时标网络计划。其主要方法是从检查时刻的时标点出发，首先连接与其相邻的工作箭线的实际进度点，由此再去连接该工作相邻的工作箭线的实际进度点，依次进行。将检查时刻正在进行工作的点都依次连接起来，组成一条一般为折线的前锋线，按前锋线与工作箭线交点的位置判定施工实际进度与计划进度之间的偏差，如图6-56所示。

6.5.3 工程项目进度调整

1. 进度偏差分析

通过实际进度与计划进度的比较，当发现进度偏差时，为了采取有效措施调整进度计划，必须深入现场进行调查，分析产生进度偏差的原因。影响工程项目进度的因素很多。例如，工程决策阶段可研报告可靠性的影响，工程建设相关单位的影响，物资、设备供应的影响，资金的影响，设计变更的影响，施工阶段现场条件、周围环境的影响，各种风险因素的影响，施工单位自身管理水平的影响。

当查明进度偏差产生的原因之后，要分析进度偏差对后续工作和总工期的影响程度。如果出现进度偏差的工作位于关键线路上，即该工作为关键工作，则无论其偏差有多大，都会对后续工作和总工期产生影响，必须采用相应的调整措施。如果工作的进度偏差大于该工作的总时差，则此进度偏差必将影响其后续工作和总工期，必须采取相应的调整措施。如果工作的进度偏差大于该工作的自由时差，则此进度偏差将对其后续工作产生影响，此时应根据后续工作的限制条件确定调整方法。

2. 进度计划调整方法

（1）改变某些工作间的逻辑关系　当工程项目施工中产生的进度偏差影响到总工期，且有关工作的逻辑关系允许调整时，可以改变关键线路和超过计划工期的非关键线路上的有关工作之间的逻辑关系，达到缩短工期的目的。例如，将顺序进行的工作改为平行作业、搭接作业及分段组织流水等。

（2）缩短某些工作的持续时间　这种方法是不改变工程项目中各工作之间的逻辑关系，而通过采取增加资源投入、提高劳动效率等措施来缩短某些工作的持续时间，使工程进度加快，以确保按计划工期完成该工程项目。

6.6 案例分析

<背景材料>

某工程网络计划工期为210天，第95天检查已完成节点5以前各工作，按原网络计划工作5—6最早开工时间为$ES_{5-6}=80$，已延误工期15天。各工作的增费率及最短作业时间按图例注在图上，$t_{i,j}$为正常作业时间。原网络图节点5以后部分及时间参数计算如图6-57所示。

<问题>

应如何压缩工期，使增费为最小？

<参考答案>

1. 初始网络计划的关键线路为5→6→9→10，首先比较关键线路各工作的增费率，以工作9—10为最低，可压缩天数为45-40=5天，增费为

$$\Delta C=\Delta t \cdot K=5 \times 200元=1000元$$

该工作已到最短作业时间，不能再压缩。

2. 关键线路上各工作第二个 K 值最低者为工作 6—9，可压缩天数为 60-50=10 天，但与之平行的线路段 6—8—9 总时差为 5，所以 6—9 只能先压缩 5 天，增费为：

$$\Delta C = \Delta t \cdot K = 5 \times 300 \text{元}$$
$$= 1500 \text{元}$$

这时线路段 6—8—9 时差为零，也变为关键线路，已累计压缩 10 天。

3. 进一步压缩可供选择的方案是：

（1）同时压缩 6—9 与 8—9，增费率为（100+300）元/天=400 元/天。

（2）同时压缩 6—9 与 6—8，增费率为（300+150）元/天=450 元/天。

（3）压缩 5—6 增费率为 420 元/天。

以第（1）种选择增费为最小，但工作 8—9 可压缩天数为 20-17=3 天，所以只能压缩 3 天，增费为

$$\Delta C = \Delta t \cdot K = 3 \times 400 \text{元} = 1200 \text{元}$$

已累计压缩天数为 13 天，尚需压缩 2 天。

4. 可供选择的压缩方案是：

（1）同时压缩 6—9 与 6—8，增费率为 450 元/天。

（2）压缩 5—6，增费率为 420 元/天。

以第（2）种选择增费最小，工作 5—6 可压缩天数为 5 天，实际只需压缩 2 天，增费为

$$\Delta C = \Delta t \cdot K = 2 \times 420 \text{元}$$
$$= 840 \text{元}$$

总计压缩 15 天，总增费为

（1000+1500+1200+840）元 =4540 元

因此，压缩工期 15 天的最低费用为 4540 元。

压缩工期后的网络时间参数及关键线路如图 6-58 所示。

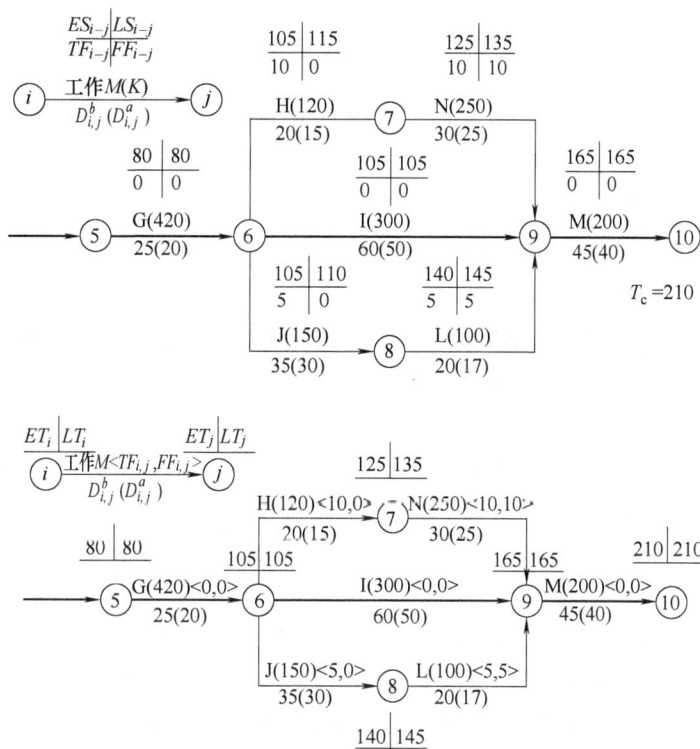

图 6-57　需调整工期的初始网络计划

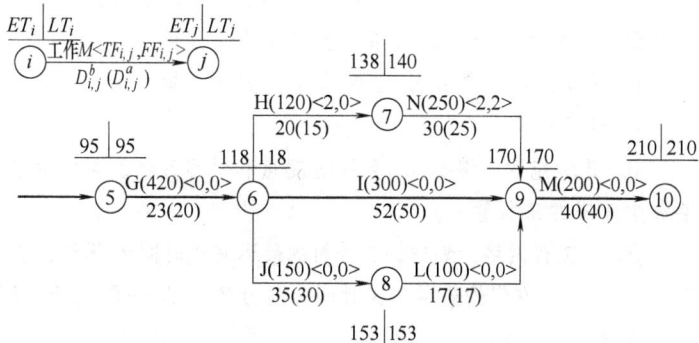

图 6-58　压缩工期后的网络时间参数及关键线路

本章习题

一、单选题

1. 在单代号搭接网络图中，若 i，j 工作时间有时距 STF_{i-j}，则 i，j 工作的时间间隔 LAG_{i-j} 的计算方法是（　　）。

A. $ES_j-ES_i-STS_{i-j}$　　B. $EF_j-EF_i-FTF_{i,j}$　　C. $EF_j-ES_i-STF_{i,j}$　　D. $ES_j-EF_i-STF_{i,j}$

2. 在工程网络计划中，工作的总时差是指在不影响（　　）的前提下，该工作可利用的机动时间。

A. 紧后工作最早开始
B. 后续工作最早开始
C. 紧后工作最迟开始
D. 紧后工作最早完成

3. 在工程网络计划中，工作的自由时差是指在不影响（　　）的前提下，该工作可利用的机动时间。

A. 紧后工作最早开始
B. 后续工作最迟开始
C. 紧后工作最迟开始
D. 本工作最早完成

4. 在双代号时标网络计划中，关键线路是指（　　）。

A. 没有虚工作的线路
B. 由关键节点组成的线路
C. 没有波形线的线路
D. 持续时间最长的工作所在的线路

5. 在工程网络计划中，判断关键工作的条件是（　　）最小。

A. 自由时差　　B. 总时差　　C. 持续时间　　D. 时间间隔

6. 某分部工程双代号网络计划如图 6-59所示，其关键线路有（　　）条。

A. 1　　B. 2
C. 3　　D. 4

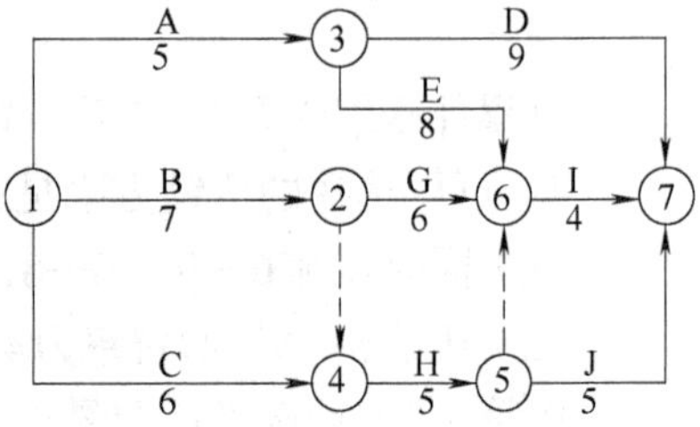

7. 在用计划S曲线判断实际进度时，若实际完成的进度点落在S曲线右侧时，则实际进度情况的正确描述为（　　）。

图6-59　某分部工程双代号网络计划

A. 进度提前，实际进度点和计划S曲线的垂直距离和水平距离分别表示提前的工期和多完成的任务量

B. 进度拖后（滞后），但完成了计划任务量

C. 进度正常

D. 进度拖后（滞后），实际进度点和计划S曲线间的水平距离和垂直距离分别表示拖后的工期和少完成的工程量

8. 在工程网络计划中，工作M的最迟完成时间为25天，其持续（工作）时间为6天。该工作有2项紧前工作，它们的最早完成时间分别为第10天和第14天，则工作M的总时差为（　　）天。

A. 5　　B. 6　　C. 9　　D. 15

9. 某工程时标网络计划如图6-60所示，第6天检查实际进度后，绘制的实际进度前锋线如图6-60所示。则对工作实际进度判断的正确结论是（   ）。

A. 工作D提前3天，工作E拖后2天，工作F提前1天，工期提前1天

B. 工作D提前2天，工作E拖后（滞后）3天，工作F提前1天，总工期延误1天

C. 工作D提前1天，工作E拖后（滞后）2天，工作F提前1天，各工作的提前和滞后对总工期无影响

D. F为关键工作，且其进度提前1天，所以总工期就提前1天

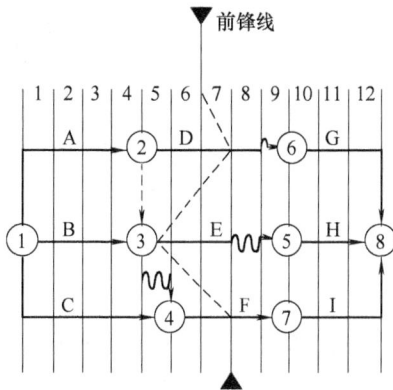

图6-60 某工程时标网络计划

10. 某分部工程双代号时标网络计划如图6-61所示，其中工作A的总时差和自由时差为（   ）。

A. 1和0   B. 均为1

C. 2和0   D. 均为0

二、多选题

1. 在工程网络计划中，关键线路是指（   ）的线路。

A. 双代号网络计划中总持续时间最长

B. 相邻两项工作之间时间间隔均为零

C. 单代号网络计划中由关键工作组成

D. 时标网络计划中自始至终无波形线

E. 双代号网络计划中由关键节点组成

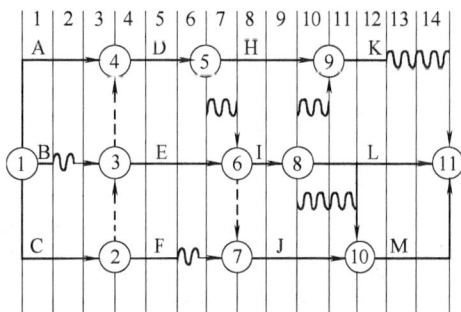

图6-61 某分部工程双代号时标网络计划

2. 工程网络计划费用优化的目的是为了寻求（   ）。

A. 满足要求工期的条件下使总成本最低的计划安排

B. 使资源强度最小时的最短工期安排

C. 使工程总费用最低时的资源均衡安排

D. 使工程总费用最低时的工期安排

E. 工程总费用固定条件下的最短工期安排

3. 某分部工程双代号网络计划如图6-62所示，其作图错误包括（   ）。

A. 多个起点节点   B. 多个终点节点

C. 节点编号有误   D. 存在循环回路

E. 有多余虚工作

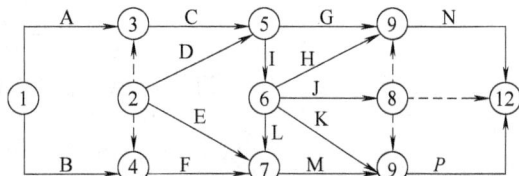

图6-62 某分部工程双代号网络计划

4. 某分部工程双代号网络计划如图6-63所示。图中已标出每个节点的最早时间和最迟时间，该计划表明（   ）。

A. 工作1—3为关键工作   B. 工作1—4的总时差为1

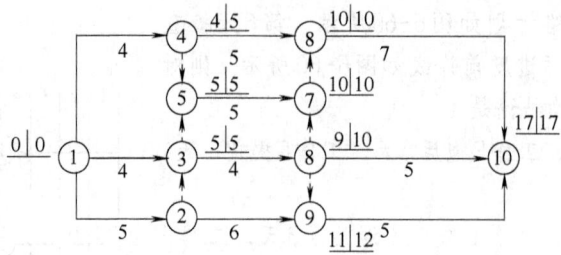

图6-63 某分部工程双代号网络计划

C. 工作3—6的自由时差为1   D. 工作4—8的自由时差为0

E. 工作6—10的总时差为3

5. 关于网络计划中的虚工作，下列说法正确的是（   ）。

A. 既消耗时间，又消耗资源   B. 只是表示工作之间的逻辑关系

C. 既不消耗时间，也不消耗资源   D. 不消耗时间，只消耗资源

三、绘图与计算

1. 根据表6-10中工作间的逻辑关系，试绘制双代号网络图。

表6-10 工作间的逻辑关系

工作	A	B	C	D	E	F	G	H	I	J
紧前工作	—	—	A、B	A	C、D	C、D	E	E、F	B	G、H、I

2. 用图上计算法（六时标法）计算下面（图6-64）双代号网络图的工作时间参数，并标出关键线路。

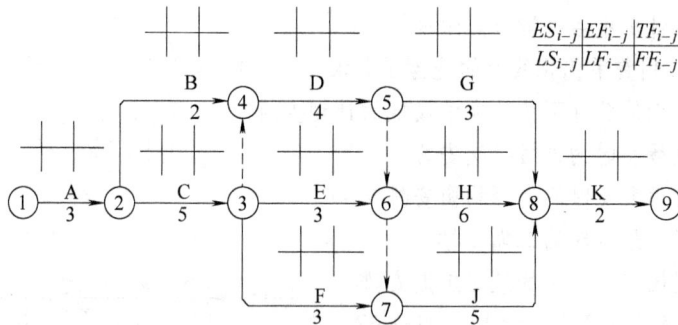

图6-64 某双代号网络图的工作时间参数图上计算

7

第 7 章
工程项目费用管理

本章概要

（1）工程项目费用组成

（2）工程项目费用计划

（3）工程项目费用（投资）控制

（4）价值工程在建设工程项目费用控制中的应用

（5）施工项目成本管理

（6）工程项目费用与进度综合控制的挣值法

（7）案例分析

7.1 工程项目费用组成

7.1.1 我国现行工程项目总费用（总投资）构成

工程建设项目投资是指进行某项工程建设花费的全部费用。根据原国家计委审定发布的《投资项目可行性研究指南》（计办投资[2002]15号）以及国家发改委和原建设部发布的《建设项目经济评价方法与参数（第三版）》（发改投资[2006]1325号）的内容，现行工程项目总费用（总投资）由固定资产投资和流动资产投资两部分构成。固定资产投资包括建设投资、建设期利息两部分，其中建设投资又可以分为工程费用、工程建设其他费用和预备费三部分，如图7-1所示。

图7-1所示建设投资中的工程费用、工程建设其他费用和基本预备费属于工程建设项目静态投资部分，而涨价预备费和建设期利息属于工程建设项目动态投资部分。

7.1.2 建筑安装工程费用

我国现行建筑安装工程费用项目组成按原建设部、财政部（关于印发《建筑安装工程费用项目组成》的通知[建标[2003]206号]）的规定由四部分构成，即直接费、间接费、利润和税金，具体组成结构如图7-2所示。

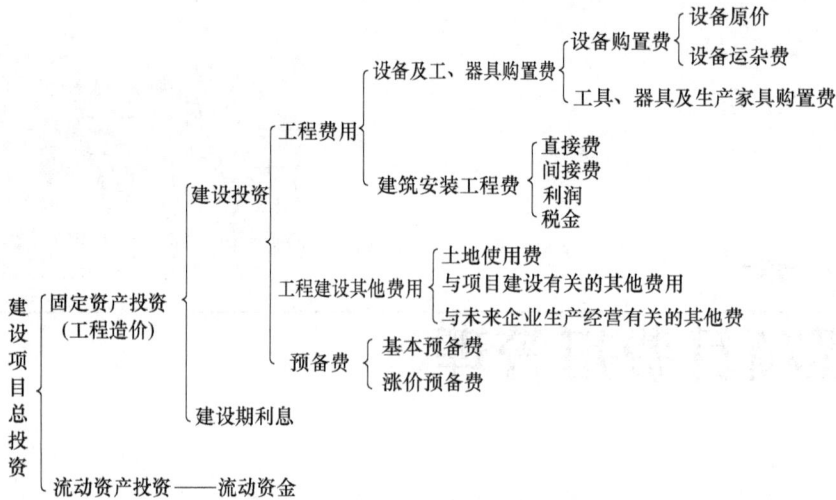

图 7-1　我国现行建设项目总费用（总投资）构成

1. 直接费

直接费由直接工程费与措施费两项组成。

（1）直接工程费　直接工程费是指在工程施工过程中直接耗费的构成工程实体的各种费用。它包括人工费、材料费和施工机械使用费，即：

直接工程费 = 人工费 + 材料费 + 施工机械使用费　　　　　　　　　（7-1）

1）人工费。人工费是指直接从事建筑安装工程施工的生产工人开支的各项费用。人工费单价（日工资单价）的组成包括基本工资、工资性补贴、生产工人辅助工资、职工福利费、生产工人劳动保护费。

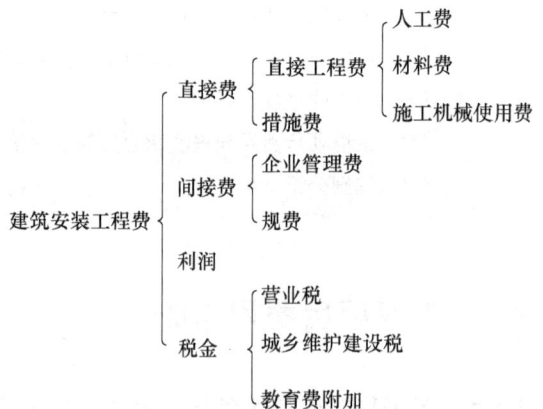

图 7-2　我国现行建筑安装工程费用构成

人工费的计算如下：

$$人工费 = \sum（工程量 \times 人工工日定额消耗量 \times 日工资单价）　　　（7-2）$$

2）材料费。建筑安装工程费中的材料费是指施工过程中耗用的构成工程实体的原材料、辅助材料、构配件、零件、半成品的费用。材料费单价的组成包括材料原价、材料运杂费、运输损耗费、采购及保管费、检验试验费。

材料费按下式计算：

$$材料费 = \sum（工程量 \times 材料定额消耗量 \times 材料费单价）+ 检验试验费　　（7-3）$$

其中，材料费单价按下式计算

$$材料费单价 = [（供应价格 + 运杂费）\times（1 + 运输损耗率）] \times$$
$$（1 + 采购保管费率）　　　　　　　　　　　　　（7-4）$$

3）施工机械使用费。施工机械使用费是指使用施工机械作业所发生的机械使用费以及机械安、拆费和场外运费。施工机械台班单价由下列七项费用组成：折旧费、大修理费、经常修理费、安拆费及场外运费、人工费、燃料动力费、养路费及车船使用税。

施工机械使用费按下式计算

$$施工机械使用费 = \sum（工程量 \times 机械台班定额消耗量 \times 机械台班单价） \qquad （7\text{-}5）$$

（2）措施费　措施费是指为完成工程项目施工，发生于该工程施工前和施工过程中非工程实体项目的费用，依据施工方案或施工组织设计确定。措施费包括：文明施工与环境保护费、临时设施费、安全施工费、夜间施工费、材料二次搬运费、冬雨季施工增加费、大型机械设备进出场及安装费、施工排水及降水费、混凝土与钢筋混凝土模板及支架费、脚手架费、已完工程及设备保护费等。

2. 间接费

间接费是指虽不直接由施工的工艺过程所引起，但却与工程的总体条件有关的，建筑安装企业为组织施工和进行经营管理，以及间接为建筑安装生产服务的各项费用。间接费是按相应的计取基数（直接费或人工费）乘以间接费费率确定。间接费由规费和企业管理费组成。

（1）规费　规费是指政府和有关权力部门规定必须缴纳的费用（简称规费）。包括：工程排污费、工程定额测定费、社会保障费、住房公积金、危险作业意外伤害保险。其中，社会保障费包括养老保险费、失业保险费、医疗保险费。

（2）企业管理费　企业管理费是指建筑安装企业组织施工生产和经营管理所需的费用。内容包括：管理人员工资、办公费、差旅交通费、固定资产使用费、工具用具使用费、劳动保险费、工会经费、职工教育经费、财产保险费、财务费、税金及其他。

3. 利润

利润是指施工企业完成所承担工程获得的盈利。其计算式为：

$$利润 = （直接工程费 + 措施费 + 间接费） \times 相应利润率 \qquad （7\text{-}6）$$

4. 税金

建筑安装工程的税金是指国家税法规定的应计入建筑安装企业费用的营业税、城乡维护建设税及教育费附加。

税金按下式计算（式中税率为综合税率）：

$$税金 = （税前造价 + 利润） \times 税率 \qquad （7\text{-}7）$$

纳税地点在市区的企业，综合税率为3.41%；纳税地点在县城、镇的企业，综合税率为3.35%；纳税地点不在市区、县城、镇的企业，综合税率为3.22%。

7.1.3　设备及工、器具购置费

设备及工、器具购置费是由设备购置费和工具、器具及生产家具购置费组成的，它是固定资产投资中积极的部分。在生产性工程建设中，设备及工、器具购置费占工程造价比例的增大，意味着生产技术的进步和资本有机构成的提高。

1. 设备购置费

设备购置费是指为建设项目购置或自制的达到固定资产标准的各种国产或进口设备工

具、器具的购置费用。它由设备原价和设备运杂费构成。即：

$$设备购置费 = 设备原价 + 设备运杂费 \qquad (7-8)$$

在式（7-8）中，设备原价指国产设备或进口设备的原价；设备运杂费指除设备原价之外的关于设备采购、运输、途中包装及仓库保管等方面支出费用的总和。

（1）设备原价

1）国产设备原价。国产设备原价分为国产标准设备原价和国产非标准设备原价。国产标准设备原价一般指设备制造厂的交货价，或订货合同价；国产非标准设备是指国家尚无定型标准，各设备生产厂不可能在生产工艺过程中采用批量生产，只能按一次订货，并根据具体的设计图样制造的设备确定。

2）进口设备原价。进口设备原价是指进口设备的抵岸价，即抵达买方边境港口或边境车站，且交完关税等税费后形成的价格。进口设备抵岸价的构成与进口设备的交货类别有关。进口设备的交货类别可分为内陆交货类、目的地交货类、装运港交货类。

内陆交货类，即卖方在出口国内陆的某个地点交货。在交货地点，卖方及时提交合同规定的货物和有关凭证，并负担交货前的一切费用和风险，买方按时接受货物，交付货款，负担接货后的一切费用和风险，并自行办理出口手续和装运出口。货物的所有权也在交货后由卖方转移给买方。目的地交货类，即卖方在进口国的港口或内地交货，有目的港船上交货价、目的港船边交货价和目的港码头交货价（关税已付）及完税后交货价（进口国的指定地点）等几种交货价。它们的特点是：买卖双方承担的责任、费用和风险是以目的地约定交货点为分界线，只有当卖方在交货点将货物置于买方控制下才算交货，才能向买方收取货款。这种交货类别对卖方来说承担的风险较大，在国际贸易中卖方一般不愿采用。装运港交货类，即卖方在出口国装运港交货，主要有装运港船上交货价（FOB价），习惯称离岸价格。

装运港船上交货价是我国进口设备采用最多的一种货价。采用船上交货价时卖方的责任是：在规定的期限内，负责在合同规定的装运港口将货物装上买方指定的船只，并及时通知买方；负担货物装船前的一切费用和风险，负责办理出口手续，提供出口国政府或有关方面签发的证件；负责提供有关装运单据。买方的责任是：负责租船或订舱，支付运费，并将船期、船名通知卖方，负担货物装船后的一切费用和风险；负责办理保险及支付保险费，办理在目的港的进口和收货手续，接受卖方提供的有关装运单据，并按合同规定支付货款。

当采用装运港船上交货价时，其抵岸价（进口设备原价）的构成可表示为：

$$进口设备原价 = FOB价 + 国际运费 + 运输保险费 + 银行财务费 + 外贸手续费 +$$
$$关税 + 增值税 + 消费税 + 海关监管手续费 + 车辆购置附加费 \qquad (7-9)$$

①FOB价。设备FOB价分为原币货价和人民币货价，原币货价一律折算为美元表示，人民币货价按原币货价乘以外汇市场美元兑换人民币中间价确定。FOB价按有关生产厂商询价、报价、订货合同价计算。

②国际运费。它是从出口国装运港（站）到达进口国港（站）的运费。我国进口设备大部分采用海洋运输，小部分采用铁路运输，个别采用航空运输。国际运费的计算式为：

$$国际运费（海、陆、空） = FOB价 \times 运费率 \qquad (7-10)$$

或：

$$国际运费（海、陆、空） = 运量 \times 单位运价 \qquad (7-11)$$

其中，运费率或单位运价参照有关部门或进出口公司的规定执行。

③运输保险费。对外贸易货物运输保险是由保险公司与被保险的出口人或进口人订立保险契约，在被保险人交付议定的保险费后，保险公司根据保险契约的规定对货物在运输过程中发生的承保责任范围内的损失给予经济上的补偿。这是一种财产保险，其计算式为：

$$运输保险费 = \frac{FOB价 + 国外运费}{1 - 保险费率} \times 保险费率 \qquad (7-12)$$

其中，保险费率按保险公司规定的进口货物保险费率计算。

④银行财务费。一般是指中国银行手续费，其计算式为：

$$银行财务费 = FOB价 \times 银行财务费率（一般为0.4\%\sim0.5\%） \qquad (7-13)$$

⑤外贸手续费。指按对外经济贸易部门规定的外贸手续费率计取的费用。外贸手续费率一般取1.5%。外贸手续费的计算式为：

$$外贸手续费 = （FOB价 + 国际运费 + 运输保险费） \times 外贸手续费率 \qquad (7-14)$$

⑥关税。由海关对进出国境或关境的货物和物品征收的税，其计算式为：

$$关税 = （FOB价 + 国际运费 + 运输保险费） \times 进口关税税率 \qquad (7-15)$$

进口关税税率分为优惠和普通两种。优惠税率适用于与我国签订有关税互惠条约或协定的国家的进口设备；普通税率适用于与我国未订有关税互惠条约或协定的国家的进口设备。进口关税税率按我国海关总署发布的进口关税税率计算。

对进口设备，习惯上称FOB价为离岸价格，称CIF价为到岸价格。CIF价的计算式为：

$$CIF价 = FOB价 + 国际运费 + 运输保险费 \qquad (7-16)$$

⑦增值税。它是对从事进口贸易的单位和个人，在进口商品报关进口后征收的税种。我国增值税条例规定，进口应税产品均按组成计税价格和增值税税率直接计算应纳税额。即：

$$进口产品增值税额 = 组成计税价格 \times 增值税税率 \qquad (7-17)$$

$$组成计税价格 = FOB价 + 国际运费 + 运输保险费 + 关税 + 消费税 \qquad (7-18)$$

增值税税率根据规定的税率计算，目前进口设备适用税率为17%。

⑧消费税。仅对部分进口设备（如轿车、摩托车等）征收。即：

$$应纳消费税额 = \frac{到岸价 + 关税}{1 - 消费税税率} \times 消费税税率 \qquad (7-19)$$

其中，消费税税率根据规定的税率计算。

⑨海关监管手续费。指海关对进口减税、免税、保税货物实施监督、管理、提供服务的手续费。对于全额征收进口关税的货物不计本项费用。其计算式为：

$$海关监管手续费 = （FOB价 + 国际运费 + 运输保险费） \times 海关监管手续费率 \qquad (7-20)$$

海关监管手续费率常为0.3%。

⑩车辆购置附加费。进口车辆需缴进口车辆购置附加费。即：

$$进口车辆购置附加费 = （FOB价 + 国际运费 + 运输保险费 + 关税 + 消费税 + 增值税） \times 进口车辆购置附加费率 \qquad (7-21)$$

（2）设备运杂费 设备运杂费的构成包括：运费和装卸费、包装费、设备供销部门手续费、采购与仓库保管费。其计算式为：

$$设备运杂费 = 设备原价 \times 设备运杂费率 \qquad (7-22)$$

其中，设备运杂费率按各部门及省、市等的规定计取。

2. 工具、器具及生产家具购置费

工具、器具及生产家具购置费，是指新建或扩建项目初步设计规定的，保证初期正常生产必须购置的没有达到固定资产标准的设备、仪器、工具、器具、生产家具和备品备件等的购置费用。其计算式为：

$$工具、器具及生产家具购置费 = 设备购置费 × 定额费率 \qquad (7-23)$$

7.1.4 工程建设其他费用

工程建设其他费用是指建设单位从工程筹建到工程竣工验收交付使用为止的整个建设期间，除建筑安装工程费用和设备及工、器具购置费用以外的，为保证工程建设顺利完成和交付使用后能够正常发挥作用而发生的各项费用的总和。工程建设其他费用按其内容可分为三类：第一类为土地使用费；第二类为与工程建设有关的其他费用；第三类为与未来企业生产经营有关的其他费用。

（1）土地使用费 指为获得建设用地而支付的费用。其表现形式为：通过划拨方式取得土地使用权而支付的土地征用及迁移补偿费，或通过土地使用权出让方式取得土地使用权而支付的土地使用权出让金，按有关规定计算。

（2）与工程建设有关的其他费用 根据项目的不同，与项目建设有关的其他费用的构成也不尽相同，在进行工程量估算及概预算中可根据实际情况进行计算。与项目建设有关的其他费用包括：建设单位管理费、勘察设计费、研究试验费、建设单位临时设施费、工程监理费、工程保险费、引进技术和进口设备其他费、总承包单位的工程承包费等。

（3）与未来企业生产经营有关的其他费用 包括联合试运转费、生产准备费、办公和生活家具购置费。联合试运转费指新建企业或新增加生产工艺过程的扩建企业在竣工验收前，按照设计规定的工程质量标准，进行整个车间的负荷或无负荷联合试运转发生的费用支出大于试运转收入的亏损部分；生产准备费是指新建企业或新增生产能力的企业，为保证竣工交付使用进行必要的生产准备所发生的费用，内容包括生产人员培训费和生产单位提前进厂参加施工、设备安装、调试等以及熟悉工艺流程及设备性能等人员工资、工资性补贴、职工福利费、差旅交通费、劳动保护费等；办公和生活家具购置费指为保证新建、改建、扩建项目初期正常生产、使用和管理所需购置的办公和生活家具、用具的费用。

7.1.5 预备费、建设期贷款利息

1. 预备费

按我国现行规定，预备费包括基本预备费和涨价预备费。

（1）基本预备费 基本预备费是指在初步设计文件及概算内难以事先预料，而在工程建设期间可能发生的工程费用。基本预备费的内容包括：

1）在批准的初步设计范围内，技术设计、施工图设计及施工过程中所增加的工程费用，以及设计变更、局部地基处理等增加的费用。

2）一般自然灾害造成的损失和预防自然灾害所采取的措施费用。实行工程保险的项目，费用应适当降低。

3）竣工验收时为鉴定工程质量对隐蔽工程进行必要的剥露和修复费用。

基本预备费是以工程建设费为取费基础，乘以基本预备费率进行计算的。即：

基本预备费 = 工程建设费 × 基本预备费率 = （设备及工、器具购置费 +

建筑安装工程费 + 工程建设其他费用） × 基本预备费率　　　　（7-24）

基本预备费率的取值应执行国家及部门的有关规定。在项目建议书阶段和可行性研究阶段，基本预备费率一般取 10%~15%；在初步设计阶段，基本预备费率一般取 7%~10%。

（2）涨价预备费　涨价预备费是指建设项目在建设期间内由于价格等变化引起工程造价变化的预测预留费用。涨价预备费的内容包括：人工、设备、材料、施工机械的价差费，建筑安装工程费及工程建设其他费用调整，利率、汇率调整等增加的费用。

涨价预备费的计算一般是根据国家规定的投资综合价格指数，按估算年份价格水平的投资额为基数，采用复利方法计算。计算公式为：

$$PF = \sum_{t=1}^{n} I_t [(1+f)^t - 1]　　　　（7-25）$$

式中　PF——涨价预备费；

n——建设期年份数；

I_t——建设期中第 t 年的投资计划额；

f——年均投资价格上涨率。

I_t = 工程建设费 + 基本预备费 = （工器具购置费 + 建筑安装工程费 + 工程建设其他费用） + 基本预备费

【例7-1】　某建设项目初期静态投资为 30100 万元，建设期为 3 年，各年投资计划额如下：第一年 8300 万元，第二年 15200 万元，第三年 6600 万元，年均投资价格上涨率为 6%，求项目建设期间涨价预备费。

解　第一年涨价预备费为

$PF_1 = I_1 [(1+f) - 1] = 8300$ 万元 $\times 0.06 = 498.00$ 万元

第二年涨价预备费为

$PF_2 = I_2 [(1+f)^2 - 1] = 15200$ 万元 $\times (1.06^2 - 1) = 1878.72$ 万元

第三年涨价预备费为

$PF_3 = I_3 [(1+f)^3 - 1] = 6600$ 万元 $\times (1.06^3 - 1) = 1260.71$ 万元

所以，建设期的涨价预备费为

$PF = (498.00 + 1878.72 + 1260.71)$ 万元 $= 3637.43$ 万元

2. 建设期贷款利息

建设期贷款利息是指项目建设期间向国内银行和其他非银行金融机构贷款、出口信贷、外国政府贷款、国际商业银行贷款，以及在境内外发行的债券等所产生的利息。

当贷款在年初一次性贷出且利率固定时，建设期贷款利息按下式计算：

$$I = P(1+i)^n - P \qquad (7-26)$$

式中　P——一次性贷款数额；

　　　i——年利率；

　　　n——计息期；

　　　I——贷款利息。

当总贷款是分年均衡发放时，建设期利息的计算可按当年借款在年中支用考虑，即当年贷款按半年计息，上年贷款按全年计息。计算公式为：

$$q_j = \left(P_{j-1} + \frac{1}{2}A_j\right)i \qquad (7-27)$$

式中　q_j——建设期第 j 年应计利息；

　　　P_{j-1}——建设期第 $(j-1)$ 年末贷款累计金额与利息累计金额之和；

　　　A_j——建设期第 j 年的贷款金额。

【例7-2】　某新建项目，建设期为3年，分年均衡进行贷款，第一年贷款500万元，第二年贷款800万元，第三年贷款600万元，年利率为12%，建设期内利息只计息不支付，试计算建设期贷款利息。

解　在建设期内，各年利息计算如下

$$q_1 = \frac{1}{2}A_1 i = \frac{1}{2} \times 500 \,万元 \times 12\% = 30.00 \,万元$$

$$q_2 = \left(P_1 + \frac{1}{2}A_2\right)i = \left(500 + 30 + \times \frac{1}{2} \times 800\right) 万元 \times 12\% = 111.60 \,万元$$

$$q_3 = \left(P_2 + \frac{1}{2}A_3\right)i = \left(500 + 30.00 + 800 + 111.60 + \frac{1}{2} \times 600\right) 万元 \times 12\% = 208.99 \,万元$$

建设期贷款利息 $= q_1 + q_2 + q_3 = (30.00 + 111.60 + 208.99)$ 万元 $= 350.59$ 万元

7.2　工程项目费用计划

7.2.1　工程项目费用计划系统

工程项目费用（投资）计划的编制是一项非常重要的工作。工程项目的建设过程是一个周期长、投资大的复杂过程，投资计划并不是一成不变，在不同的建设阶段随着工程项目建设的不断深入，投资计划也逐步具体和深化。因此，投资计划需按建设阶段分阶段设置，每一阶段的投资计划值也是相对而言的，如图7-3所示。

在建设工程项目可行性研究阶段，只能编制比较粗略的投资计划，即投资估算；在设计阶段，随着初步设计、技术设计、施工图设计的完成，依次能确定出设计概算、修正概

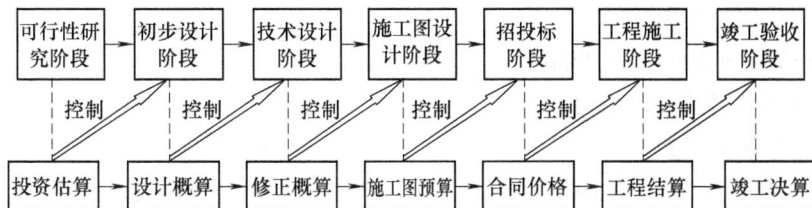

图 7-3　工程项目分阶段设置的投资计划

算、施工图预算等投资计划；在工程招标阶段选定承包单位，明确工程合同价格；在工程施工阶段，编制工程结算；建设工程项目竣工验收后，组织编制工程决算。

其中，设计概算是设计文件的重要组成部分，是在投资估算的控制下由设计单位根据初步设计（或扩大初步设计）图样、概算定额（或概算指标）、费用定额、建设地区设备及材料预算价格等资料编制的建设项目从筹建到竣工交付使用所需全部费用的文件。设计概算一般可分为单位工程概算、单项工程综合概算和建设项目总概算三级；施工图预算是由设计单位在施工图设计完成后，根据施工图设计图样、现行预算定额、费用定额以及地区设备、材料、人工、施工机械台班等预算价格编制和确定的建筑安装工程造价的文件。施工图预算一般可分为单位工程预算、单项工程预算和建设项目总预算三级。

总之，建设项目投资计划的编制应随着工程项目建设实施的进展而分阶段编制。在各建设阶段形成的投资计划相互联系、相互补充又相互制约，前者控制后者，共同构成建设项目投资计划系统。从投资估算、设计概算、施工图预算到工程承包合同价格的计划形成过程中，各环节之间相互衔接，前者控制后者，后者补充前者。因此，投资计划系统的形成过程是一个由粗到细、由浅到深和准确度由低到高的不断完善的过程。

7.2.2　投资估算

投资估算可以分为固定资产投资估算和铺底流动资金估算。固定资产投资估算从体现资金时间价值的角度，又可分为静态投资估算和动态投资估算。固定资产投资分为静态投资和动态投资。固定资产静态投资部分包括建筑安装工程费、设备及工器具购置费、工程建设其他费及基本预备费；固定资产动态投资部分包括涨价预备费、建设期贷款利息，涉外项目还要考虑汇率的变化等，此部分计算见本章 7.1.5。下面主要介绍固定资产静态投资和流动资金投资的估算方法。

1. 固定资产静态投资估算

固定资产静态部分的投资估算，一般以开工的前一年为基准年，以这一年的价格为依据进行估算。估算固定资产静态部分投资的方法主要有：生产能力指数法、系数估算法、指标估算法、资金周转率法、单位生产能力估算法、比例估算法。

（1）生产能力指数法　这种方法是根据已建成的、性质类似的建设项目的投资额和生产能力及拟建项目的生产能力估算拟建项目的投资额。其计算公式为：

$$C_2 = C_1 \left(\frac{Q_2}{Q_1}\right)^n f \tag{7-28}$$

式中　C_1——已建类似项目的投资额；

C_2——拟建项目的投资额；

Q_1——已建类似项目的生产能力；

Q_2——拟建项目的生产能力；

n ——生产能力指数；

f ——不同时期、不同地点的定额、单价、费用变更等的综合调整系数。

若已建类似项目或装置的规模和拟建项目或装置的规模相差不大，Q_1 与 Q_2 比值在 0.5~2 之间，则指数 n 的取值近似为1。

若已建类似项目或装置的规模和拟建项目或装置的规模相差不大于50倍，且拟建项目规模的扩大仅靠增大设备规模来达到时，则指数 n 取值在0.6~0.7之间；若是靠增加相同规格设备的数量达到时，指数 n 的取值在0.8~0.9之间。

采用这种方法，计算简单、速度快，但要求类似工程的资料可靠，条件基本相同，否则误差就会增大。

【例7-3】 已知年产20万t乙烯项目的装置投资额为36000万元，现拟建年产50万t乙烯项目，工程条件与上述项目类似，设生产能力指数为0.8，综合调整系数为1.1，试估算该项目的装置投资。

解 拟建年产50万t乙烯装置的投资额为

$$C_2 = C_1 \left(\frac{Q_2}{Q_1} \right)^n f = 36000 \text{万元} \times (50/20)^{0.8} \times 1.1 = 82422.77 \text{万元}$$

（2）系数估算法 系数估算法是以拟建项目的主要设备费或主体工程费为基数，以其他工程费占主要设备费或主体工程费的百分比为系数估算项目的总投资。系数估算法简单易行，但精度较低，常用于项目建议书阶段的投资估算。系数估算法有设备系数法、主体专业系数法、朗格系数法等。

1）设备系数法。以拟建项目的设备费为基数，根据已建成的同类项目的建筑安装工程费和其他工程费占设备价值的百分比，求出拟建项目建筑安装工程费和其他工程费，进而求出建设项目总投资。其计算公式为：

$$C = E(f + f_1P_1 + f_2P_2 + f_3P_3 + \cdots) + I \tag{7-29}$$

式中　　　　C——拟建项目的总投资；

　　　　　　E——根据拟建项目的设备清单按已建项目当时、当地的价格计算的设备费（包括运杂费）的总和；

　　P_1、P_2、P_3——已建项目中建筑、安装及其他工程费用等占设备费的百分比；

　　f、f_1、f_2、f_3——因时间因素引起的定额、价格、费用标准等变化的综合调整系数；

　　　　　　I——拟建项目的其他费用。

【例7-4】 某地于2008年8月拟建一年产60万t聚酯的工厂，现获得已于2005年10月投产的年产15万t聚酯的类似厂的建设投资资料。类似厂的设备费15000万元，建筑工程费7200万元，安装工程费4800万元，工程建设其他费3450万元。若拟建项目的其他费用为3000万元，考虑因2005~2008年时间因素导致的对设备费、建筑工程费、安装工程费、工程建设其他费的综合调整系数分别为1.1，1.2，1.0，1.1，生产能力指数为0.8，估算拟建项目的静态投资。

解 （1）求建筑工程费、安装工程费、工程建设其他费占设备费百分比。

建筑工程费为 $7200 \div 15000 = 0.48$

安装工程费为 $4800 \div 15000 = 0.32$

工程建设其他费为 $3450 \div 15000 = 0.23$

（2）估算拟建项目的静态投资

$$C = E(f + f_1P_1 + f_2P_2 + f_3P_3 + \cdots) + I$$
$$= (15000 \times (60/15)^{0.8} \times (1.1 + 1.2 \times 0.48 + 1.0 \times 0.32 + 1.1 \times 0.23) + 3000) 万元$$
$$= 105265.39 万元$$

2）主体专业系数法。以拟建项目中最主要的、投资比例较大并与生产能力直接相关的工艺设备的投资（包括运杂费和安装费）为基数，根据同类型已建项目的有关统计资料，计算出拟建项目的各专业工程（总图、土建、暖通、给水排水、管道、电气、自动控制等）占工艺设备投资的百分比，以求出各专业的投资，然后把各部分投资费用（包括工艺设备费用）相加求和，再加上工程其他有关费用，即为项目的总费用。其计算公式为：

$$C = E(1 + f_1P_1' + f_2P_2' + f_3P_3' + \cdots) + I \tag{7-30}$$

式中 P_1'、P_2'、P_3'——拟建项目中各专业工程费用占工艺设备总费用的百分比。

（3）指标估算法 这种方法是把建设项目划分成建筑工程、设备安装工程、设备购置费、其他基本建设费用项目或单位工程，再根据具体的投资估算指标，进行各项费用项目或单位工程投资的估算，在此基础上，可汇总成每一单项工程的投资。

投资估算的指标形式较多，如以元/m、元/m²、元/m³、元/t、元/（kV·A）表示。根据这些投资估算指标，乘以所需的面积、体积等，就可求出相应的建筑工程、设备安装工程等各单位工程的投资。

采用指标估算法时，要根据国家的有关规定、投资主管部门或地区颁布的估算指标，结合工程的具体情况编制。一方面，要注意套用的指标与具体工程之间的标准或条件有差异时，应加以必要的换算或调整；另一方面，要注意使用的指标单位应密切结合每个单位工程的特点，能正确反映其设计参数，不要盲目地单纯套用一种指标。

1）单位面积综合指标估算法。该法适用于单项工程的投资估算，投资包括土建、给水排水、采暖、通风、空调、电气、动力管道等所需费用。其计算公式如下：

$$单项工程投资额 = 建筑面积 \times 单位面积造价 \times 价格浮动指数 \pm 结构和建筑$$
$$标准部分的价差 \qquad (7-31)$$

2）单元指标估算法。该法在实际工作中使用较多，其计算公式如下：

$$项目投资额 = 单元指标 \times 民用建筑功能 \times 物价浮动指数 \qquad (7-32)$$

单元指标是指每个估算单位的投资额，如饭店单位客房投资指标、医院每个床位投资指标等。

（4）资金周转率法　这是一种利用资金周转率来推测投资额的简便方法。其计算公式为：

$$资金周转率 = \frac{年销售总额}{总投资} = \frac{产品年产量 \times 产品单价}{总投资} \times 100\% \qquad (7-33)$$

$$总投资 = \frac{产品年产量 \times 产品单价}{资金周转率} \qquad (7-34)$$

拟建项目的资金周转率可以根据已建相似项目的有关数据进行估计，然后再根据拟建项目预计产品的年产量及单价，估算拟建项目的投资额。这种方法比较简单，计算速度快，但精确度较低，可用于投资机会研究及项目建议书阶段的投资估算。

2. 流动资金投资估算

流动资金是指生产经营性项目投产后，为保证正常生产运营，用于购买原材料、燃料，支付工资及其他经营费用等所用的周转资金。

在工业项目决策阶段，为了保证项目投产后能正常生产经营，往往需要有一笔最基本的周转资金，这笔最基本的周转资金被称为铺底流动资金。铺底流动资金一般为流动资金总额的30%，在项目正式建设前就应该落实。流动资金估算一般采用分项详细估算法。

流动资金的显著特点是在生产过程中不断周转，其周转额的大小与生产规模及周转速度直接相关。分项详细估算法是根据周转额与周转速度之间的关系，对构成流动资金的各项流动资产和流动负债分别进行估算，计算公式为：

$$流动资金 = 流动资产 - 流动负债 \qquad (7-35)$$
$$流动资产 = 现金 + 应收账款 + 存货 \qquad (7-36)$$
$$流动负债 = 应付账款 + 预收账款 \qquad (7-37)$$

【例7-5】　某拟建项目生产规模为年产某产品500万t。已知生产同类产品的A项目，生产规模为年产400万t，投资额为3600万元。设备投资的综合调整系数为1.08，生产能力指数为0.7。该项目年销售收入估算为16000万元，存货资金占用估算为4700万元，全部职工人数为1000人，每人每年工资及福利费估算为9600元，年其他费用估算为3500万元，年外购原材料、燃料及动力费为15000万元。各项资金的周转天数：应收账款为30天，现金为15天，应付账款为30天。估算该拟建项目的投资额、流动资金及铺底流动资金。

解　1. 拟建项目投资额的估算采用生产能力指数法计算该拟建项目的投资额

$$C_2=C_2=C_1\left(\frac{Q_2}{Q_1}\right)^n f = 3600 \times \left(\frac{500}{400}\right)^{0.7} \times 1.08\ 万元 = 4545.31\ 万元$$

2. 流动资金额的估算采用分项详细估算法计算流动资金额

流动资金＝流动资产－流动负债

流动资产＝应收及预付账款＋存货＋现金

应收账款＝年销售收入／周转次数＝16000／（360÷30）万元＝1333.33万元

存货＝4700万元

现金＝（年工资及福利费＋年其他费用）／现金周转次数

　　　＝9600×1000÷10000+3500/（360÷15）＝4460／24万元＝185.83万元

流动资产＝（1333.33＋4700＋185.83）万元＝6219.16万元

流动负债＝应付账款＝年外购原材料＋年外购燃料／应付账款周转次数

　　　＝15000/（360÷30）万元＝1250万元

流动资金＝（6219.16－1250）万元＝4969.16万元

铺底流动资金＝流动资金×30％＝1490.75万元

7.2.3　设计概算

设计概算是在初步设计或扩大初步设计阶段，由设计单位在投资估算的控制下根据初步设计或扩大初步设计的图样及说明，利用国家或地区颁发的概算指标、概算定额、预算定额、设备材料预算价格等资料，按照设计要求，概略地计算建筑物或构筑物造价的文件。在报请审批初步设计或扩大初步设计时，作为完整的技术文件，必须附有相应的设计概算。设计概算分为单位工程概算、单项工程综合概算、建设工程总概算三级。

设计概算是国家确定和控制基本建设投资、编制基本建设计划的依据，也是设计方案经济评价与选择、基本建设核算及"三算"对比、考核建设工程成本和投资效果、实行建设工程投资包干的依据。

单位建筑工程概算的编制方法有概算指标法、扩大单价法和类似工程预算法。

1. 概算指标法

概算指标法是用拟建的厂房、住宅的建筑面积（或体积）乘以技术条件相同或基本相同工程的概算指标，得出直接工程费，然后按规定计算出措施费、间接费、利润和税金等，编制出单位工程概算的方法。

概算指标法的适用范围是当初步设计深度不够，不能准确地计算出工程量，但工程设计技术比较成熟而又有类似工程概算指标可以利用时，可采用此法。

由于拟建工程往往与类似工程的概算指标的技术条件不尽相同，而且概算指标编制年份的设备、材料、人工等价格与拟建工程当时当地的价格也不会一样。因此，应根据具体情况对其进行调整。其调整方法是

$$单位建筑面积造价换算概算指标=原概算指标单价-换出结构构件单价+$$
$$换入结构构件单价 \qquad (7-38)$$

2. 扩大单价法

扩大单价法又叫概算定额法，是采用概算定额编制建筑工程概算的方法。适用于初步设计达到一定深度，建筑结构比较明确，能按照初步设计的平面、立面、剖面图样计算出楼地面、墙身、门窗和屋面等分部工程（或扩大结构件）项目的工程量的情况。根据初步设计图样资料和概算定额的项目划分计算出工程量，然后套用概算定额单价，计算汇总后，再计取有关费用，便可得出单位工程概算造价。

3. 类似工程预算法

类似工程预算法是利用技术条件与设计对象相类似的已完工程或在建工程的工程造价资料来编制拟建工程设计概算的方法。类似工程造价的价差调整有两种方法：第一种为类似工程造价资料有具体的人工、材料、机械台班的用量时，可按类似工程预算造价资料中的主要材料用量、工日数量、机械台班用量乘以拟建工程所在地的主要材料预算价格、人工单价、机械台班单价，计算出直接工程费，再乘以当地的综合费率，即可得出所需的造价指标。第二种为类似工程造价资料只有人工、材料、机械台班费用和措施费、间接费时，可按下述公式调整

$$拟建工程概算造价=类似工程单方预算造价 \times K \times 拟建工程建筑面积 \qquad (7-39)$$

式中 $\qquad K$——综合调整系数，$K=aK_1+bK_2+cK_3+dK_4+eK_5$

a、b、c、d、e——类似工程预算的人工费、材料费、机械台班费、措施费、间接费占预算造价的比例（%）。

K_1、K_2、K_3、K_4、K_5——拟建工程地区与类似工程预算造价在人工费、材料费、机械台班费、措施费和间接费之间的差异系数。

类似工程预算人工费占预算造价的比例为

$a=$类似工程人工费（或工资标准）/类似工程预算造价 $\times 100\%$

b、c、d、e 类同。

拟建工程概算在人工费和间接费之间的差异系数为

$K_1=$拟建工程概算的人工费（或工资标准）/类似工程预算人工费（或地区标准）$\times 100\%$

K_2、K_3、K_4、K_5 类同。

【例7-6】 拟建某综合办公楼，建筑面积为3000m²。由于初步设计深度不够，不能准确地计算出工程量，又没有类似工程概算指标可以利用，所以采用类似工程概算编制概算。类似工程的建筑面积为4500m²，预算造价675000元。经测算，人工费修正系数$K_1=1.02$，占预算造价的比例为6%；材料费$K_2=1.03$，比例为55%；机械费$K_3=0.98$，比例为6%；其他直接费$K_4=1.06$，比例为3%；现场经费$K_5=0.96$，比例为12%；间接费$K_6=1.08$，比例为18%。计算拟建办公楼的概算造价。

解 类似工程单方造价=675000/4500=1500元/m²

综合调整系数 $=1.02 \times 6\% + 1.03 \times 55\% + 0.98 \times 6\% + 1.06 \times 3\% + 0.96 \times 12\% + 1.08 \times 18\%$
$= 1.0279$

因此，拟建办公楼的概算造价 $=1500 元/m^2 \times 1.0279 \times 3000m^2 = 4625550 元$

7.2.4　施工图预算

施工图预算是根据经批准和会审的施工图设计文件及有关标准图集、施工组织设计、现行预算定额、费用定额以及地区设备、材料、人工、施工机械台班等预算价格编制和确定的建筑安装工程造价文件。

施工图预算的作用包括：建设工程施工图预算是招标投标的重要基础，既是工程量清单的编制依据，也是编制招标控制价及标底的依据；施工图预算是施工单位编制施工计划、统计完成工作量、进行经济核算的参考依据，是甲乙双方办理工程结算和拨付工程款的参考依据，也是施工单位编制施工预算，进行"两算"对比，拟定降低成本措施的依据；对于工程造价管理部门来说，施工图预算是监督、检查执行定额标准，以及测算造价指数的依据。

施工图预算的编制方法有以下几种：

（1）按分项工程单价的综合程度分　按分项工程单价的综合程度来分，施工图预算的编制可以采用工料单价法和综合单价法。

1）工料单价法。这是目前施工图预算普遍采用的方法。它是根据建筑安装工程施工图和预算定额，按分部分项的顺序，先算出分项工程量，然后再乘以对应的定额基价，求出分项工程直接工程费。将分项工程直接工程费汇总为单位工程直接工程费后，另加措施费、间接费、利润、税金生成施工图预算造价。

其中，间接费和利润的计取可以以直接费（直接工程费+措施费）为计算基数，也可以以人工费和机械费之和（包括措施费中人工费和机械费）或单独以人工费（包括措施费中人工费）为计算基数。

2）综合单价法。综合单价综合了人工费、材料费、机械费、管理费、利润以及一定范围内的风险金等费用。这种方法与工料单价法相比较，主要区别在于：综合单价法的管理费和利润等是分摊到分项工程单价中，从而组成分项工程的综合单价，某分项工程综合单价乘以工程量即为该分项工程的总价格。工程量清单方式招标投标中，投标报价一般采用综合单价法。

（2）按计算程序的不同分　按计算程序的不同来分，可以分为单价法和实物法，它们的区别可以用图7-4和图7-5表示。

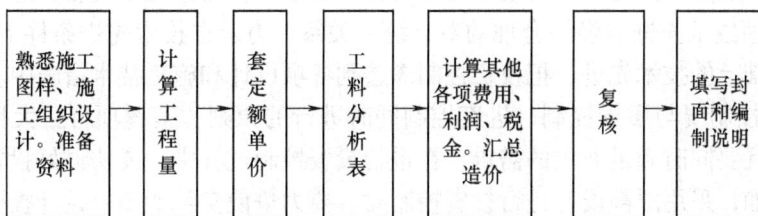

图7-4　单价法编制施工图预算步骤

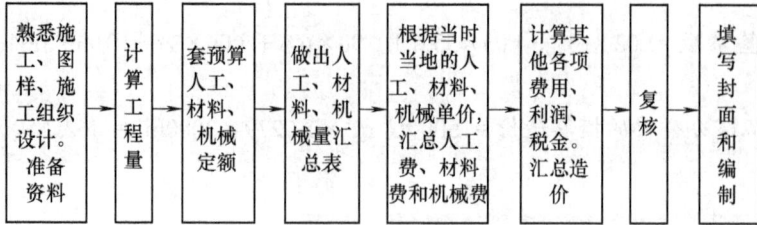

图7-5 实物法编制施工图预算步骤

7.3 工程项目费用（投资）控制

7.3.1 工程项目投资控制原则

工程项目投资控制，就是在工程项目投资决策阶段、设计阶段、发包阶段和施工阶段，把工程项目投资额控制在批准的投资限额以内，随时纠正发生的偏差，以保证工程项目投资管理目标的实现。工程项目投资控制应遵循的原则如下：

（1）分阶段合理设置投资控制目标　由于工程项目建设周期长、投资数额大、风险因素多，项目管理者不可能在项目初期就确定一个具体明确、一成不变的投资控制目标，而只能设置一个大致的投资控制目标，即投资估算。然后随着项目的进展，投资控制目标逐步清晰、明确，从而形成设计概算、施工图预算、承包合同价等。具体来说，投资估算应是设计方案选择和进行初步设计的项目投资控制目标；设计概算应是进行技术设计和施工图设计的项目投资控制目标；施工图预算或建筑安装工程承包合同价则应是施工阶段控制建筑安装工程投资的目标。

（2）以投资决策阶段和设计阶段为投资控制重点　项目投资控制贯穿于项目建设全过程，但不同阶段对项目投资影响不同。在投资决策阶段影响项目投资的可能性为95%~100%；在初步设计阶段，影响项目投资的可能性为75%~95%；在技术设计阶段，影响项目投资的可能性为35%~75%；在施工图设计阶段，影响项目投资的可能性则为5%~35%。

（3）采取主动控制的原则　投资控制应立足于事先主动采取措施，尽可能减少或避免目标值与实际值的偏离，当出现偏离再采取措施时，对由于偏离或纠正偏离而造成的损失已无法弥补，这种被动控制对减少损失或避免出现更大损失虽然也有实际意义，但投资控制还是应采取积极主动的控制方法。

（4）技术与经济相结合的原则　在我国建设领域，技术与经济严重脱节。工程技术人员与财会、预算人员往往不熟悉工程进展中的各种关系和问题，单纯从各自角度出发，难以有效地控制项目投资。因此，要将技术与经济相结合起来，通过技术比较、经济分析和效果评价，正确处理技术先进与经济合理的对立统一关系，力求在技术先进条件下的经济合理，在经济合理基础上的技术先进，把投资控制渗透到各项设计和施工技术措施中。

（5）投资控制要与质量控制、进度控制同时进行的原则　工程项目三大目标是对立统一的关系，而且要同时满足业主的需求，在进行投资控制过程中，要协调好投资与质量和进度的关系。例如，采用限额设计进行投资控制时，要力争使实际的项目设计投资限定在投资额度内，同时又要保障项目的功能、使用要求和质量标准。

7.3.2　工程项目实施各阶段投资控制

投资控制工作贯穿于工程项目建设的全过程，且不同阶段投资控制的工作内容与侧重点各不相同。

1. 设计准备阶段投资控制

设计准备阶段投资控制的主要任务包括：

1）在可行性研究的基础上，进行项目总投资目标的分析和论证。

2）编制项目总投资分解的初步规划。

3）分析总投资目标实现的风险，编制投资风险管理的初步方案。

4）编写设计要求文件中有关投资控制的内容。

5）对设计方案提出投资评价意见。

6）根据选定的设计方案审核项目总投资估算。

2. 设计阶段投资控制

（1）设计阶段投资控制的主要任务

1）设计方案优化阶段。编制设计方案优化要求文件中有关投资控制的内容；对设计单位方案优化提出投资评价建议；根据优化设计方案编制项目总投资修正估算；编制设计方案优化阶段资金使用计划并控制其执行。

2）初步设计阶段。编制、审核初步设计要求文件中有关投资控制的内容；审核项目设计总概算，并控制在总投资计划范围内；采用价值工程方法，挖掘节约投资的可能性；编制本阶段资金使用计划并控制其执行。

3）施工图设计阶段。根据批准的总投资概算，修正总投资规划，提出施工图设计的投资控制目标；编制施工图设计阶段资金使用计划并控制其执行，必要时对上述计划提出调整建议。跟踪审核施工图设计成果，对设计从施工、材料、设备等多方面作必要的市场调查和技术经济论证；采用价值工程的方法，在充分考虑满足项目功能的条件下进一步挖掘节约投资的可能性；比较施工图预算与投资概算，提交各种投资控制报表和报告；控制设计变更，注意审核设计变更的结构安全性、经济性等。

（2）设计阶段投资控制的主要方法　设计阶段的投资控制是建设全过程投资控制的重点。一般来说，设计阶段投资控制主要有以下四种方法：

1）工程设计招标和方案优选。设计招标有利于设计方案的选择和竞争。设计单位为使项目中标，努力完善设计方案，使设计方案在符合项目使用者功能要求、规模和标准的前提下，节约项目生命周期的投资费用。另外，也可以把中选方案作为设计方案的基础，并把其他方案的优点加以吸收和综合，使设计更趋于完善。

2）限额设计。在工程项目建设过程中采用投资限额设计，是我国工程建设领域控制投资支出、有效使用建设资金、保证投资一直处于监控中的有力措施。设计单位内部各专业在保证达到使用功能的前提下，按分配的投资限额控制设计，严格控制阶段设计的不合理变更，保证总投资限额不被突破。限额设计的根本理念是在项目设计全过程中，采用主动控制、事前控制的思想和方法来控制项目投资目标。

3）标准设计。标准设计是按共通性条件编制的，既经济又优质的、被设计界广泛采用的成熟的设计产品，是按规定程序批准的，可供大量重复使用。推广标准设计的优点是：节约设计成本，大大加快提供图样的速度，缩短设计周期；构件预制厂生产的标准件，有利于构配件的批量生产，促使成本大幅降低；可以使施工准备和定制预制构件等工作提前，使施工速度大大加快，既有利于保证工程质量，又能降低建筑安装工程费用，为建设工程早日竣工和创造良好的经济效益提供保证。

4）价值工程。此部分内容详见本章7.4。

3. 招标投标阶段投资控制

（1）招标投标阶段投资控制的主要任务

1）审核招标文件和合同文件中有关投资控制的条款，合理确定招标控制价或标底。

2）审核、分析各投标单位的投标报价，择优选择承包商。

（2）GB 50500—2013《建设工程工程量清单计价规范》有关招标控制价的一般规定

1）国有资金投资的工程建设项目应实行工程量清单招标，招标人应编制招标控制价。

2）招标控制价超过批准的概算时，招标人应将其报原概算审批部门审核。

3）投标人的投标报价高于招标控制价的，其投标应予以拒绝。

4）招标控制价应由具有编制能力的招标人或受其委托具有相应资质的工程造价咨询人编制和复核。

5）招标控制价应在招标时公布，不应上调或下浮，招标人应将招标控制价及有关资料报送工程所在地工程造价管理机构备查。

4. 施工阶段投资控制

（1）施工阶段投资控制的主要任务

1）对施工方案进行技术经济比较论证。

2）编制施工阶段资金使用计划，合理确定实际投资费用的支出。

3）严格控制工程变更，合理确定工程变更价款。

4）严格进行工程计量，合理确定工程结算价款，控制工程进度款的支付。

5）利用投资控制软件每月进行投资计划值与实际值的比较，并提供各种报表。

6）审核及处理各项施工索赔中与资金有关的事宜。

（2）工程施工计量控制

1）工程计量的概念。工程计量是指根据设计图样及承包合同中关于工程量计量的有关规定，工程师对承包商申报、质量达到合同标准并且为已完工程的工程量进行的核验。一般在单价合同条件中明确规定工程量表中开列的工程量是该工程的估算工程量，不能作为工程款结算的依据。经过工程师计量所确定的工程量才是向承包商支付任何工程款项的凭证。经计量的实际工程量乘以合同单价才是承包商应得工程款额。因此，工程计量的准确性直接影响实际工程造价的高低，也是约束承包商履行合同义务的重要手段。

2）工程计量的依据。工程量计量按照合同约定的工程量计算规则、图样及变更指示等进行计量。工程量计算规则应以相关的国家标准、行业标准等为依据，由合同当事人在专用合同条款中约定。

3）工程计量的程序。《建设工程施工合同（示范文本）》（GF—2013—0201）中规定，除专用合同条款另有约定外，工程量的计量按月进行。程序如下：

①承包人应于每月25日向监理人报送上月20日至当月19日已完成的工程量报告，并附具进度付款申请单、已完成工程量报表和有关资料。

②监理人应在收到承包人提交的工程量报告后7天内完成对承包人提交的工程量报表的审核并报送发包人，以确定当月实际完成的工程量。监理人对工程量有异议的，有权要求承包人进行共同复核或抽样复测。承包人应协助监理人进行复核或抽样复测，并按监理人要求提供补充计量资料。承包人未按监理人要求参加复核或抽样复测的，监理人复核或修正的工程量视为承包人实际完成的工程量。

③监理人未在收到承包人提交的工程量报表后7天内完成审核的，承包人报送的工程量报告视为承包人实际完成的工程量，据此计算工程价款。

【例7-7】 某深基础土方开挖工程，合同中约定按设计图样中基础的底面积乘以挖深按体积进行计量，施工中施工单位为了施工的安全、边坡的稳定，扩大开挖范围，导致土方量增加800m³，又因遇到地下障碍物，导致土方量增加200m³，工程师应如何给予计量？

答 扩大开挖范围导致土方量增加的800m³工程师不应给以计量。因为这是施工单位自身施工措施导致的，不在合同范围之内；因地下障碍物导致土方量增加的200m³应给以计量，因为按合同规定这是业主应承担的风险。

【例7-8】 某框架结构工程，工程师对钢筋混凝土柱（C30）的混凝土工程量进行计量，设计图样中柱的截面尺寸为500mm×500mm，共15个柱。经验收，混凝土强度均满足设计要求。工程师现场计量的结果有8个柱的实际截面尺寸为505mm×505mm，有7个柱的实际截面尺寸为600mm×600mm，工程师应如何给予计量？

答 截面尺寸为505mm×505mm的8个柱工程师应给以计量，因没有超出允许偏差，计量的截面尺寸应按设计图样中的500mm×500mm的截面乘以柱高，按体积计量；截面尺寸为600mm×600mm的7个柱工程师不应给以计量，因已超出允许偏差，应要求返工处理。

（3）合同价款调整控制 GB 50500—2013《建设工程工程量清单计价规范》中规定：当施工过程中发生法律法规变化、工程变更、项目特征描述不符、工程量清单缺项、工程量偏差、物价变化、暂估价、暂列金额、计日工、现场签证、不可抗力、提前竣工（赶工补偿）、施工索赔等事项时，发承包双方应当按照合同约定调整合同价款。

1）工程变更控制。控制工程变更是施工阶段投资控制的主要方法之一。施工过程中，由于受工程量变化、施工进度的调整、设计条件变化等因素的影响，会导致工程变更。工程变更包括设计条件、施工条件的变化引起的工程量、项目、性质、质量标准、结构位置和尺寸、施工顺序和进度等的变更。工程变更可能使项目的投资超出原预算，因此必须严格予以控制。工程变更的主要工作包括工程变更审查和确定工程变更价款的计算原则。

工程变更的审查，主要审查其变更的内容是否可行，工程量和工程价款的计算是否合理。

一般情况下，工程师对工程变更的审查应遵循"技术上可行，工程费用合理，施工工艺简单，不影响工期，不降低工程使用标准"的原则。涉及设计变更时，要有原设计单位出具的设计变更图样或设计变更说明。当变更价款部分在预备费中调剂有困难或超过一定比例时，还必须报原投资估算或设计总概算审批部门批准。

关于工程变更，GB 50500—2013《建设工程工程量清单计价规范》中规定了如下合同价款的调整办法：

①工程变更引起已标价工程量清单项目或其工程数量发生变化，应按照下列规定调整：

a. 已标价工程量清单中有适用于变更工程项目的，采用该项目的单价；但当工程变更导致该清单项目的工程数量发生变化，且工程量偏差超过15%时，该项目单价的调整应按规定调整工程量偏差引起的合同价款。

b. 已标价工程量清单中没有适用但有类似于变更工程项目的，可在合理范围内参照类似项目的单价。

c. 已标价工程量清单中没有适用也没有类似于变更工程项目的，由承包人根据变更工程资料、计量规则和计价办法、工程造价管理机构发布的信息价格和承包人报价浮动率提出变更工程项目的单价，报发包人确认后调整。承包人报价浮动率可按下式计算：

招标工程

$$承包人报价浮动率 L = （1 - 中标价／招标控制价）× 100\% \qquad （7-40）$$

非招标工程

$$承包人报价浮动率 L = （1 - 报价值／施工图预算）× 100\% \qquad （7-41）$$

d. 已标价工程量清单中没有适用也没有类似于变更工程项目，且工程造价管理机构发布的信息价格缺价的，由承包人根据变更工程资料、计量规则、计价办法和通过市场调查等取得有合法依据的市场价格提出变更工程项目的单价，报发包人确认后调整。

②工程变更引起施工方案改变，并使措施项目发生变化的，承包人提出调整措施项目费的，应事先将拟实施的方案提交发包人确认，并详细说明与原方案措施项目相比的变化情况。拟实施的方案经发承包双方确认后执行。该情况下，应按照下列规定调整措施项目费：

a. 安全文明施工费，按照实际发生变化的措施项目调整。

b. 采用单价计算的措施项目费，按照实际发生变化的措施项目按上述①的规定确定单价。

c. 按总价（或系数）计算的措施项目费，按照实际发生变化的措施项目调整，但应考虑承包人报价浮动因素，即调整金额按照实际调整金额乘以式（7-40）或式（7-41）中规定的承包人报价浮动率计算。

如果承包人未事先将拟实施的方案提交给发包人确认，则视为工程变更不引起措施项目费的调整或承包人放弃调整措施项目费的权利。

③如果工程变更项目出现承包人在工程量清单中填报的综合单价与发包人招标控制价或施工图预算相应清单项目的综合单价偏差超过15%，则工程变更项目的综合单价可由发承包双方按照下列规定调整：

a. 当$P_0 < P_1 \times (1 - L) \times (1 - 15\%)$时，该类项目的综合单价按照$P_1 \times (1 - L) \times (1 - 15\%)$调整。

b. 当$P_0 > P_1 \times (1 + 15\%)$时，该类项目的综合单价按照$P_1 \times (1 + 15\%)$调整。

式中　P_0——承包人在工程量清单中填报的综合单价；

　　　P_1——发包人招标控制价或施工预算相应清单项目的综合单价；

　　　L——承包人报价浮动率。

2）工程量偏差引起的合同价款调整。合同履行期间，出现实际工程量相对于招标文件中工程量清单表中工程量有偏差，且符合下述①、②条规定的，发承包双方应调整合同价款。

①对于任一招标工程量清单项目，如果工程量偏差超过15%，调整的原则为：当工程量增加15%以上时，其增加部分的工程量的综合单价应予调低；当工程量减少15%以上时，减少后剩余部分的工程量的综合单价应予调高。此时，按下式调整结算分部分项工程费：

a. 当$Q_1 > 1.15Q_0$时，$S = 1.5Q_0P_0 + (Q_1 - 1.15Q_0)P_1$

b. 当$Q_1 < 0.85Q_0$时，$S = Q_1P_1$

式中　S——调整后的某一分部分项工程费结算价；

　　　Q_1——最终完成的工程量；

　　　Q_0——招标工程量清单中列出的工程量；

　　　P_1——按照最终完成工程量重新调整后的综合单价；

　　　P_0——承包人在工程量清单中填报的综合单价。

②如果工程量出现上述①的变化，且该变化引起相关措施项目相应发生变化，如按系数或单一总价方式计价的，工程量增加的措施项目费调增，工程量减少的措施项目费适当调减。

3）不可抗力事件导致的工程价款调整。因不可抗力事件导致的费用，发、承包双方应按以下原则分别承担并调整工程价款。

①工程本身的损害、因工程损害导致第三方人员伤亡和财产损失以及运至施工场地用于施工的材料和待安装的设备的损害，由发包人承担。

②发包人、承包人人员伤亡由其所在单位负责，并承担相应费用。

③承包人的施工机械设备损坏及停工损失，由承包人承担。

④停工期间，承包人应发包人要求留在施工场地的必要的管理人员及保卫人员的费用由发包人承担。

⑤工程所需清理、修复费用，由发包人承担。

（4）建安工程价款结算　工程价款结算是指承包商在工程实施过程中，依据承包合同中有关付款条款的规定和已经完成的工程量，并按照规定的程序向业主收取工程款的一项经济活动。

工程价款结算应按合同约定办理，合同未作约定或约定不明的，发、承包双方办理结算的依据有：国家有关法律、法规和规章制度；国务院建设行政主管部门，省、自治区、直辖市或有关部门发布的工程造价计价标准、计价办法等有关规定；建设工程项目的合同、补充协议、变更签证和现场签证，以及经发、承包人认可的其他有效文件。

1）工程价款结算方式。工程价款的结算方式主要有按月结算方式和分段结算方式，除此之外还有竣工后一次结算方式、目标结算方式等。

①按月结算方式。即实行按月支付进度款，竣工后清算的办法。合同工期在两个年度以上的工程，在年终进行工程盘点，办理年度结算。

②分段结算方式。即当年开工、当年不能竣工的工程按照工程形象进度，划分不同阶段支付工程进度款。具体划分在合同中明确。

③竣工后一次结算。工期在12个月以内，或工程承包合同价在100万元以下的工程项目，可实行工程价款每月月中预支、竣工后一次结算。

④目标结算方式。在工程合同中，将承包工程的内容分解成不同控制面（验收单元），当承包商完成单元工程内容并经工程师验收合格后，业主支付单元工程内容的工程价款。对于控制界面的设定，合同中应有明确的描述。

2）工程预付款结算。工程项目施工，一般都实行包工包料，这就需要有一定数量的备料周转金（即工程预付款）。在工程承包合同条款中，一般要明文规定发包人在开工前拨付给承包人一定限额的工程预付款。此预付款构成施工企业为该承包工程项目储备主要材料、结构件所需的流动资金。

按照《建设工程价款结算暂行办法》的规定，在具备施工条件的前提下，发包人应在双方签订合同后的一个月内或不迟于约定的开工日期前的7天内预付工程款，发包人不按约定预付，承包人应在预付时间到期后10天内向发包人发出要求预付的通知，发包人收到通知后仍不按要求预付，承包人可在发出通知14天后停止施工，发包人应从约定应付之日起向承包人支付应付款的利息（利率按同期银行贷款利率计），并承担违约责任。

在承包人向发包人提交金额等于预付款数额的银行保函后，发包人按规定的金额和规定的时间向承包人支付预付款，在发包人全部扣回预付款之前，该银行保函将一直有效。当预付款被发包人扣回时，银行保函金额相应递减。

①工程预付款的数额。工程预付款的数额，要根据具体工程类型、工期长短、市场行情、承包方式和供应体制等不同条件而定，按式（7-61）或式（7-62）计算，具体在合同中加以明确。例如，采用预制构件多的工程及工业项目中钢结构和管道安装占比例较大的工程，其主要材料（包括预制构件）所占比例比一般工程要高，因而工程预付款数额也要相应提高；工期短的工程比工期长的工程一般备料款数额要高，材料由承包人自购的比由发包人提供的要高。备料款数额的计算式为：

$$备料款数额 = \frac{年度承包工程总值 \times 主要材料所占比例}{年度施工日历天数} \times 材料储备天数 \quad （7-42）$$

$$备料款数额 = 年度建筑安装工程合同价 \times 预付备料款额度 \quad （7-43）$$

一般情况下，各地区的工程预付款额度按工程类别、施工期限、建筑材料和构件生产供应情况统一测定，通常取20%~30%。对于装配化程度高的项目，需要的预制钢筋混凝土构件、金属构件、木制品、铝合金和塑料配件等较多的项目，工程预付款的额度应适当增大。

【例7-9】 某建设项目，计划完成年度建筑安装工作量为850万元。按地区规定，工程预付款额度为30%，试确定该项目的工程预付款的数额。

　解　工程预付款数额 = 850万元 × 30% = 255万元

---

②备料款的扣回。发包人拨付给承包商的备料款属于预支的性质，工程实施过程中，随着工程所需材料储备的逐步减少，应以抵充工程款的方式陆续扣回，即在承包商应得的工程进度款中扣回。开始扣回的时间称为起扣点，当未完工程所需主要材料的价值等于预付备料款时起扣（即达到全额备料状态时起扣），从每次结算的工程款中按主要材料比例抵扣工程价款，竣工前全部扣清。起扣点可以用累计工作量表示，也可以用工作量百分比表示，两种方法只是表示方法不同，起扣工程预付备料款时的工程进度状态是一定的，即起扣点只有一个。其计算式为：

$$已完工程价值（起扣点）= 合同总价 - \frac{预付备料款}{主材比例} \tag{7-44}$$

或

$$工作量百分比（起扣点）= 1 - \frac{预付备料款额度}{主材比例} \tag{7-45}$$

【例7-10】 某工程合同价总额为200万元，备料款额度为24%，主要材料、构件所占比例为60%，则起扣点如何确定？

　解　工程预付款 = 200万元 × 24% = 48万元

　　　起扣点为　$200万元 - \dfrac{48万元}{60\%} = 120万元$

　　　或　　　$1 - 24\% \div 60\% = 60\%$

在实际经济活动中，情况比较复杂，有些工程工期较短，就无需分期扣回。有些工程工期较长，如跨年度施工，工程预付款可以不扣或少扣，并于次年按应付工程预付款调整，多退少补。具体地说，跨年度工程，预计次年承包工程价值大于或相当于当年承包工程价值时，可以不扣回当年的工程预付款；如小于当年承包工程价值时，应按实际承包工程价值进行调整，在当年扣回部分工程预付款，并将未扣回部分转入次年，直到竣工年度，再按上述

办法扣回。

3）工程进度款结算。施工企业在施工过程中，根据合同所约定的结算方式，按月或形象进度或控制界面，按已经完成的工程量计算各项费用，向业主办理工程款结算的过程，称为工程进度款结算（也称中间结算）。工程进度款支付严格以工程计量为依据。

以按月结算为例，业主在月中向施工企业预支当月工程款，月末施工企业根据实际完成工程量，向业主提供已完工程月报表和工程价款结算账单，经业主和工程师确认，收取当月工程价款，并通过银行结算，即承包商提交已完工程量报告→工程师确认→业主审批认可→支付工程进度款。

根据确定的工程计量结果，承包人向发包人提出支付工程进度款申请，发包人应在14天内支付。实际支付的工程进度款一般不超工程价款的95%，5%作为预留保修金（尾留款）。按约定当月发包人应扣回的预付款，与工程进度款同期结算抵扣。当月支付给承包人的实际工程款按下式计算：

$$承包人本月实收工程款=本月应收工程进度款×（1-5\%）+$$
$$本月合款调整额-本月应扣预付款 \qquad （7-46）$$

4）工程竣工结算。工程竣工结算是指施工企业按照合同规定的内容全部完成所承包的工程，经验收质量合格，并符合合同要求之后，双方按合同规定结清工程价款。

工程竣工后，承包人应在提交竣工验收报告的同时，向发包人递交竣工结算报告及完整的结算资料，发包人进行审查。工程竣工结算审查是竣工验收阶段的一项重要工作。经审查核定的工程竣工结算是核定建设工程造价的依据，也是建设项目验收后编制竣工决算和核定新增固定资产价值的依据。

工程竣工价款结算的金额可用下式表示：

$$竣工结算工程价款=合同价款+\frac{施工过程中合同}{价款调整数额}-\frac{预付及已结算}{工程价款}-保修金 \qquad （7-47）$$

5）工程价款动态结算和价差调整。工程项目建设周期长，工料机费受价格变动影响较大，因此，在工程价款结算时要充分考虑变动因素，使工程价款结算能反映工程项目的实际消耗费用。工程价款价差调整的方法有工程造价指数调整法、实际价格调整法、调价文件计算法、调值公式法等，具体采用何种方法，应在合同中加以明确。

①工程造价指数调整法。此方法中承包合同价以当时的预算定额单价为基础确定，待竣工时，根据合理的工期及当地工程造价管理部门所公布的该月度（或季度）工程造价指数，对原承包合同价予以调整，重点调整那些由于实际人工费、材料费、施工机械费等费用上涨及工程变更因素造成的价差，并对承包人给以调价补偿。

【例7-11】 某建筑公司承建一学生公寓楼（框架结构），工程合同价款为600万元，2005年2月签订合同并开工，2006年4月竣工，如根据工程造价指数调整法予以动态结算，求价差调整的款额应为多少？

解 自该地区《建筑工程造价指数表》查得：2005年2月的造价指数为115.82，2006年4月的造价指数为118.93。运用下列公式进行计算

$$工程合同价 \times \frac{竣工后工程造价指数}{签订合同时工程造价指数} = 600\,万元 \times \frac{118.93}{115.82}$$

$$= 600\,万元 \times 1.0269$$

$$= 616.14\,万元$$

此工程价差调整额为（616.14 − 600）万元 = 16.14万元。

---

②实际价格调整法。一般钢材、木材、水泥等主材价格可按实际价格结算的方法，工程承包人可凭发票按实报销。这种方法方便而准确。但由于是实报实销，因而承包商对降低成本不感兴趣。为了避免副作用，地方主管部门要定期发布最高限价，同时合同文件中应规定发包人或工程师有权要求承包人选择更廉价的供应来源。

③调价文件计算法。发、承包双方按当时的预算价格承包的工程，在合同工期内，可按照造价管理部门调价文件的规定，进行抽料补差（在同一价格期内按所完成的材料用量乘以价差）。也有的地方定期发布主要材料供应价格和管理价格，对这一时期的工程进行抽料补差，进行价差调整。

④调值公式法。按国际惯例，在绝大多数国际工程项目中，采用调值公式法进行工程价款的动态结算。发、承包双方在签订合同时就明确列出调值公式，并以此作为价差调整的计算依据。

建筑安装工程费用价格调值公式一般包括固定部分、材料部分和人工部分。但当建筑安装工程的规模和复杂性增大时，公式也变得更为复杂。调值公式一般为：

$$P = P_0 \left(a_0 + a_1 \frac{A}{A_0} + a_2 \frac{B}{B_0} + a_3 \frac{C}{C_0} + a_4 \frac{D}{D_0} + \cdots \right) \tag{7-48}$$

式中　　　P——调值后合同价款或工程实际结算款；

　　　　　P_0——合同价款中工程预算进度款；

　　　　　a_0——固定要素，代表合同支付中不能调整的部分在合同总价中的比例，通常取0.15~0.35；

a_1、a_2、a_3、a_4——代表有关各项费用（如人工费用、钢材费用、水泥费用、运输费等）在合同总价中所占比例，且$a_0 + a_1 + a_2 + a_3 + a_4 \cdots = 1$；

A_0、B_0、C_0、D_0——投标截止日期前28天与a_1、a_2、a_3、a_4…对应的各项费用的基期价格指数或价格；

A、B、C、D——在工程结算月份与a_1、a_2、a_3、a_4…对应的各项费用的现行价格指数或价格。

使用调值公式时应注意的问题：

a. 调值公式中的各项可调费用，一般选择用量大、价格高且具有代表性的一些典型人工费和材料费。通常选钢材、木材、水泥、砂石、沥青等。

b. 各部分成本的比例系数，在许多招标文件中要求承包方在投标中提出，并在价格分析中

予以论证。也有的是由发包方在招标文件中规定一个允许范围，由投标人在此范围内选定。

c. 调整有关各项费用要与合同条款规定相一致。例如签订合同时，双方一般商定调整的有关费用和因素，以及物价波动到何种程度才进行调整。在国际工程中，一般价格变化在±5%以上才进行调整。例如有的合同规定，在应调整金额不超过合同原始价5%时，由承包方自己承担；在5%~20%之间时，承包方负担10%，发包方负担90%；超过20%时，则必须另行签订附加条款。

d. 调整有关各项费用应注意地点与时间点。地点一般指工程所在地或指定的某地市场价格。时间点指的是某月某日的市场价格。

【例7-12】 某土建工程，合同规定结算款为200万元，合同原始报价日期为2005年4月，工程于2006年6月建成交付使用，工程人工费、材料费构成比例以及有关造价指数见表7-1，计算实际结算款。

表7-1 某土建工程人工费、材料费构成比例以及有关造价指数

项目	人工费	钢材	水泥	集料	红砖	砂	木材	不调值费用
比例	45%	11%	11%	5%	6%	3%	4%	15%
2005年4月指数	100	100.8	102.0	93.6	100.2	95.4	93.4	
2006年6月指数	110.1	98.0	112.9	95.9	98.9	91.1	117.9	

解 实际结算价款=200万元×（0.15 + 0.45×110.1/100 + 0.11×98/100.8 + 0.11×112.9/102.0 + 0.05×95.9/93.6 + 0.06×98.9/100.2 + 0.03×91.1/95.4 + 0.04×117.9/93.4）=200万元×1.064= 212.8万元

7.4 价值工程在建设工程项目费用控制中的应用

7.4.1 价值工程的概念

价值工程也称价值分析或价值管理，是通过研究产品或系统的功能与成本之间的关系，来改进产品或系统，以提高其经济效益的现代管理技术。可以用下式来表示：

$$价值=功能/成本$$

即
$$V=F/C \tag{7-49}$$

（1）功能 F 指分析对象用途、功效或作用，它是产品的某种属性，是产品对于人们的某种需要的满足能力和程度。产品或零件的功能通过设计技术和生产技术得以实现，并凝聚

了设计与生产技术的先进性和合理性。

（2）成本 C　指实现分析对象功能所需要的费用，是在满足功能要求条件下的制造生产技术和维持使用技术（这里的技术是指广义的技术，包括工具、材料和技能等）的耗费支出。

（3）价值 V　价值工程中"价值"一词的含义不同于政治经济学中的价值概念，它的意思类似于生活中常说的"合算不合算"和"值不值"。

7.4.2　在设计阶段进行价值分析的意义及基本思路

1.　在设计阶段进行价值分析的意义

价值工程法是一种相当成熟和行之有效的管理技术与经济分析方法，一切发生费用的地方都可以用其进行经济分析和方案选择。工程建设需要大量的人、财、物，因而价值工程方法在工程建设领域得到了较广泛的应用，并取得了较好的经济效益。尤其在工程项目设计阶段，实施价值工程意义尤其重大。一方面，在设计过程中涉及多部门多专业工种，例如就一项简单的民用住宅工程设计来说，就要涉及建筑、结构、电气、给水排水、供暖、煤气等专业工种。在工程设计过程中，每个专业都各自独立进行设计，势必会产生各个专业工种设计的相互协调问题。通过实施价值工程，不仅可以保证各专业工种的设计符合各种规范和用户的要求，而且可以解决各专业工种设计的协调问题，得到整体合理和优良的方案。另一方面，建筑产品具有单件性的特点，工程设计往往也是一次性的，设计过程中可以借鉴的经验教训不一而足，而利用价值工程可以发挥集体智慧，群策群力，得到最佳设计方案。

2.　价值分析的基本思路

1）提高产品价值是价值工程的目标。从价值的定义及表达式可以看出，提高产品价值的途径有以下 5 种：

①降低成本，功能保持不变。

②成本保持不变，提高功能。

③成本略有增加，功能提高很多。

④功能减少一部分，成本大幅度下降。

⑤成本降低的同时，功能有所提高。这可使价值大幅提高，是最理想的提高价值的途径。

2）功能分析是价值工程的核心。功能分析的主要工作，一是区分产品的基本功能和辅助功能、使用功能和美学功能；二是在满足产品特定用户需求的同时，保证基本功能，合理选择辅助功能，取消不必要的功能和过剩功能，从而降低产品的成本，或者是增加产品的辅助功能弥补和改进产品的不足的使用功能，尤其是主要功能，从而使产品的功能能得到大幅度提高，并使产品的价值也得到提高。

3）有组织的团队性创造活动是价值工程的基础。

7.4.3　价值工程在设计阶段工程项目费用（造价）控制中的应用

价值工程在设计阶段工程造价控制中应用的程序是：

1）对象选择。在设计阶段应用价值工程控制工程造价，应以对控制造价影响较大的项目作为价值工程的研究对象。因此，可以应用 ABC 分析法，将设计方案的成本分解并分成

A、B、C三类，A类成本比例大。

2）功能分析。分析研究对象具有哪些功能，各项功能之间的关系如何。

3）功能评价。评价各项功能，确定功能评价系数，并计算实现各项功能的现实成本是多少，从而计算各项功能的价值系数。价值系数小于1的，应该在功能水平不变的条件下降低成本，或在成本不变的条件下，提高功能水平；价值系数大于1的，如果是重要的功能，应该提高成本，保证重要功能的实现。如果该项功能不重要，可以不作改变。

4）分配目标成本。根据限额设计的要求，确定研究对象的目标成本，并以功能评价系数为基础将目标成本分摊到各项功能上，与各项功能的现实成本进行对比，确定成本改进期望值。成本改进期望值大的，应首先重点改进。

5）方案创新及评价。根据价值分析结果及目标成本分配结果的要求，提出各种方案，并用加权评分法选出最优方案，使设计方案更加合理。

【例7-13】 某开发商拟开发一幢商住楼，有如下三种可行设计方案。

方案A：结构方案为大柱网框架轻墙体系，采用预应力大跨度叠合楼板，墙体材料采用多孔砖及移动式可拆装式分室隔墙，窗户采用单框双玻璃塑钢窗，面积利用系数为93%，单方造价为1437.47元/m^2。

方案B：结构方案同A，墙体采用内浇外砌，窗户采用单框双玻璃空腹钢窗，面积利用系数为87%，单方造价为1108元/m^2。

方案C：结构方案采用砖混结构体系，采用多孔预应力板，墙体材料采用标准黏土砖。窗户采用玻璃空腹钢窗，面积利用系数为70.69%，单方造价为1081.8元/m^2。

各方案功能得分及重要系数见表7-2。

表7-2 各方案功能得分及重要系数

方案功能	方案功能得分S_{ij}			方案功能重要系数ϕ_i
	A	B	C	
结构体系F_1	10	10	8	0.25
模板类型F_2	10	10	9	0.05
墙体材料F_3	8	9	7	0.25
面积系数F_4	9	8	7	0.35
窗户类型F_5	9	7	8	0.10

问题 （1）试应用价值工程方法选择最优设计方案。

（2）为控制工程造价和进一步降低费用，拟针对所选的最优设计方案的土建工程部分，以工程材料费为对象开展价值工程分析。将土建工程划分为4个功能项目，各功能项目评分值及其目前成本见表7-3。按限额设计要求目标成本额应控制为12170万元。

试分析各功能项目的目标成本及成本可能降低的幅度，并确定出功能改进顺序。

表7-3 各功能项目评分值及其目前成本

序号	功能项目	功能评分	目前成本/万元
1	桩基围护工程	11	1520
2	地下室工程	10	1482
3	主体结构工程	35	4705
4	装饰工程	38	5105
合计		94	12812

解 （1）应用价值工程方法选择最优设计方案如下：

1）成本系数计算见表7-4。

表7-4 成本系数计算

方案名称	造价/（元/m²）	成本系数
A	1437.47	0.3963
B	1108	0.3055
C	1081.18	0.2982
合计	3627.28	1

2）功能因素评分与功能系数计算见表7-5。

表7-5 功能因素评分与功能系数计算

功能因素	重要系数	方案功能得分加权值 $\phi_i S_{ij}$		
		A	B	C
F_1	0.25	$0.25 \times 10 = 2.5$	$0.25 \times 10 = 2.5$	$0.25 \times 8 = 2.0$
F_2	0.05	$0.05 \times 10 = 0.5$	$0.05 \times 10 = 0.5$	$0.05 \times 9 = 0.45$
F_3	0.25	$0.25 \times 8 = 2.0$	$0.25 \times 9 = 2.25$	$0.25 \times 7 = 1.75$
F_4	0.35	$0.35 \times 9 = 3.15$	$0.35 \times 8 = 2.8$	$0.35 \times 7 = 2.45$
F_5	0.1	$0.1 \times 9 = 0.9$	$0.1 \times 7 = 0.7$	$0.1 \times 8 = 0.8$
方案加权平均总分 $\sum \phi_i S_{ij}$		9.05	8.75	7.45
功能系数 $\sum \phi_i S_{ij} / \sum_i \sum_j \phi_i S_{ij}$		0.358	0.347	0.295

3）计算各方案价值系数见表7-6。

表7-6 各方案价值系数计算

方案名称	功能系数	成本系数	价值系数	选优
A	0.358	0.3963	0.903	
B	0.347	0.3055	1.136	最优
C	0.295	0.2982	0.989	

4）根据对A、B、C方案进行价值工程分析，B方案价值系数最高，为最优方案。

（2）分析各功能项目的目标成本及成本可能降低的幅度，并确定功能改进顺序如下：

桩基围护工程项目的功能评分为11，功能系数 $F = 11 \div 94 = 0.1170$；目前成本为1520万元，成本系数 $C = 1520 \div 12812 = 0.1186$；价值系数 $V = F \div C = 0.117 \div 0.1186 = 0.9865 < 1$，说明其成本比例偏高。根据桩基围护工程项目的功能系数0.1170，目标成本应确定为12170万元 $\times$ 0.1170 = 1423.89万元，成本降低幅度为（1520－1423.89）万元 = 96.11万元。

其他功能项目的分析同理。按功能系数计算目标成本及成本降低幅度，计算结果见表7-7。

表7-7　成本降低幅度计算结果

序号	功能项目	功能评分	功能系数	目前成本/万元	成本系数	价值系数	目标成本/万元	成本降低幅度/万元
1	桩基围护工程	11	0.117	1520	0.1186	0.9865	1423.89	96.11
2	地下室工程	10	0.1064	1482	0.1157	0.9196	1294.89	187.11
3	主体结构工程	35	0.3723	4705	0.3672	1.0139	4530.89	174.11
4	装饰工程	38	0.4043	5105	0.3985	1.0146	4920.33	184.67
	合计	94	1	12812	1	—	12170	642

根据计算结果，功能项目的优先改进顺序依次为：地下室工程、装饰工程、主体结构工程、桩基围护工程。

7.5　施工项目成本管理

工程施工项目成本管理应从工程投标报价开始，直至项目竣工结算完成为止，贯穿于施工单位项目实施的全过程，是施工单位项目管理的一个关键性目标。

工程施工项目成本管理责任体系包括企业管理层和项目经理部。企业管理层的成本管理除生产成本以外，还包括经营管理费用。项目管理层应对生产成本进行管理。组织管理层贯穿于项目投标、实施和结算过程，体现效益中心的管理职能。项目管理层则着眼于执行组织确定的施工成本管理目标，发挥现场生产成本控制中心的管理职能。

7.5.1　施工项目成本管理及任务

1. 施工项目成本的概念

工程施工项目成本是指在建设工程项目的施工过程中所发生的全部生产费用的总和，由直接成本和间接成本组成。直接成本是指施工过程中耗费的构成工程实体或有助于工程实体形成的各项费用支出，是可以直接计入工程对象的费用，包括人工费、材料费、施工机械使用费和施工措施费等；间接成本是指为施工准备、组织和管理施工生产的全部费用的支出，是非直接用于也无法直接计入工程对象，但为进行工程施工所必须发生的费用，包括管理人员工资、办公费、差旅交通费等。

2. 施工项目成本管理及任务

施工成本管理就是要在保证工期和质量满足要求的情况下，采取相应管理措施，包括组织措施、经济措施、技术措施、合同措施，把成本控制在计划范围内，并进一步寻求最大程度的成本节约。

施工成本管理的任务和环节主要包括：施工项目成本预测、施工项目成本计划、施工项目成本控制、施工项目成本核算、施工项目成本分析等。

7.5.2　施工项目成本管理的措施

为了取得施工成本管理的理想效果，应从多方面采取措施实施管理，包括以下四项措施。

1. 组织措施

组织措施，一方面是从施工成本管理的组织方面采取的措施，如实行项目经理责任制，建立健全成本管理责任体系，完善成本管理规章制度等；另一方面是编制施工成本控制工作计划，确定合理详细的工作流程，并进行动态管理。通过生产要素的优化配置、加强施工定额管理和施工任务单管理以及完整准确的信息传递和调度，尽量避免窝工损失、机械利用率降低、物料浪费及积压等现象，控制活劳动和物化劳动的消耗。组织措施是其他各类措施的前提和保障，而且一般不需要增加什么费用。

2. 技术措施

施工项目成本控制的技术措施，包括：通过多方案技术经济分析与论证，采用最优的施工方案及合适的施工机械；着眼于未来，推广新技术、新工艺，保持质量及成本的领先。

3. 经济措施

施工项目成本管理的技术措施，包括：通过分解施工成本管理目标及风险分析，认真编制资金使用计划、制定防范性对策，并在施工中严格控制各项开支；在施工过程中及时准确地记录、收集、整理、核算实际发生的成本，对各种变更，及时做好增减账，及时落实业主签证，及时结算工程款。通过以上工作及时发现问题，并及时采取纠偏或预防措施。

4. 合同措施

施工项目成本管理的合同措施，贯穿整个合同周期，包括从合同谈判开始到合同终结的全过程。首先是选用合适的合同结构，对各种合同结构模式进行分析、比较，在合同谈判时，要争取选用适合于工程规模、性质和特点的合同结构模式。其次，在合同的条款中应仔细考虑一切影响成本和效益的因素，特别是潜在的风险因素。通过对引起成本变动的风险因素的识别和分析，采取必要的风险对策。例如通过合理的方式，增加承担风险的个体数量，降低损失发生的比例，并最终使这些策略反映在合同的具体条款中。在合同执行期间，合同管理的措施既要密切注视对方合同执行的情况，以寻求合同索赔的机会，也要密切关注自己履行合同的情况，防止被对方索赔。

7.5.3　施工项目成本计划

一个施工项目的不同阶段，会形成互相衔接和不断深化的成本计划，按其作用可分为三类。

（1）竞争性成本计划　即施工单位在投标阶段编制的，以投标报价为目的的合同预算成本计划。这类成本计划以招标文件中的合同条件、投标者须知、技术规程、设计图样或工程量清单等为依据，以有关价格条件说明为基础，结合调研和现场考察获得的情况，根据本企业的工料消耗标准、水平、价格资料和费用指标，对本企业完成招标工程所需支出的全部费用估算。在投标报价过程中，虽也着力考虑降低成本的途径和措施，但总体上较为粗略。

（2）指导性成本计划　即施工单位在中标之后，在选派项目经理阶段的预算成本计划，是项目经理的责任成本目标。它以合同标书为依据，是按照企业的预算定额标准制定的设计预算成本计划，且一般情况下只是确定责任总成本指标。

（3）实施性计划成本　即施工项目在开工前，施工准备阶段的施工预算成本计划。它是以项目实施方案为依据，以落实项目经理责任目标为出发点，采用企业的施工定额，通过施工预算的编制而形成的实施性施工成本计划。施工成本的组成如图7-6所示。

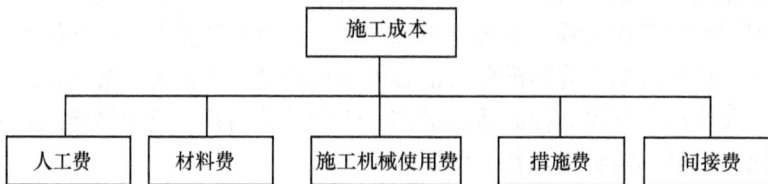

图7-6　施工成本组成

1）按项目组成编制施工成本计划。大中型工程项目通常是由若干单项工程构成的，而每个单项工程包括了多个单位工程，每个单位工程又是由若干个分部分项工程所构成。因此，首先要把项目总施工成本分解到单项工程和单位工程中，再进一步分解到分部工程和分项工程中，从而得到详细的施工成本计划表。其内容一般包括：工程分项编码、工程内容、计量单位、工程数量、计划综合单价、本分项总计等，见表7-8。

表7-8　施工成本计划表

序　号	工程分项编码	工程内容	计量单位	工程数量	计划综合单价	本分项总计	备　注

2）按工程进度编制施工成本计划。

工程项目的施工成本是分阶段、分期发生的，有必要将施工成本按时间进行分解，并据此筹措资金，尽可能减少资金占用和利息支出。编制按时间进度的成本计划，通常可利用控制项目进度的网络图进一步扩充而得。即在建立网络图时，一方面确定完成各项工作所需花费的时间，另一方面确定完成这一工作的合适施工成本支出预算。通过对项目投资目标按时间进行分解，在网络计划基础上，可获得项目进度计划的横道图，并在此基础上编制资金使用计划。其表示方式有两种：一种是在时标网络图上按月编制的成本计划，如图7-7所示；另一种是利用时间-成本累积曲线（S形曲线）表示，如图7-8所示。

时间–成本累积曲线的绘制步骤如下：

①确定工程项目进度计划，编制进度计划的横道图。

②根据每单位时间内完成的实物工程量或投入的人力、物力和财力，计算单位时间（月或旬）的成本，在时标网络图上按时间编制成本支出计划，如图7-7所示。

③计算规定时间 t 内计划累计支出的成本额，可按下式计算：

$$Q_t = \sum_{n=1}^{t} q_n \tag{7-50}$$

式中　Q_t——某时间 t 内计划累计支出的成本额；

　　　q_n——单位时间 n 内计划支出成本额；

　　　t——某规定计划时刻。

④按各规定时间的 Q_t 值，绘制S形曲线，如图7-8所示。

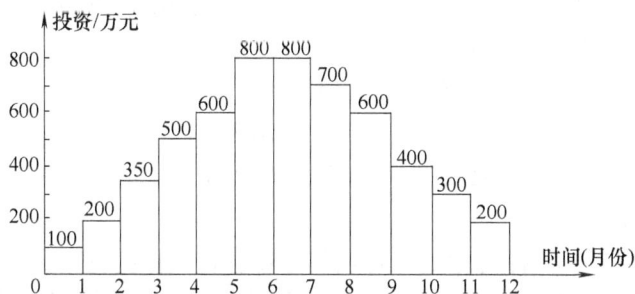

图7-7　时标网络图上按月编制的资金使用计划

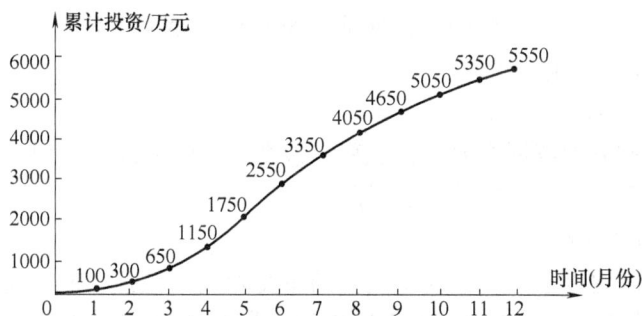

图7-8　时间–投资累计S形曲线

每一条S形曲线都对应某一特定的工程进度计划。因为在进度计划的非关键线路中存在许多有时差的工序或工作，所以S形曲线必然包括在由全部工作都按最早时间开始和全部工作都按最迟必须开始时间开始的曲线所组成的"香蕉图"内。项目经理可根据编制的成本支出计划来合理安排资金；同时，项目经理也可以根据筹措的资金来调整S形曲线，即通过调整非关键线路上的工作的最早或最迟开工时间，力争将实际的成本支出控制在计划范围内。

以上三种编制施工成本计划的方式并不是相互独立的。在实践中，往往是将这几种方式结合起来使用。表7-9为综合分解资金使用计划表。

表7-9　综合分解资金使用计划表

序号	工程分项编码	工程内容	工程量	计划综合单价	计划发生时间及金额				本分项合计
					4月	5月	6月	…	
1									
⋮									
金额合计									

7.5.4　施工项目成本控制

施工项目成本控制是指项目在施工过程中，对影响施工项目成本的各种因素加强管理，并采取各种有效措施，将施工中实际发生的各种消耗和支出严格控制在成本计划范围内。

1. 施工项目成本控制的原则

（1）全面控制原则　全面控制包括全员控制和全过程控制。

（2）开源与节流相结合的原则　通过成本控制提高经济效益的途径，包括降低成本支出和增加预算收入两个方面。因此，应一方面加强费用支出控制，另一方面加强合同管理，及时办理合同价款的结算。

（3）目标管理原则　目标管理是进行任何一项管理工作的基本方法和手段，成本控制只有通过目标管理的"计划→实施→检查→处理"这样一个良性循环，最终的成本目标才能得以实现。

（4）责、权、利相结合的原则　要使成本责任得以落实，责任人应享有相应的权限，这是成本控制得以实现的重要保证。

2. 施工项目成本控制的依据

施工项目成本控制的依据主要有：工程承包合同，施工成本计划，进度报告，工程变更以及有关施工组织设计、分包合同文本等。

3. 施工成本的过程控制方法

施工阶段是控制建设工程项目成本发生的主要阶段，它通过确定成本目标并按计划成本进行施工、资源配置，对施工现场发生的各种成本费用进行有效控制，其具体的控制方法如下：

（1）人工费的控制　人工费的控制实行"量价分离"的方法，即将作业用工及零星用工按定额工日的一定比例综合确定用工数量与单价，通过劳务合同进行控制。

（2）材料费的控制　施工项目的材料物资，包括构成工程实体的主要材料和结构件，以及有助于工程实体形成的周转使用材料和低值易耗品。材料费一般占建筑安装工程造价的60%~70%。材料费控制同样按照"量价分离"原则，控制材料用量和材料价格。

1）材料用量的控制。在保证符合设计要求和质量标准的前提下，合理使用材料，通过定额管理、计量控制、包干控制等手段有效控制材料物资的消耗。

2）材料价格的控制。材料价格主要由材料采购部门控制。由于材料价格是由材料原价、材料运杂费、运输损耗费、采购及保管费等组成，因此，控制材料价格主要是通过掌握市场信息，应用招标和询价等方式控制材料、设备的采购价格。

（3）施工机械使用费的控制　合理选择和使用施工机械设备对成本控制具有十分重要的意义，尤其是高层建筑施工，高层建筑地面以上部分的总费用中，垂直运输机械费用占 6%~10%。因此，在选择起重运输机械时，应根据工程特点和施工条件，选择经济适用的起重运输机械的组合方式。在使用过程中，应合理安排施工生产，加强机械设备的调度工作，加强现场设备的维修保养，从而减少机械设备闲置，提高机械设备使用效率。

（4）施工分包费用的控制　采用分包的施工项目，分包工程价格的高低，必然影响总包商的成本。因此，施工项目成本控制的重要工作之一是对分包价格的控制。项目经理部应在确定施工方案的初期就要确定需要分包的工程范围。决定分包范围的因素主要是施工项目的专业性和项目规模。对分包费用的控制，主要是做好分包工程的询价、订立平等互利的分包合同、建立稳定的分包关系网络、加强施工验收和分包结算等工作。

7.5.5　施工项目成本分析

施工项目成本分析是利用项目成本核算资料（包括会计核算、业务核算、统计核算），通过对成本的形成过程及影响成本升降的因素进行系统地分析，为纠正与预防成本偏差、改进成本控制方法、制定降低成本措施等提供依据。成本分析是成本核算的延续，其内容应与成本核算对象相对应，并在单位工程成本分析的基础上，进行工程项目成本的综合分析，以反映项目的施工活动及其成果。

1. 工程项目成本分析的内容

工程项目成本分析的主要内容包括以下三个方面：

（1）按项目施工进展进行的成本分析　包括分部分项工程成本分析、月（季）度成本分析、年度成本分析、竣工成本分析。

（2）按项目成本构成进行的成本分析　包括人工费分析、材料费分析、机械使用费分析、其他直接费分析和间接费分析。

（3）按特定事项进行的成本分析　包括成本盈亏异常分析、工期成本分析、资金成本分析、技术组织措施节约效果分析、其他有利因素和不利因素对成本影响的分析。

成本分析报告通常由文字说明、报表和图表等部分组成。不同层次成本分析报告的侧重点不同。例如，为项目经理提供的报告，主要包括项目总成本的现状及控制结果、主要的节约或超支项目、项目诊断等；为作业班组长提供的报告，主要包括各分部分项工程的成本（消耗）值、成本的正负偏差、可能采取的措施及趋势分析等。

2. 施工项目成本分析的基本方法

施工成本分析的基本方法包括对比法、因素分析法、比率法等。

（1）对比法　对比法又称比较法或指标对比分析法，就是通过技术经济指标的对比，检查目标的完成情况，分析产生差异的原因，进而挖掘内部潜力的方法。这种方法具有通俗易懂、简单易行、便于掌握的特点，因而得到了广泛的应用，但在应用时必须注意各技术经济指标的可比性。对比法的具体应用形式有实际指标与目标指标对比法、本期实际指标与上期实际指标对比法、与本行业平均水平及先进水平对比法等。

【例7-14】 某工程项目本期计划节约材料费20000元，实际节约22000元，上期节约19000元，本企业先进水平节约23000元。针对本期材料费节约额，请利用对比法进行分析。

解 利用表7-10同时进行三种对比。

表7-10 材料费节约额对比分析表

指标	本期实际数	本期计划数	上期实际数	企业先进水平	差额		
					与计划比	与上期比	与先进比
节约额/元	22000	20000	19000	23000	+2000	+3000	-1000

根据对比分析，在材料费节约这个成本控制指标上，本年实际数比计划目标数和上年实际数均有所增加，但是与本企业先进水平相比还有距离，说明有潜力可挖。

（2）因素分析法 因素分析法又称连环置换法。这种方法可用来分析各种因素对成本的影响程度。在进行分析时，首先要假定众多因素中的一个因素发生了变化，而其他因素则不变，然后逐个替换，分别比较其计算结果，以确定各个因素的变化对成本的影响程度。因素分析法的计算步骤如下：

1）确定分析对象，并计算出实际与目标数的差异。

2）确定该指标是由哪几个因素组成的，并按其相互关系进行排序。排序规则是：先实物量，后价值量；先绝对值，后相对值。

3）以目标数为基础，将各因素的目标数相乘，作为分析替代的基数。

4）将各个因素的实际数按照上面的排列顺序进行替换计算，并将替换后的实际数保留下来。

5）将每次替换计算所得的结果，与前一次的计算结果相比较，两者的差异即为该因素对成本的影响程度。

6）各个因素的影响程度之和，应与分析对象的总差异相等。

【例7-15】 某现浇混凝土子项，商品混凝土的目标成本为622544元，实际成本为656625元，比目标成本增加34081元，资料见表7-11。请利用因素分析法分析成本增加的原因。

表7-11 商品混凝土目标成本与实际成本对比表

项目	单位	目标	实际	差额
产量	m³	820	850	+30
单价	元	730	750	+20
损耗率	%	4	3	-1
成本	元	622544	656625	+34081

解 利用因素分析法计算并分析各因素变动对实际成本的影响程度的过程见表7-12。

表7-12 商品混凝土成本变动因素分析表

顺序		连环替代计算	差额/元	因素分析
目标数	（1）	820×730×1.04=622544		
第一次替代产量因素	（2）	850×730×1.04=645320	（2）-（1）=22776	由于产量增加30m³，成本增加22776元
第二次替代单价因素	（3）	850×750×1.04=663000	（3）-（2）=17680	由于单价提高20元，成本增加17680元
第三次替代损耗率因素	（4）	850×750×1.03=656625	（4）-（3）=-6375	由于损耗率下降1%，成本减少6375元
差额合计			34081	

7.5.6 施工项目成本考核

成本考核是成本管理的最后一个环节，是项目管理激励机制的重要体现。通过工程项目成本考核，可以贯彻项目经理责任制、项目成本核算制，能够更好地实现项目成本目标。企业和项目经理部都应建立、健全项目成本考核的组织，公正、公平、真实、准确地评价项目经理部及管理、作业人员的工作业绩，并以此给以相应的奖励和处罚。

施工项目成本考核分为两个层次：一是企业对项目经理部进行成本管理考核；二是项目经理部对项目内部各岗位以及各作业队进行成本管理考核。每个层次的考核内容，包括对计划目标成本完成情况考核和成本管理工作业绩考核两个方面。

项目成本考核的具体实施方法包括：

1）建立合理的评分制。根据施工项目特点及考核内容，建立适当的评分准则，明确各考核内容分值所占的权重。例如，计划目标成本完成情况的权重为0.7，成本管理工作业绩的权重为0.3。

2）与相关指标的完成情况相结合。例如，根据进度、质量、安全和现场标准化管理等指标的完成情况，嘉奖或扣罚。

3）强调项目成本的中间考核。中间考核可以及时地发现问题、解决问题，保证成本目标的实现。它一般包括月度成本考核、阶段成本考核两个方面，按工程形象进度实施的阶段成本考核与其他指标结合较为紧密。

4）正确评价竣工成本。在工程竣工和工程款结算基础上编制的竣工成本，是项目经济效益的最终反映，必须做到核算正确、考核正确。

5）科学运用激励机制。为了调动有关人员工作的积极性，应当结合成本考核的情况，按照项目管理目标责任书及有关规定及时兑现奖惩。当然，由于月度成本、阶段成本是中间过程的特点，其奖惩可留有余地，待竣工成本考核以后再作调整。

7.6　工程项目费用与进度综合控制的挣值法

挣值法也称赢得值法，是一种用价值指标（工作量）全面衡量工程费用和进度整体状况的偏差分析并进行项目综合监控的一种方法。1967年，美国国防部针对大型合同的管理，提出了一套成本／进度控制系统标准（CS标准）。该标准关注于项目开发时的成本／进度综合绩效评价数据，为此正式采用了挣得值的概念。目前，挣得值的概念在国际上已被广泛采用。

7.6.1　挣值法的基本原理

1. 挣值法的三个基本参数

（1）已完工程预算费用（Budgeted Cost for Work Performed，简称$BCWP$）　$BCWP$是指在某一时间已经完成的工程，乘以批准认可的预算单价为标准所得的资金总额。由于业主正是根据这个值为承包商完成的工程量支付相应的费用，也就是承包商获得（挣得）的金额，故称赢得值或挣得值（Earned Value）。其计算式为：

$$BCWP=实际已完成工程量 \times 预算单价 \tag{7-51}$$

（2）拟完工程预算费用（Budgeted Cost for Work Scheduled，简称$BCWS$）　$BCWS$也称计划完成工作预算费用，是指在某一时刻计划应当完成的工程，乘以预算单价为标准所得的资金总额。一般来说，除非合同有变更，拟完工程预算费用在工作实施过程中应保持不变。其计算式为：

$$BCWS=计划完成工程量 \times 预算单价 \tag{7-52}$$

（3）已完工程实际费用（Actual Cost for Work Performed，简称$ACWP$）　$ACWP$是指在某一时刻已经完成的工程实际所花费的资金总额。即：

$$ACWP=实际已完成工程量 \times 实际单价 \tag{7-53}$$

2. 挣值法的四个评价指标

利用以上三个基本参数，可以计算挣值法的四个评价指标。

（1）费用偏差（Cost Variance，简称CV）。公式为：

$$CV=BCWP - ACWP=已完工程预算费用 - 已完工程实际费用 \tag{7-54}$$

当$CV < 0$时，表示项目运行的实际费用超出预算费用；当$CV > 0$时，表示项目实际运行费用节约；当$CV=0$时，实际费用与预算费用一致。

（2）进度偏差（Schedule Variance，简称SV）。公式为：

$$SV=BCWP - BCWS=已完工程预算费用 - 拟完工程预算费用 \tag{7-55}$$

当$SV < 0$时，表示进度延误，即实际进度落后于计划进度；当$SV > 0$时，表示实际进度提前；当 $SV=0$ 时，实际进度与计划进度一致。

（3）费用绩效指数（Cost Performed Index，简称 CPI ）。公式为：

$$CPI=BCWP/ACWP=已完工程预算费用/已完工程实际费用 \qquad (7-56)$$

当 $CPI<1$ 时，表示实际费用高于预算费用；当 $CPI>1$ 时，表示实际费用低于预算费用；当 $CPI=1$ 时，实际费用与预算费用一致。

（4）进度绩效指数（Schedule Performed Index，简称 SPI ）。公式为：

$$SPI=BCWP/BCWS=已完工程预算费用/拟完工程预算费用 \qquad (7-57)$$

当 $SPI<1$ 时，表示实际进度比计划进度拖后；当 $SPI>1$ 时，表示实际进度比计划进度提前；当 $SPI=1$ 时，实际进度与计划进度一致。

需要指出的是，CV 和 SV 属于绝对偏差，CPI 和 SPI 属于相对偏差。绝对偏差能够直观表达项目费用偏差的绝对数额，指导调整资金支出计划和资金筹措计划。由于项目规模、性质、内容不同，其费用总额会有很大差异，因此，绝对偏差就显得有一定的局限性，不能说明偏差的严重程度，而相对偏差就能较客观地反映偏差的严重程度或合理程度。从对项目目标控制工作的要求来看，相对偏差比绝对偏差更有意义，应当给予更高的重视。

【例7-16】 某工作计划完成工作量260m³，计划进度为24 m³/天，计划单价为500元/m³。该工作进行到第五天时实际累计完成110 m³，实际投资80000元。请对该工作进行到第五天时的费用偏差和进度偏差进行综合分析。

解 到第五天计划完成工作量为24m³/天×5天 = 120 m³

拟完工程计划投资 = 120 m³×500元/m³ = 60000元

已完工程计划投资 = 110m³×500元/m³ = 55000元

投资偏差 CV =（55000 − 80000）元 = − 25000元 < 0

进度偏差 SV =（55000 − 60000）元 = − 5000元 <0

费用绩效指数 CPI = 55000/80000 = 0.69<1

进度绩效指数 SV = 55000/60000 = 0.92<1

所以该工作进行到第五天时，进度拖后但不严重，费用超支且较严重。

3. 局部偏差和累计偏差

局部偏差有两层含义：一层含义是对于整个项目而言，指各单项工程、单位工程及分部分项工程的费用偏差；另一层含义是对于整个项目已经实施的时间而言，是指每一控制周期所发生的费用偏差。累计偏差是一个动态的概念，其数值总是与具体时间联系在一起。第一个累计偏差在数值上等于局部偏差，最终的累计偏差就是整个项目的投资偏差。

局部偏差的引入，使项目投资管理人员可以清楚地了解偏差发生的时间、所在的单项工程，这有利于分析其发生的原因；而累计偏差所涉及的工程内容较多、范围较大，且原因也较复杂，因而累计偏差分析必须以局部偏差分析为基础。从另一方面看，因为累计偏差分析是建立在对局部偏差进行综合分析的基础上，所以其结果更能显示出代表性和规律性，对费用控制工作在较大范围内具有指导作用。

7.6.2　偏差分析的方法

常用的偏差分析方法有横道图法、时标网络图法、表格法和曲线法。

1. 横道图法

（1）横道线长度表示金额时的偏差分析　用不同的横道线分别标识已完工程计划费用、拟完工程计划费用、已完工程实际费用，横道线的长度与其金额成正比，如图7-9所示。此方法具有形象、直观地表达费用绝对偏差的优点。但这种方法反映的信息量少，一般在项目的较高管理层应用。

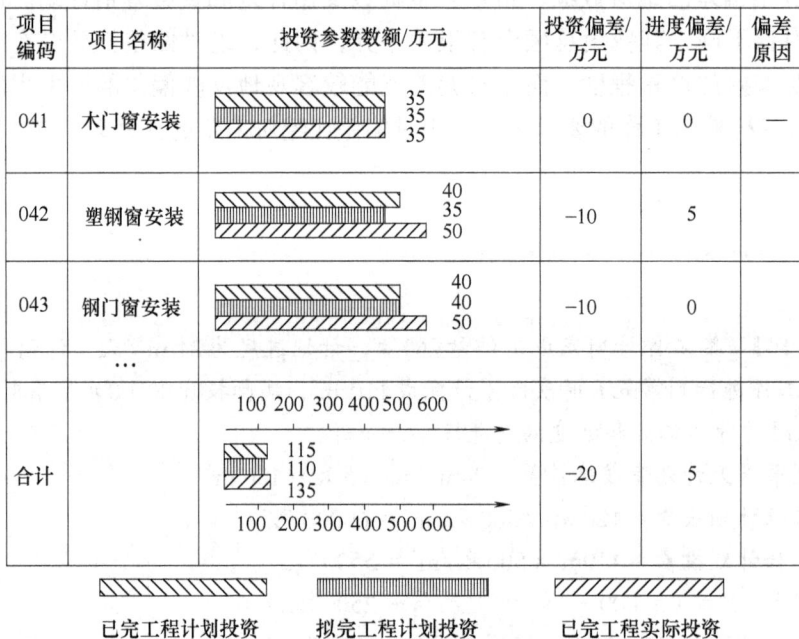

项目编码	项目名称	投资参数数额/万元	投资偏差/万元	进度偏差/万元	偏差原因
041	木门窗安装	35 35 35	0	0	—
042	塑钢窗安装	40 35 50	−10	5	
043	钢门窗安装	40 40 50	−10	0	
…					
合计		100 200 300 400 500 600 / 115 110 135 / 100 200 300 400 500 600	−20	5	

已完工程计划投资　　拟完工程计划投资　　已完工程实际投资

图7-9　横道线长度表示金额时的偏差分析图

（2）横道线长度表示时间时的偏差分析　在实际工作中往往需要根据拟完工程计划费用和已完工程实际费用确定已完工程计划费用后，再确定费用偏差与进度偏差。

根据拟完工程计划费用与已完工程实际费用，确定已完工程计划费用的方法是：

1）同一子项的已完工程计划费用与已完工程实际费用的横道位置始终相同。

2）同一子项的已完工程计划费用与拟完工程计划费用的总值相同，且假设在匀速施工的前提下，计算出单位时间内该子项的已完工程计划费用。

【例7-17】　假设某项目共含有两个子项工程，A子项和B子项，各自的拟完工程计划费用、已完工程实际费用和已完工程计划费用见表7-13。计算第4周末的费用偏差与进度偏差。

表7-13　某工程计划与实际进度横道图　　　　　（单位：万元）

分项工程	进度计划（周）					
	1	2	3	4	5	6
A	8	8	8			
		5	5	7	7	
B		9	9	9	9	
		11	10	8	8	

———— 拟完工程计划费用　　　- - - - - - 已完工程计划费用　　　— — — — 已完工程实际费用

解　根据表7-13中数据，A工作计划费用总额为8万元/周×3周=24万元，实际完成时间为4周，所以A工作已完工程计划费用为24万元/4周=6万元/周；B工作计划费用总额为9万元/周×4周=36万元，实际完成时间为4周，所以B工作已完工程计划费用为36万元/4周=9万元/周。

按照每周各子项工程拟完工程计划费用、已完工程计划费用、已完工程实际费用的累计值进行统计，可以得到表7-14的数据。

表7-14　费用数据表　　　　　（单位：万元）

项目	投资数据					
	1周	2周	3周	4周	5周	6周
每周拟完工程计划费用	8	17	17	9	9	
拟完工程计划费用累计	8	25	42	51	60	
每周已完工程计划费用		6	15	15	15	9
已完工程计划费用累计		6	21	36	51	60
每周已完工程实际费用		5	16	17	15	8
已完工程实际费用累计		5	21	38	53	61

根据表7-14中数据可以求得相应的费用偏差和进度偏差

第4周末费用偏差＝已完工程计划费用－已完工程实际费用＝（36－38）万元＝－2万元

即投资增加2万元。

第4周末进度偏差＝已完工程计划费用－拟完工程计划费用＝（36－51）万元＝－15万元

即进度拖后15万元。

2. 时标网络图法

根据时标网络图可以得到每一时间段的拟完工程计划费用，根据某一时间点对应的实际进度前锋线就可以得到某一时间点对应的已完工程计划费用。实际进度前锋线表示整个项目目前实际完成的工作情况，时标网络图中将某一确定时点下的各工作的实际进度点依次相连就可以得到实际进度前锋线。

【例7-18】 假设某工程的部分时标网络图如图7-10所示。图中第5月末用"▼"标示的虚线即为实际进度前锋线，其与各工序的交点即为各工序的实际完成进度。计算第5月末的费用偏差与进度偏差。

解 5月末的已完工程计划费用累计值＝（48－5＋1）万元＝44万元

5月末的费用偏差＝已完工程计划费用－已完工程实际费用＝（44－46）万元＝－2万元，即费用增加2万元。

5月末的进度偏差＝已完工程计划费用－拟完工程计划费用＝（44－48）万元＝－4万元，即进度拖延4万元。

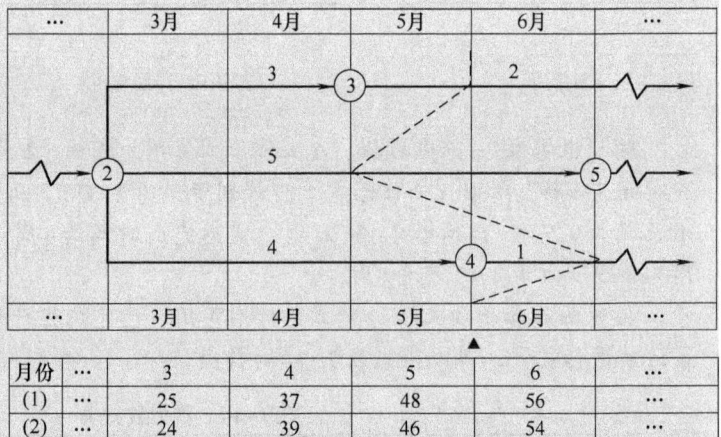

图7-10 某工程时标网络图（费用数据单位：万元）

月份	…	3	4	5	6	…
（1）	…	25	37	48	56	…
（2）	…	24	39	46	54	…

注：1. 图中每根箭线上方数值为该工作每月计划费用。

2. 图下方表内（1）栏数值为该工程拟完工程计划费用累计值；（2）栏数值为该工程已完工程实际费用累计值。

时标网络图法能够直观反映局部偏差，也能方便计算累计偏差，其关键是实际进度前锋线的绘制及已完工作实际费用的统计。

3. 表格法

表格法是进行偏差分析最常用的一种方法。可以根据项目的具体情况、数据来源、费用控制工作的要求等条件来设计表格，因而实用性较强。表格法的信息量大，可以反映各种偏差变量和指标，对全面深入地了解项目费用的实际情况非常有益；另外，表格法还便于用计算机辅助管理，提高费用控制工作的效率，见表7-15。

表7-15 费用偏差分析表

序号	项目编码	计算式	011	012	013
	项目名称		土方工程	打桩工程	基础工程
	单 位		m³	m	m³
1	计划单价				
2	拟完工程量				
3	拟完工程计划费用	1×2			
4	已完工程量				
5	已完工程计划费用	1×4			
6	实际单价				
7	其他款项				
8	已完工程实际费用	$4 \times 6 + 7$			
9	费用局部绝对偏差	$8 - 5$			
10	费用局部相对偏差	$9 \div 5$			
11	费用局部偏差程度	$8 \div 5$			
12	费用累计绝对偏差	$\sum 9$			
13	费用累计相对偏差	$\sum 9 \div \sum 5$			
14	费用累计偏差程度	$\sum 8 \div \sum 5$			
15	进度局部绝对偏差	$3 - 5$			
16	进度局部相对偏差	$15 \div 5$			
17	进度局部偏差程度	$3 \div 5$			
18	进度累计绝对偏差	$\sum 15$			
19	进度累计相对偏差	$\sum 15 \div \sum 5$			
20	进度累计偏差程度	$\sum 3 \div \sum 5$			

4. 曲线法

曲线法是用费用-时间曲线（$C-T$曲线）进行偏差分析的一种方法，横坐标表示时间，纵坐标表示累计费用。在用曲线法进行偏差分析时，通常有三条费用曲线，即已完工程实际费用曲线a，已完工程计划费用曲线b和拟完工程计划费用曲线p，如图7–11所示。图中曲线a和b的竖向距离表示费用偏差，曲线p和b的水平距离表示进度偏差。图中所反映的是累计偏差，而且主要是绝对偏差。用曲线法进行偏差分析，具有形象直观的优点，但不能直接用于定量分析，如果能与表格法结合起来，则会取得较好的效果。

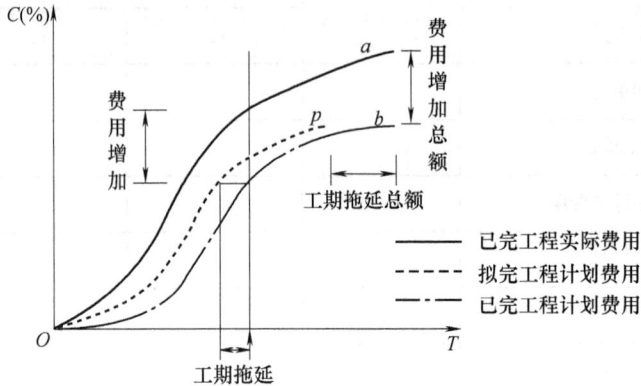

图7–11　三种费用参数曲线

7.7 案例分析

【案例一】

<背景材料>

某房地产公司对某商品房项目的开发征集到若干设计方案，经筛选后对其中较为出色的两个设计方案作进一步的技术经济评价。有关专家决定从五个方面（分别以$F_1 \sim F_5$表示）对不同方案的功能进行评价，并对各功能的重要性达成以下共识：F_2和F_3同样重要，F_4和F_5同样重要，F_1相对于F_4很重要，F_1相对于F_2较重要（$F_1 > F_2 = F_3 > F_4 = F_5$）。此后，各专家对该四个方案的功能满足程度分别打分，其结果见表7–16。

根据造价工程师估算，A、B两个方案的单方造价分别为1600元$/m^2$、1300元$/m^2$。

表7–16　方案功能得分

方案功能	方案功能得分	
	A	B
F_1	10	9
F_2	10	10
F_3	8	10

（续）

方案功能	方案功能得分	
	A	B
F_4	9	8
F_5	9	7

<问题>

1.根据背景资料所给出的相对重要程度条件，利用0~4评分法计算各功能权重。

2.分别计算各方案的功能指数、成本指数、价值指数，在此基础上选择最优方案。

<参考答案>

1.根据背景资料所给出的相对重要程度条件，各功能权重的计算结果见表7-17。

表7-17   功能权重计算表（0~4评分法）

	F_1	F_2	F_3	F_4	F_5	得分	权 重
F_1	×	3	3	4	4	14	14/40=0.350
F_2	1	×	2	3	3	9	9/40=0.225
F_3	1	2	×	3	3	9	9/40=0.225
F_4	0	1	1	×	2	4	4/40=0.100
F_5	0	1	1	2	×	4	4/40=0.100
合　计						40	1.00

2. 分别计算各方案的功能指数、成本指数、价值指数：

1）计算功能指数。将各方案的各功能得分分别与该功能的权重相乘，然后汇总即为该方案的功能加权得分。各方案的功能加权得分为

$W_A= 10 \times 0.350 +10 \times 0.225 +8 \times 0.225 +9 \times 0.100 +9 \times 0.100=9.35$

$W_B =9 \times 0.350 +10 \times 0.225 +10 \times 0.225 +8 \times 0.100 +7 \times 0.100=9.15$

各方案功能的总加权得分为 $W=W_A+W_B =9.35 +9.15= 18.5$

因此，各方案的功能指数（功能评价系数）为

$F_A=9.35 \div 18.5=0.51$

$F_B=9.15 \div 18.5=0.49$

2）计算各方案的成本指数为

$C_A=1600 \div （1600 +1300）= 0.55$

$C_B =1300 \div （1600 +1300）= 0.45$

3）计算各方案的价值指数为

$V_A = F_A \div C_A = 0.51 \div 0.55 = 0.93$

$V_B = F_B \div C_B = 0.49 \div 0.45 = 1.09$

由于B方案的价值指数最大（$V_A < V_B$），所以B方案为最佳方案。

【案例二】

<背景材料>

某工程项目施工合同于2011年12月签订，约定的合同工期为8个月，2012年1月开始正式施工。施工单位按合同工期要求编制了混凝土结构工程施工进度时标网络计划（见图7-12），并经工程师审核批准。

该项目的各项工作均按最早开始时间安排，且各工作每月所完成的工程量相等。各工作计划工程量和实际工程量见表7-18。

施工期间，由于建设单位原因使工作H的开始时间比计划的开始时间推迟1个月，并由于工作H工程量的增加使该工作持续时间延长了1个月。其他工作的实际工作持续时间与计划工作持续时间相同。

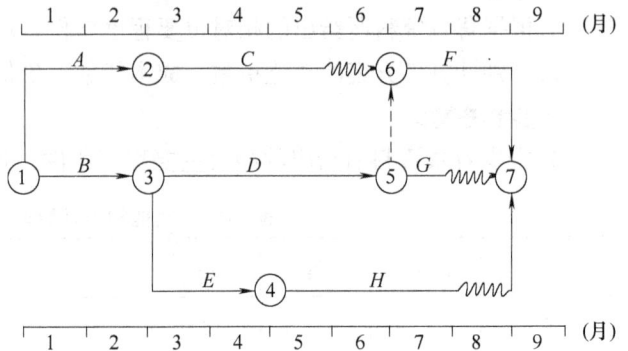

图7-12 施工进度时标网络计划

表7-18 各工作计划工程量和实际工程量表

工 作	A	B	C	D	E	F	G	H
计划工程量/m³	8000	8600	6000	10000	5400	6200	1200	3600
实际工程量/m³	8000	8600	6000	9200	5000	5800	1200	5000

合同约定，混凝土结构工程综合单价为1100元／m³，按月结算。结算价按项目所在地混凝土结构工程价格指数进行调整，项目实施期间各月的混凝土结构工程价格指数见表7-19。

表7-19 混凝土结构工程价格指数表

时间	2011年12月	2012年1月	2012年2月	2012年3月	2012年4月	2012年5月	2012年6月	2012年7月	2012年8月	2012年9月
混凝土结构工程价格指数（%）	100	115	105	110	115	110	110	120	110	110

<问题>

1. 请按施工进度计划编制资金使用计划（即计算每月和累计拟完工程计划费用），并简要写出其步骤。计算结果填入表7–20中。

2. 计算工作H各月的已完工程计划费用和已完实际费用。

3. 计算混凝土结构工程已完工程计划费用和已完工程实际费用，计算结果填入表7–20中。

4. 列式计算8月末的费用偏差和进度偏差（用费用额表示）。

表 7–20　费用数据表　　　　　　　　　　　　　（单位：万元）

项目	费用数据								
	1月	2月	3月	4月	5月	6月	7月	8月	9月
每月拟完工程计划费用									
累计拟完工程计划费用									
每月已完工程计划费用									
累计已完工程计划费用									
每月已完工程实际费用									
累计已完工程实际费用									

<参考答案>

1. 将各工作计划工程量与单价相乘后，除以该工作持续时间，得到各工作每月拟完工程计划费用额，如A工作1月拟完工程计划费用额为 $8000\text{m}^3 \times 1100 \text{元/m}^3 \div 2 = 440$ 万元 ，B工作1月拟完工程计划费用额为 $8600\text{m}^3 \times 1100 \text{元／m}^3 \div 2 = 473$ 万元；再将时标网络计划中各工作分别按月纵向汇总得到每月拟完工程计划费用额，如1月的拟完工程计划费用额为 $(440 + 473)$ 万元 $= 913$ 万元；然后逐月累加得到各月累计拟完工程计划费用额。计算结果见表7–20。

2. H工作6~9月份每月完成工程量为 $5000\text{m}^3 \div 4 = 1250\text{m}^3$

（1）H工作6~9月份已完工程计划费用均为 1250×1100 万元 $= 137.5$ 万元

（2）H工作已完工程实际费用：

6月份 $137.5 \times 110\%$ 万元 $= 151.3$ 万元

7月份 $137.5 \times 120\%$ 万元 $= 165.0$ 万元

8月份 $137.5 \times 110\%$ 万元 $= 151.3$ 万元

9月份 $137.5 \times 110\%$ 万元 $= 151.3$ 万元

3. 计算结果见表7–21。

表7-21　费用数据表　　　　　　　　　　　　　　　（单位：万元）

项目	费用数据								
	1月	2月	3月	4月	5月	6月	7月	8月	9月
每月拟完工程计划费用	913	913	792	792	627	407	605	341	—
累计拟完工程计划费用	913	1826	2618	3410	4037	4444	5049	5390	—
每月已完工程计划费用	913	913	748	748	473	390.5	588.5	456.5	137.5
累计已完工程计划费用	913	1826	2574	3322	3795	4185.5	4774	5230.5	5368
每月已完工程实际费用	1049.0	958.7	822.8	860.2	520.3	429.6	706.2	502.2	151.3
累计已完工程实际费用	1049.0	2007.7	2830.5	3690.7	4211	4638.6	5344.8	5847.0	5998.3

4. 费用偏差=已完工程计划费用-已完工程实际费用=（5230.5 - 5847.0）万元= -616.5万元，8月末费用累计超支616.5万元。

进度偏差=已完工程计划费用-拟完工程计划费用=（5230.5 - 5390）万元= -159.5万元，8月末进度累计拖后159.5万元。

【案例三】

<背景材料>

某项工程业主与承包商签订了工程施工合同，合同中含两个子项工程，估算工程量甲项为2500m³，乙项为3100m³，经协商合同价甲项为200元/m³，乙项为180元/m³。承包合同规定：

1. 开工前业主应向承包商支付合同价20%的预付款。
2. 业主自第一个月起，从承包商的工程款中，按5%的比例扣留滞留金。
3. 当子项工程实际工程量超过估算工程量10%时，可进行调价，调整系数为0.9。
4. 根据市场情况规定价格调整系数平均按1.15计算。
5. 工程师签发月度付款最低金额为25万元。
6. 预付款在最后两个月扣除，每月扣50%。

承包商各月实际完成并经工程师签证确认的工程量见表7-22。

表7-22　承包商各月实际完成并经工程师签证确认的工程量　　（单位：m³）

事项	1月	2月	3月	4月
甲项	500	800	900	700
乙项	650	900	800	600

第一个月工程量价款为 $500 \text{ m}^3 \times 200 \text{ 元}/\text{m}^3 + 650 \text{ m}^3 \times 180 \text{ 元}/\text{m}^3$ 万元 $= 21.70$ 万元

应签证的工程款为 $21.7 \times 1.15 \times （1 - 5\%）$ 万元 $= 23.71$ 万元

由于合同规定工程师签发的最低金额为 25 万元，故本月工程师不予签发付款凭证。

<问题>

1. 预付款是多少？

2. 从第二个月起每月工程量价款是多少？工程师应签证的工程款是多少？实际签发的付款凭证金额是多少？

<参考答案>

1. 预付款金额为 $（2500\text{m}^3 \times 200 \text{ 元}/\text{m}^3 + 3100 \text{ m}^3 \times 180 \text{ 元}/\text{m}^3）\times 20\% = 21.16$ 万元

2. 支付工程款的计算

第二个月：

工程量价款为 $800\text{m}^3 \times 200 \text{ 元}/\text{m}^3 + 900\text{m}^3 \times 180 \text{ 元}/\text{m}^3 = 32.20$ 万元

应签证的工程款为 $32.20 \times 1.15 \times 0.95$ 万元 $= 35.18$ 万元

本月工程师实际签发的付款凭证金额为 $（23.71 + 35.18）$ 万元 $= 58.89$ 万元

第三个月：

工程量价款为 $900 \text{ m}^3 \times 200 \text{ 元}/\text{m}^3 + 800 \text{ m}^3 \times 180 \text{ 元}/\text{m}^3 = 32.40$ 万元

应签证的工程款为 $32.40 \times 1.15 \times 0.95$ 万元 $= 35.40$ 万元

应扣预付款为 $21.16 \times 50\%$ 万元 $= 10.58$ 万元

应付款为 $（35.40 - 10.58）$ 万元 $= 24.82$ 万元

工程师签发月度付款最低金额为 25 万元，所以本月工程师不予签发付款凭证。

第四个月：

甲项工程累计完成工程量为 2900m^3，比原估算工程量 2500 m^3 超出 400 m^3，已超过估算工程量的 10%，超出部分其单价应进行调整。

超过估算工程量 10% 的工程量为 $2900\text{m}^3 - 2500\text{m}^3 \times （1 + 10\%）= 150\text{m}^3$

这部分工程量单价应调整为 $200 \times 0.9 \text{ 元}/\text{m}^3 = 180 \text{ 元}/\text{m}^3$

甲项工程工程量价款为 $（700\text{m}^3 - 150\text{m}^3）\times 200 \text{ 元}/\text{m}^3 + 150\text{m}^3 \times 180 \text{ 元}/\text{m}^3 = 13.70$ 万元

乙项工程累计完成工程量为 2950m^3，比原估算工程量 3100m^3 减少 50m^3，不超过估算工程量，其单价不进行调整。

乙项工程工程量价款为 $600\text{m}^3 \times 180 \text{ 元}/\text{m}^3 = 10.80$ 万元

本月完成甲、乙两项工程量价款合计为 $（13.70 + 10.80）$ 万元 $= 24.50$ 万元

应签证的工程款为 $（24.50 \times 1.15 \times 0.95）$ 万元 $= 26.77$ 万元

本月工程师实际签发的付款凭证金额为 $（24.82 + 26.77 - 21.16 \times 50\%）$ 万元 $= 41.01$ 万元。

本 章 习 题

一、单选题

1. 建筑安装工程费由（　　）组成。

A. 直接费、间接费、利润和税金

B. 直接工程费、间接费、措施费和税金

C. 直接费、间接费、法定利润和规费

D. 直接工程费、间接费、法定利润和税金

2. 某项目建设期总投资为1500万元，建设期2年，第2年计划投资40%，年价格上涨率为3%，则第2年的涨价预备费是（   ）万元。

A. 54   B. 18   C. 91.35   D. 36.54

3. 某项目进口一批生产设备，*FOB*价为650万元，*CIF*价为830万元，银行财务费率为0.5%，外贸手续费率为1.5%，关税税率为20%，增值税率为17%。该批设备无消费税和海关监管手续费，则该批进口设备的抵岸价为（   ）万元。

A. 1178.10   B. 1181.02   C. 998.32   D. 1001.02

4. 某个新建项目，建设期为3年，分年均衡进行贷款，第一年贷款4000000元，第二年贷款5000000元，第三年贷款4000000元，贷款年利率为10%，建设期内利息只计息不支付，则建设期贷款利息为（   ）万元。

A. 277.4   B. 356.27   C. 521.897   D. 435.14

5. 某高层建筑工程箱形基础底板的设计厚度为1.1m，承包商根据以往的施工经验，认为设计有问题，未报监理工程师，即按1.3m施工，多完成的工程量在计量时监理工程师（   ）。

A. 予以计量

B. 计量一半

C. 不予计量

D. 由业主与施工单位协商处理

6. 某地坪原设计用煤渣打，造价40万元以上，后通过功能和成本关系的分析用某工程废料代替煤渣，这样不仅提高了地坪的坚实度，又节省投资10万元。根据价值工程原理，这体现了提高价值的（   ）的途径。

A. 功能提高，成本不变

B. 功能不变，成本降低

C. 功能和成本都提高，但功能提高幅度更大

D. 功能提高，成本降低

7. 施工合同文本规定，施工中遇到有价值的地下文物后，承包商应立即停止施工并采取有效保护措施，对打乱施工计划的后果责任是（   ）。

A. 承包商承担保护措施费用，工期不予顺延

B. 承包商承担保护费用，工期予以顺延

C. 业主承担保护措施费用，工期不予顺延

D. 业主承担保护措施费用，工期予以顺延

8. 钢门窗安装工程，六月份拟完工程计划投资12万元，已完工程计划投资8万元，已完工程实际投资10万元，则进度偏差为（   ）万元。

A. －2   B. 2   C. 4   D. －4

9. 2006年5月实际完成的某土方工程，在2005年6月签约时的工作量为20万元，该工程的固定系数为0.2，各参加调值的因素A、B、C，分别占比例20%、45%、15%，价格指数除A增长了10%外，其他都未发生变化。按调值公式完成的该土方工程应结算的工程款为（　　）万元。

  A. 20.5   B. 20.2   C. 20.6   D. 20.4

10. 施工中遇到恶劣气候的影响造成了工期和费用增加，则承包商（　　）。

  A. 只能索赔工期   B. 只能索赔费用   C. 二者均可   D. 不能索赔

二、多选题

1. 直接费包括（　　）。

A.直接工程费   B.企业管理费   C.措施费   D.材料费   E.利润

2. 下列费用中，不属于建筑安装工程直接工程费的有（　　）。

A.施工机械大修费

B.材料二次搬运费

C.生产工人退休工资

D.生产职工教育经费

E.生产工具、用具使用费

3. 工程计量的依据是（　　）。

A. 施工方所报已完工程量

B. 质量合格证书或签证

C. 工程量清单前言和技术规范

D. 批准的设计图样文件及工程变更签证

E. 工程结算价格规定

4. 由于业主原因设计变更，导致工程停工一个月，则承包商可索赔的费用为（　　）。

A. 利润   B. 人工窝工   C. 机械设备闲置费

D. 增加的现场管理费   E. 税金

5. 工程师对承包方提出的变更价款进行审核和处理时，下列说法正确的有（　　）。

A. 承包方在工程变更确定后规定时限内，向工程师提出变更价款报告，经工程师确认后调整合同价款

B. 承包方在规定时限内不向工程师提出变更价款报告，则视为该项变更不涉及价款变更

C. 工程师在收到变更工程价款报告后，在规定时限内无正当理由不予确认，一旦超过时限，该价款报告失效

D. 工程师不同意承包方提出的变更价款，可以和解或要求工程造价管理部门调解

E. 工程师确认增加的工程变更价款作为追加合同款，与工程款同期支付

6. 当利用S形曲线法比较工程进度时，通过比较计划S形曲线和实际S形曲线，可以获得的信息有（　　）。

A. 工程项目实际进度比计划进度超过或拖后的时间

B. 工程项目中各项工作实际完成的任务量

C. 工程项目实际进度比计划进度超前或拖后的工作量

D. 工程项目中各项工作实际进度比计划进度超前或拖后的时间

E. 预测后期工程进度

第8章
工程项目质量管理

本章概要

（1）工程项目质量管理概述

（2）工程项目质量管理体系

（3）工程项目质量控制

（4）工程项目质量管理统计分析方法

（5）工程项目质量管理验收

（6）工程项目质量问题和质量事故的处理

（7）案例分析

8.1 工程项目质量管理概述

8.1.1 质量

2000版GB/T 19000 —ISO 9000族标准中质量的定义是：一组固有特性满足要求的程度。上述定义可以从以下几方面去理解：

1）质量不仅是指产品质量，也可以是某项活动或过程的工作质量，还可以是质量管理体系运行的质量。质量是由一组固有特性组成的，这些固有特性是指满足顾客和其他相关方的要求的特性，并由其满足要求的程度加以表征。

2）特性是指区分的特征。特性可以是固有的或赋予的，可以是定性的或定量的。特性有各种类型，如物质特性、官感特性、行为特性、功能特性等。质量特性是固有的特性，并通过产品、过程或体系设计和开发及其后之实现过程形成的属性。固有的意思是指在某事或某物中本来就有的，尤其是那种永久的特性。赋予的特性（如某一产品的价格）并非是产品、过程或体系的固有特性，故不是它们的质量特性。

3）满足要求就是应满足明示的（如合同、规范、标准、技术、文件、设计图中明确规定的）、通常隐含的（如组织的惯例、一般习惯）或必须履行的（如法律、法规、行业规则）

的需要和期望。与要求相比较，满足要求的程度才反映为质量的好坏。对质量的要求除考虑满足顾客的需要外，还应考虑其他相关方即组织自身利益、提供原材料和零部件等的供方的利益及社会的利益等多种需求。例如，需考虑安全性、环境保护、节约能源等外部的强制要求。只有全面满足这些要求，才能评定为好的质量或优秀的质量。

4）顾客和其他相关方对产品、过程或体系的质量要求是动态的、发展的和相对的。质量要求随着时间、地点、环境的变化而变化。如随着技术的发展、生活水平的提高，人们对产品、过程或体系会提出新的质量要求，因此应定期评定质量要求、修订规范标准，不断开发新产品、改进老产品，以满足已变化的质量要求。另外，不同国家和地区因自然环境条件、技术发达程度、消费水平和民俗习惯等的不同会对产品提出不同的要求，产品应具有这种环境的适应性，对不同地区应提供不同性能的产品，以满足该地区用户的明示或隐含的要求。

8.1.2 工程项目质量

1. 工程项目质量的基本概念

工程项目质量是指能够满足用户或社会需要并由工程合同、有关技术标准、设计文件、施工规范等具体详细设定其适用、安全、经济、美观等特性要求的工程实体质量与工程建设各阶段、各环节的工作质量的总和。工程建设项目质量的衡量标准可以随着具体工程建设项目和业主需要的不同而存在差异，但通常包括如下主要概念：①在项目前期工作阶段设定项目建设标准、确定工程质量要求；②确保工程结构设计和施工的安全性、可靠性；③出于工程耐久性考虑，对材料、设备、工艺、结构质量提出要求；④对工程项目的其他方面如外观造型、与环境的协调效果、项目建造运行费用及可维护性、可检查性提出要求；⑤要求工程投产或投入使用后生产的产品（或提供的服务）达到预期质量水平，工程适用性、效益性、安全性、稳定性良好。

2. 工程项目质量的特点

由于工程建设项目所具有的单项性、一次性和使用寿命的长期性及项目位置固定、生产流动、体积大、整体性强、建设周期长、施工涉及面广、受自然气候条件影响大，且结构类型、质量要求、施工方法均可因项目不同而存在很大差异等特点，使工程建设项目建设成为一个极其复杂的综合性过程，并使工程建设项目质量亦相应地形成以下几种特点：

（1）影响质量的因素多　如设计、材料、机械设备、地形、地质、水文、气象、施工工艺、施工操作方法、技术、措施、管理制度等，均可直接影响工程建设项目质量。

（2）设计原因引起的质量问题显著　按实际工作统计，在我国近年发生的工程质量事故中，由设计原因引起的质量问题已占40.1%，其他质量问题则分别由施工责任、材料使用等原因所致，设计工作质量已成为引起工程质量问题的主要原因之一。因此，为确保工程建设项目质量，严格设计质量控制便成为一个十分重要的环节。

（3）容易产生质量变异　质量变异是指由于各种质量影响因素发生作用引起产品质量存在差异。质量变异可分为正常变异和非正常变异。前者是指由经常发生但对质量影响不大的偶然性因素引起质量正常波动而形成的质量变异；后者则是指由不常发生但对质量影响很大的系统性因素引起质量异常波动而形成的质量变异。偶然性因素如材料的材质不均匀，机械设备的正常磨损，操作细小差异，一天中温度、湿度的微小变化等，其特点是无法或难以控制且符合规定数量的样本，其质量特征值的检验结果服从正态分布；系统性因素如使用材料的规格品种有误、施工方法不妥、操作未按规程、机械故障、仪表失灵、设计计算错误等，其特点是可控制、易消除且符合规定数量的样本其质量特征值的检验结果不呈现正态分布。由于工程建设项目施工不像工业产品生产那样有规范化的生产工艺和完善的检测技术，有成套的生产设备和稳定的生产环境，有相同系列规格和相同功能的产品，因此影响工程建设项目质量的偶然性和系统性因素为数甚多，特别是由系统性因素引起的质量变异，严重时可导致重大工程质量事故。为此，项目实施过程中应十分注重查找造成质量异常波动的原因并全力加以消除，严防由系统性因素引起的质量变异，从而把质量变异控制在偶然性因素发挥作用的范围之内。

（4）容易产生判断错误　工程建设项目施工建造因工序交接多、产品多、隐蔽工程多，若不及时检查实质，事后再看表面，就容易产生第二类判断错误即容易将不合格产品，认为是合格产品；另外，若检查不认真，测量仪表不准，读数有误，则会产生第一类判断错误，就是说将合格产品认定为不合格产品。

（5）工程产品不能解体、拆卸，质量终检局限大　工程建设项目建成后，不可能像某些工业产品那样，再拆卸或解体检查其内在、隐蔽的质量，即使发现有质量问题，也不可能采取"更换零件""包换"或"退款"方式解决与处理有关质量问题。因此，工程建设项目质量管理应特别注重质量的事前、事中控制，以防患于未然，力争将质量问题消灭于萌芽状态。

（6）质量要受投资、进度要求的影响　工程建设项目的质量通常要受到投资、进度目标的制约。一般情况下，投资大、进度慢，工程质量就好；反之则工程质量差。项目实施过程中，质量水平的确定尤其要考虑成本控制目标的要求，鉴于由于质量问题预防成本和质量鉴定成本所组成的质量保证费用随着质量水平的提高而上升，产生质量问题后所引起的质量损失费用则随着质量水平的提高而下降，这样由保证和提高产品质量而支出的质量保证费用及由于未达到相应质量标准而产生的质量损失费用两者相加而得的工程质量成本必然存在一个最小取值，这就是最佳质量成本。在工程建设项目质量管理实践中，最佳质量成本通常是项目管理者订立质量目标的重要依据。

8.1.3　工程项目的阶段划分及不同阶段对工程建设项目质量的影响

工程项目实施需要依次经过由建设程序所规定的各个不同阶段；工程建设的不同阶段，对工程项目质量的形成所起的作用则各不相同。

1. 项目可行性研究阶段对工程项目质量的影响

项目可行性研究是运用工程经济学原理，在对项目投资有关技术、经济、社会、环境等各方面条件进行调查研究的基础之上，对各种可能的拟建投资方案及其建成投产后的经济效益、社会效益和环境效益进行技术分析论证，以确定项目建设的可行性，并提出最佳投资建设方案作为决策、设计依据的一系列工作过程。项目可行性研究阶段的质量管理工作，是确定项目的质量要求，因而这一阶段必然会对项目的决策和设计质量产生直接影响，它是影响工程建设项目质量的首要环节。

2. 项目决策阶段对工程项目质量的影响

项目决策阶段质量管理工作的要求是确定工程建设项目应当达到的质量目标及水平。

工程建设项目建设通常要求从总体上同时控制工程投资、质量和进度。但鉴于上述三项目标互为制约的关系，要做到投资、质量，进度三者的协调统一，达到业主最为满意的质量水平，必须在项目可行性研究的基础上，通过科学决策，来确定工程建设项目所应达到的质量目标及水平。因而决策阶段提出的建设实施方案是对项目目标及其水平的决定，它是影响工程建设项目质量的关键阶段。

3. 设计阶段对工程项目质量的影响

工程项目设计阶段质量管理工作的要求是根据决策阶段业已确定的质量目标和水平，通过工程设计而使之进一步具体化。设计方案技术上是否可行，经济上是否合理，设备是否完善配套，结构使用是否安全可靠，都将决定项目建成之后的实际使用状况。因此设计阶段必然影响项目建成后的使用价值和功能的正常发挥，它是影响工程建设项目质量的决定性环节。

4. 施工阶段对工程项目质量的影响

工程建设项目施工阶段，是根据设计文件和图样的要求，通过施工活动而形成工程实体的连续过程。因此施工阶段质量管理工作的要求是保证形成工程合同与设计方案要求的工程实体质量，这一阶段直接影响工程建设项目的最终质量，它是影响工程建设项目质量的关键环节。

5. 竣工验收阶段对工程项目质量的影响

工程建设项目竣工验收阶段的质量管理工作要求是通过质量检查评定、试车运转等环节，考核工程质量的实际水平是否与设计阶段确定的质量目标水平相符，这一阶段是工程建设项目自建设过程向生产使用过程发生转移的必要环节，它体现的是工程质量水平的最终结果。因此，工程竣工验收阶段影响工程能否最终形成生产能力，它是影响工程建设项目质量的最后一个重要环节。

8.2 工程项目质量管理体系

8.2.1 工程项目质量管理体系概述

1. 质量管理体系的定义

质量管理体系是以保证和提高建设项目质量为目标，运用系统的概念和方法，把企业各部门、各环节的质量管理职能和活动合理地组织起来，形成一个有明确任务、职责、权限而互相协调、互相促进的有机整体。

2. 质量管理的八项原则

质量管理的原则是为了成功地领导和运作一个组织，需要采用一种系统和透明的方式进行管理。以下是构成 GB/T 19000 质量管理体系基础的八项质量管理原则，质量管理是组织各项管理的内容之一，最高管理者可运用这些原则，领导组织进行业绩改进。

（1）以顾客为关注焦点　组织依存于顾客。组织应当理解顾客当前的和未来的需求，满足顾客要求并争取超越顾客期望。

组织在贯彻这一原则时应采取的措施，包括通过市场调查研究或访问顾客等方式，准确详细了解顾客当前或未来的需要和期望，并将其作为设计开发和质量改进的依据：将顾客和其他利益相关方的需要和愿望的信息按照规定的渠道和方法，在组织内部完整而准确地传递和沟通；组织在设计开发和生产经营过程中，按规定的方法测量顾客的满意程度，以便针对顾客的不满意因素采取相应的措施。

（2）领导作用　领导者确立组织统一的宗旨及方向。他们应当创造并保持使员工能充分参与实现组织目标的内部环境。

领导的作用是指最高管理者具有决策和领导一个组织的关键作用，为全体员工实现组织的目标创造良好的工作环境。最高管理者应建立质量方针和质量目标，以体现组织总的质量宗旨和方向，以及在质量方面所追求的目的。应时刻关注组织经营的国内外环境，制定组织的发展战略，规划组织的蓝图。质量方针应随着环境的变化而变化，并与组织的宗旨相一致。最高管理者应将质量方针和目标传达落实到组织的各职能部门和相关层次，让全体员工理解和执行。

（3）全员参与　各级人员是组织之本，只有他们的充分参与，才能使他们的才干为组织带来收益。

全体员工是每个组织的基础，人是生产力中最活跃的因素。组织的成功不仅取决于正确的领导，还有赖于全体人员的积极参与，所以应赋予各部门、各岗位人员应有的职责和权限，为全体员工制造一个良好的工作环境，激励他们的积极性和创造性，通过教育和培训增长他们的才干和能力，发挥员工的革新和创新精神，共享知识和经验，积极寻求增长知识和经验的机遇，为员工的成长和发展创造良好的条件，这样才能给组织带来最大的收益。

（4）过程方法　将活动和相关的资源作为过程进行管理，可以更高效地得到期望的结果。

工程项目的实施可以作为一个过程来实施管理。过程是指将输入转化为输出所使用资源的各项活动的系统。过程的目的是提高价值，因此在开展质量管理各项活动中应采用过程的方法实施控制，确保每个过程的质量，并按确定的工作步骤和活动顺序建立工作流程，进行人员培训，提供所需的设备、材料、测量和控制实施过程的方法，以及所需的信息和其他资源等。

（5）管理的系统方法　将相互关联的过程作为系统加以识别、理解和管理，有助于组织提高实现目标的有效性和效率。

管理的系统方法包括从确定顾客的需求和期望、建立组织的质量方针和目标、确定过程及过程的相互关系和作用、明确职责和资源需求、建立过程有效性的测量方法并用以测量现行过程的有效性、防止不合格、寻找改进机会、确立改进方向、实施改进、监控改进效果和评价结果、评审改进措施和确定后续措施。这种建立和实施质量管理体系的方法，既可建立新体系，也可用于改进现行的体系。这种方法不仅可提高过程能力及项目质量，还可以为持续改进打好基础，最终导致顾客满意和使组织获得成功。

（6）持续改进　持续改进整体业绩应当是组织的一个永恒目标。

持续改进是一个组织积极寻找改进的机会，努力提高有效性和效率的重要手段，以确保不断增强组织的竞争力，使顾客满意。

（7）基于事实的决策方法　有效决策是建立在数据和信息分析的基础上。

决策是通过调查和分析，确定项目质量目标并提出实现目标的方案，对可供选择的若干方案进行优选后作出抉择的过程。项目组织在工程实施的各项管理活动过程中都需要作出决策。能否对各个过程作出正确的决策，将会影响到组织的有效性和效率，甚至关系到项目的成败。所以，有效的决策必须以充分的数据和真实的信息为基础。

（8）与供方互利的关系　组织与供方是相互依存的，互利的关系可增强双方创造价值的能力。

供方提供的材料、设备和半成品等，对项目组织能否向顾客提供满意的最终产品产生重要的影响。因此，把供方、协作方和合作方等都看做是项目组织同盟中的利益相关者，形成共同的竞争优势，可以优化成本和资源，有利于项目主体和供方共同双赢。

8.2.2　工程项目质量管理体系的建立

1. 质量管理体系建立的基本程序

项目组织建立质量管理体系一般是与项目部所在企业一起，建立建筑企业的质量管理体系。建立的程序可按下列步骤进行：

（1）领导决策　建立质量管理体系首先要领导作出决策。为此，领导应充分了解GB/T 19000—ISO 9000：2000标准，认识到建立质量管理体系的必要性和重要性，能一如既往地领导和支持建立质量管理体系而开展的各项工作。管理团队要统一思想、提高认识，在此基础作出贯标的决策。

（2）组织落实　成立贯标领导小组，由企业总经理担任领导小组组长，主管企业质量工作的副总经理任副组长，具体负责贯标的实施工作。领导小组成员由各职能管理部门、计量监督部门、各项目部经理以及部分员工代表组成。一般在质量管理体系涉及的每个部门和不同专业施工的班组应有代表参加。

（3）制定工作计划　制定贯标工作计划是建立质量管理体系的保证。工作计划一般分为五个阶段，每个阶段持续时间的长短视企业规模而定。五个阶段是建立质量管理体系的准备工作，如组织准备、动员宣传、骨干培训等；质量管理体系总体设计，包括质量方针和目标的制定、实施过程、确定质量管理体系要素、组织结构、资源及配备方案等；质量管理体系文件编制，主要有质量手册、程序文件、质量记录以及内部与外部制度等；质量管理体系的运行和质量管理体系的认证。在质量管理体系建立后，经过试运行，要首先进行内部审核和评审，提出改进措施，验证合格后方可提出认证申请，请第三方进行质量管理体系认证。

（4）组织宣传和培训　首先由企业总经理宣讲质量管理体系标准的重要意义，宣读贯标领导小组名单，以表明组织领导者的高度重视。培训工作在三个层次展开。一是建立质量管理体系之前，企业要选派部分骨干进行内审员资格培训；二是中层以上干部和领导小组成员学习质量管理标准文件GB/T 19000—ISO9000：2000标准、技术规范、法规及其他非正式发布的标准；三是在全体员工中学习各种管理文件、项目质量计划、质量目标以及有关的质量标准，一般聘请专业咨询师进行讲解，使全体员工能统一、正确地加以理解。

（5）质量管理体系设计　质量管理体系涉及的内容较多，应结合企业自身的特点，在现有的质量管理工作基础上，按照GB/T 19001—ISO 9001：2000标准中对建立质量管理体系要求，进行企业的质量管理体系设计。主要内容包括确定企业生产活动过程、制定质量方针目标、确定企业质量管理体系要素、确定组织机构与相应职责、资源配置、质量管理体系的内审和第三方审核等。

2. 质量管理体系文件的编制

（1）质量管理体系文件结构（图 8-1）　企业编制质量管理体系文件包括三个层次：层次 A 为质量手册，称为第一级文件，主要描述企业组织结构、质量方针和目标、质量管理体系要素和过程描述等质量管理体系的整体描述；层次 B 为质量管理体系程序，称为第二级文件，主要是描述实施质量管理体系要素所涉及的各个过程以及各职能部门文件；层次 C 为质量文件，称为第三级文件，主要是部门工作手册，作为各部门运行质量管理体系的常用实施细则，包括管理标准（各种管理制度等）、工作标准（岗位责任制和任职要求等）、技术标准（国家标准、行业标准、企业标准及作业指导书、检验规范等）和部门质量记录文件等。

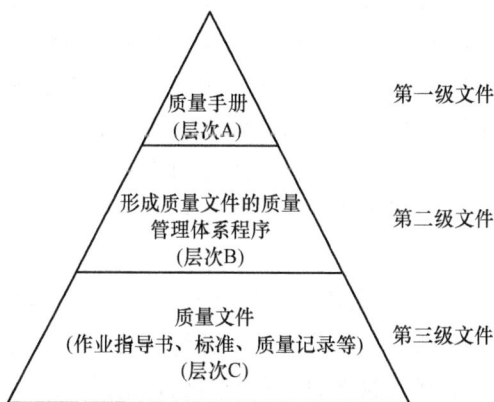

图 8-1　质量管理体系文件结构

（2）质量手册　质量手册是组织建立质量管理体系的纲领性文件，也是指导企业进行质量管理活动的核心文件。质量手册的内容包括企业的质量方针和质量目标，组织机构和质量职责，各项质量活动的基本控制程序或体系要素，质量评审、修改和控制的管理办法。编制质量手册的基本要求为：

1）符合性。质量手册必须符合质量方针和目标，符合有关质量工作的各项法规、法律、条令和标准的规定。

2）确定性。质量手册应能对所有影响质量的活动进行控制，重视并采取预防性措施以避免问题的发生，同时，还要具备对发现的问题能作出反映并加以纠正的能力。

3）系统性。质量体系文件应反映一个组织的系统特性，应对产品质量形成全过程中各阶段影响质量技术管理人员等因素进行控制，作出系统规定，做到层次清楚、结构合理、内容得当。

4）协调性。质量手册所阐述的内容要与企业的管理标准、规章制度保持协调一致，使企业各部门对有关的质量工作有一个统一的认识，使各项质量活动的责任能真正落到实处。

5）可行性。质量手册既要有一定的先进性，又要结合企业的实际情况，充分考虑企业在管理、技术、人员等方面的实际水平，确保文件规定内容切实可行。

6）可检查性。质量手册所确定的目标应是可测量的，必须对所涉及各部门和岗位的质量职责、质量活动等各项规定有明确的定量和定性的要求，以便监督和检查。

（3）程序文件　质量管理体系程序是对实施质量管理体系要素所涉及的各职能部门的

各项活动所采取方法的具体描述，应具有可操作性和可检查性。程序文件通常包括活动的目的和范围以及具体实施的步骤。通常按5W1H原则来描述，即Why（为什么做）、What（做什么）、Who（谁来做）、Where（在哪里做）、When（什么时候做）、How（怎么做、依据什么和用什么方法）。

按照GB/T 19001—ISO 9001：2000标准，企业实施质量管理体系至少应包括六个程序，即文件控制程序、质量记录控制程序、内部质量审核程序、不合格控制程序、纠正措施程序和预防措施程序。

（4）质量计划　它是为确保过程的有效运行和控制，在程序文件的指导下，针对特定的产品、过程、合同或项目规定专门的质量措施和活动顺序的文件。质量手册和质量管理体系程序所规定的是通用的要求和方法，适用于所有的产品。而质量计划是针对于某产品、项目或合同的特定要求编制的质量控制方案，它与质量手册和质量管理体系程序一起使用。顾客可以通过质量计划来评定组织是否能履行合同规定的质量要求。质量计划中应包括应达到的质量目标，该项目各阶段的责任和权限，应采用的特定程序、方法、作业指导书，有关阶段的实验、检验和审核大纲，随项目的进展而修改和完善质量计划的方法，为达到质量目标必须采取的其他措施等。

（5）质量记录　质量记录是证明各阶段产品质量达到要求和质量体系运行有效性的证据，是产品质量水平和质量体系中各项质量活动进行及结果的客观反映。应对质量体系程序文件所规定的运行过程及控制测量检查的内容如实加以记录，用以证明产品质量对合同中提出的质量保证的满足程度，验证质量体系的有效运行。质量记录包括设计、检验、调研、审核和评审的质量记录。如果在控制体系中出偏差，则质量记录不仅需反映偏差情况，而且应反映出针对不足之处采取的纠正措施以及纠正效果。质量记录应完整地反映质量活动实施、验证和评审的情况，并记载关键活动的过程参数，一旦发生问题，应能通过记录找出原因并有针对性地采取有效措施。

8.2.3　工程项目质量管理体系的运行

质量管理体系文件编制完成以后，即进入质量管理体系的实施运行阶段。体系的运行一般可分为三个阶段：准备阶段、试运行阶段和正式运行阶段。

1. 准备阶段

在完成质量管理体系的有关组织结构、骨干培训、文件编制等工作之后，企业组织进入质量管理体系运行的准备阶段。这阶段包括的工作有：

1）选择试点项目，制定项目试运行计划。

2）全员培训。对全体员工按照制定的质量管理体系标准进行系统培训，特别应注重实践操作的培训。内审员及咨询师应给予积极的指导和帮助，使企业组织的全体人员从思想和行动上进入质量管理体系的运行状态。

3）各种资料发放，文件、标示发放到位。

4）有一定的专项经费支持。

2. 试运行阶段

1）对质量管理体系中的重点要素进行监控，观察程序执行情况，并与标准对比，找出偏差。

2）针对找出的偏差，分析、验证产生偏差的原因。

3）针对原因制定纠正措施。

4）下达纠正措施的文件通知单，并在规定的期限内进行现场验证。

5）通过征求企业组织各职能部门、各层次人员对质量管理体系运行的意见，仔细分析存在的问题，确定改进措施，并同时对质量管理体系文件按照文件修改程序进行及时修改。

3. 正式运行阶段

经过试运行阶段，并修改、完善质量管理体系之后，可进入质量管理体系的正式运行阶段，这一阶段的重点活动主要有：

（1）对过程、产品（或服务）进行测量和监督　在质量管理体系的运行中，需要对产品、项目实现中的各个过程进行控制和监督，根据质量管理体系程序的规定，对监控的信息进行对比分析，确定每一个过程是否达到质量管理体系程序的标准。如未达标，应经过对过程质量评价制定出相应的纠正措施。

（2）质量管理体系的协调　质量管理体系的运行是整个组织及全体员工共同参与的，因此存在组织协调问题，以保证质量管理体系的运行效率和有效。组织协调包括内部协调和外部协调两个方面。内部协调主要是依靠执行各项规章制度，提高人员基本素质，培养员工的整体观念和协作精神，各部门、人员的责任边界通过合理的制度来划清等；外部协调主要依靠严格遵纪守法，树立战略眼光和争取双赢的观念，同时要严格执行有关的法律、法规及合同。

（3）内部审核和外部审核　质量管理体系审核的目的是确定质量管理体系要素是否符合规定要求，能否实现组织的质量目标以及是否符合GB/T 19001—ISO 9001：2000的各项标准，并根据审核结果为质量管理体系的改进和完善提供修正意见。内部审核时，参加内部审核的内审员与被审核部门应无利益、利害关系，以保证审核工作及结果的公正性；外部审核包括第二方和第三方审核两种，多数情况下都是第三方审核。一般要求第三方为独立的质量管理认证机构，审核的内容基本相同。

8.2.4　质量管理体系的认证与监督

1. 质量体系认证的概念

质量认证亦称合格认证，是第三方依据程序对产品、过程或服务符合规定的要求给予书面保证。质量认证资格的证明方式是颁发认证证书和认证标志，并予以注册登记。

2. 质量体系认证的意义

质量认证制度是由公正的第三方认证机构对企业的产品及质量体系作出正确可靠的评价，从而使社会对企业的产品建立信心。第三方质量认证制度自20世纪80年代以来已得到世界各国普遍重视，它对供方、需方、社会和国家的利益都具有重要意义。

（1）提高供方企业的质量信誉　产品质量信誉是企业的生命，有了质量信誉才会赢得市场，有了市场才能获得效益。实行质量认证制度后，市场上便会出现认证产品与非认证产品、认证注册企业与非认证注册企业。企业通过了质量管理体系认证机构的认证，获得合格证书并通过注册加以公布，这就证明了企业具有生产满足顾客要求产品的能力，在质量信誉上取得了优势，从而提高了企业的竞争力。

（2）促进企业完善质量体系　在实施质量体系认证时，除了检验产品外，还得对申请认证企业的质量管理体系进行检查、评定。作为独立的质量体系认证，更是要对质量体系是否符合特定标准进行审核。这种审核和评定在某种程度上起到了专家咨询作用。对检查中发现的一系列问题，企业必须认真进行整改，否则不予通过。认证通过后还得随时准备接受监督性抽查，这些外加的压力会促进企业不断自我控制和自我完善，对企业改进质量管理也有极大的帮助。

（3）有利于保护消费者利益　质量认证制度指导消费者选购自己满意的产品及选择承包商，经过认证的产品都带有特定的认证标志，该标志向消费者提供了正确的质量信息，使用户可以放心正确地选择。有了质量体系的认证标志，用户可以放心地把工程交给已取得证书的单位。这无疑大大增强了市场的透明度，同时也保护了消费者的利益。

（4）减少重复检验和检查费用　一个供方往往有多种产品，一种产品也往往涉及许多用户，一个供方还要面对许多的分供方。在如此众多的供需交易活动中，都免不了要反反复复地作产品检验和质量保证能力的检查，这些检验和检查都要花去一定的人力和物力，从整个社会来计算，费用是非常巨大的。实行质量认证后，用户只需利用第三方认证机构提供的质量信息，没有必要进行重复性的检查，可以节约大量检验检查费用。

（5）增强国际市场竞争能力　质量认证是产品进入国际市场的通行证。实行质量认证制度是目前世界上许多国家和地区的普遍做法，质量认证已成为国际上质量接轨的重要手段。国与国之间常常通过签订单边、双边或多边的认证合作协议，取得对方国家认可。企业一旦获得国际上有权威的认证机构的产品质量认证或质量管理体系注册，便会得到各国的普遍认可，并可享受一定的优惠政策，如减免税、免检等，这就大大增强了企业在国际市场的竞争能力，有利于国际市场的开拓。

3. 质量管理体系认证程序

（1）申请和受理　企业组织在确定需要实施质量管理体系之后，可以向其自愿选择的认证机构提出申请，并按要求提交申请文件，除有关申请表格外，还包括质量手册、程序文件等。体系认证机构根据组织提交的申请文件，决定是否受理申请，并通知企业。一般来说，认证机构不能无故拒绝认证申请。

通常企业组织在正式提出认证申请之前，会聘请专业咨询机构或认证咨询师对组织建立质量管理体系进行辅导，并指导企业质量管理体系的试运行、完成管理评审、纠正措施等过程，经咨询机构或咨询师推荐，向认证机构正式递交申请。

（2）认证审核　体系认证机构根据组织提交的申请，对质量管理体系文件进行书面审核，并将审定意见及时通知企业，企业按认证机构提出的意见对质量管理体系文件进行修改和完善。书面审核完成后，企业经与认证机构商定，进行现场审核。现场审核的内容包括举行初次会议，宣布评审规则及程序。程序为听取企业负责人、管理者代表等人对建立质量管理体系的认识及工作汇报；按（全部或抽查）企业组织的部门或按活动过程对质量管理工作进行评审，需考核各部门的质量管理负责人以及质量管理涉及的原始质量记录；深入现场考核各工序过程的质量管理体系执行情况，检查企业的质量管理体系是否符合文件要求；召开评定小组会议，提出问题，书面提出不符合体系文件的地方，要求在规定的期限内纠正；企业完成纠正措施后，认证机构进行复审，提交企业通过质量管理体系认证的审核报告。

（3）审批与注册发证 体系认证机构根据审核报告，经审查决定是否批准认证。对批准认证的组织颁发质量管理体系认证证书，并将企业组织的有关情况注册公示，准予组织以一定方式使用质量管理体系认证标志。证书有效期一般为三年。

4. 获准认证后的监督管理

企业获准认证后，应通过经常性的内部审核，维持质量管理体系的有效性，并接受认证机构对企业质量体系实施监督管理。获准认证后的质量管理体系，维持与监督管理内容如下：

（1）企业通报 认证合格的企业质量体系在运行中出现较大变化时，需向认证机构通报，认证机构接到通报后，视情况采取必要的监督检查措施。

（2）监督检查 认证机构对认证合格单位质量维持情况进行监督性现场检查，包括定期和不定期的监督检查。定期检查通常是每年一次，不定期检查视需要临时安排。

（3）认证注销 注销是企业的自愿行为。在企业体系发生变化或证书有效期届满时未提出重新申请等情况下，认证持证者提出注销的，认证机构予以注销，并收回体系认证证书。

（4）认证暂停 认证机构对获证企业质量体系发生不符合认证要求情况时采取的警告措施。认证暂停期间，企业不得使用体系认证证书作宣传。企业在其采取纠正措施满足规定条件后，认证机构撤销认证暂停，否则将撤销认证注册，收回合格证书。

（5）认证撤销 当获证企业发生下列情况时，认证机构应作出撤销认证的决定：质量体系存在严重不符合规定的；在认证暂停的规定期限内未予整改的；发生其他构成撤销体系认证资格的。若企业不服可提出申诉。撤销认证的企业一年后可重新提出认证申请。

（6）复评 认证合格有效期满前，如企业愿继续延长，可向认证机构提出复评申请。

（7）重新换证 在认证证书有效期内，出现体系认证标准变更、体系认证范围变更和体系认证证书持有者变更，可按规定重新更换。

8.3 工程项目质量控制

8.3.1 工程项目质量控制的基本概念

1. 工程项目质量控制的概念

工程项目质量控制是指致力于满足工程质量要求，也就是为了保证工程质量满足工程合同、规范标准所采取的一系列措施、方法和手段。工程质量要求主要表现为工程合同、设计文件、技术规范标准规定的质量标准。

2. 工程项目的质量总目标

工程项目的质量总目标由业主提出，是对工程项目质量提出的总要求，包括项目范围的定义、系统构成、使用功能与价值、规格以及应达到的质量等级等。这一总目标是在工程项目策划阶段进行目标决策时确定的。从微观上讲，工程项目的质量总目标还要满足国家对建设项目规定的各项工程质量验收标准，以及使用方（客户）提出的其他质量方面的要求。

3. 工程项目质量控制的范围

工程项目质量控制的范围包括勘察设计、招标投标、施工安装和竣工验收四个阶段的质量控制。在不同的阶段，质量控制的对象和重点不完全相同，需要在实施过程中加以选择和确定。

4. 工程项目质量控制与产品质量控制的区别

工程项目质量控制相对于产品来说，是一个复杂的非周期性过程，各种不同类型的工程项目，其区域环境、施工方法、技术要求和工艺过程可能不尽相同，因此工程项目的质量控制更加困难。主要的区别有：

（1）影响因素多样性　工程项目的实施是一个动态过程，影响项目质量的因素也是动态变化的。项目在不同阶段、不同施工过程，其影响因素也不完全相同，这就造成工程项目质量控制的因素众多、复杂，使工程项目的质量控制比产品的质量控制要困难得多。

（2）项目质量变异性　工程项目施工与工业产品生产不同，工业产品生产有固定的生产线以及相应的自动控制系统、规范化的生产工艺和完善的检测技术，有成套的生产设备和稳定的生产环境，有相同系列规格和相同功能的产品。同时，由于影响工程项目质量的偶然性因素和系统性因素都较多，因此，工程项目很容易产生质量变异。

（3）质量判断难易性　工程项目在施工中，由于工序交接多、中间产品和隐蔽工程多，造成质量检测数据的采集、处理和判断的难度加大，由此容易导致对项目的质量状况作出错误判断。而产品生产具有相对固定的生产线和较为准确、可靠的检测控制手段，因此相对来说，更容易对产品质量作出正确的判断。

（4）项目构造分解性　项目建成后，构成一项建筑（或土木）工程产品的整体，一般不能解体和拆分，其中有的隐蔽工程内部质量的检测，在项目完成后，很难再进行检查。对已加工完成的工业产品，一般都能在一定程度上予以分解、拆卸，进而可再对各零部件的质量进行检查，达到产品质量控制的目的。

（5）项目质量的制约性　工程项目的质量受费用、工期影响的制约较大，三者之间的协调关系不能简单地偏袒一方，要正确处理质量、费用、进度三方关系，在保证适当、可行的项目质量基础上，使工程项目整体最优。而产品的质量标准是国家或行业规定的，只需完全按照有关质量规范要求进行控制，不受生产时间、费用的限制。

8.3.2　工程项目质量形成的影响因素

1. 人的质量意识和质量能力

人是工程项目质量活动的主体，泛指与工程有关的单位、组织和个人，包括建设单位、勘察设计单位、施工承包单位、监理及咨询服务单位、政府主管及工程质量监督监测单位以及策划者、设计者、作业者和管理者等。人既是工程项目的监督者又是实施者，因此，人的质量意识和控制质量的能力是最重要的一项因素。这一因素集中反映在人的素质上，包括人的思想意识、文化教育、技术水平、工作经验以及身体状况等，都直接或间接地影响工程项目的质量。从质量控制的角度，则主要考虑从人的资质条件、生理条件和行为等方面进行控制。

2. 工程项目的决策和方案

项目决策阶段是项目整个生命周期的起始阶段，这一阶段工作的质量关系到全局。主要是确定项目的可行性，对项目所涉及的领域、投融资、技术可行性、社会与环境影响等进行全面的评估。项目质量控制方面的工作是在项目总体方案策划基础上确定项目的总体质量水平。因此可以说，这一阶段是从总体上明确了项目的质量控制方向，其成果将影响项目总体质量，属于项目质量控制工作的一种质量战略管理。工程项目的施工方案是指施工技术方案和施工组织方案。施工技术方案包括施工的技术、工艺、方法和相应的施工机械、设备和工具等资源的配置。因此，组织设计、施工工艺、施工技术措施、检测方法、处理措施等内容都直接影响工程项目的质量形成，其正确与否、水平高低不仅影响到施工质量，还对施工的进度和费用产生重大影响。因此，对工程项目施工方案应从技术、组织、管理、经济等方面进行全面分析与论证，确保施工方案既能保证工程项目质量，又能加快施工进度、降低成本。

3. 工程项目材料

项目材料方面的因素包括原材料、半成品、成品、构配件、仪器仪表和生产设备等，属于工程项目实体的组成部分。这些因素的质量控制主要有采购质量控制，制造质量控制，材料、设备进场的质量控制，材料、设备存放的质量控制。

4. 施工设备和机具

施工设备和机具是实现工程项目施工的物质基础和手段，特别是现代化施工必不可少的设备。施工设备和机具的选择是否合理、适用与先进性，直接影响工程项目的施工质量和进度。因此，要对施工设备和机具的使用培训、保养制度、操作规程等加以严格管理和完善，以保证和控制施工设备与机具达到高效率和高质量的使用水平。

5. 施工环境

影响工程项目施工环境的因素主要包括三个方面：工程技术环境、工程管理环境和劳动环境。

8.3.3　工程项目质量控制的基本原理

1. PDCA循环原理

工程项目的质量控制是一个持续过程。首先在提出项目质量目标的基础上，制定质量控制计划，包括实现该计划需采取的措施；然后将计划加以实施，特别要在组织上加以落实，真正将工程项目质量控制的计划措施落到实处；在实施过程中，还要经常检查、监测，以评价检查结果与计划是否一致；最后对出现的工程质量问题进行处理，对暂时无法处理的质量问题重新进行分析，进一步采取措施加以解决。这一过程的原理是PDCA循环。PDCA循环又叫戴明环，是美国质量管理专家戴明博士首先提出的。PDCA循环是工程项目质量管理应遵循的科学程序。其质量管理活动的全部过程就是质量计划的制定和组织实现的过程，这个过程按照PDCA循环，不停顿地周而复始地运转。

PDCA由英语单词Plan（计划）、Do（执行）、Check（检查）和Action（处理）的首字母组成，PDCA循环就是按照这样的顺序进行质量管理，并且循环不止地进行下去的科学程序。

工程项目质量管理活动的运转，离不开管理循环的转动。也就是说，改进与解决质量问题，赶超先进水平的各项工作，都要运用PDCA循环的科学程序。不论是提高工程施工质量，还是减少不合格率，都要先提出目标，即质量提高到什么程度，不合格率降低多少。这就要有个计划，这个计划不仅包括目标，而且也包括实现这个目标需要采取的措施。计划制定之后，就要按照计划进行检查，看是否实现了预期效果，有没有达到预期的目标。通过检查找出问题和原因，最后就要进行处理，将经验和教训制定成标准、形成制度。

PDCA循环作为工程项目质量管理体系运转的基本方法，其实施需要监测、记录大量工程施工数据资料，并综合运用各种管理技术和方法。一个PDCA循环一般都要经历以下四个阶段（图8-2）、八个步骤（图8-3）。

图8-2　PDCA循环的四个阶段　　　　图8-3　PDCA循环的八个步骤

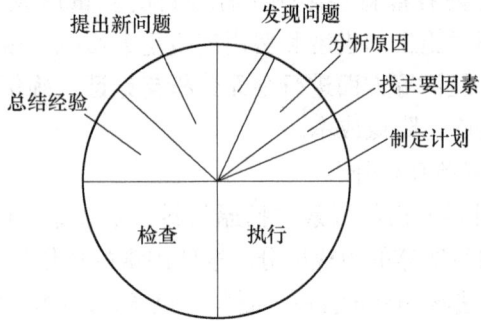

在实施以上所述的PDCA循环时，工程项目的质量控制要重点做好施工准备、施工、验收和服务全过程的质量监督，抓好全过程的质量控制，确保工程质量目标达到预定的要求。具体措施如下：

1）将质量目标逐层分解到分部工程、分项工程，并落实到部门、班组和个人。以指标控制为目的，以要素控制为手段，以体系活动为基础，保证在组织上加以全面落实。

2）实行质量责任制。项目经理是工程施工质量的第一责任人，各工程队长是本队施工质量的第一责任人，质量保证工程师和责任工程师是各专业质量责任人，各部门负责人要按分工认真履行质量职责。

3）每周组织一次质量大检查，一切用数据说话，实施质量奖惩，激励施工人员，保证施工质量的自觉性和责任心。

4）每周召开一次质量分析会，通过各部门、各单位反馈输入各种不合格信息，采取纠正和预防措施，排除质量隐患。

5）加大质量权威，质检部门及质检人员根据公司质量管理制度可以行使质量否决权。

6）施工全过程执行业主和有关工程质量管理及质量监督的各种制度和规定，对各部门检查发现的任何质量问题应及时制定整改措施，进行整改，直到合格为止。

2. 工程项目质量控制三阶段原理

工程项目的质量控制，是一个持续管理的过程。从工程项目的立项开始到竣工验收属于工程项目建设阶段的质量控制，项目投产后到项目生命周期结束属于项目生产（或经营）阶段的质量控制，两者在质量控制内容上有较大的不同。但不管是建设阶段的质量控制，还是经营阶段的质量控制，从控制工作的开展与控制对象实施的时间关系来看，可分为事前控制、事中控制和事后控制三种。

（1）事前控制　事前控制强调质量目标的计划预控，并按质量计划进行质量活动前的准备工作状态的控制。例如，在施工过程中，事前控制重点在于施工准备工作，且贯穿于施工全过程。首先，要熟悉和审查工程项目的施工图，做好项目建设地点的自然条件、技术经济条件的调查分析，完成项目施工图预算、施工预算和项目的组织设计等技术准备工作；其次，做好器材、施工机具、生产设备的物质准备工作；还要组成项目组织机构，进场人员技术资质、施工单位质量管理体系的核查；编制好季节性施工措施，制定施工现场管理制度，组织施工现场准备方案等。

可以看出，事前控制的内涵包括两个方面，一是注重质量目标的计划预控，二是按质量计划进行质量活动前的准备工作状态的控制。

（2）事中控制 事中控制是指对质量活动的行为进行约束，对质量进行监控，实际上属于一种实时控制。例如项目生产阶段，对产品生产线进行的在线监测控制，即是对产品质量的一种实时控制。又如，在项目建设的施工过程中，事中控制的重点在工序质量监控上。其他如施工作业的质量监督、设计变更、隐蔽工程的验收和材料检验等都属于事中控制。

概括地说，事中控制是对质量活动主体、质量活动过程和结果所进行的自我约束和监督检查两方面的控制。其关键是增强质量意识，发挥行为主体的自我约束控制。

（3）事后控制 事后控制一般是指在输出阶段的质量控制。事后控制也称为合格控制，包括对质量活动结果的评价认定和对质量偏差的纠正。例如，工程项目竣工验收进行的质量控制，即属于工程项目质量的事后控制。项目生产阶段的产品质量检验也属于产品质量的事后控制。

3. 工程项目质量的三全控制原理

三全控制原理来自于全面质量管理（Total Quality Control，简称TQC）的思想，是指企业组织的质量管理应该做到全面、全过程和全员参与。在工程项目质量管理中应用这一原理，对工程项目的质量控制同样具有重要的理论和实践指导意义。

（1）全面质量控制 工程项目质量的全面控制可以从纵向和横向两个方面来理解。从纵向的组织管理角度来看，质量总目标的实现有赖于项目组织的上层、中层、基层乃至一线员工的通力协作，其中尤以高层管理能否全力支持与参与起着决定性的作用。从项目各部门职能间的横向配合来看，要保证和提高工程项目质量，必须使项目组织的所有质量控制活动构成为一个有效的整体。广义地说，横向的协调配合包括业主、勘察设计、施工及分包、材料设备供应、监理等相关方。"全面质量控制"就是要求项目各相关方都有明确的质量控制活动内容。当然，从纵向看，各层次活动的侧重点不同。上层管理侧重于质量决策，制定出项目整体的质量方针、质量目标、质量政策和质量计划，并统一组织、协调各部门、各环节、各类人员的质量控制活动；中层管理则要贯彻落实领导层的质量决策，运用一定的方法找到各部门的关键、薄弱环节或必须解决的重要事项，确定出本部门的目标和对策，更好地执行各自的质量控制职能；基层管理则要求每个员工都要严格地按标准、按规范进行施工和生产，相互间进行分工合作，互相支持协助，开展群众合理化建议和质量管理小组活动，建立和健全项目的全面质量控制体系。

（2）全过程质量控制 任何产品或服务的质量，都有一个产生、形成和实现的过程。从全过程的角度来看，质量产生、形成和实现的整个过程是由多个相互联系、相互影响的环节组成的，每个环节都或轻或重地影响着最终的质量状况。为了保证和提高质量，就必须把影响质量的所有环节和因素都控制起来。工程项目的全过程质量控制主要有项目策划与决策过程、勘察设计过程、施工采购过程、施工组织与准备过程、检测设备控制与计量过程、施工生产的检验试验过程、工程质量的评定过程、工程竣工验收与交付过程以及工程回访维修过程等。全过程质量控制必须体现如下两个思想：

1）预防为主、不断改进的思想。根据这一基本原理，全面质量控制要求把管理工作的重点，从"事后把关"转移到"事前预防"上来；强调预防为主、不断改进的思想。

2）为顾客服务的思想。顾客有内部和外部之分。外部的顾客可以是项目的使用者，也可以是项目的开发商；内部的顾客是项目组织的部门和人员。实行全过程的质量控制要求项目所有各相关利益者都必须树立为顾客服务的思想。内部顾客满意是外部顾客满意的基础。因此，在项目组织内部要树立"下道工序是顾客""努力为下道工序服务"的思想，使全过程的质量控制一环扣一环，贯穿整个项目过程。

（3）全员参与控制　全员参与工程项目的质量控制是工程项目各方面、各部门、各环节工作质量的综合反映。其中任何一个环节，任何一个人的工作质量都会不同程度直接或间接地影响着工程项目的形成质量或服务质量。因此，全员参与质量控制，才能实现工程项目的质量控制目标，形成顾客满意的产品。主要的工作包括：

1）必须抓好全员的质量教育和培训。

2）要制定各部门、各级各类人员的质量责任制，明确任务和职权，各司其职，密切配合，以形成一个高效、协调、严密的质量管理工作的系统。

3）要开展多种形式的群众性质量管理活动，充分发挥广大职工的聪明才智和当家作主的进取精神，采取多种形式激发全员参与的积极性。

8.3.4 工程项目勘察设计质量控制

1. 勘察设计质量的概念

勘察设计质量就是在严格遵守技术标准、法规的基础上，对工程地质条件作出及时、准确的评价，正确处理和协调经济、资源、技术、环境条件的制约，使设计项目能更好地满足业主所需要的功能和使用价值，能充分发挥项目投资的经济效益。

2. 勘察设计质量控制的依据

1）有关工程建设及质量管理方面的法律、法规，城市规划，国家规定的建设工程勘察、设计深度要求。铁路、交通、水利等专业建设工程，还应当依据专业规划的要求。

2）有关工程建设的技术标准，如勘察和设计的工程建设强制性标准规范及规程、设计参数、定额、指标等。

3）项目批准文件，如项目可行性研究报告、项目评估报告及选址报告。

4）体现建设单位建设意图的勘察、设计规划大纲、纲要和合同文件。

5）反映项目建设过程中和建成后所需要的有关技术、资源、经济、社会协作等方面的协议、数据和资料。

8.3.5 工程项目施工质量控制

工程施工是使工程设计意图最终实现并形成工程实体的阶段，也是最终形成工程产品质量和工程项目使用价值的重要阶段。因此，施工阶段的质量控制不但是施工监理重要的工作内容，也是工程项目质量控制的重点。监理工程师对工程施工的质量控制，就是按合同赋予的权利，围绕影响工程质量的各种因素，对工程项目的施工进行有效的监督和管理。

1. 施工质量控制的系统过程

由于施工阶段是使工程设计意图最终实现并形成工程实体的阶段，是最终形成工程实体质量的过程，所以施工阶段的质量控制是一个由对投入的资源和条件的质量控制，进而对生产过程及各环节质量进行控制，直到对所完成的工程产出品的质量检验与控制为止的全过程的系统控制过程。这个过程可以根据在施工阶段工程实体质量形成的时间阶段不同来划分；也可以根据施工阶段工程实体形成过程中物质形态的转化来划分；或者是将施工的工程项目作为一个大系统，按施工层次加以分解来划分。

（1）按工程实体质量形成过程的时间阶段划分　施工阶段的质量控制可以分为以下三个环节：

1）施工准备控制。指在各工程对象正式施工活动开始前，对各项准备工作及影响质量的各因素进行控制，这是确保施工质量的先决条件。

2）施工过程控制。指在施工过程中对实际投入的生产要素质量及作业技术活动的实施状态和结果所进行的控制，包括作业者发挥技术能力过程的自控行为和来自有关管理者的监控行为。

3）竣工验收控制。它是指对于通过施工过程所完成的具有独立功能和使用价值的最终产品（单位工程或整个工程项目）及有关方面（例如质量文档）的质量进行控制。

（2）按工程实体形成过程中物质形态转化的阶段划分　由于工程对象的施工是一项物质生产活动，所以施工阶段的质量控制系统过程也是一个经由以下三个阶段的系统控制过程：

1）对投入的物质资源质量的控制。

2）施工过程质量控制。即在使投入的物质资源转化为工程产品的过程中，对影响产品质量的各因素、各环节及中间产品的质量进行控制。

3）对完成的工程产出品质量的控制与验收。

在上述三个阶段的系统过程中，前两阶段对于最终产品质量的形成具有决定性的作用，而所投入的物质资源的质量控制对最终产品质量又具有举足轻重的影响。所以，质量控制的系统过程中，无论是对投入物质资源的控制，还是对施工及安装生产过程的控制，都应当对影响工程实体质量的五个重要因素方面，即对施工有关人员因素、材料（包括半成品、构配件）因素、机械设备因素（生产设备及施工设备）、施工方法（施工方案、方法及工艺）因素以及环境因素等进行全面的控制。各层次间的质量控制系统过程如图8-4所示。

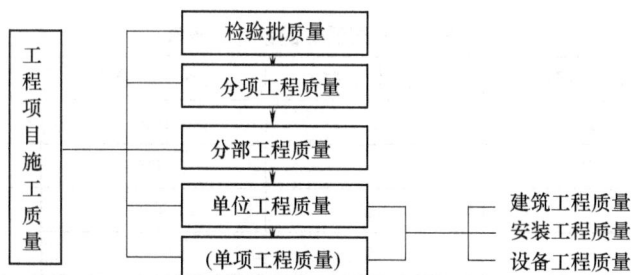

图8-4　各层次的质量控制系统过程

2. 施工质量控制的依据

1）工程合同文件。工程施工承包合同文件和委托监理合同文件中分别规定了参与建设各方在质量控制方面的权利和义务，有关各方必须履行在合同中的承诺。对于监理单位，既要履行委托监理合同的条款，又要督促建设单位、监督承包单位、设计单位履行有关的质量控制条款。因此，监理工程师要熟悉这些条款，据以进行质量监督和控制。

2）设计文件。"按图施工"是施工阶段质量控制的一项重要原则。因此，经过批准的设计图样和技术说明书等设计文件，无疑是质量控制的重要依据。但是从严格质量管理和质量控制的角度出发，监理单位在施工前还应参加由建设单位组织的设计单位及承包单位参加的设计交底及图样会审工作，以达到了解设计意图和质量要求，发现图样差错和减少质量隐患的目的。

3）国家及政府有关部门颁布的有关质量管理方面的法律、法规性文件。

4）有关质量检验与控制的专门技术法规性文件。

8.4 工程项目质量管理统计分析方法

统计质量管理是20世纪30年代发展起来的科学管理理论与方法，它把数理统计方法应用于产品生产过程的抽样检验，利用样本质量特性数据的分布规律，分析和推断生产过程总体质量的状况，改变了传统的事后把关的质量控制方式，为工业生产的事前质量控制和过程质量控制，提供了有效的科学手段。它的作用和贡献成为质量管理有代表性的一个历史发展阶段，至今仍是质量管理不可缺少的工具。可以说，没有数理统计方法就没有现代工业质量管理。建筑业虽然是现场型的单件性建筑产品生产，数理统计方法直接在现场生产过程工序质量检验中的应用，受到客观条件的限制，但在进场材料的抽样检验、试块试件的检测试验等方面，仍然有广泛的用途。尤其是人们应用数理统计原理所创立的分层法、因果分析法、直方图法、排列图法、管理图法、分布图法、检查表法等定量和定性方法，对施工现场质量管理都有实际的应用价值。

8.4.1 分层法

1. 分层法的基本原理

由于工程质量形成的影响因素多，因此，对工程质量状况的调查和质量问题的分析，必须分门别类地进行，以便准确有效地找出问题及其原因，这就是分层法的基本思想。

例如，一个焊工班组有A、B、C三位工人实施焊接作业，共抽检60个焊接点，发现有18个点不合格，占30%。究竟问题在哪里？根据分层调查的统计数据表8-1可知，主要是作业工人C的焊接质量影响了总体的质量水平。

表8-1 分层调查的统计数据表

作业工人	抽检点数	不合格点数	个体不合格率	占不合格点总数百分率
A	20	2	10%	11%
B	20	4	20%	22%
C	20	12	60%	67%
合计	60	18	—	100%

2. 分层法的实际应用

调查分析的层次划分，根据管理需要和统计目的，通常可按照以下分层方法取得原始数据：

1）按施工时间分，可以分成月、日、上午、下午、白天、晚间、季节等。

2）按地区部位分，可以分成区域、城市、乡村、楼层、外墙、内墙等。

3）按产品材料分，可以分成产地、厂商、规格、品种等。

4）按检测方法分，可以分成方法、仪器、测定人、取样方式等。

5）按作业组织分，可以分成工法、班组、工长、工人、分包商等。

6）按工程类型分，可以分成住宅、办公楼、道路、桥梁、隧道等。

7）按合同结构分，可以分成总承包、专业分包、劳务分包等。

8.4.2 因果分析图法

1. 因果分析图法的基本原理

因果分析图法也称为质量特性要因分析法，其基本原理是对每一个质量特性或问题，采用如图8-5所示的方法，逐层深入排查可能的原因，然后确定其中最主要原因，进行有的放矢的处置和管理。

2. 因果分析图法示例

图8-5所示为混凝土强度不合格的原因分析，其中，把混凝土施工的生产要素，即人、机械、材料、施工方法和施工环境作为第一层面的因素进行分析；然后对第一层面的各个因素，再进行第二层面的可能原因的深入分析。依此类推，直至把所有可能的原因，分层次地一一罗列出来。

3. 因果分析图法应用时的注意事项

1）一个质量特征或一个质量问题使用一张图分析。

2）通常采用QC小组活动的方式进行，集思广益，共同分析。

3）必要时可以邀请小组以外的有关人员参与，广泛听取意见。

4）分析时要充分发表意见，层层深入，排除所有可能的原因。

5）在充分分析的基础上，由各参与人员采用投票或其他方式，从中选择1~5项多数人达成共识的最主要原因。

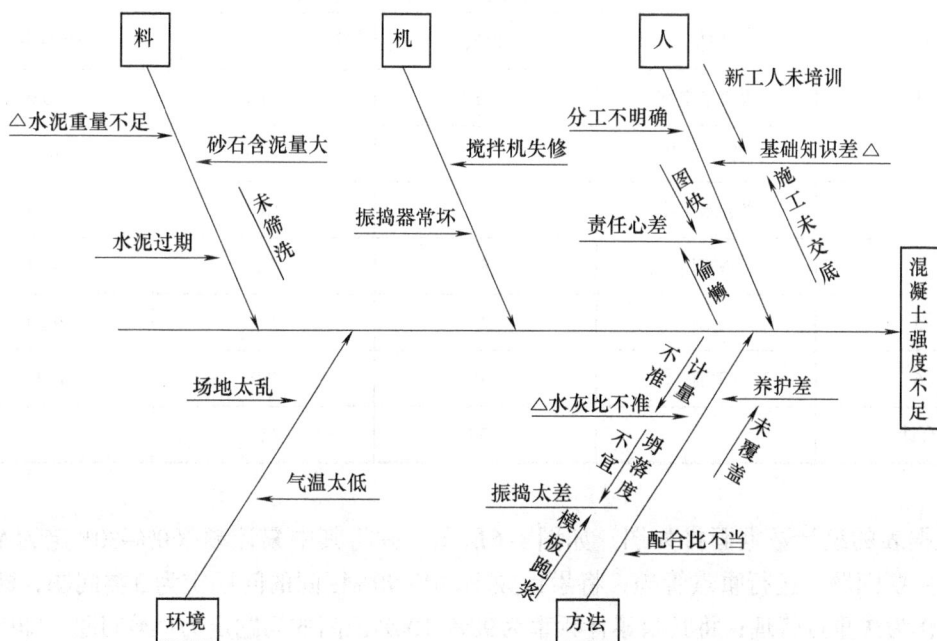

图8-5 混凝土强度不合格的原因分析

8.4.3 排列图法

1. 排列图法的适用范围

排列图法是利用排列图寻找影响质量主次因素的一种有效方法，又称为帕累托图或主次因素分析图法。在质量管理过程，通过抽样检查或检验试验所得到的质量问题、偏差、缺陷、不合格等统计数据，以及造成质量问题的原因分析统计数据，均可采用排列图方法进行状况描述，它具有直观、主次分明的特点。

2. 排列图法示例

表8-2为对某项模板施工精度进行抽样检查，得到150个不合格点数的统计数据。然后按照质量特性不合格点数（频数）从大到小的顺序，重新整理为表8-3，并分别计算出累计频数和累计频率。

表8-2　对某项模板施工精度抽样不合格点统计表

序号	检查项目	不合格点数	序号	检查项目	不合格点数
1	轴线位置	1	5	平面水平度	15
2	垂直度	8	6	表面平整度	75
3	标高	4	7	预埋设施中心位置	1
4	截面尺寸	45	8	预留空洞中心位置	1

表8-3　不合格点分项频数频率统计表

序号	项目	频数	频率	累计频率
1	表面平整度	75	50.0	50.0
2	截面尺寸	45	30.0	80.0
3	平面水平度	15	10.0	90.0
4	垂直度	8	5.3	95.3
5	标高	4	2.7	98.0
6	其他	3	2.0	100.0
合计		150	100.0	

根据表的统计数据画排列图，如图8-6所示，并将其中累计频率0%~80%定为A类问题，即主要问题，进行重点管理；将累计频率80%~90%区间的问题定为B类问题，即次要问题，作为次重点管理；将其余累计频率为90%~100%区间的问题定为C类问题，即一般问题，按照常规适当加强管理，以上方法称为ABC分类管理法。

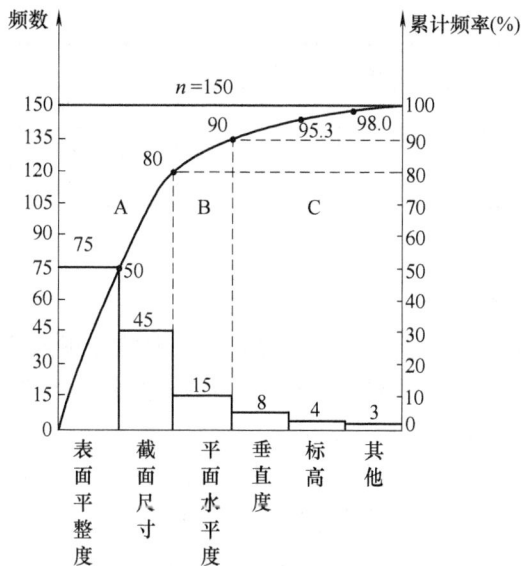

图 8-6 构件尺寸不合格点排列图

8.4.4 直方图法

1. 直方图法的用途

直方图法即频数分布直方图法,它是将收集到的质量数据进行分组整理,绘制成频数分布直方图,用以描述质量分布状态的一种分析方法,所以又称质量分布图法。

通过直方图的观察与分析,可了解产品质量的波动情况,掌握质量特性的分布规律,以便对质量状况进行分析判断。同时,可通过质量数据特征值的计算,估算施工生产过程总体的不合格品率、评价过程能力等。

2. 直方图法示例

首先是收集当前生产过程质量特性抽检的数据,然后制作直方图进行观察分析,判断生产过程的质量状况和能力。表 8-4 为某工程 10 组试块的抗压强度数据 150 个,但很难直接判断其受控情况和质量状况是否正常、稳定,如将其数据整理后绘制成直方图,就可以根据正态分布的特点进行分析判断,如图 8-7 所示。

表 8-4 某工程 10 组试块的抗压强度数据整理表

序号	抗压强度数据					最大值	最小值
1	39.8	37.7	33.8	31.5	36.1	39.8	31.5
2	37.2	38.0	33.1	39.0	36.0	39.0	33.1
3	35.8	35.2	31.8	37.1	34.0	37.1	31.8
4	39.9	34.3	33.2	40.4	41.2	41.2	33.2
5	39.2	35.4	34.4	38.1	40.3	40.3	34.4
6	42.3	37.5	35.5	39.3	42.3	42.3	35.5
7	35.9	42.4	41.8	36.3	42.4	42.4	35.9

（续）

序号	抗压强度数据					最大值	最小值
8	46.2	37.6	38.3	39.7	46.2	46.2	37.6
9	36.4	38.3	43.4	38.2	43.4	43.4	36.4
10	44.4	42.0	37.9	38.4	44.4	44.4	37.9

3. 直方图法的观察分析

（1）通过分布形状观察分析

1）所谓形状观察分析，是指将绘制好的直方图形状与正态分布图的形状进行比较分析，一看形状是否相似，二看分布区间的宽窄。直方图的分布形状及分布区间宽窄是由质量特性统计数据的平均值和标准偏差所决定的。

2）正常直方图呈正态分布，其特征是中间高、两边低，呈对称形状，如图8-7a所示。正常直方图反映生产过程质量处于正常、稳定状态。数理统计研究证明，当随机抽样方案合理且样本数量足够大时，在生产能力处于正常、稳定状态，质量特性检测数据趋于正态分布。

3）异常直方图呈偏态分布。常见的异常直方图有折齿型、缓坡型、孤岛型、双峰型、峭壁型，如图8-7b~f所示。出现异常的原因，可能是生产过程存在影响质量的系统因素，或收集整理数据制作直方图的方法不当所致，要具体分析。

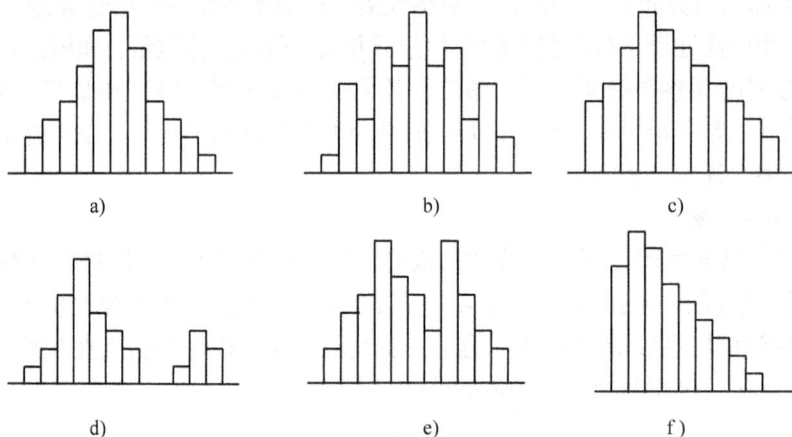

图8-7　常见的直方图
a）正常型　b）折齿型　c）缓坡型
d）孤岛型　e）双峰型　f）峭壁型

（2）通过分布位置观察分析

1）如图8-8a所示，B在T的中间，质量分布中心与质量标准中心重合，实际数据分布与质量标准相比较两边还有一定余地。这样的生产过程质量是很理想的，说明生产过程处于正常的稳定状态。在这种情况下生产出来的产品可认为都是合格品。

2）如图8-8b所示，B虽然落于T内，但质量分布中心与T的中心不重合，偏下限，易出现不合格产品。应提高管理的总体能力，及时进行纠正。

3）如图8-8c所示，B在T中间，B的分布充满T的上、下限，质量能力处于临界状态，一旦生产中发生小的变化，就会超出质量标准出现不合格产品。出现这种情况时，必须立即分析原因，采取措施。

4）如图8-8d所示，B在T中间，但边界与上、下限有较大距离，说明质量能力偏大，不经济。这种情况下，可以对原材料、设备、工艺、操作等控制要求适当放宽些，使B扩大，从而降低成本。

5）如图8-8 e、f所示，质量分布范围B已超出标准上、下限，说明已出现不合格品。此时必须采取措施进行纠偏，使质量分布位于标准之内。

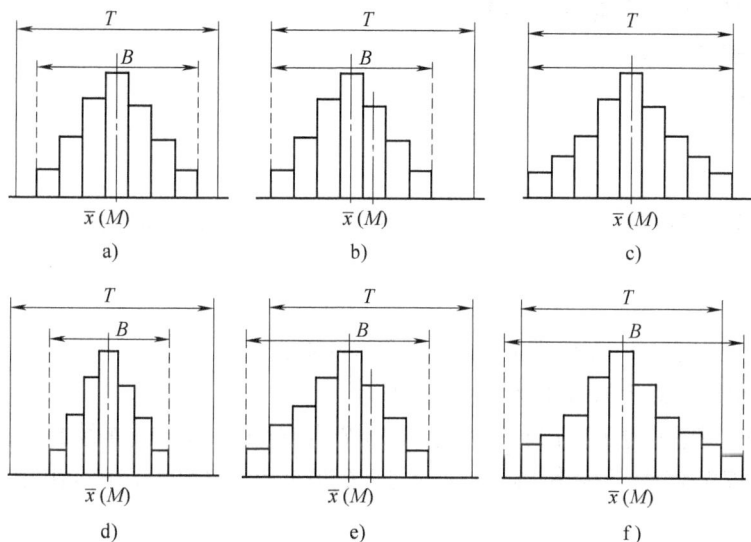

图8-8 直方图与质量标准上下限

8.4.5 控制图法

1. 控制图的基本概念

控制图又称管理图。它是在直角坐标系内画有控制界限，描述生产过程中产品质量波动状态的图形。控制图法就是利用生产过程处于稳定状态下的产品质量特性值分布服从正态分布这一统计规律，来识别生产过程的异常因素，控制生产过程由于系统性原因造成的质量波动，保证工序处于控制状态。控制图基本形式如下：

在直角坐标上画出两条控制界限和一条中心线，把按时间顺序抽样所得的质量特性值（或样本统计量）以点的形式依次描到图上，从点的动态分布情况来判断产品质量及其趋势。其中，横坐标为样本序号或抽样时间，纵坐标为质量特性或样本统计量。两条控制界限一般用虚线表示，上面的一条称为上控制界限，用符号UCL表示；下面的一条称为下控制界限，用符号LCL表示；中间的一条实线称为中心线，用符号CL表示。中心线标志着质量特性值分布的中心位置，上、下控制界限标志着质量特性值允许波动范围。控制图的基本形式如图8-9所示。

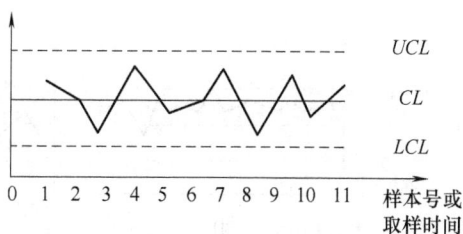

图8-9 控制图的基本形式

在生产过程中，应定时抽取样本，把样本统计量以点的形式描在图上。如果点随机排列且落在两控制界限之间，则表明生产过程基本上处于正常状态；如果点超出控制界限，或点落在控制界限以内，但排列是非随机的，则表明生产系统发生了异常变化，生产过程处于失控状态，必须采取措施进行控制。

2. 控制图的绘制

1）收集数据（一般为50个以上）。

2）计算各组的平均值（为每组数据数）。

3）计算各组的极差。

4）计算总平均值（为总样本组数）。

5）计算极差平均值。

6）计算各控制线。

7）绘图。

3. 控制图的分析

1）正常状态。控制图中的点全部落在控制界限以内，且点随机分散在中心线两侧（图8-10a）。

2）异常状态

① 点连续在中心线一侧出现7个以上（图8-10b）。

② 连续7个以上点上升或下降（图8-10c）。

③ 点在中心线一侧多次出现，如连续11个点在同一侧，或连续14个点中至少有12个点、或连续17个点中至少有14个点、或连续20个点中至少有16点出现在同一侧（图8-10d）。

④ 点接近控制界限，如连续3个点中至少有2个点在中心线上或下2个倍标准差横线以外出现，或连续7点中至少有3个点、或连续10点中至少有4个点在该横线外出现（图8-10e）。

⑤ 点出现周期性波动（图8-10f）。

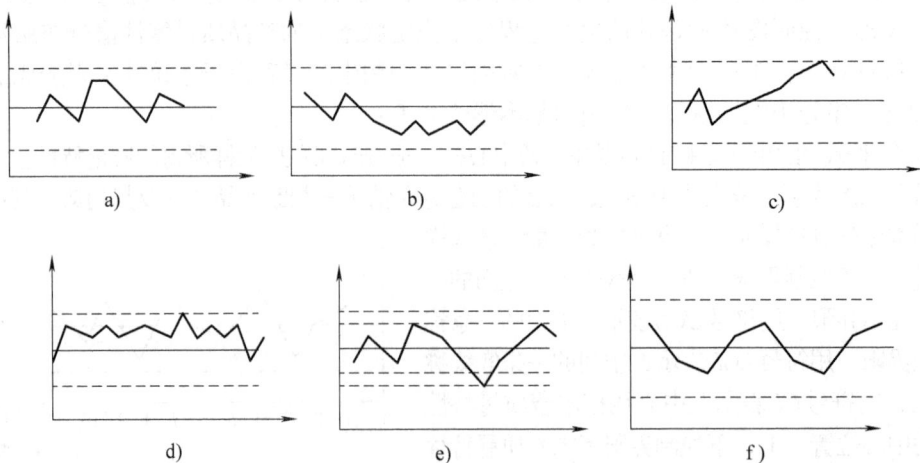

图8-10 控制图分析

4. 应用控制图时应注意的几个问题

1）控制图应用时，对于确定的控制对象，即质量指标，要能够定量，如果只有定性要求而不能定量时，不能应用控制图。

2）被控制的过程必须具有重复性。

3）控制图能起到预防、稳定生产和保证质量的作用，但它是在现有条件下所起的作用，而控制图本身并不能保证现有生产条件处于良好状态。要保证生产条件的良好状态，还应不断地进行质量的改进。

8.4.6　相关图法

相关图又称散布图。这种图可以用来分析研究两种数据之间是否存在相关关系，以及这种关系密切程度如何，进而对相关程度密切的两个变量，通过对其中一个变量的观测控制，去估计控制另一个变量的数值，以达到保证产品质量的目的。这种统计方法称为相关图法。

1. 相关图的绘制方法

1）收集数据。要成对地收集数据，数据不得过少，一般应在30组以上。

2）绘制相关图。在直角坐标系中，一般 x 轴用来代表原因的量或较易控制的量；y 轴代表结果的量或不易控制的量。

3）将整理后的数据依次在坐标位置上描点，便得到相关图。

2. 相关图的观察与分析

相关图中点的集合，反映了两种数据之间的散布状况。根据散布状况，可以分析两个变量之间的关系。归纳起来，有以下六种类型：

1）正相关。散布点基本形成由左至右向上变化的一条直线带，即随着 x 值的增加，y 值也增加，说明 x 与 y 有较强的制约关系。此时，可通过对控制 x 而有效控制 y 的变化。

2）弱正相关。散布点形成向上较分散的直线带。随着 x 的增加，y 值也有增加的趋势，但 x、y 的关系不像正相关那么明确，说明除受 x 影响外，还受其他更重要因素的影响，需要进一步利用因果分析法分析其他影响因素。

3）不相关。散布点形成一团或平行于 x 轴的直线带，说明 x 变化不会引起 y 的变化或其变化无规律，分析质量原因时可排除 x 因素。

4）负相关。散布点形成由左至右向下的一条直线带，说明 x 对 y 的影响与正相关恰恰相反。

5）弱负相关。散布点形成由左至右向下分布的较分散的直线带，说明 x 与 y 的相关关系较弱，且变化趋势相反，应考虑寻找影响的其他更重要的因素。

6）非线性相关。散布点呈一曲线带，即在一定范围内 x 增加，y 也增加；超过这个范围 x 增加，y 则有下降趋势，或改变变动的斜率呈曲线形态。

8.5　工程项目质量验收

8.5.1　工程项目施工质量验收概述

1. 施工质量验收的有关术语

《建筑工程施工质量验收统一标准》中共给出17个术语，这些术语对规范有关建筑工程施工质量验收活动中的用语，加深对标准条文的理解，特别是更好地贯彻执行标准是十分必要的。下面列出几个较重要的质量验收相关术语。

（1）验收　建筑工程在施工单位自行质量检查评定的基础上，参与建设活动的有关单位共同对检验批、分项、分部、单位工程的质量进行抽样复验，根据相关标准以书面形式对工程质量达到合格与否作出确认。

（2）检验批　按同一的生产条件或按规定的方式汇总起来供检验用的，由一定数量样本组成的检验体。检验批是施工质量验收的最小单位，是分项工程乃至整个建筑工程质量验收的基础。

（3）主控项目　建筑工程中的对安全、卫生、环境保护和公众利益起决定性作用的检验项目。例如混凝土结构工程中"钢筋安装时，受力钢筋的品种、级别、规格和数量必须符合设计要求""纵向受力钢筋连接方式应符合设计要求""安装现浇结构的上层模板及其支架时，下层模板应具有承受上层荷载的承载能力，或加设支架；上、下层支架的立柱应对准并铺设垫板"等都是主控项目。

（4）一般项目　除主控项目以外的项目都是一般项目。例如混凝土结构工程中，除了主控项目外，"钢筋的接头宜设置在受力较小处，同一纵向受力钢筋不宜设置两个或两个以上接头，接头末端至钢筋弯起点的距离不应小于钢筋直径的10倍""钢筋应平直、无损伤，表面不得有裂纹、油污、颗粒状或片状老锈""施工缝的位置应在混凝土的浇筑前按设计要求和施工技术方案确定，施工缝的处理应按施工技术方案执行"等都是一般项目。

（5）观感质量　通过观察和必要的量测所反映的工程外在质量。

（6）返修　对工程不符合标准部位采取整修等措施。

（7）返工　对不合格的工程部位采取的重新制作、重新施工等措施。

2. 施工质量验收项目的基本规定

1）施工现场质量管理应有相应的施工技术标准、健全的质量管理体系、施工质量检验制度和综合施工质量水平评价考核制度，并做好施工现场质量管理检查记录。

施工现场质量管理检查记录（表8-5）应由施工单位按表填写，总监理工程师（建设单位项目负责人）进行检查，并作出检查结论。

2）建筑工程施工质量应按下列要求进行验收：

① 建筑工程施工质量应符合GB 50300—2013《建筑工程施工质量验收统一标准》和相关专业验收规范的规定。

② 建筑工程施工应符合工程勘察、设计文件的要求。

③ 参加工程施工质量验收的各方人员应具备规定的资格。

④ 工程质量的验收应在施工单位自行检查评定的基础上进行。

⑤ 隐蔽工程在隐蔽前应由施工单位通知有关方进行验收，并应形成验收文件。

⑥ 涉及结构安全的试块、试件以及有关材料，应按规定进行见证取样检测。

⑦ 检验批的质量应按主控项目和一般项目验收。

⑧ 对涉及结构安全和使用功能的分部工程应进行抽样检测。

⑨ 承担见证取样检测及有关结构安全检测的单位应具有相应资质。

⑩ 工程的观感质量应由验收人员通过现场检查，并应共同确认。

表8-5　施工现场质量管理检查记录　　　　　　　　　开工日期：

工程名称			施工许可证（开工证）	
建设单位			项目负责人	
设计单位			项目负责人	
监理单位			总监理工程师	
施工单位		项目经理	项目技术负责人	
序号	项目		内容	
1	现场质量管理制度			
2	质量责任制			
3	主要专业工种操作上岗证书			
4	分包主资质与对分包单位的管理制度			
5	施工图审查情况			
6	地质勘察资料			
7	施工组织设计、施工方案及审批			
8	施工技术标准			
9	工程质量检验制度			
10	搅拌站及计量设置			
11	现场材料、设备存放与管理			
12				

检查结论：

总监理工程师
（建设单位项目负责人）　　　年　　　月　　　日

8.5.2　建筑工程施工质量验收的划分

1. 施工质量验收层次划分的目的

建筑工程施工质量验收涉及建筑工程施工过程控制和竣工验收控制，是工程施工质量控制的重要环节。合理划分建筑工程施工质量验收层次是非常必要的。特别是不同专业工程的验收批如何确定，将直接影响到质量验收工作的科学性、经济性和实用性及可操作性。因此，有必要建立统一的工程施工质量验收的层次划分。通过验收批和中间验收层次及最终验收单位的确定，实施对工程施工质量的过程控制和终端把关，确保工程施工质量达到工程项目决策阶段所确定的质量目标和水平。

2. 施工质量验收划分的层次

随着社会经济的发展和施工技术的进步，现代工程建设呈现出建设规模不断扩大、技术复杂程度高等特点。近年来，出现了大量建筑规模较大的单体工程和具有综合使用功能的综合性建筑，几万平方米的建筑比比皆是，十万平方米以上的建筑也不少。由于这些工程的建设周期较长，工程建设中可能会出现建设资金不足，部分工程停缓建，已建成部分提前投入使用或先将其中部分提前建成使用等情况，再加之对规模特别大的工程一次验收也不方便等，因此标准规定，可将此类工程划分为若干个子单位工程进行验收。同时，为了更加科学地评价工程质量和验收，考虑到建筑物内部设施也越来越多样化，按建筑物的主要部位和专业来划分分部工程已不适应当前的要求。因此，在分部工程中，按相近工作内容和系统划分为若干个子分部工程。每个子分部工程中包括若干个分项工程。每个分项工程中包含若干个检验批。检验批是工程施工质量验收的最小单位。

3. 单位工程的划分

单位工程的划分应按下列原则确定：

1）具备独立施工条件并能形成独立使用功能的建筑物及构筑物为一个单位工程。如一个学校中的一栋教学楼，某城市的广播电视塔等。

2）规模较大的单位工程，可将其能形成独立使用功能的部分划分为一个子单位工程。

子单位工程的划分一般可根据工程的建筑设计分区、使用功能的显著差异、结构缝的设置等实际情况，在施工前由建设、监理、施工单位自行商定，并据此收集整理施工技术资料和验收。

3）室外工程可根据专业类别和工程规模划分单位（子单位）工程。室外单位（子单位）工程、分部工程按表8-6采用。

表8-6　室外单位（子单位）工程、分部工程划分

单位工程	子单位工程	分部（子分部）工程
室外建筑环境	附属建筑	车棚，围墙，大门，挡土墙，收集站
	室外	建筑小品，道路，亭台，连廊，花坛，场坪绿化
室外安装	给水排水与采暖	室外给水系统，室外排水系统，室外供热系统
	电气	室外供电系统，室外照明系统

4. 分部工程的划分

分部工程的划分应按下列原则确定：

1）分部工程的划分应按专业性质、建筑部位确定。如建筑工程划分为地基与基础、主体结构、建筑装饰装修、建筑屋面、建筑给水排水及采暖、建筑电气、智能建筑、通风与空调、电梯等九个分部工程。

2）当分部工程较大或较复杂时，可按施工程序、专业系统及类别等划分为若干个子分部工程。例如，智能建筑分部工程中就包含了火灾及报警消防联动系统、安全防范系统、综合布线系统、智能化集成系统、电源与接地、环境、住宅（小区）智能化系统等子分部工程。

5. 分项工程的划分

分项工程应按主要工种、材料、施工工艺、设备类别等进行划分。例如混凝土结构工程中按主要工种分为模板工程、钢筋工程、混凝土工程等分项工程；按施工工艺又分为预应力、现浇结构、装配式结构等分项工程。

建筑工程分部（子分部）工程、分项工程的具体划分见GB 50300—2013《建筑工程施工质量验收统一标准》。

6. 检验批的划分

分项工程可由一个或若干个检验批组成。检验批可根据施工及质量控制和专业验收需要按楼层、施工段、变形缝等进行划分。建筑工程的地基基础分部工程中的分项工程一般划分为一个检验批；有地下层的基础工程可按不同地下层划分检验批；屋面分部工程中的分项工程不同楼层屋面可划分为不同的检验批；单层建筑工程中的分项工程可按变形缝等划分检验批，多层及高层建筑工程中主体分部的分项工程可按楼层或施工段来划分检验批；其他分部工程中的分项工程一般按楼层划分检验批；对于工程量较少的分项工程可统一化为一个检验批。安装工程一般按一个设计系统或组别划分为一个检验批。室外工程统一划分为一个检验批。散水、台阶、明沟等含在地面检验批中。

8.5.3　建筑工程施工质量验收

1. 检验批的质量验收

（1）检验批合格质量规定

1）主控项目和一般项目的质量经抽样检验合格。

2）具有完整的施工操作依据、质量检查记录。

从上面的规定可以看出，检验批的质量验收包括了质量资料的检查和主控项目、一般项目的检验两方面的内容。

（2）检验批按规定验收

1）资料检查。质量控制资料反映了检验批从原材料到验收的各施工工序的施工操作依据，检查情况以及保证质量所必需的管理制度等。对其完整性的检查，实际是对过程控制的确认，这是检验批合格的前提。所要检查的资料主要包括：

① 图样会审、设计变更、洽商记录。

② 建筑材料、成品、半成品、建筑构配件、器具和设备的质量证明书及进场检（试）验报告。

③ 工程测量、放线记录。

④ 按专业质量验收规范规定的抽样检验报告。

⑤ 隐蔽工程检查记录。

⑥ 施工过程记录和施工过程检查记录。

⑦ 新材料、新工艺的施工记录。

⑧ 质量管理资料和施工单位操作依据等。

2）主控项目和一般项目的检验。为确保工程质量，使检验批的质量符合安全和使用功能的基本要求，各专业质量验收规范对各检验批的主控项目和一般项目的子项合格质量都给予明确规定。例如，砖砌体工程检验批质量验收时主控项目包括砖强度等级、砂浆强度等级、斜搓留置、直搓拉结钢筋及接搓处理、砂浆饱满度、轴线位移、每层垂直度等内容；而一般项目则包括组砌方法、水平灰缝厚度、顶（楼）面表高、表面平整度、门窗洞口高宽、窗口偏移、水平灰缝的平直度等内容。

检验批的合格质量主要取决于对主控项目和一般项目的检验结果。主控项目是对检验批的基本质量起决定性影响的检验项目，因此必须全部符合有关专业工程验收规范的规定。这意味着主控项目不允许有不符合要求的检验结果，即这种项目的检查具有否决权。鉴于主控项目对基本质量的决定性影响，必须从严要求。例如，混凝土结构工程中混凝土分项工程的配合比设计其主控项目要求为：混凝土应按国家现行标准 JGJ 55—2011《普通混凝土配合比设计规程》的有关规定，根据混凝土强度等级、耐久性和工作性等要求进行配合比设计；对有特殊要求的混凝土，其配合比设计尚应符合国家现行有关标准的专门规定；其检验方法是检查配合比设计资料。而其一般项目则可按专业规范的要求处理。例如，首次使用的混凝土配合比应进行开盘鉴定，其工作性应满足设计配合比的要求；开始生产时应至少留置一组标准养护试件，作为验证配合比的依据，并通过检查开盘鉴定资料和试件强度试验报告进行检验；混凝土拌制前，应测定砂、石含水率并根据测试结果调整材料用量，提出施工配合比，并通过检查含水率测试结果和施工配合比通知单进行检查，每工作班检查一次。

3）检验批的抽样方案。合理的抽样方案的制定，对检验批的质量验收有十分重要的影响。在制定检验批的抽样方案时，应考虑合理分配生产方风险（或错判概率 α）和使用方风险（或漏判概率 β）。对于主控项目，对应于合格质量水平的 α 和 β 均不宜超过5%；对于一般项目，对应于合格质量水平的 α 不宜超过5%，β 不宜超过10%。

4）检验批的质量验收记录。检验批的质量验收记录由施工项目专业质量检查员填写，监理工程师（建设单位项目专业技术负责人）组织项目专业质量检查员等进行验收，并按表8-7记录。

2. 分项工程质量验收

分项工程的验收在检验批的基础上进行。一般情况下，两者具有相同或相近的性质，只是批量的大小不同而已。因此，将有关的检验批汇集构成分项工程。分项工程合格质量的条件比较简单，只要构成分项工程的各检验批的验收资料文件完整，并且均已验收合格，则分项工程验收合格。

（1）分项工程质量验收合格应符合的规定

1）分项工程所含的检验批均应符合合格质量规定。

2）分项工程所含的检验批的质量验收记录应完整。

（2）分项工程质量验收记录　分项工程质量应由监理工程师（建设单位项目专业技术负责人）组织项目专业技术负责等进行验收，并按表8-8记录。

3. 分部（子分部）工程质量验收

（1）分部（子分部）工程质量验收合格应符合的规定

1）分部（子分部）工程所含的质量均应验收合格。

2）质量控制资料应完整。

3）地基与基础、主体结构和设备安装等分部工程有关安全及功能的检验和抽样检测结构应符合有关规定。

4）观感质量验收应符合要求。

表8-7　检验批的质量验收记录

	工程名称		分项工程名称				验收部位			
	施工单位			专业工长			项目经理			
	施工执行标准名称及编号									
	分包单位		分包项目经理				施工班组长			
	质量验收规范的规定		施工单位检查评定记录				监理（建设）单位验收记录			
主控项目	1									
	2									
	3									
	4									
	5									
	6									
	7									
	8									
	9									
一般项目	1									
	2									
	3									
	4									
施工单位检查评定结果		项目专业质量检查员：　　　　　　　　　年　　月　　日								
监理（建设）单位验收结论		监理工程师： （建设单位项目专业技术负责人）　　年　　月　　日								

（2）分部（子分部）工程质量验收记录　分部（子分部）工程质量应由总监理工程师（建设单位项目专业技术负责人）组织施工项目经理和有关勘察、设计单位项目负责人进行验收，并按表8-9记录。

4. 单位（子单位）工程质量验收

（1）单位（子单位）工程质量验收合格应符合下列规定

1）单位（子单位）工程所含分部（子分部）工程的质量应验收合格。

2）质量控制资料应完整。

表8-8 ____分项工程质量验收记录

工程名称		结构类型		检验批数	
施工单位		项目经理		项目技术负责人	
分包单位		分包单位负责人		分包项目经理	

序号	检验批部位、区段	施工单位检查评定结果	监理（建设）单位验收结论
1			
2			
3			
4			
5			
6			
7			
8			
9			
10			
11			
12			
13			
14			
15			
16			
17			

检查结论	项目专业技术负责人：	验收结论	监理工程师（建设单位项目专业技术负责人）年 月 日

表8-9 ____分部（子分部）工程验收记录

工程名称		结构类型		层数	
施工单位		技术部门负责人		质量部门负责人	
分包单位		分包单位负责人		分包技术负责人	

序号	分项工程名称	检验批数	施工单位检查评定	验收意见
1				
2				
3				
4				
5				
6				

质量控制资料			
安全和功能检验（检测）报告			
观感质量验收			

验收单位	分包单位		项目经理　　　　　年　月　日
	施工单位		项目经理　　　　　年　月　日
	勘察单位		项目负责人　　　　年　月　日
	设计单位		项目负责人　　　　年　月　日
	监理（建设）单位		总监理工程师 （建设单位项目专业负责人）　　年　月　日

3）单位（子单位）工程所含分部工程有关安全和功能的检验资料应完整。

4）主要功能项目的抽查结果应符合相关专业质量验收规范的规定。

5）观感质量验收应符合要求。

（2）单位（子工程）工程质量竣工验收记录　单位（子单位）工程质量竣工验收应按表8-10记录。

表8-10　单位（子单位）工程质量竣工验收记录

工程名称		结构类型		层数/建筑面积	
施工单位		技术负责人		开工日期	
项目经理		项目技术负责人		竣工日期	
序号	项目	验收记录		验收结论	
1	分部工程	共　　分部，经查　　分部　符合标准及设计要求　　分部			
2	质量控制资料核查	共　项，经审查符合要求　项，经核定符合规范要求　项			
3	安全和主要使用功能核查及抽查结果	共核查　项，符合要求　项，共抽查　项，符合要求　项，经返工处理符合要求　　项			
4	观感质量验收	共抽查　项，符合要求　项，不符合要求　项			
5	综合验收结论				
参加验收单位	建设单位	监理单位	施工单位	设计单位	
	（公章）单位（项目）负责人年 月 日	（公章）总监理工程师年 月 日	（公章）单位负责人年 月 日	（公章）单位（项目）负责人年 月 日	

5. 工程施工质量不符合要求时的处理

一般情况下，不合格现象在检验批的验收时就应发现并及时处理，所有质量隐患必须尽快消灭在萌芽状态，否则将影响后续检验批和相关的分项工程、分部工程的验收。但非正常情况可按下述规定进行处理：

1）经返工重做或更换器具、设备检验批，应重新进行验收。这种情况是指主控项目不能满足验收规范规定或一般项目超过偏差限制的子项不符合检验规定的要求时，应及时进行处理的检验批。其中，严重的缺陷应推倒重来；一般的缺陷通过返修或更换器具、设备予以解决。应允许施工单位在采取相应的措施后重新验收。如果能够符合相应的专业工程质量验收规范，则应认为该检验批合格。

2）经有资质的检测单位鉴定达到设计要求的检验批，应予以验收。这种情况是指个别检验批发现试块强度等不满足要求等问题，难以确定是否验收时，应请具有资质的法定检测单位检测，当鉴定结果能够达到设计要求时，该检验批应允许通过验收。

3）经有资质的检测单位鉴定达不到设计要求但经原设计单位核算认可能满足结构安全和使用功能的检验批，可予以验收。

这种情况是指，一般情况下，规范标准给出了满足安全和功能的最低限度要求，而设计往往在此基础上留有一些余量。不满足设计要求和符合相应规范标准的要求，两者并不矛盾。

4）经返修或加固的分项、分部工程，虽然改变外形尺寸但仍能满足安全使用要求，可按技术处理方案和协商文件进行验收。

5）通过返修或加固仍不能满足安全使用要求的分部工程、单位（子单位）工程，严禁验收。

8.5.4　施工质量验收的程序和组织

1. 检验批及分项工程的验收程序与组织

检验批由专业监理工程师组织项目专业质量检验员等进行验收；分项工程由专业监理工程师组织项目专业技术负责人等进行验收。

检验批和分项工程是建筑工程施工质量的基础，因此，所有检验批和分项工程均应由监理工程师或建设单位项目技术负责人组织验收。验收前，施工单位先填好"检验批和分项工程的验收记录"（有关监理记录和结论不填），并由项目专业质量检验员和项目专业技术负责人分别在检验批和分项工程质量检验记录中相关栏目中签字，然后由监理工程师组织，严格按规定程序进行验收。

2. 分部工程的验收程序与组织

分部工程应由总监理工程师（建设单位项目负责人）组织施工单位项目负责人和项目技术、质量负责人等进行验收。由于地基基础、主体结构技术性能要求严格，技术性强，关系到整个工程的安全，因此规定与地基基础、主体结构分部工程相关的勘察、设计单位工程项目负责人和施工单位技术、质量部门负责人也应参加相关分部工程验收。

3. 单位（子单位）工程的验收程序与组织

（1）竣工初验收的程序　当单位工程达到竣工验收条件后，施工单位应在自查、自评工作完成后，填写工程竣工报验单，并将全部竣工资料报送项目监理机构，申请竣工验收。总监理工程师应组织各专业监理工程师对竣工资料及各专业工程的质量情况进行全面检查，对检查出的问题，应督促施工单位及时整改。对需要进行功能试验的项目（包括单机试车和无负荷试车），监理工程师应督促施工单位及时进行试验，并对重要项目进行监督、检查，必要时请建设单位和设计单位参加；监理工程师应认真审查试验报告单并督促施工单位搞好成品保护和现场清理。

经项目监理机构对竣工资料及实物全面检查、验收合格后，由总监理工程师签署工程竣工报验单，并向建设单位提出质量评估报告。

（2）正式验收　建设单位收到工程验收报告后，应由建设单位（项目）负责人组织施工（含分包单位）、设计、监理等单位（项目）负责人进行单位（子单位）工程验收。单位工程由分包单位施工时，分包单位对所承包的工程项目应按规定的程序检查评定，总包单位应派人参加。分包工程完成后，应将工程有关资料交总包单位。建设工程经验收合格的，方可交付使用。

建设工程竣工验收应当具备下列条件：

1）完成建设工程设计和合同约定的各项内容。

2）有完整的技术档案和施工管理资料。

3）有工程使用的主要建筑材料、建筑构配件和设备的进场试验报告。

4）有勘察、设计、施工、工程监理等单位分别签署的质量合格文件。

5）有施工单位签署的工程保修书。

4. 单位工程竣工验收备案

单位工程质量验收合格后，建设单位应在规定时间内将工程竣工验收报告和有关文件，报建设行政管理部门备案。

1）凡在中华人民共和国境内新建、扩建、改建各类房屋建筑工程和市政基础设施工程的竣工验收，均应按有关规定进行备案。

2）国务院建设行政主管部门和有关专业部门负责全国工程竣工验收的监督管理工作。县级以上地方人民政府建设行政主管部门负责本行政区域内工程的竣工验收备案管理工作。

8.6　工程项目质量问题和质量事故的处理

8.6.1　工程项目质量问题概述

1. 工程项目质量问题的分类

（1）工程质量缺陷　工程质量缺陷是指建筑工程施工质量中不符合规定要求的检验项或检验点，按其程度可分为严重缺陷和一般缺陷。严重缺陷是指对结构构件的受力性能或安装使用性能有决定性影响的缺陷；一般缺陷是指对结构构件的受力性能或安装使用性能无决定性影响的缺陷。

（2）工程质量通病　工程质量通病是指各类影响工程结构、使用功能和外形观感的常见性质量损伤。犹如"多发病"一样，故称质量通病。

（3）工程质量事故　工程质量事故是指由于建设、勘察、设计、施工、监理等单位违反工程质量有关法律法规和工程建设标准，使工程产生结构安全、重要使用功能等方面的质量缺陷，造成人身伤亡或者重大经济损失的事故。

2. 工程质量事故的分类

工程质量事故的分类方法较多，依据住房和城乡建设部《关于做好房屋建筑和市政基础设施工程质量事故报告和调查处理工作的通知》（建质[2010] 111号），根据工程质量事故造成的人员伤亡或者直接经济损失将工程质量事故分为四个等级：一般事故、较大事故、重大事故、特别重大事故（"以上"包括本数，"以下"不包括本数）：

1）特别重大事故是指造成30人以上死亡，或者100人以上重伤，或者1亿元以上直接经济损失的事故。

2）重大事故是指造成10人以上30人以下死亡，或者50人以上100人以下重伤，或者5000万元以上1亿元以下直接经济损失的事故。

3）较大事故是指造成3人以上10人以下死亡，或者10人以上50人以下重伤，或者1000万元以上5000万元以下直接经济损失的事故。

4）一般事故是指造成3人以下死亡，或者10人以下重伤，或者100万元以上1000万元以下直接经济损失的事故。

3. 工程项目质量问题的特点

（1）复杂性　工程项目质量问题的复杂性主要在于其质量问题的成因可能是单因素、多因素或综合因素起作用，而这些因素可能导致一个相同的质量问题结果，从而使得工程项目质量问题的分析和判断复杂化。

（2）隐蔽性　工程项目质量问题的发生，很多情况下是从隐蔽部位开始的，特别是建筑工程地基基础方面出现的质量问题，在问题出现的初期，可能从建筑物外观无法判断和发现，造成此类质量问题具有一定的隐蔽性。

（3）渐变性　工程项目的质量在项目环境的影响下，将是一个渐变的过程，其中由于微小的质量问题，在质量渐变的过程中，也可能导致工程项目质量由稳定的量变出现不稳定的突变，导致工程项目发生质量事故。

（4）严重性　工程项目质量事故的后果一般较为严重，较轻的会影响工程项目进度、增加工程费用；严重的会使项目成果不能交付使用，或者结构破坏，造成巨大经济损失和人员伤亡。

（5）多发性　工程项目中的有些质量问题在施工中很容易发生，难以控制，所以这类质量问题经常发生。例如卫生间漏水、预制件出现裂缝、现浇混凝土质量不均或强度不足等问题，在大多数工程项目中都有出现，甚至同一项目中还多次出现。

4. 工程项目质量事故产生原因

引起工程项目质量事故的原因很多，最重要的是能分析出其中起主要影响的因素，以便采取的技术处理措施能有效地纠正问题。这些原因综合起来有如下几个：

（1）违背建设程序　项目不经可行性论证，不作调查分析就决策；没有工程地质、水文地质资料就仓促开工；无证设计，无图施工，任意修改设计，不按图样施工；工程竣工不进行试车运行、不经验收就交付使用等现象，致使不少工程项目留有严重隐患。

（2）工程地质勘察原因　未认真进行地质勘察，提供地质资料、数据有误；地质勘察时，钻孔间距太大，不能全面反映地基的实际情况；地质勘察钻孔深度不够，没有查清地下软土层、滑坡、墓穴、孔洞等地层结构；地质勘察报告不详细、不准确等。这些原因均会导致采用错误的基础方案，造成地基不均匀沉降、失稳，使上部结构及墙体开裂、破坏、倒塌等。

（3）未加固处理好地基　对软弱土、冲填土、杂填土、湿陷性黄土、膨胀土、岩层出露、熔岩或土洞等不均匀地基未进行加固处理或处理不当，均是导致重大质量问题的原因。必须根据不同地基的工程特性，按照地基处理应与上部结构相结合、使其共同工作的原则，从地基处理、设计措施、结构措施、防水措施和施工措施等方面综合考虑处理。

（4）设计计算问题　设计考虑不周、结构构造不合理、计算简图不正确、计算载荷取值过小、内力分析有误、沉降缝及伸缩缝设置不当、悬挑结构未进行抗倾覆验算等，都是诱发质量问题的隐患。

（5）建筑材料及制品不合格　例如：钢筋物理力学性能不符合标准，水泥受潮、过期、结块、安定性不良、砂石级配不合理、有害物含量过多，混凝土配合比不准，外加剂性能、掺量不符合要求时，均会影响混凝土强度、和易性、密实性、抗渗性，导致混凝土结构强度不足、裂缝、渗漏、蜂窝、露筋等质量问题；预制构件断面尺寸不准，支承锚固长度不足，未可靠建立预应力值，钢筋漏放、错位，板面开裂等，必然会出现断裂、垮塌。

（6）施工和管理问题　许多工程质量问题，往往是由施工和管理所造成。例如：

1）不熟悉图样，盲目施工。图样未经会审，仓促施工；未经监理、设计部门同意，擅自修改设计；不按图施工；把铰接做成刚接，把简支梁做成连续梁，抗裂结构用光圆钢筋代替变形钢筋等致使结构裂缝破坏；挡土墙不按图设滤水层，留排水口，致使土压力增大，造成挡土墙倾覆。

2）不按有关施工验收规范施工。如现浇混凝土结构不按规定的位置和方法任意留设施工缝；不按规定的强度拆除模板；砌体不按组砌形式砌筑，留直槎不加拉结筋，在小于1m宽的窗间墙上留设脚手眼等。

3）不按有关操作规程施工。如用插入式振捣器捣实混凝土时，不按插点均布、快插慢拔、上下抽动、层层扣搭的操作方法，致使混凝土振捣不实，整体性差。又如砖砌体包心砌筑，上下通缝、灰浆不均匀饱满、游丁走缝、不横平竖直等都是导致砖墙、砖柱破坏、倒塌的主要原因。

4）缺乏基本结构知识。如将钢筋混凝土预制梁倒放安装；将悬臂梁的受拉钢筋放在受压区；结构构件吊点选择不合理，不了解结构使用受力和吊装受力的状态；施工中在楼面超载堆放构件和材料等，均会给质量和安全造成严重的后果。

5）施工管理紊乱，施工方案考虑不周，施工顺序错误。技术组织措施不当，技术交底不清，违章作业。不重视质量检查和验收工作等，都是导致质量问题的祸根。

6）自然条件影响。施工项目周期长、露天作业多，受自然条件影响大，温度、湿度、日照、雷电、洪水、大风和暴雨等都能造成重大的质量事故，施工中应特别重视，采取有效措施予以预防。

7）建筑结构使用问题。建筑物使用不当，亦会造成质量问题。如不经校核、验算，就在原有建筑物上任意加层；使用荷载超过原设计的容许荷载；任意开槽、打洞、削弱承重结构的截面等。

8.6.2　工程项目质量问题处理

1. 工程质量问题处理的依据

进行工程质量问题处理的主要依据有几个方面：质量问题的实况资料；具有法律效力的，得到有关当事各方认可的工程承包合同、设计委托合同、材料或设备购销合同以及监理合同或分包合同等合同文件；有关的技术文件、档案和相关的建设法规。

2. 工程质量问题的报告

1）工程质量问题发生后，事故现场有关人员应当立即向工程建设单位负责人报告；工程建设单位负责人接到报告后，应于1h内向事故发生地县级以上人民政府住房和城乡建设主管部门及有关部门报告。情况紧急时，事故现场有关人员可直接向事故发生地县级以上人民政府住房和城乡建设主管部门报告。

2）住房和城乡建设主管部门接到事故报告后，应当依照下列规定上报事故情况，并同时通知公安、监察机关等有关部门。

① 较大、重大及特别重大事故逐级上报至国务院住房和城乡建设主管部门，一般事故逐级上报至省级人民政府住房和城乡建设主管部门，必要时可以越级上报事故情况。

② 住房和城乡建设主管部门上报事故情况，应当同时报告本级人民政府；国务院住房和城乡建设主管部门接到重大和特别重大事故的报告后，应当立即报告国务院。

③ 住房和城乡建设主管部门逐级上报事故情况时，每级上报时间不得超过2h。

④ 事故报告应包括下列内容：

a.事故发生的时间、地点、工程项目名称、工程各参建单位名称。

b.事故发生的简要经过、伤亡人数（包括下落不明的人数）和初步估计的直接经济损失。

c.事故的初步原因。

d.事故发生后采取的措施及事故控制情况。

e.事故报告单位、联系人及联系方式。

f.其他应当报告的情况。

⑤ 事故报告后如果出现新情况，以及事故发生之日起30天内伤亡人数发生变化的，应当及时补报。

3. 工程质量问题的调查方式

1）住房和城乡建设主管部门应当按照有关人民政府的授权或委托，组织或参与事故调查组对事故进行调查，并履行下列职责：

① 核实事故基本情况，包括事故发生的经过、人员伤亡情况及直接经济损失。

② 核查事故项目基本情况，包括项目履行法定建设程序情况、工程各参建单位履行职责的情况。

③ 依据国家有关法律法规和工程建设标准分析事故的直接原因和间接原因，必要时组织对事故项目进行检测鉴定和专家技术论证。

④ 认定事故的性质和事故责任。

⑤ 依照国家有关法律法规提出对事故责任单位和责任人员的处理建议。

⑥ 总结事故教训，提出防范和整改措施。

⑦ 提交事故调查报告。

2）事故调查报告应当包括下列内容：

① 事故项目及各参建单位概况。

② 事故发生经过和事故救援情况。

③ 事故造成的人员伤亡和直接经济损失。

④ 事故项目有关质量检测报告和技术分析报告。

⑤ 事故发生的原因和事故性质。

⑥ 事故责任的认定和事故责任者的处理建议。

⑦ 事故防范和整改措施。

事故调查报告应当附具有关证据材料。事故调查组成员应当在事故调查报告上签名。

4. 工程质量问题的处理

1）住房和城乡建设主管部门应当依据有关人民政府对事故调查报告的批复和相关法律

法规的规定,对事故相关责任者实施行政处罚。处罚权限不属本级住房和城乡建设主管部门的,应当在收到事故调查报告批复后15个工作日内,将事故调查报告(附具有关证据材料)、结案批复、本级住房和城乡建设主管部门对有关责任者的处理建议等转送有权限的住房和城乡建设主管部门。

2)住房和城乡建设主管部门应当依据有关法律法规的规定,对事故负有责任的建设、勘察、设计、施工、监理等单位和施工图审查、质量检测等有关单位分别给予罚款、停业整顿、降低资质等级、吊销资质证书其中一项或多项处罚,对事故负有责任的注册执业人员分别给予罚款、停止执业、吊销执业资格证书、终身不予注册其中一项或多项处罚。

8.7　案例分析

【案例一】

〈背景材料〉

某市娱乐城工程项目为框架结构,建筑面积为12000m²,在浇筑前厅钢筋混凝土拱形屋盖施工过程中,由于模板支架立柱支承地基下陷,立柱位移引起支架横梁断裂,模板失稳,造成支模架倒塌,正在浇筑的房屋板坍塌,导致10名施工工人坠落,其中2人头部受到重创身亡,8人重伤住院治疗,并造成直接经济损失120万元。该工程由该市某设计有限公司设计,由某建设监理公司监理。工程总承包单位为某建工集团第三建设工程公司承建。该工程于2012年5月10日取得施工许可证。当地建设行政主管部门于2012年3月8日同意该工程先行施工。

经调查,造成此次事故的原因是承包商未按照工程施工组织设计的要求进行模板支架设计计算及书面施工方案,就布置搭设支模架。承包商支模架搭设人员均没有作业人员上岗证,支模架搭设不符合要求。

〈问题〉

1. 该工程项目事故属于哪个等级的质量事故?依据是什么?
2. 怎样编写质量事故报告?

〈参考答案〉

1. 属于一般事故。

根据工程质量事故造成的人员伤亡或者直接经济损失将工程质量事故分为四个等级:一般事故、较大事故、重大事故、特别重大事故,具体如下("以上"包括本数,"以下"不包括本数):

1)特别重大事故,是指造成30人以上死亡,或者100人以上重伤,或者1亿元以上直接经济损失的事故。

2)重大事故,是指造成10人以上30人以下死亡,或者50人以上100人以下重伤,或者5000万元以上1亿元以下直接经济损失的事故。

3)较大事故,是指造成3人以上10人以下死亡,或者10人以上50人以上重伤,或者

1000万元以上5000万元以下直接经济损失的事故。

4）一般事故，是指造成3人以下死亡，或者10人以下重伤，或者100万元以上1000万元以下直接经济损失的事故。

2. 事故报告应包括下列内容：

1）事故发生的时间、地点、工程项目名称、工程各参建单位名称。

2）事故发生的简要经过、伤亡人数（包括下落不明的人数）和初步估计的直接经济损失。

3）事故的初步原因。

4）事故发生后采取的措施及事故控制情况。

5）事故报告单位、联系人及联系方式。

6）其他应当报告的情况。

【案例二】

<背景材料>

某车间厂房，建筑面积为5163m²，市第三建筑公司施工总承包，预应力屋面板由市建筑构件公司分包生产并安装。施工时边跨南端开间的屋面上四块预应力大型屋面板突然断裂塌落，造成1人死亡、2人重伤，直接经济损失16万元。事故发生后调查发现，构件公司提供的屋面板质量不符合要求，建设单位未办理质量监督和图样审核手续就仓促开工，施工过程中不严格按规范和操作规程，管理紊乱。

<问题>

1. 分析该工程质量事故发生的原因。

2. 工程质量事故处理的基本要求是什么？

<参考答案>

1. 该起工程质量事故发生的原因是：建筑制品屋面板质量不合格；违背建设程序，建设单位未办理质量监督和图样审核手续就仓促开工；施工和管理问题，施工过程中不严格按规范和操作规程，管理紊乱。

2. 工程质量事故处理的基本要求。

1）处理应达到安全可靠，不留隐患，满足生产、使用要求，施工方便，经济合理的目的。

2）重视消除事故原因。

3）注意综合治理。

4）确定处理范围。

5）正确选择处理时间和方法。

6）加强事故处理的检查验收工作。

7）认真复查事故的实际情况。

8）确保事故处理期的安全。

本 章 习 题

一、单选题

1. 质量管理体系认证制度是指（   ）对企业的产品及质量管理体系作出正确可靠的评价。

A. 各级质量技术监督局 　　　　B. 各级消费者协会

C. 各单位行政主管部门 　　　　D. 公正的第三方认证机构

2. 质量管理的PDCA循环中，D的职能是（   ）。

A. 将质量目标值通过投入产出活动转化为实际值

B. 对质量检查中的问题或不合格及时采取措施纠正

C. 确定质量目标和制定实现质量目标的行动方案

D. 对计划执行情况和结果进行检查

3. 关于施工质量计划说法正确的是（   ）。

A. 施工质量计划是以施工项目为对象，由业主编制的质量计划

B. 施工总承包单位对分包单位编制的施工质量计划不需要审核

C. 施工质量计划一经审核批准后不得更改

D. 施工质量计划中包含施工技术方案

4. 根据GB 50300—2013《建筑工程质量验收统一标准》建筑工程质量验收逐级划分为（   ）。

A. 分部工程、分项工程、检验批

B. 分部工程、分项工程、隐蔽工程、检验批

C. 单位工程、分部工程、分项工程、检验批

D. 单位工程、分部工程、分项工程、隐蔽工程、检验批

5. 在建设工程项目质量的形成过程中，应在建设项目的（   ）阶段完成质量需求的识别。

A. 设计 　　　　　　　　　　　B. 竣工验收

C. 决策 　　　　　　　　　　　D. 施工

6. 建设工程项目竣工工程质量验收时，对于涉及结构安全和功能的主要分部分项工程应进行（   ）。

A. 外观检查 　　　　　　　　　B. 见证取样检测

C. 剥露检验 　　　　　　　　　D. 抽样检测

7. 关于建设工程项目质量控制系统特点的说法，正确的是（   ）。

A. 项目质量控制系统建立的目的是为了建筑业企业的质量管理

B. 项目质量控制系统的目标就是某一建筑业企业的质量管理的目标

C. 项目质量控制系统仅服务于某一个承包企业或组织机构

D. 项目质量控制系统是一次性的质量工作系统

8. 某钢结构厂房在结构安装过程中，发现构件焊接出现不合格，施工项目部采用逐层深入

排查的方法分析确定构件焊接不合格的主持原因,这种工程质量统计方法是(　　)。

A. 排列图法　　　　　　　　　　　B. 因果分析图法

C. 控制图法　　　　　　　　　　　D. 直方图法

9. 政府质量监督机构对建设工程质量的监督包括监督检查工程实体的施工质量和(　　)。

A. 监督检查施工项目进度及投资　　B. 监督工程建设各方主体的质量行为

C. 监督检查施工现场的安全状况　　D. 验收工程项目施工质量

10. 利用直方图分析位置判断生产过程的质量状况和能力,如果质量特性数据的分布宽度边界达到质量标准的上、下界限,说明生产过程的质量能力(　　)。

A. 偏小、需要整改　　　　　　　　B. 处于临界状态,易出现不合格

C. 适中、符合要求　　　　　　　　D. 偏大、不经济

二、多选题

1. 在施工质量管理的工具和方法中,直方图一般用来(　　)。

A. 找出影响质量问题的主要因素

B. 分析生产过程质量是否处于稳定状态

C. 分析生产过程质量是否处于正常状态

D. 整理统计数据,了解统计数据的分布特征

E. 析质量水平是否保持在公差允许的范围内

2. 建设工程施工质量的事后控制是指(　　)。

A. 质量活动结果的评价和认定　　　B. 质量活动的检查和监控

C. 质量活动的行为约束　　　　　　D. 质量偏差的纠正

E. 已完施工的成品保护

3. 质量手册是规定建筑企业建立质量管理体系的文件,其内容包括(　　)。

A. 质量手册的发行数量　　　　　　B. 企业的质量方针和目标

C. 体系基本控制程序　　　　　　　D. 管理标准和规章制度

E. 质量手册的评审、修改和控制的管理办法

4. 根据GB 50300—2013《建筑工程施工质量验收统一标准》,检验批质量验收合格应满足的条件有(　　)。

A. 主控项目经抽样检验合格　　　　B. 一般项目经抽样检验合格

C. 具有完整的施工操作依据　　　　D. 具有总监理工程师的现场验收证明

E. 具有完全的质量检查记录

5. 下列施工质量验收环节中,应由专业监理工程师组织施工单位项目专业质量负责人等进行验收的有(　　)。

A. 分部工程　　　B. 分项工程　　　C. 单项工程

D. 检验批　　　　E. 单位工程

第 9 章
工程项目风险管理与信息管理

本章概要

（1）工程项目风险的特征和分类

（2）工程项目风险管理的目标、组织、基本任务、程序

（3）工程项目风险识别方法、工程项目风险估计与评价方法

（4）工程项目风险处置和应对策略

（5）工程项目信息的主要分类

（6）工程项目信息管理的含义、特征、原则、主要任务、基本环节

（7）工程项目管理信息系统

9.1　工程项目风险概述

9.1.1　风险的含义

1. 风险的定义

在日常生活中，我们对风险并不陌生，如家庭面临失业风险、疾病和意外事故风险、耐用消费品风险、金融资产风险等，企业面临战略风险、财务风险、市场风险、运营风险、法律风险等。尽管风险是现实生活中非常普遍的现象，但到目前为止，并没有关于风险的一致公认定义，所以一般而言，风险的基本含义是损失的不确定性。比较确切关于风险的定义是：风险是指某种行为的未来结果的不确定性。在实践中，我们往往更强调不确定性带来的不利后果，即行为主体遭受损失的可能性和损失的大小。

要全面理解风险的定义应注意以下几点：

1）风险与人们的行为相联系。这种行为既包括个人的行为，也包括群体或组织的行为，人们的决策、执行等行为特征和行为过程都将是风险产生的根源或转化条件。

2）风险同人们有目的的活动有关。人们的活动总是预期达到一定的目标，如果对预期的结果没有十分的把握，人们就会认为该项活动有风险，可能的后果会与目标发生负偏离和

正偏离。

　　3）风险对人们具有驱动和约束双重效应。人们从事活动的实际效果与当初预期效果产生的正偏离属于风险收益的范畴，是人们所渴求的，对人们具有巨大的驱动效应，激励人们勇于承担风险，以期获得高收益。而活动实际效果与预期效果的负偏离却会对人们的活动产生抑制、威慑和阻碍作用，促使人们提高警惕，加强风险管理。

　　4）风险同将来的活动和事件有关。已经结束的活动，后果无法改变，所以不存在风险。对于将来的活动，随着时间的推移，与活动有关的客观环境、人们的思想、行动方案等各种主客观因素是会发生变化的，因此，未来活动的实际结果与当前的预期结果是有差异的。

　　5）客观条件的变化是风险的重要成因。人们的活动存在于客观条件的动态变化中，风险大小随时间推移而发生变化。尽管人们无力控制客观条件，却可以认识并把握客观条件变化的规律性，从而对客观状态作出预测，这是风险管理的重要前提。

　　2. 与风险定义相关的概念

　　为有效把握和理解风险的定义，还需要明确不确定性、损失、风险事件、风险因素、风险成本等相关概念和风险作用链条图（图9-1）。

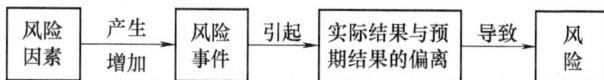

图9-1　风险作用链条图

　　（1）不确定性　不确定性是指人们对某种事物持怀疑态度，是客观事物与人们主观认识间的一种差距。将来的活动往往有多种后果，各种后果出现的可能性也不一样，而人们事先并不能确切知道会产生什么样的后果，这便是不确定性。严格来说，风险和不确定性是有区别的。风险是指人们事先知道所有可能的后果，以及每种后果的概率；不确定性是指人们事先不知道所有可能的后果，或者虽知道可能后果但不知道发生的概率。但在实践中，往往对风险和不确定性不作区分。

　　（2）损失　损失强调人们活动的不利后果，是活动实际结果与预期结果之间的负偏离，是指非故意的、非计划的、非预期的经济价值的减少，通常以货币来衡量损失。

　　（3）风险事件（风险事故）　风险事件是指直接导致损失发生的偶发事件，并可能引起经济损失或人身的伤亡。

　　（4）风险因素（风险条件）　风险因素是指能够引起风险事件发生、增加风险事件发生频率、影响损失严重程度的主客观因素，是风险事件发生的根源或转化条件，如对于工程项目来说，不合格的材料、存在漏洞的合同条件、松散的管理、不完全的设计文件、建材市场的价格变化等都是风险因素。风险因素包括实质风险因素（有形因素）、道德风险因素（如不诚实或不良企图）和心理风险因素（如疏忽）。

　　（5）风险成本　风险成本是指风险造成的损失或减少的收益以及为预防发生风险事件采取预防措施而支付的费用。风险成本包括有形成本（如财产损失、人员伤亡、停工费用等）、无形成本（如机会减少、资源分配不当、生产力难以提高等）以及预防与控制风险的费用。

9.1.2 工程项目风险的特征

工程项目不但要耗费大量资金、物资和人力等宝贵资源，且具有一次性和固定性的特点，一旦建成，其位置和用途难以更改，因此，相对于一般经济活动而言，工程项目的风险尤为值得关注。

工程项目的可行性研究、设计、计划等都是基于正常的技术、管理、组织和预测，而在项目的实际运行过程中，影响项目的因素都可能产生变化，而这些变化将可能使原定的项目目标受到干扰甚至不能实现，这些事先不能确定的项目内部和外部因素为工程项目风险因素。工程项目风险是指在工程项目运行中，项目结果的不确定性，即项目结果偏离项目管理主体预期目标的可能性及偏离程度，如工期提前或拖延的不确定性。这里的工程项目预期目标包括质量、工期、造价、安全、功能等目标。工程项目管理主体包括业主、设计方、监理方、承包商、供应商、银行等各方主体，对于不同的管理主体而言，工程项目风险的表现和内容是有所不同的。

工程项目的一次性及其工程技术特点，使得工程项目风险呈现多样性、高度关联性等特征。

1）工程项目风险的不确定性和随机性。工程项目风险事件是影响项目目标实现的可能发生的事件，由一种或多种风险因素相互作用而发生，由于项目外部环境的千变万化以及项目本身的复杂性和人们对于未来变化的预测能力有限等原因，所以风险事件的发生是不确定的。风险后果，即风险事件所造成的对项目目标实现的影响，也是不确定的，只是一种潜在的损失或收益。虽然风险事件是否发生、何时发生、会造成什么样的后果等问题的答案是不确定的，但它们会遵循一定的统计规律，具有随机性，是可以预测的。

2）工程项目风险的多样性。工程项目建设周期长，涉及范围广，涉及单位多，因此在项目的整个生命周期中，存在各种各样的风险因素，如自然、经济、技术等客观风险因素，以及业主、设计方、监理方、承包商、供应商等各参与方的人为风险因素。

3）工程项目风险的高度关联性。从项目决策、项目设计、招标投标、施工等项目建设程序，具体到项目各分部分项工程，项目各项工作环节间的关联性极高，因此，工程项目的各种风险呈现高度的相关性，风险事件的发生往往是多种风险因素共同作用的结果。同时，一个风险事件的发生又会导致其他风险事件的发生。

4）工程项目风险影响的全局性。一个活动受到风险干扰，可能也会影响到与它相关的许多活动，所以说工程项目风险影响常常不是局部的、某一段时间或某一个方面的，而是全局性的，如反常的气候条件造成工程的停滞，进而影响整个工程项目的后期工作。

9.1.3 工程项目风险的分类

根据不同的划分标准，工程项目风险有以下不同的分类（图9-2），通过分类，管理者可以针对不同的风险采取不同的管理方法，从而有效地防范工程项目风险。

1. 按照工程项目风险原因进行分类

工程项目的风险原因可分为技术性和非技术性风险因素。非技术性风险因素包括自然、基础设施、政治、法律、社会文化、经济、管理等风险因素。

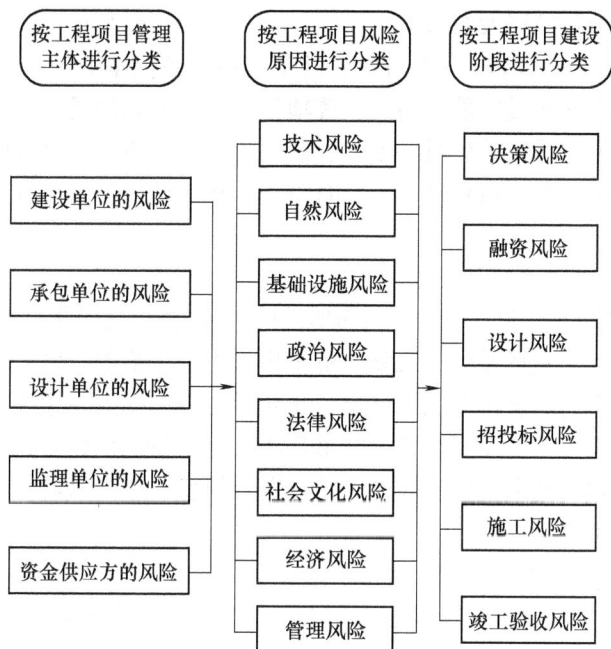

图 9-2　工程项目风险的分类

（1）技术风险　由于设计、施工、生产等项目实施过程中的技术性因素而使工程项目偏离预期目标的风险。常见的技术风险因素有：设计文件存在缺陷、错误或漏洞，设计规范运用不合适，设计文件施工可操作性差；施工工艺落后，施工技术方案不合理，施工安全措施不当，应用施工新技术失败；材料质量不符合要求，材料使用方法不当；工艺技术未达到先进指标，工艺流程不合理，未考虑操作安全性能，生产工艺设备安装不当，工程试生产不合格等。

（2）自然风险　由于地理位置、气候、地质等自然因素而使工程项目偏离预期目标的风险，如工程项目实施过程中遇到地震、台风、暴雨、雷电、冰冻等恶劣气候条件，出现泥石流、流沙等不明水文地质条件，建设过程对地形、地貌、森林、植被、社会环境、名胜古迹、自然保护区等自然环境、生态环境等产生破坏等。

（3）基础设施风险　由于交通运输系统、邮电通信系统、能源动力系统、给水排水系统、防灾环保系统等基础设施落后或不完善而使工程项目偏离预期目标的风险。

（4）政治风险　由于政局不稳定、政策不连续、政府信用和廉洁程度低等政治因素而使工程项目遭受经济损失和人身伤亡的风险，如由于政权交替、动乱、罢工、战争、民族矛盾等引发社会动荡，导致工程项目被迫中断。

（5）法律风险　由于法律不完备、司法实践不公允、法律误读、法律限制等因素而使工程项目偏离预期目标的风险。

（6）社会文化风险　由于社会秩序、人口分布、国际交往、价值观念、宗教信仰、风俗习惯等因素而使工程项目偏离预期目标的风险。

（7）经济风险　由于国家经济政策、收入水平、通货膨胀、市场环境、金融环境等经济因素而使工程项目偏离预期目标的风险，如工程承包市场、材料供应市场、劳动力市场等发生变化，导致工程项目投资大幅增加。

（8）管理风险　由于工程项目参与各方的个人或组织因素而使工程项目偏离预期目标的风险，如工程项目参与人员素质不高、工程项目参与各方间沟通协调不力、合同条款设计不严谨、索赔管理不力、承包单位履约不力、监理工程师失职、安全意识淡漠、管理人员责任心不足、资金筹措不合理、材料供应不及时等，导致工期拖延、造价上升、工程质量不达标、人身伤亡等结果。

2. 按照工程项目管理主体进行分类

按照工程项目管理主体进行分类，工程项目风险可分为建设单位的风险、承包单位的风险、设计单位的风险、监理单位的风险、资金供应方的风险等。例如建设单位的风险通常表现为由于资金筹措不力、合同条款不严谨、承包单位履约不力、监理工程师失职、材料设备供应商履约不力、发生不可预见事件、投资环境恶劣或发生变化等，导致工程项目投资收益的不确定性。承包单位的风险主要表现为信息获取风险、合同风险、管理风险、职业责任风险等。

3. 按照工程项目建设阶段进行分类

工程项目风险在整个项目生命周期中都存在，在工程项目建设的不同阶段，工程项目面临着不同的风险。按照工程项目建设的不同阶段和环节，工程项目风险也可分为工程项目决策风险、工程项目融资风险、工程项目设计风险、工程项目招标投标风险、工程项目施工和竣工验收风险。

工程项目建设各阶段的风险表现为：项目目标设计错误、可行性研究中的方案失误、调查不完全、市场分析错误等风险；设计中的专业不协调、地质条件不确定、图样和规范错误等风险；融资活动中的融资成本过高、筹资人失去项目的收益权和管理权、筹资数量和进度与投资需要和用款进度不一致、追加资金不能及时到位等风险；施工中的物价上涨、实施方案不完备、气候条件变化等风险；投产运行过程中的市场发生变化、产品不受欢迎、运行达不到设计能力、操作失误等风险。

9.2　工程项目风险管理

工程项目风险管理是指工程项目管理主体为减少或消除风险对项目目标的不利影响而对风险进行识别、衡量、控制等一系列管理行为的统称。更具体地来说，工程项目风险管理是工程项目管理主体在对项目进行充分调查研究、掌握相关资料的基础上，全面识别风险和客观衡量风险，并合理运用多种管理方法和技术手段对项目活动的风险进行有效控制，实时监测项目的进展，关注风险动态，妥善处理风险事件造成的不利后果，以最小的成本保证安全，并可靠地实现项目目标。工程项目风险的管理主体包括业主、设计单位、监理单位、承包商、材料供货商、银行等工程项目参与主体。

工程项目风险管理应贯穿于项目生命周期内的各个阶段。由于项目早期阶段的不确定性最大，各阶段前期的不确定性也比该阶段中后期的不确定性要大，因此，对于不同的项目管理主体来说，项目风险管理应从介入工程项目开始，项目风险管理开展得越早越好。由于工程项目风险的多样性、高度关联性、随机性等特征，为了保证项目正常开展，顺利实现项目目标，项目管理人员必须充分重视工程项目风险管理，将工程项目风险管理纳入日常的项目管理过程中。与传统的偏差—纠偏—再偏差—再纠偏的控制方式不同，工程项目风险管理是一种主动的控制手段。

9.2.1 工程项目风险管理的目标、组织和基本任务

1. 工程项目风险管理的目标

工程项目风险管理的目的是避免或减少风险损失，保证项目安全顺利实施。工程项目风险管理目标应隶属于项目的总目标，主要包括：

（1）安全目标　工程项目建设过程安全。

（2）投资/成本目标　项目实际投资不超过计划投资或降低工程费用。

（3）工期目标　减少项目外部环境或项目内部因素对项目的干扰，保证项目实际工期不超过计划工期。

（4）质量目标　保证实际工程质量符合质量标准要求。

（5）投资效益目标　竣工项目达到使用功能性要求，具有稳定的投资效益。

工程项目风险管理的目标可以区分为风险损失前的目标和风险损失后的目标。风险损失前的目标是避免或降低潜在风险事件发生的可能性和严重性，主要表现为安全系数达到要求、工程质量符合要求、风险管理成本的最小化和收益的最大化、减少忧虑及相应的忧虑价值、履行公共法则等外部附加义务；风险损失后的目标是消除和改变引发风险事件的风险因素，减少风险事件对项目的不利影响，主要表现为尽快恢复正常的项目运行、稳定项目收益、承担社会责任等。

2. 工程项目风险管理组织

工程风险管理组织是风险管理得以顺利有效实施的组织保障和支撑，是指为了实现风险管理目标而建立的组织结构，包括管理体制、组织规模、组织形式、部门设置、层次划分、人员配备、职责分工等。项目风险管理组织受到项目规模、技术复杂性、风险性质和特点、风险大小、项目管理层风险偏好和风险态度、法律要求等多种因素的影响。

项目风险管理职能的履行具有组织上分散和集中相结合的特点。一方面，项目风险存在于项目的所有阶段和工作环节，所以项目风险管理职能应分散于项目管理的所有方面，项目管理组织的所有成员都负有一定的风险管理责任；另一方面，为保证项目风险管理的顺利实施，提高项目管理效率，必须有专人专职负责项目风险管理。

在工程项目管理实践中，一般由项目经理牵头成立风险管理领导小组，配备若干风险管理专职人员和项目风险分析人员。项目经理应负项目风险管理的全面责任，风险管理专职人员帮助项目经理组织和协调整个项目组织的风险管理活动，项目风险分析人员应具有技术经济知识、计算机操作能力和项目管理经验等。

3. 工程项目风险管理的基本任务

1）依据项目环境因素、上级组织的管理方法和历史经验教训、项目合同、项目范围说明书、项目管理计划等建立项目风险管理体系。项目风险管理体系主要包括：项目所使用的各种风险管理方法、计算软件及风险评价标准；风险管理过程中各部门的岗位职责和任务分工；风险分类、风险概率与影响的定义、风险分级规则；风险偏好和风险承受度描述；风险应对策略及具体措施、采取时机；风险应对计划的制定、风险管理费用的估算；风险监控与

反馈；各种风险报告的格式、内容等。

2）识别项目风险来源和风险状况。

3）估计项目风险的发生概率及其后果，综合评价各种风险的大小和可接受程度。

4）制定风险对策和风险应对计划，估算风险应对成本，确定风险等级和处理权限。

5）对风险进行实时监测和控制。

6）对工程保险的投保范围进行保险管理，落实劳动安全与卫生措施。

9.2.2 工程项目风险管理程序

工程项目风险管理包括风险识别、风险估计与评价、风险控制等工作环节（图9-3）。

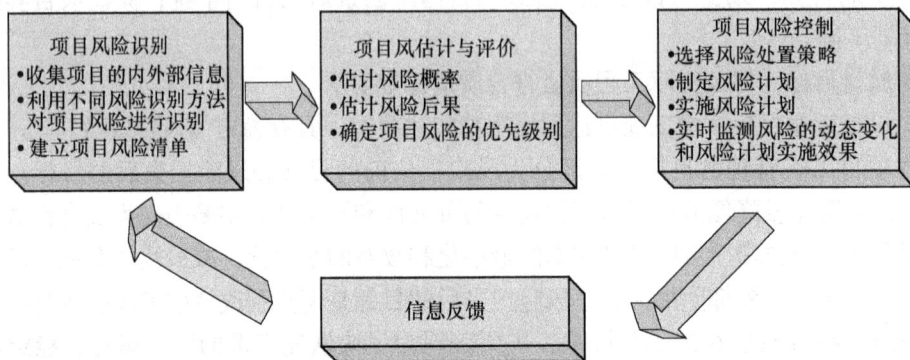

图9-3 工程项目风险管理程序

1. 风险识别

从系统的观点出发，对影响投资、进度、质量等项目管理目标的全部因素进行经验分析、调查、咨询等，充分揭示项目风险的产生根源，建立项目的风险清单。风险识别的依据包括：主观信息，如专家和风险管理人员的知识、经验判断等；客观信息，如过去项目的经验记录，当前项目性质、规模、工作分解结构、工程计划、需求分析、技术性能评价、项目环境等资料。风险识别的内容包括：风险因素、风险发展方向、风险之间的联系、风险影响范围等。

常用的工程项目风险识别方法有专家调查法、初始风险清单法、系统分解法、流程图法、因果分析法、故障树法、财务报表法、情景分析法等。任何一种风险识别方法都不是万能的，在工程实践中，风险管理人员通常根据工程项目具体情况选择适合项目的几种方法组合来识别项目风险。

2. 风险估计与评价

风险估计是在风险识别的基础上，利用类似项目的历史风险信息和相关风险估计方法，对项目风险发生的可能性（风险概率）和风险对项目造成影响的严重性（风险后果）进行定性和定量估计。常用的风险估计方法可分为风险概率估计方法和风险影响估计方法。

风险评价是指根据各种风险发生的概率和风险后果，确定风险的大小和优先级别（相对严重性），对项目整体或者某个部分的风险进行综合评价。风险评价的目的在于对风险进行有限排序，评估和比较项目各种方案或行动路线的风险大小，揭示需要给予重点关注的风险，从而为制定风险措施、寻求可行方案提供依据。

3. 风险处置策略的选择和风险计划制定

在完成项目的风险识别、估计和评价后，应综合考虑项目所面临的风险性质、风险大小、项目的管理目标、项目参与主体的风险承受水平和风险管理能力等因素，选择合适的风险处置策略，如规避策略、预防策略、分散策略、转移策略、风险自留策略等。

在选择了最佳的风险处置策略后，风险管理人员应估计风险管理所需费用，并制定风险应对计划。风险应对计划主要包括需要应对的风险清单、风险应对策略和具体措施、风险管理人员的责任划分、风险征兆和预警信号、实施风险应对策略的预算和进度计划、不可预见风险事件预留费用、风险应急方案、风险应对策略的调整和退出等。风险应对计划也可分为一般计划、应急计划和预警计划。一般计划是针对可预测风险的解决措施和方案；应急计划是针对发生概率低，但发生后影响大的风险事件的专门计划；预警计划是针对风险事件设置的触发信号，用于警示风险。

4. 风险计划的实施和监控

项目各工作部门应相互配合，以保证风险计划的顺利实施，并对实施情况进行及时监测，不断通过各种信息反馈对计划进行调整和改进，以保证风险管理目标的实现。

风险监控是对风险的实时连续监视与控制，跟踪已识别的风险，监测残余风险的变化，识别新的风险，监控潜在风险的发展。其目的是保证风险计划的执行，核对风险处置策略与措施的实际效果，并及时获取反馈信息，对风险计划进行及时调整和持续改进。常用的风险监控方法包括现代风险导向审计法、审核检查法、费用偏差分析法、关键线路法等。

9.2.3　工程项目风险识别方法

1. 专家调查法

通常使用专家调查法来收集项目风险识别信息。专家调查法主要包括头脑风暴法、德尔菲法和访谈法等。

德尔菲法是指各专家在互不联系的情况下，用书面形式独立回答项目所有可能风险类别、风险发生的可能性和风险后果，并反复修改各自的意见，最后由风险管理人员综合确定风险识别结论。德尔菲法具有匿名性、反馈性、收敛性等优点。但是德尔菲法缺少沟通交流，易忽视少数人的意见，存在风险管理人员的主观影响。

头脑风暴法是指组织有关方面的专家和项目管理人员，通过会议的形式，对项目尚未发生的潜在风险和客观存在的各种风险进行全面识别，会议不带任何限制条件，鼓励与会人员独立任意地发表意见，不允许批评别人的意见。头脑风暴法可以激发灵感，产生创造性思维。

访谈法是通过访问有经验的项目参与者、有关当事人或相关专家对工程项目风险进行识别。

2. 初始风险清单法

初始风险清单法是利用有关人员事先编制好的项目风险清单，按照系统化、规范化的要求识别工程项目的风险。采用初始风险清单法识别项目风险，可以克服项目管理人员风险识别成果信息积累不足的缺陷，节约时间和精力，提高项目风险识别的工作效率和风险识别结果的规范性，降低风险识别的主观性和随意性。由于初始风险清单难以全面涵盖项目的风险，所以工程项目管理主体可以在初始风险清单的基础上结合项目特点和项目环境情况，制作适合工程项目的风险清单。

3. 风险分解法

风险分解法是根据工程项目的特点和风险管理人员的知识经验等，首先将工程项目分解成比较简单的和容易识别的子系统与系统要素，然后对各个子系统或系统要素的风险进行识别，以确保项目识别具有较好的准确性、完整性和系统性。在对工程项目进行系统分解时，可按结构维（项目结构组成，如参考规定的结构编码系统）、目标维（项目费用、进度、质量和安全等目标）、时间维（项目建设阶段）、环境维（项目与所处环境的关系）、因素维（项目风险因素）等进行分解。对于大型、复杂的项目，首先按单项工程、单位工程分解，再对各单项工程、单位工程分别从时间维、目标维和因素维进行分解，可以较容易地识别出项目的主要和常见风险。

4. 图形技术法

在利用图形技术法对工程项目风险进行识别时，常用的图形技术有流程图、因果分析图、故障树等。

流程图法是通过将项目实施活动按时间先后顺序和逻辑关系绘成流程图，如项目系统流程图、项目实施流程图、项目作业流程图，对流程图中的各个具体项目环节，特别是对关键环节和薄弱环节进行调查和分析，找出风险存在的原因，分析风险发生后可能造成的损失和对项目其他工作环节的影响。通过对项目流程的分析，可以发现和识别项目各个环节可能发生的风险和风险后果。

故障树法是以工程项目可能会出现的风险事件或风险后果为出发点，按照工艺流程、先后次序和因果关系的逻辑推理，拟定引起风险事件的各种原因事件和风险因素、引起风险事件的各种影响途径。

因果分析图法是对引起工程项目某个风险事件的风险原因进行逐层深入分析，并把分析结果绘制成因果分析图，通过图形的因果关系全面、系统地考察和分析项目的风险因素。

5. 财务报表法

通过分析工程项目的资产负债表、现金流量表、损益表等财务报表，识别影响项目资产、负债、现金流入、现金流出等财务报表项目的风险因素。

6. 情景分析法

通过对项目内、外部环境的研究，模拟项目潜在威胁因素的变化情景，预测项目潜在威胁因素变动对项目的各种可能影响结果，如在可行研究阶段对项目进行敏感性分析，估计不确定因素对项目评价指标的影响程度，找出较为敏感因素。当某个工程项目持续时间较长时，往往要考虑经济、社会、技术等因素的变动影响，可用情景分析法预测和识别项目的关键风险因素及其影响程度。

9.2.4 工程项目风险估计与评价方法

1. 风险概率估计

风险概率估计有两种方法，即客观概率法和主观概率法。客观概率法是根据历史统计数据或通过大量试验来推定风险发生的概率。客观概率估计法需要足够的信息，只适用于完全可重复事件。主观概率估计是基于个人经验、知识、类似项目比较等对风险发生概率进行估计，一般采用专家调查方法，适合于有效统计数据不足或不可能进行重复试验的情况。

根据风险因素发生概率的大小可分为 5 个等级，见表 9-1。

表 9-1　风险因素的发生概率等级

	很低	较低	中等	较高	很高
概率大小	0~20%	21%~40%	41%~60%	61%~80%	81~100%
发生可能性	非常不可能	不可能	可能预期	可能性较大	很有可能
符号表示	N	L	M	H	S

2. 风险影响（风险后果）估计

工程项目风险影响（风险后果）是指工程项目风险一旦发生，对项目质量、工期、投资/费用、功能和使用效果等项目目标的影响，通常用风险损失来衡量。工程项目风险损失主要包括：质量控制风险损失，如建筑损坏的直接损失、修复返工费用、工期延误损失、永久缺陷对使用的损失、第三者责任的损失等；进度控制风险损失，如货币时间价值、赶工额外费用、延期投入损失等；投资控制风险损失，如实际投资超出计划投资部分；安全控制风险损失，如人身伤亡的医疗费和补偿费、财产损失、工期延误损失、建设损失、第三者责任损失等。

通常可采用访谈或开会的方式对每个风险对项目目标的影响进行估计。根据风险发生后对项目的影响大小，风险后果可划分为 5 个影响等级，见表 9-2。

表 9-2　风险因素对项目目标的影响等级

	可忽略影响	较小影响	中等影响	较大影响	严重影响
风险发生对项目目标的影响	对应部分的目标影响可以忽略，不影响整体目标	对应部分的目标受到影响，不影响整体目标	对项目目标造成中度影响，实现部分的项目目标	导致整个项目目标值的严重下降	导致整个项目目标的失败
符号表示	N	L	M	H	S

3. 风险概率-影响矩阵

对风险大小的评价应综合考虑项目风险因素发生的可能性及其一旦发生所造成损失的严重程度，通常用风险量来衡量风险的大小。风险量是风险发生概率和风险影响的一个函数，如期望值、方差等。风险概率-影响矩阵又称风险评价矩阵（图 9-4），是以风险发生概率为横坐标，以风险发生后对项目的影响为纵坐标，能够直观地表示风险的大小。

风险概率-影响矩阵将风险分为 5 个等级：N 区域代表微小风险，风险可以忽略；L 区域

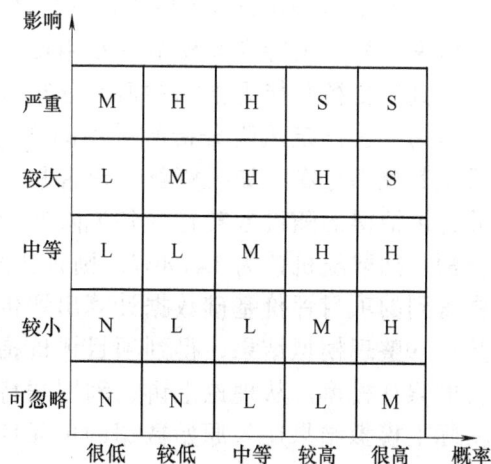

图 9-4　风险概率-影响矩阵

代表较小风险，不影响项目的可行性；M区域代表一般风险，一般不影响项目的可行性，但应采取一定的防范措施；H区域代表较大风险，必须采取一定的防范措施；S区域代表重大风险，需要采取积极有效的防范措施或放弃项目。

结合风险概率–影响矩阵和组织偏好，对项目风险进行优先级别排序，揭示需要给予重点关注的风险和近期需要采取应对措施的风险。项目经理可以根据项目风险的优先级清单，集中处理重要的风险，以获得更好的项目成果。

4. 风险综合评价

风险综合评价是对项目（或方案）的整体风险进行评价，常用方法有主观评分法、层次分析法（Analytic Hierarchy Process，简称AHP）、模糊评价法等，一般用于项目决策阶段和招标投标阶段。

主观评分法是通过调查专家的意见，获得风险因素的权重和概率等级，进而对项目的整体风险进行评价，其步骤主要包括：

1）利用专家经验，估计每个风险因素对项目的影响程度，确定各风险因素的权重。

2）根据项目实际情况和专家意见，确定每个风险因素的发生概率等级，并进行赋值。

3）用风险概率等级赋值和风险因素权重相乘来计算每个风险因素的得分。

4）将全部风险因素的得分相加，得出整个项目的综合风险得分，分值越高，项目的整体风险越大。

5. 概率分析法

概率分析法是以财务内部收益率、财务净现值等评价指标作为判别标准，通过研究项目风险因素的变动分布及其对项目经济评价指标的影响，计算评价指标的标准差、项目或方案可行的累计概率，从而对项目可行性及方案优劣作出判断的方法。概率分析法假设各风险因素变量之间是相互独立的，其基本步骤包括：①选定项目主要盈利指标作为分析对象，并分析与这些指标有关的风险因素；②估算出每个风险因素的变化范围及其可能出现的概率；③计算在风险因素变量的影响下主要盈利指标的期望值和标准差；④计算项目可行的累计概率。

概率分析法通常利用概率树进行分析求解，但当项目风险变量个数超过3个，每个风险变量可能出现3个以上状态或者是连续型随机变量时，可用蒙特卡罗模拟法进行概率分析。蒙特卡罗模拟法是用反复随机抽样的方法模拟各种随机变量的变化，进而得到项目盈利能力指标的概率分布方法。采用蒙特卡罗模拟法进行风险分析的基本步骤为：①确定风险分析所采用的评价指标，如NPV、IRR；②确定要分析的风险变量及其概率分布，如投资额、销售收入、经营成本等；③为各风险变量独立抽取随机数，由抽得的随机数转化为各风险变量的抽样值，组成一组项目评价基础数据，如投资额，抽取随机数为0.48867，则查找累计概率为0.48867所对应的投资额；④利用抽样得到的项目评价基础数据计算出评价指标值；⑤重复③和④直到达到预定的模拟次数；⑥整理模拟结果，得到项目评价指标的期望值、标准差、概率分布，计算项目可行的累计概率。从理论上讲，利用蒙特卡罗法模拟次数越多，模拟的可靠性越高。但实际上模拟结果还与原始数据的可靠性有关，而不是片面强调模拟次数越多越好，一般在200~300次。

【例9-1】　某拟建项目建设投资为2800万元，建设期为1年。项目在生产期内的年净现金流量有三种可能：200万元、500万元、800万元，各自的概率为0.3、0.4、0.3；项目的生产期有三种可能：8年、10年、20年，各自的概率为0.2、0.45、0.35。假设生产期和生产期内的年净现金流之间相互独立；在项目计算期内，现金流入和现金流出均发生在年末；项目的标准折现率为12%。

问题：绘制概率树；计算项目财务净现值的期望值和标准差；计算净现值大于或等于零的累计概率。

解　由于生产期内年净现金流有三种可能，生产期也有三种可能，因此生产期内年净现金流和生产期有九种组合状态，将九种组合状态用概率树表示，如图9-5所示。

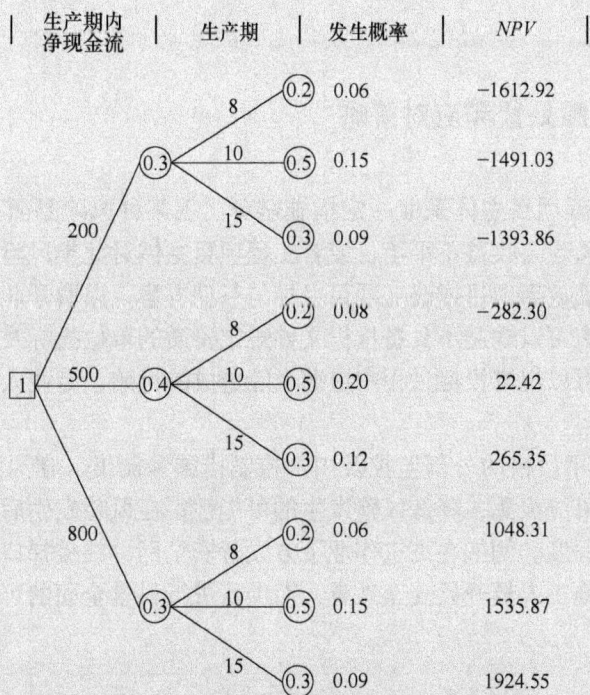

生产期内 净现金流	生产期	发生概率	NPV
200	8 (0.2)	0.06	-1612.92
	10 (0.5)	0.15	-1491.03
	15 (0.3)	0.09	-1393.86
500	8 (0.2)	0.08	-282.30
	10 (0.5)	0.20	22.42
	15 (0.3)	0.12	265.35
800	8 (0.2)	0.06	1048.31
	10 (0.5)	0.15	1535.87
	15 (0.3)	0.09	1924.55

图9-5　某拟建项目概率树

给定生产期内年净现金流为200万、生产期为8年的组合状态，发生概率为0.3×0.2＝0.06。

净现值为$NPV = (200 \times (P/A, 12\%, 8) - 2800) \times (P/F, 12\%, 1)$

$$= \left(200 \times \frac{1.12^8 - 1}{0.12 \times 1.12^8} - 2800\right) \times \frac{1}{1.12} \text{万元} = -1612.92 \text{万元}$$

同理可以计算出其他7种组合状态的发生概率和净现值，计算结果如图9-5所示。利用计算出的各种组合状态的发生概率和净现值，计算净现值的期望值和标准差

$E(NPV) = 0.06 \times (-1612.92万元) + 0.15 \times (-1491.03万元) + 0.09 \times (-1393.86$ 万元$) + 0.08 \times (-282.30万元) + 0.20 \times 22.42万元 + 0.12 \times 265.35万元 + 0.06 \times 1048.31$ 万元$+ 0.15 \times 1535.87万元 + 0.09 \times 1924.55万元 = 34.35万元$

净现值的方差为

$\sigma^2 = 0.06 \times (-1612.92 - 34.35)^2 + 0.15 \times (-1491.03 - 34.35)^2 + 0.09 \times (-1393.86 - 34.35)^2 + 0.08 \times (-282.30 - 34.35)^2 + 0.20 \times (22.42 - 34.35)^2 + 0.12 \times (265.35 - 34.35)^2 + 0.06 \times (1048.31 - 34.35)^2 + 0.15 \times (1535.87 - 34.35)^2 + 0.09 \times (1924.55 - 34.35)^2 = 1431294$

净现值的标准差为 $\sigma = \sqrt{1431294} = 1196.37$（万元）

净现值大于或等于0的累计概率为

$P(NPV \geq 0) = 0.09 + 0.15 + 0.06 + 0.12 + 0.2 = 0.62$

9.2.5　工程项目风险处置和应对策略

1. 风险规避

风险规避是指工程项目主体采取一定措施避免出现某种风险暴露。当风险太大，经济主体无法承受，或者风险与收益不平衡，或者工程项目主体对此类风险不具备有效的风险管理能力时，可选择主动放弃项目或改变项目目标与行动方案，以避开此种项目风险。在进行招标投标时，资格预审可以规避不具备招标文件规定资质的单位投标及不正当竞争造成的风险，合理的评标策略可以规避投标过程中道德风险造成的行贿、专业人员水平不足等情况。

2. 风险预防

预防策略是指采用严格的外部监控及内部控制措施和制度，在风险发生前，积极采取措施消除风险产生的可能根源，降低风险发生的可能性；在风险发生后，积极采取措施努力降低风险损失的严重程度。例如在高空作业下方设置安全网，在楼梯口、预留孔洞、坑井口设置围栏和盖板，对施工人员开展安全教育，对项目进行科学全面的可行性研究以降低工程项目决策风险。

3. 风险分散

分散策略是指通过多样化的投资组合或增加工程项目风险承担者来降低工程项目主体的风险水平，如采用联合承包工程的合作方式共同承担工程项目风险、采用多领域或多项目投资分散风险等。

4. 风险转移

转移策略是指当某些项目风险无法回避，而企业对此类风险的管理能力有限或其管理能力与其他企业相比不存在比较优势时，可将风险转移给市场或其他机构。

（1）工程保险　工程保险是指以在建工程作为承保对象，以与在建工程相关的经济利益作为保险标的，由工程项目当事人向保险机构支付保险费，购买相应的保险合约，从而将工程项目风险限定在一定水平之内。工程保险的主要责任范围一般由物质损失部分和第三者责任部分构成。

工程保险分为强制性保险和自愿性保险。所谓强制性保险，就是按照法律的规定，工程项目当事人必须投保的险种，但投保人可以自主选择保险机构；自愿性保险是指项目当事人根据自己的需要自愿参加的保险，其赔偿或给付的范围以及保险条件等，均由投保人与保险机构根据签订的保险合同确定。在国际建筑市场的承包工程，承包人必须按工程发包国的法律办理强制保险。《中华人民共和国建筑法》第四十八条规定：建筑施工企业应当依法为职工参加工伤保险缴纳工伤保险费；鼓励企业为从事危险作业的职工办理意外伤害保险，支付保险费。

工程保险的险种通常有建筑工程一切险、安装工程一切险、责任保险、国际货物运输保险、机动车辆险等。建筑工程一切险主要承保房屋工程和公共工程在施工期间所遭受的工程本身、施工机械、建筑设备等物质损失和第三者责任损失。安装工程一切险主要承保机器设备安装、企业技术改造、设备更新等安装工程项目的物质损失和第三者责任。责任保险是以被保险人的民事赔偿责任为保险标的的保险，由保险人承担被保险人向第三者进行赔偿的责任，如产品责任险、公众责任险、项目业主责任险、职业责任险等。建设工程设计责任险是指以建设工程设计方因设计上的疏忽或过失而引发工程质量事故造成损失或费用应承担的经济赔偿责任为保险标的的职业责任保险。

（2）工程担保　工程担保是管理工程项目信用风险的常用方法，是指当工程项目建设当事人未能履行合同责任时，由担保人代为承担履约责任的行为。工程担保包括投标担保、承包商履约担保、业主支付担保、预付款担保、承包商付款担保、保修金担保等类型。通常采用由银行出具保函的形式。保函是由担保人（银行）根据申请人的要求向受益人开立的，一旦申请人违约，并收到受益人提出的索赔后，向受益人支付约定款项的书面保证承诺。

投标担保是指由保证人向招标人保证，当投标人未能按招标文件的规定履行投标人义务时，由保证人承担保证责任的行为。一般是在投标前，由银行提供投标保函、担保人出具担保书或投标人直接向招标人缴纳投标保证金。承包商履约担保是指由保证人向业主保证，当承包商未能按工程建设合同条款履行责任和义务时，由保证人承担保证责任的行为，例如由银行向业主提供履约保函。业主支付担保是指由保证人向承包商保证，当业主未能按工程建设合同条款约定支付工程款时，由保证人代为支付的行为，例如由银行向承包商提供支付保函的形式。预付款担保是指由保证人向业主保证，当承包商未能按工程建设合同条款约定使用工程预付款时，由保证人代为归还预付款的行为，例如由银行向业主提供预付款保函的形式。

（3）设定保护性合同条款　通过合理设置工程项目建设合同的保护性条款，将部分工程项目风险转移给合同相对方，如通过约定合同条款，业主将部分责任和风险转移给承包商，或者承包商通过工程分包将工程项目风险转移给分包商。采用设定保护性合同条款的工程项目风险转移策略的管理成本相对较低。

（4）风险对冲　风险对冲策略是指针对工程项目所面临的市场风险，如利率风险、汇率风险、原材料价格风险等，利用特定的金融工具来减少或消除风险。对冲可以通过远期、期货或期权交易实现。随着金融衍生产品种类的增加及其交易市场的迅速发展，金融衍生产品成为风险对冲的主要手段。

5. 风险自留

风险自留是指对于工程项目主体无法回避又不能转移的风险，工程项目主体在考虑风险承受能力的基础上，基于其他风险管理策略的经济性（如风险处置费用超出风险损失额）和可行性考虑，采取相应的措施来承担和保留此种工程项目风险。例如，在风险管理规划阶段建立不可预见事件储备，预留合理的预算应急费用，用以抵消和减少风险发生时的损失。风险自留一般在事前对风险不加控制，既不改变风险发生的概率，又不改变风险潜在损失的严重性，但有必要预先制定进度、技术、费用等方面的后备措施。

9.3　工程项目信息管理

科学技术的发展，使人类进入了信息时代，人类的工作和生活越来越依赖信息。在信息时代，传统的劳动工具实现了智能化，计算机成为人们主要的劳动工具，社会信息量急剧增长，人们对信息的需求、信息的生产、信息的利用迅猛增长。工程项目信息来源广泛，信息量大，形式多样。工程项目的信息包括在项目决策过程、实施过程（设计准备、设计、施工和物资采购过程等）和运行过程中产生的信息，以及其他与项目建设有关的信息。通过信息网络，人们可以获得工程建设信息、建设政策信息、建筑材料信息、工程进展信息、资金供求信息等。

9.3.1　工程项目信息的主要分类

信息分类是指根据不同的使用需求，将各种信息按一定的原则和方法进行区分和归类，并建立起信息分类系统和排列顺序，以便管理和使用信息。在大型工程项目的实施过程中，信息处理的工作量巨大，统一的信息分类和编码体系可以使计算机系统能更有效地处理和存储项目信息，并使所有项目参与方能更方便地对各种信息进行交换和查询。

工程项目的信息可以按照信息表现形式、信息来源、信息内容属性等标准进行分类。在工程实践中，为满足项目管理工作的要求，往往需要对工程项目信息进行多维综合分类。例如：第一维可按项目的分解结构进行信息分类；第二维可按项目实施的工作过程，如决策、设计准备、设计、招标投标和施工过程等进行信息分类；第三维可以按项目管理工作的对象，如投资控制、进度控制、质量控制等进行信息分类。业主方和项目参与各方作信息分类时，应尽可能作一些统一分类规定，以方便信息交流和信息共享。

1. 按照信息的表现形式（或信息的载体）划分

1）文字图形信息。包括勘察、测绘、设计图样、合同、工作条例、施工组织设计、情况报告、原始记录、统计图表、报表、信函等信息。

2）语言信息。包括口头分配任务、汇报、工作检查、情况介绍、谈判、建议、批评、工作讨论、会议等信息。

3）新技术信息。通过网络、电话、电报、电传、计算机、电视、录像、录音、广播等现代化手段收集及处理的一部分信息。

2. 按照信息的来源划分

1）项目内部信息。是指工程项目建设各个阶段、各个环节、各有关单位产生的信息总体，如工程概况、设计文件、施工方案、合同结构、信息资料的编码体系、会议制度、项目目标、项目组织等。

2）项目外部信息。是指来自于项目外部环境的信息，如国家有关政策法规、物价指数、原材料市场变化、资金市场变化、新技术。

3. **按照项目信息的内容属性划分**

工程项目信息按照信息的内容属性可分为组织类信息、技术类信息、经济类信息、管理类信息、法规类信息等。

1）组织类信息。如编码信息、项目组织信息、项目管理组织信息等。

2）技术类信息。如前期技术信息、设计技术信息、施工技术信息、材料设备技术信息、竣工验收技术信息、质量控制信息等。质量控制信息是指与建设工程项目质量有关的信息，如国家有关的质量法规和质量标准、项目建设标准、质量目标体系和质量目标的分解、质量控制工作流程、质量控制的工作制度、质量控制的方法、质量抽样检查的数据、各个环节工作的质量、质量事故记录和处理报告等。

3）经济类信息。如投资控制信息、工程量控制信息。投资控制信息是指与投资控制直接有关的信息，如各种估算指标、类似工程造价、物价指数、设计概算和概算定额、施工图预算和预算定额、工程项目投资估算、合同价组成、投资目标体系、计划工程量、已完工程量、单位时间付款报表、工程量变化表、人工及材料价差调整表、索赔费用表、投资偏差、已完工程结算、竣工决算、施工阶段的支付账单、原材料价格、机械设备台班费、人工费、运杂费等。

4）管理类信息。如进度控制信息、安全管理信息、合同管理信息、风险管理信息等。进度控制信息是指与进度相关的信息，如施工定额、项目总进度计划、进度目标分解、项目年度计划、工程网络计划的优化和调整、计划进度与实际进度偏差、进度控制的工作流程、进度控制的工作制度等。合同管理信息是指与建设工程相关的各种合同信息，如工程招标投标文件、工程建设施工承包合同、物资设备供应合同、咨询及监理合同、合同的指标分解体系、合同变更情况、合同的索赔等。风险管理信息是指与工程项目建设过程中的风险识别、风险分析与评价、风险控制有关的信息，如进度控制的风险分析、质量控制的风险分析、投资控制的风险分析等。

9.3.2　工程项目信息管理的含义和特征

1. **工程项目信息管理的含义**

信息管理是指人们以现代信息技术为手段，对信息进行收集、加工整理、存储、传递、共享和应用的行为与过程。信息管理的目的是通过有组织的信息流通，使决策者和管理者能及时、准确地获得相应信息。

工程项目信息管理是指工程项目信息传输的合理组织和控制行为，即在项目建设全过程中，工程项目参与各方运用现代信息技术和其他合适手段，有效传递、交流和共享项目信息的行为及过程。工程项目信息管理的含义包括如下要点：信息的交流与沟通，包括建设项目参与各方，如建设方、勘察设计方、建设行政管理方、建设材料供应方、施工方、监理方等；时间贯穿工程建设全过程；信息交流与沟通手段主要是基于计算机网络的现代信息技术和通信技术，但也不排除传统的信息交流与沟通方式；信息交流与沟通内容包括与项目建设有关的所有信息，特别是需要在参与各方之间共享的核心信息。

2. 工程项目信息管理的特征

信息技术的高速发展已对工程项目管理产生了重要的影响，信息技术在工程项目管理中的应用得到了拓展和深化。通过信息技术在工程管理中的开发和应用，能实现信息存储数字化和存储相对集中、信息处理和变换的程序化、信息传输的数字化和电子化、信息获取便捷、信息透明度提高、信息流扁平化等。信息技术在工程管理中的开发和应用的意义在于：有利于项目信息的检索和查询，有利于数据和文件版本的统一，并且有利于项目的文档管理；有利于提高数据处理的准确性，可提高数据处理的效率；可提高数据传输的抗干扰能力，使数据传输不受距离限制并可提高数据传输的保真度和保密性；有利于项目参与方之间的信息交流和协同工作。

工程项目信息管理的目的是通过对工程项目信息传输的有效组织和控制，为工程项目建设的增值提供服务。工程项目信息管理应具有以下基本特征：

1）在工程建设各阶段，参与各方都能随时随地获得所需要的各种项目信息。

2）用基于虚拟现实的、逼真的工程项目模型指导工程建设的设计与施工全过程。

3）避免信息在工程项目各组成部分之间，工程建设各阶段之间以及在参与建设的各方之间的分离现象实施。

4）减少距离的影响。项目团队成员相互间的信息交流和沟通能够突破地理上分散的限制，实现工作上的协同。

5）对信息的产生、保存及传播进行有效管理。

9.3.3 工程项目信息管理的原则和主要任务

1. 工程项目信息管理的原则

工程项目产生的信息数量巨大，种类繁多。为便于信息的搜集、处理、储存、传递和利用，工程项目信息管理应遵从以下基本原则：

1）标准化原则。在工程项目的实施过程中，工程项目信息管理应坚持标准化的原则，应做到信息分类统一、信息流程规范、控制报表标准化。

2）有效性原则。针对不同层次管理者的要求，能分别提供不同要求和浓缩程度的信息，如对于项目的高层管理者而言，提供的决策信息应力求简练、直观，以满足其战略决策的信息需求。

3）时效性原则。工程项目信息的收集和提供应考虑工程项目决策与管理的时效性，如采用月报表、季度报表、年度报表等，以保证信息能及时服务于决策和管理。

4）定量化原则。工程项目信息管理人员应采用定量方法对项目实施过程中产生的数据进行分析和比较。

5）高效处理原则。工程项目信息管理人员应通过采用高效的信息处理工具，如建设工程信息管理系统，尽量缩短信息在处理过程中的延迟时间。

6）可预测性原则。工程项目信息管理人员应基于项目实施的历史数据信息，采用先进适用的分析工具和方法，为决策者提供制定未来目标和行动规划所必需的信息。

2. 工程项目信息管理的主要任务

（1）编制建设项目信息管理手册　为充分利用和发挥信息资源的价值，提高信息管理的效率以及实现有序和科学的信息管理，业主方和项目参与各方都应编制各自的信息管理手册，以规范信息管理工作。建设项目信息管理手册的内容包括：信息管理任务目录，信息管理的任务分工表和管理职能分工表，信息的分类，信息的编码体系和编码，信息输入输出模型，各项信息管理工作的工作流程图，信息流程图，信息处理的工作平台及使用规定，各种报表和报表的格式、报告周期，项目进展的月度报告、季度报告、年度报告、工作总报告的内容及编制，工程档案管理制度，信息管理保密制度等。

（2）明确信息管理部门的工作任务　在国际上，许多建设工程项目都专门设立信息管理部门（或称为信息中心），以确保信息管理工作的顺利进行。也有一些大型建设工程项目专门委托咨询公司从事项目信息动态跟踪和分析，以信息流指导物质流，从宏观上对项目的实施进行控制。信息管理部门的工作任务包括：负责编制信息管理手册，在项目实施过程中进行信息管理手册的必要修改和补充，并检查和督促其执行；负责协调和组织项目管理中各个工作部门的信息处理工作；负责信息处理工作平台的建立和运行维护；与其他工作部门协同组织收集信息、处理信息和形成各种反映项目进展和项目目标控制的报表和报告；负责工程档案管理等。

（3）建立基于互联网的信息处理平台　由于工程项目建设所产生的信息量大、信息形式多样、信息之间存在复杂的关联性、信息处理任务繁重，因此，在当今时代应重视利用信息技术的手段进行信息管理，其核心手段是建立基于互联网的信息处理平台。基于互联网的信息处理平台使得远程、实时的信息共享和协作得以实现。

建设工程项目的业主方和项目参与各方往往分散在不同的地点、不同的城市或不同的国家，因此其信息处理应考虑充分利用远程数据通信的方式。例如，通过电子邮件收集信息和发布信息；通过基于互联网的项目专用网站（Project Specific Web Site，简称PSWS）实现业主方内部、业主方和项目参与各方，以及项目参与各方之间的信息交流、协同工作和文档管理；通过基于互联网的项目信息门户（Project Information Portal，简称PIP），为众多项目服务的公用信息平台实现业主方内部、业主方和项目参与各方，以及项目参与各方之间的信息交流、协同工作和文档管理；召开网络会议；基于互联网的远程教育与培训等。

9.3.4　工程项目信息管理的基本环节

信息是指导决策和管理的基础。工程项目信息管理贯穿于工程项目建设的各个阶段、各个参建单位和工作方面。工程项目信息管理的基本环节包括信息的收集、加工、整理、检索、分发、存储。

1. 工程项目信息的收集

在工程项目建设的各个阶段，项目参与各方的信息收集内容和侧重点有所不同。项目决策阶段的信息收集主要是从工程咨询单位进行项目可行性研究的角度进行考虑，设计阶段的信息收集是从设计单位编制设计文件的角度进行考虑，项目施工招标投标阶段的信息收集是从招标代理机构编制招标文件的角度进行考虑，施工阶段的信息收集是从工程监理单位管理工程项目的角度进行考虑。

（1）项目决策阶段的信息收集　该阶段的信息收集是为开展项目可行性研究、进行项目决策提供服务，其内容主要包括：

1）项目相关市场方面的信息，如项目产品当前和未来的市场占有率、市场需求量、产品价格变化趋势、产品生命周期等。

2）项目资源相关方面的信息，如融资方式和渠道、原材料供应情况和需求情况、劳动力供应情况和需求情况、水电供应等。

3）自然地理环境和基础设施相关方面的信息，如气象、地质、水文、地形地貌、基础设施情况等。

4）新技术、新设备、新工艺、新材料、专业配套能力方面的信息。

5）政治、法律、社会、文化等方面的信息。

（2）项目设计阶段的信息收集 《建筑工程设计文件编制深度规定》（2008年版）规定：民用建筑工程一般应分为方案设计、初步设计和施工图设计三个阶段；对于技术要求相对简单的民用建筑工程，经有关主管部门同意，且合同中没有作初步设计的约定，可在方案设计审批后直接进入施工图设计。对于工程设计的不同阶段，尽管设计深度不同，但设计单位需要收集的信息都主要体现在以下几个方面：

1）与工程设计有关的依据性文件的名称和文号，如项目选址及环境评价报告、用地红线图、项目可行性研究报告、政府有关主管部门对立项报告的批文、对项目批示的规划许可技术条件、拆迁政策、环保政策、设计任务书或协议书等。

2）设计所执行的主要法规和所采用的主要标准，包括标准的名称、编号、年号和版本号等。

3）政府有关主管部门对项目设计的要求，如对总平面布置、环境协调、建筑风格等方面的要求。

4）设计基础资料，如气象、水文地质、地形地貌、区域位置、地下埋设和人防设施情况、地震基本烈度、水电及原材料供应情况、外部运输及协作条件等。

5）同类工程相关信息，如同类工程建筑规模、结构形式、造价构成、工艺和设备的选型、地质处理方式及实际效果、建设工期，采用新材料、新工艺、新设备、新技术的实际效果及存在问题，技术经济指标等。

6）建设单位的意图和前期准备等。

（3）项目施工招标投标阶段的信息收集 在工程项目施工招标投标阶段，招标代理机构的信息收集是为建设单位编制招标文件、择优选择施工单位提供服务，该阶段的信息收集主要包括以下几个方面：

1）工程地质、水文地质勘察报告，施工图设计及施工图预算、设计概算，设计、地质勘察、测绘的审批报告等方面的信息，特别是该建设工程有别于其他同类工程的技术要求、材料、设备、工艺、质量要求有关信息。

2）建设单位建设前期报审文件，包括立项文件，建设用地、征地、拆迁文件。

3）工程造价的市场变化规律及所在地区的材料、构件、设备、劳动力差异。

4）当地施工单位管理水平、质量保证体系、施工质量、设备、机具能力。

5）本工程适用的规范、规程、标准等。

6）工程项目所在地关于招标投标有关法规、规定，国际招标、国际贷款指定适用的范本，本工程适用的建筑施工合同范本及特殊条款。

7）工程项目拟采用的新技术、新设备、新材料、新工艺，投标单位对"四新"的处理能力和了解程度、经验等。

（4）项目施工阶段的信息收集　我国的工程监理单位大部分是从施工准备阶段开始介入项目，直至竣工验收交付使用。工程监理单位在项目施工阶段的信息收集包括以下方面：

1）监理文件信息。监理规划、监理实施细则、监理大纲、监理过程中各种控制和审批文件等。

2）施工基础资料信息。施工图设计及施工图预算，施工图的会审和交底记录，工程的结构特点和施工难点，工艺流程，工程预算体系（按单位工程、分部工程、分项工程分解），施工合同；建设工程场地的地质、水文、测量、气象数据，施工期的气象动态信息；地上、地下管线，地下洞室，地上原有建筑物及周围建筑物、树木、道路；建筑红线，标高、坐标；水、电、气管道的引入标志；地质勘察报告、地形测量图及标桩等环境信息。

3）施工准备情况信息。施工单位项目组织、进场人员资质；进场设备的规格型号、保修记录；施工场地的准备情况，施工单位提交的开工报告；施工单位质量保证体系及施工单位的施工组织设计，特殊工程的技术方案，施工进度网络计划图表；进场材料、构件管理制度；安全保安措施；数据和信息管理制度；检测和检验、试验程序和设备；承包单位和分包单位的资质等施工单位信息。

4）施工管理信息。项目经理部管理程序，质量、进度、投资的事前、事中、事后控制措施，项目经理部数据采集来源及采集、处理、存储、传递方式，工序间交接制度，事故处理制度，施工组织设计及技术方案，工地文明施工及安全措施；施工单位人员、设备、水、电、气等能源的动态变化情况；建筑原材料、半成品、成品、构配件等工程物资的进场、加工、保管、使用等；施工中发生的工程数据，如地基验槽及处理记录，工序间交接记录，隐蔽工程检查记录等；建筑材料必试项目有关信息，如水泥、砖、砂石、钢筋、外加剂、混凝土、防水材料、回填土、饰面板、玻璃幕墙等；设备安装的试运行和测试项目有关信息，如电气接地电阻、绝缘电阻测试，管道通水、通气、通风试验，电梯施工试验，消防报警、自动喷淋系统联动试验等。

5）合同管理相关信息。施工合同执行情况；施工索赔相关信息，如索赔程序、索赔依据、索赔证据、索赔处理意见等。

6）工程竣工信息。竣工图、工程竣工总结、竣工验收记录、工程质量保修书等。

7）相关建筑法律、法规，国家和地方规范、技术规程，有关质量检验、控制的技术法规和质量验收标准等。

2.　工程项目信息的加工与整理

工程项目信息的加工与整理是指将收集到的数据和信息进行鉴别、筛选、核对、合并、排序、更新、计算、汇总，生成不同形式的数据和信息，提供给不同需求的各类工程管理人员使用。在信息加工时，往往要求按照不同的需求，分层进行加工。对于不同的使用角度，加工方法是不同的。

工程项目信息的加工与整理首先是从信息鉴别开始的，要对信息的来源、真实可靠性、价值、数据精度、时效性等进行判断；然后是对各种信息进行归类分析，依据使用需求，保留来源真实可靠、与使用目标相符、时效性强的信息，其目的是对收集到的信息进行去伪存真、去粗取精；最后是对信息的外表特征和内容特征进行核对、合并、排序、更新、计算、汇总、转储等。

　　3．工程项目信息的分发与检索

　　在对收集的工程项目信息进行分类加工处理后，处理后的工程项目信息要及时提供给需要使用信息的工程管理部门。工程项目信息的分发与检索一般由使用软件来实现。

　　工程项目信息分发与检索应保证需要使用信息的部门和个人，有权在需要的第一时间，方便地得到所需要的、以规定形式提供的一切信息，并且保证不向不该知道的部门或个人提供任何相关信息。

　　4．工程项目信息的存储

　　信息的存储一般需要建立统一的数据库，把各类信息以文件的形式组织在一起，组织的方法一般由单位自定，但要考虑规范化。

　　根据工程项目实际，工程项目信息存储可以按照下列方式组织：①按照工程进行组织，同一工程按照投资、进度、质量、合同的角度组织，各类可按照具体情况进一步细化；②文件名规范化，以定长的字符串作为文件名；③工程项目各参与方应协调统一存储方式，在国家技术标准有统一的代码时尽量采用统一代码；④有条件时可以通过网络数据库形式存储数据，实现建设各方信息共享，保证信息的唯一性。

9.3.5　工程项目管理信息系统

　　信息的产生和应用是通过信息系统实现的。信息系统是由硬件、软件、数据库、操作人员和操作规程等组成，以系统思想为依据，以计算机为手段，进行数据收集、传递、处理、存储、分发，产生信息，为决策和管理提供依据。

　　项目信息是否准确和全面，对项目各目标的实现会产生较大的影响。为实施有效的工程项目管理，应对项目建设所需的、在各建设阶段中由各参与方产生的各种时间维度、管理维度的信息进行集成，建立一个先进高效的工程项目管理信息系统。工程项目管理信息系统主要是用计算机的手段，进行项目管理有关数据的收集、记录、加工、整理、存储、过滤，并把数据处理的结果提供给项目管理班子的成员，它是项目进展的跟踪和控制系统，也是信息流的跟踪系统，可以在局域网上或基于互联网的信息平台上运行。

　　1．应用工程项目管理信息系统的意义

　　应用工程项目管理信息系统的目的是实现工程项目信息的全面、系统、规范和科学管理，从而为项目管理人员进行工程项目的投资控制/成本控制、进度控制、质量控制和合同管理等提供可靠的信息支持。工程项目管理信息系统由建设方、勘察设计方、建设行政管理方、建设材料供应方、施工方、监理方等工程项目管理各参与方的信息系统构成，并建立与工程项目外部的通信联系，如与国家经济信息网联网，及时收集国内各部门和各地区的工程信息、国际工程招标信息、物质信息等项目外部环境信息。利用工程项目管理信息系统，政府、建设单位、施工单位、设计单位等各方可以及时交流和共享工程项目信息。

　　应用工程项目管理信息系统的意义主要表现在：

　　1）实现工程项目信息的集中存储和动态更新。

　　2）有利于工程项目信息的检索和查询，项目管理人员可以很方便地对工程项目信息进行实时查询和分析，实现对工程项目建设的动态控制。

3）提高工程项目信息处理的效率，项目管理人员能集中精力分析和处理项目管理工作中的一些重大问题。

4）确保工程项目信息处理的准确性。

5）可方便地形成各种项目管理需要的报表。通过工程项目管理信息系统可以按项目管理者的决策和管理需要，方便地产生大量的控制报表，为高质量的决策和管理提供信息支持。

2. 工程项目管理信息系统的主要功能

工程项目管理信息系统主要服务于项目的目标控制。工程项目管理是以投资、进度、质量三大控制为目标，以合同管理为核心的动态控制系统，因而，工程项目管理信息系统的功能包括投资控制（业主方）或成本控制（施工方）、质量控制、进度控制、合同管理。

（1）投资控制子系统的功能 包括项目的估算、概算、预算、标底、合同价、投资使用计划和实际投资的数据计算和分析；进行项目的估算、概算、预算、标底、合同家、投资使用计划和实际投资的动态比较，并形成各种比较报表；计划资金投入和实际资金投入的比较分析；根据工程的进展进行投资预测等。

（2）成本控制子系统的功能 包括投资估算的数据计算和分析；计划施工成本，计算实际成本，计划成本与实际成本的比较分析，根据工程的进展进行施工成本预测等。

（3）进度控制子系统的功能 包括计算工程网络计划的时间参数，并确定关键工作和关键线路；绘制网络图和计划横道图；编制资源需求量计划；进度计划执行情况的比较分析；根据工程的进展进行工程进度预测等。

（4）质量控制子系统的功能 包括设计质量控制，施工质量控制，材料质量跟踪，设备质量管理，工程质量事故处理，质量活动档案，质量法规标准。

（5）合同管理子系统的功能 包括合同基本数据查询，合同执行情况的查询和统计分析，标准合同文件查询和合同辅助起草等。

本 章 习 题

一、单选题

1. 下列有关工程项目风险的表述中，正确的是（   ）。
A. 风险的大小与变动发生的可能性成反比
B. 风险的大小与变动发生后对项目影响的大小成反比
C. 风险是未来变化偏离预期的可能性及其对目标产生影响的大小
D. 风险是不可预测的

2. 以下关于工程项目风险管理说法不正确的是（   ）。
A. 工程项目风险管理只存在于项目实施阶段
B. 工程项目风险管理应贯穿于项目生命周期内的各个阶段
C. 工程项目风险管理是项目管理知识体系的一部分
D. 工程项目风险管理的主体是项目各参与方

3. 项目风险管理程序中正确的工作流程是（　　）。

A. 风险识别、风险应对策略的决策、风险估计与评价、风险对策的实施、风险监控

B. 风险估计与评价、风险识别、风险应对策略的决策、风险对策的实施、风险监控

C. 风险识别、风险估计与评价、风险对策的实施、风险应对策略的决策、风险监控

D. 风险识别、风险估计与评价、风险应对策略的决策、风险对策的实施、风险监控

4. 某工程项目的可行性研究报告表明，从净现值、内部收益率指标看是可行的，但敏感性分析的结论是对投资额、产品价格、经营成本均很敏感，因而决定不投资该工程，这一决策是（　　）。

A. 风险回避　　　B. 风险预防　　　C. 风险转移　　　D. 风险自留

5. 在当今时代，应重视利用信息技术的手段进行建设工程项目信息管理，其核心手段是（　　）。

A. 编制统一的信息管理手册　　　B. 制定统一的信息管理流程

C. 建立基于网络的信息沟通制度　　　D. 建立基于网络的信息处理平台

二、多选题

1. 为了达到风险识别的目的，从风险结果找原因的方法有（　　）。

A. 流程图法　　　B. 风险分解法　　　C. 因果分析图法　　　D. 情景分析法

E. 故障树法

2. 在工程项目风险事件发生前，风险管理的目标有（　　）。

A. 使实际损失最小　　　B. 使潜在损失最小　　　C. 减少忧虑及相应的忧虑价值

D. 承担社会责任　　　E. 履行外部附加义务

3. 风险监控的内容包括（　　）。

A. 风险应对策略的有效性和可行性　　　B. 项目实施过程中的风险状态

C. 对风险进行评估　　　D. 制定风险对策

E. 识别新的风险

4. 通过信息技术在工程管理中的开发和应用能实现（　　）。

A. 信息处理和变换的程序化　　　B. 信息存储分布化

C. 信息获取便捷　　　D. 信息流扁平化

E. 信息传输的数字化、电子化

5. 建设工程项目信息管理手册的主要内容包括（　　）等。

A. 信息应用效果分析　　　B. 信息输入输出模型

C. 信息的编码体系和编码　　　D. 各种报表和报告格式

E. 工程档案管理制度

10

第 10 章
工程项目竣工验收与项目后评价

本章概要

（1）工程项目竣工验收的含义、分类

（2）工程项目竣工验收的依据、标准、要求及条件

（3）工程项目竣工验收的准备、程序及内容

（4）工程项目竣工验收备案、工程交接及工程保修

（5）项目后评价的含义、作用及种类

（6）项目后评价的依据、内容、方法及指标

10.1　工程项目竣工验收

10.1.1　工程项目竣工验收概述

1. 工程项目竣工验收的含义

工程项目竣工，是指工程项目经过承建单位施工准备和全部施工活动，已经完成了工程项目设计图样和有关文件规定的全部内容，并达到交付使用的标准。

工程项目竣工验收，就是由建设单位、施工单位或项目验收委员会，以项目批准的设计文件和相关合同文件，以及国家（或部门）颁发的施工验收规范和质量检验标准为依据，按照一定的程序和手续，在项目建成并试生产合格后，对工程项目的总体进行检验和认证（综合评价、鉴定）的活动。

按我国建设程序的规定，竣工验收是建设项目建设周期的最后一个阶段，是项目施工阶段和保修阶段的中间过程。只有经过竣工验收，建设项目才能实现由施工单位管理向建设单位管理的过渡，它标志着建设投资成果投入生产或使用。同时，竣工验收也是全面考核建设工作，检查工程建设是否符合设计要求和工程质量，保证项目的建设符合设计要求和国家规范、标准规定的质量标准的工作，对促进建设项目及时投产或交付使用、发挥投资效果、总结建设经验起着重要作用。

2. 工程项目竣工验收的分类

针对竣工验收的主体和对象不同，建设工程项目竣工验收主要包括三种：

第一种是指承包单位完工后的企业内部组织的竣工验收。

第二种是由建设单位组织的多部门参与的建设工程竣工验收。验收后应当形成工程竣工验收报告，要及时上报建设行政主管部门。通过该阶段竣工验收后，施工单位可以将工程移交给建设单位，也称为交工验收。这一验收过程应当按照《建设工程质量管理条例》的规定，由建设单位组织，勘察、设计、施工、监理单位等有关单位共同参与的、主要针对工程质量进行的竣工验收。

第三种是指由建设单位申请，规划、消防等有关建设行政主管部门对建设工程项目进行的单项竣工验收。在建设单位组织的质量竣工验收后，建设单位按照相关法律规定的时限向规划、消防等建设行政主管部门申请该单项竣工验收，通过该部分竣工验收的项目才能办理备案手续，才能与业主办理所有权的移交。

本章主要介绍第二种建设工程竣工验收。

3. 工程竣工验收的依据

工程项目竣工验收的依据主要包括：可行性研究报告，施工图设计及设计变更洽商记录，技术设备说明书，国家现行的施工验收规范，主管部门（公司）有关审批、修改、调整文件，工程承包合同，其他有关工程竣工的规定。

4. 工程项目竣工验收应具备的条件

1）完成工程设计和合同约定的各项内容。

2）施工单位在工程完工后对工程质量进行了检查，确认工程质量符合有关法律、法规和工程建设强制性标准，符合设计文件及合同要求，并提出工程竣工报告。工程竣工报告应经项目经理和施工单位有关负责人审核签字。

3）对于委托监理的工程项目，监理单位对工程要进行质量评估并具有完整的监理资料、提出工程质量评估报告。工程质量评估报告应经总监理工程师和监理单位有关负责人审核签字。

4）勘察、设计单位对勘察、设计文件及施工过程中由设计单位签署的设计变更通知书进行了检查，并提出了质量检查报告。质量检查报告应经该项目勘察、设计负责人和勘察、设计单位有关负责人审核签字。

5）有完整的技术档案和施工管理资料。

6）有工程使用的主要建筑材料、建筑构配件和设备的进场试验报告。

7）建设单位已按合同约定支付工程款。

8）有施工单位签署的工程质量保修书。

9）城乡规划行政主管部门对工程是否符合规划设计要求进行了检查，并出具了认可文件。

10）居住建筑及其附属设施应达到节能标准，并出具建筑节能部门颁发的节能建筑认定证书。

11）有公安消防、环保等部门出具的认可文件或者准许使用文件。

12）建设行政主管部门及其委托的工程质量监督机构等有关部门责令整改的问题全部整改完毕。

10.1.2　工程项目竣工验收的程序及组织

建设工程质量验收体系包含过程验收和竣工验收两个方面。根据 GB 50300—2001《建筑工程施工质量验收统一标准》的规定，工程项目竣工质量验收的基本对象是单位工程。各分部分项工程质量的质量合格，相应单位工程质量才合格。可以说，过程验收是工程竣工验收的保证。

工程竣工验收应当按以下程序进行：

1）工程完工后，施工单位首先要依据质量标准、设计图样等组织有关人员进行自检，并对检查结果进行评定。质量自评合格后，由施工单位向建设单位提交工程竣工报告和完整的质量资料，请建设单位组织竣工验收。实行监理的工程，工程竣工报告须经总监理工程师签署意见。

2）实行监理的工程，总监理工程师应组织专业监理工程师，依据有关法律、法规、工程建设强制性标准、设计文件及施工合同，对承包单位报送的竣工资料进行审查，并对工程质量进行竣工预验收。

对存在的问题，应及时要求承包单位整改。整改完毕由总监理工程师签署工程竣工报验单，并应在此基础上提出工程质量评估报告。工程质量评估报告应经总监理工程师和监理单位技术负责人审核签字。

这里的预验收是在承建单位完成自检并认为符合正式验收条件，在申报工程验收后、正式验收之前的这段时间内进行的。由于工程项目竣工预验收的时间较长，又由各方面派出的专业技术人员进行，因此对验收中发现的问题一般都在此时解决，为正式验收创造条件。为做好工程项目竣工预验收工作，总监理工程师要提出一个预验收方案，这个方案包括预验收需要达到的目的和要求；预验收的重点、预验收的组织分工；预验收的主要方法和主要检测工具等，并向参加验收的人员进行交底。

3）建设单位收到施工单位的工程竣工报告，勘察、设计单位的工程质量检查报告，监理单位的工程质量评估报告，对符合验收要求的工程，应组织勘察、设计、施工、监理等单位和其他有关方面的专家组成验收组，制定验收方案。

① 由建设单位负责组织实施建设工程竣工验收工作，质量监督机构对工程竣工验收实施监督。建设单位应当在工程竣工验收 7 个工作日前将验收的时间、地点及验收组名单书面通知负责监督该工程的工程质量监督机构。

② 由建设单位负责组织竣工验收小组，验收组组长由建设单位法人代表或其委托的负责人担任。验收组副组长应至少有一名工程技术人员担任。验收组成员由建设单位上级主管部门、建设单位项目负责人、建设单位项目现场管理人员及勘察、设计、施工、监理单位与项目有直接关系的技术负责人或质量负责人组成，建设单位也可邀请有关专家参加验收小组。验收小组成员中土建及水电安装专业人员应配备齐全。

4）建设单位组织正式验收。建设、勘察、设计、监理、质量监督等各单位应当参与，承建单位也必须派人配合竣工验收工作。

① 建设单位应按下列要求组织竣工验收：

a.建设、勘察、设计、施工、监理单位分别汇报工程合同履约情况和在工程建设各个环节执行法律、法规和工程建设强制性标准的情况。

b.验收组人员审阅建设、勘察、设计、施工、监理单位的工程档案资料。

c.实地查验工程质量。

d.对工程勘察、设计、施工、监理单位各管理环节和工程实物质量等方面作出全面评价，形成经验收组人员签署的工程竣工验收意见。

e.参与工程竣工验收的建设、勘察、设计、施工、监理等各方不能形成一致意见时，应当协商提出解决的方法。当不能协商解决时，由建设行政主管部门或者其委托的建设工程质量监督机构裁决，也可以是各方认可的咨询单位。

② 单位工程竣工验收的一般规定：

a.单位工程质量验收应由建设单位负责人或项目负责人组织。由于设计、施工、监理单位都是责任主体，因此设计、施工单位负责人或项目负责人及施工单位的技术、质量负责人和监理单位的总监理工程师均应参加验收（勘察单位虽然亦是责任主体，但已经参加了地基验收，故单位工程验收时可以不参加）。

b.在一个单位工程中，对满足生产要求或具备使用条件，施工单位已预验，监理工程师已初验通过的子单位工程，建设单位可组织进行验收。由几个施工单位负责施工的单位工程，当其中的施工单位所负责的子单位工程已按设计完成，并经自行检验后，也可按规定的程序组织正式验收，办理交工手续。在整个单位工程进行全部验收时，已验收的子单位工程验收资料应作为单位工程验收的附件。

c.单位工程有分包单位施工时，分包单位对所承包的工程项目应按本标准规定的程序检查评定，总包单位应派人参加。分包工程完成后，应将工程有关资料交总包单位。

由于建设工程承包合同的双方主体是建设单位和总承包单位，总承包单位应按照承包合同的权利和义务对建设单位负责，分包单位对总承包单位负责也应对建设单位负责。因此，分包单位对承建的项目进行检验时，总包单位应参加，检验合格后，分包单位应将工程的有关资料移交总包单位，待建设单位组织单位工程验收时，分包单位负责人应参加验收。

5）如果工程竣工验收不合格，各单位签署的验收意见应给出解决办法。待问题解决完毕，重新组织竣工验收。如果工程竣工验收合格，建设单位应当在7日内提出工程项目竣工验收报告。

工程竣工验收报告主要包括工程概况，建设单位执行基本建设程序情况，对工程勘察、设计、施工、监理等方面的评价，工程竣工验收时间、程序、内容和组织形式，工程竣工验收意见等内容。工程竣工验收报告还应附有下列文件：

① 施工许可证。

② 施工图设计审查意见。

③ 施工单位提交的工程竣工报告。

④ 监理单位提交的工程质量评估报告。

⑤ 勘察、设计单位提交的质量检查报告。

⑥ 城乡规划行政主管部门出具的规划认可文件。

⑦ 建筑节能管理部门出具的节能建筑认定证书。

⑧ 法律、行政法规规定应当由公安消防、环保、气象等部门出具的认可文件或准许使

用文件。

⑨ 验收组人员签署的工程竣工验收意见。

⑩ 市政基础设施工程应附有质量检测和功能性试验材料。

⑪ 建设单位和施工单位签订的工程质量保修书。

⑫ 城建档案管理机构出具的《建设工程竣工档案验收意见书》。

⑬ 法律、法规和规章规定的其他有关文件。

6）建设工程质量监督机构应审查该工程竣工验收各项条件和资料是否符合要求，对符合竣工验收标准的工程，建设工程质量监督机构应当在工程竣工验收之日起5日内，向备案部门提交单位工程的质量监督报告。不符合要求的，通知建设单位整改，并重新确定竣工验收时间。

7）单位工程质量验收合格后，建设单位应在规定时间内将工程竣工验收报告和有关文件，报建设行政管理部门备案。

建设工程竣工验收备案制度是加强政府监督管理，防止不合格工程流向社会的一个重要手段。建设单位应依据《建设工程质量管理条例》和建设部有关规定，到县级以上人民政府建设行政主管部门或其他有关部门备案。否则，不允许投入使用。

10.1.3 工程竣工验收的内容

工程项目竣工验收内容随工程项目的不同而异，一般包括下列内容：

1. 工程项目技术资料的验收

工程项目技术资料的验收包括下列内容：工程地质、水文、气象、地形、地貌、建筑物、构筑物及重要设备安装位置、勘察报告和记录，初步设计、技术设计、关键的技术试验、总体规划设计，土质试验报告、基础处理，建筑工程施工记录、单位工程质量检查记录，管线强度、密封性试验报告、设备及管线安装施工记录及质量检查、仪表安装施工记录，设备试车、验收运转、维护记录，产品的技术参数、性能、图样、工艺说明、工艺规程、技术总结、产品检验、包装、工艺图，设备的图样、说明书，涉外合同、谈判协议、意向书，各单项工程及全部管网竣工图等资料。

2. 工程项目综合资料的验收

工程项目综合资料的验收包括：项目建议书及批件、可行性研究报告及批件、项目评估报告、环境影响评估报告书、设计任务书，土地征用申报及批准的文件、承包合同、招标投标文件、施工执照、项目竣工验收报告，验收鉴定书。

3. 工程项目财务资料的验收

工程项目财务资料的验收包括下列内容：历年建设资金供应（拨、贷）情况和应用情况，历年批准的年度财务决算，历年年度投资计划、财务收支计划，建设成本资料，支付使用的财务资料，设计概算、预算资料，施工决算资料。

4. 工程项目建筑工程的验收

在全部工程验收时，建筑工程早已建成了，有的已进行了"交工验收"，这时主要是如何运用资料进行审查验收。其主要内容有：

1）建筑物的位置、标高、轴线是否符合设计要求。

2）对基础工程中的土石方工程、垫层工程、砌筑工程等资料的审查。这些工程在"交工验收"时已验收过。

3）对结构工程中的砖木结构、砖混结构、内浇外砌结构、钢筋混凝土结构的审查验收。

4）对屋面工程的基层、屋面瓦、保温层、防水层等的审查验收。

5）对门窗工程的审查验收。

6）对装修工程的审查验收（抹灰、涂装等工程）。

5. 工程项目安装工程的验收

工程项目安装工程的验收，分为建筑设备安装工程、工艺设备安装工程以及动力设备安装工程的验收。

建筑设备安装工程是指民用建筑物中的上、下水管道，暖气、煤气、通风管道，电气照明等安装工程。对于这类工程，应检查这些设备的规格、型号、数量、质量是否符合设计要求，检查安装时的材料、材质、材种，并进行试压、闭水试验、照明检查。

工艺设备安装工程包括生产、起重、传动、实验等设备的安装，以及附属管线敷设和涂装、保温等。对这类工程，主要检查设备的规格、型号、数量、质量、设备安装的位置、标高、机座尺寸与质量、单机试车、无负荷联动试车、有负荷联动试车、管道的焊接质量、洗清、吹扫、试压、试漏、涂装、保温等及各种阀门等。

动力设备安装工程指有自备电厂的项目或变配电室（所）、动力配电线路的验收。

10.1.4 工程项目竣工验收备案

建设单位应当自工程竣工验收合格之日起15日内，向工程所在地的县级以上地方人民政府建设行政主管部门的备案机关备案。

1. 建设单位办理工程竣工验收备案应当提交的文件

1）工程竣工验收备案表。

2）工程竣工验收报告。竣工验收报告应当包括工程报建日期，施工许可证号，施工图设计文件审查意见，勘察、设计、施工、工程监理等单位分别签署的质量合格文件及验收人员签署的竣工验收原始文件，市政基础设施的有关质量检测和功能性能试验材料，以及备案机关认为需要提供的有关资料。

3）法律、行政法规规定应当由规划、公安消防、环保等部门出具的认可文件或者准许使用文件。

4）施工单位签署的工程质量保修书。

5）法规、规章规定必须提供的其他文件。

商品住宅还应当提交住宅质量保证书和住宅使用说明书。

2. 竣工验收备案手续

备案部门收到建设单位报送的竣工验收备案文件和建设工程质量监督部门签发的工程质量监督报告后，验证文件齐全，应当在工程竣工验收备案表上签署文件收讫。

工程竣工验收备案表一式两份，一份由建设单位保存，一份在备案部门存档。

3. 建设工程竣工验收备案管理

为了加强房屋建筑工程和市政基础设施工程质量的管理，在中华人民共和国境内新建、扩建、改建各类房屋建筑工程和市政基础设施工程实行《房屋建筑和市政基础设施工程竣工验收备案管理办法》。国务院建设行政主管部门负责全国房屋建筑工程和市政基础设施工程的竣工验收备案管理工作，县级以上地方人民政府建设行政主管部门负责本行政区域内工程的竣工验收备案管理工作。

10.2　工程项目后评价

所谓工程项目后评价，是指对已建成并投入生产使用的建设项目的审批决策、建设实施和生产使用全过程进行总结评价，从而判断项目预期目标的实现程度，总结经验教训，提高未来项目投资管理水平的一系列工作的总称。

工程项目后评价在国外称为事后评价，是相对于项目决策前的评估而言的。它和工程项目评估相比，同样都是对项目进行的评价，但由于工程项目评估是一种事前的评估，两者之间仍然存在许多不同的地方。工程项目后评价是固定资产投资管理工作的一项重要内容，是项目生命周期的最后一个阶段，是整个工程管理项目的延伸。进行工程项目后评价，对提高工程项目管理水平具有重要意义。

项目后评价是项目监督管理的重要手段，也是投资决策周期性管理的重要组成部分，是为项目决策服务的一项主要的咨询服务工作。项目后评价以项目业主对日常的监测资料和项目绩效管理数据库、项目中间评价、项目稽查报告、项目竣工验收的信息为基础，以调查研究的结果为依据进行分析评价，通常应由独立的咨询机构来完成。广义的项目后评价包括项目后评价、项目影响评价、规划评价、地区或行业评价、宏观投资政策研究等。

工程项目后评价应遵守独立性和可信性原则，这样才能体现其客观性和公正性。

10.2.1　项目后评价的作用

项目后评价对于提高项目决策科学化水平，促进建设工程活动规范化，弥补拟建项目从决策到实施完成整个过程中的缺陷，对改进项目管理和提高建设工程效益等发挥着极其重要的作用。具体来说，项目后评价的主要作用表现在以下几个方面：

1. 总结项目管理经验教训，提高项目管理水平

由于建设项目管理是一项极其复杂的活动，它涉及银行、计划、主管部门、企业、物资供应、施工等许多部门，因此，项目能否顺利完成，关键在于这些部门之间的配合与协调工作进行得如何。通过项目后评价，对已经建成项目的实际情况进行分析研究，有利于指导未来项目的管理活动，从而提高项目管理水平。

2. 提高项目决策科学化水平

项目前评价是项目投资决策的依据，但前评价中所做的预测是否准确，需要后评价来检验。通过建立完善的项目后评价制度和科学的方法体系，一方面可以增强前评价人员的责任感，提高项目预测的准确性；另一方面可以通过项目后评价的反馈信息，及时纠正项目决策中存在的问题，从而提高未来项目决策的科学化水平。

3. 为国家投资计划、政策的制定提供依据

项目后评价能够发现宏观投资管理中的不足，从而国家可以及时地修正某些不适合经

济发展的技术经济政策，修订某些已经过时的指标参数；同时，还可根据反馈的信息，合理确定投资规模和投资流向，协调各产业、各部门之间及其内部的各种比例关系。此外，国家还可以充分地运用法律、经济、行政手段，建立必要的法令、法规、各项制度和机构，促进投资管理的良性循环。

我国基本建设程序尚缺乏对项目决策和实施效果的反馈环节，而项目后评价刚好弥补了这一弱点，它对我国基本建设程序的完善和健全、改进宏观决策，将会起到越来越重要的作用。

4. 为银行部门及时调整信贷政策提供依据

通过开展项目后评价，能及时发现项目建设资金使用中存在的问题，分析研究贷款项目成功或失败的原因，从而为银行部门调整信贷政策提供依据，并确保资金的按期回收。

5. 可以对企业经营管理进行"诊断"，促使项目运营状态的正常化

项目后评价是在项目运营阶段进行，因而可以分析和研究项目投产初期和达产时期的实际情况，比较实际情况与预测情况的偏离程度，探索产生偏差的原因，提出切实可行的措施，从而促使项目运营状态正常化，提高项目的经济效益和社会效益。

10.2.2 项目后评价种类

从不同角度出发，项目后评价可分为不同的种类。

1. 从评价时间的角度考虑

根据评价时间不同，项目后评价可以分为跟踪评价、实施效果评价和影响评价。

（1）项目跟踪评价　是指在项目开工以后到项目竣工验收之前任何一个时点所进行的评价。其目的或是检查项目评价和设计质量；或是评价项目在建设过程中的重大变更及其对项目效益的作用和影响；或是诊断项目发生的重大困难和问题，寻求对策和出路等。

（2）项目实施效果评价　是指在项目竣工以后一段时间之内所进行的评价。生产性行业一般在竣工以后1~2年，基础设施行业在竣工以后5年左右，社会基础设施行业可能更长一些。其主要目的是检查确定投资项目或活动达到理想效果的程度，总结经验教训，为完善已建项目、调整在建项目和指导待建项目服务。

（3）项目效益监督评价　是指在项目实施效果评价完成一段时间以后，在项目实施效果评价的基础上，通过调查项目的经营状况，分析项目发展趋势及其对社会、经济和环境的影响，总结决策等宏观方面的经验教训。行业或地区的总结都属于这类评价的范围。

2. 从决策的需求考虑

从决策的需求出发，后评价也可分为宏观决策型后评价和微观决策型后评价。宏观决策型后评价指涉及国家、地区、行业发展战略的评价；微观决策型后评价指仅为某个项目组织、管理机构积累经验而进行的评价。

3. 从评价的内容上考虑

从评价的内容上考虑，可分为目标评价、项目前期工作和实施阶段评价、项目运营评价、项目影响评价、项目持续性评价等。

（1）目标评价　一方面，有些项目原定的目标不明确，或不符合实际情况，项目实施过程中可能会发生重大变化，如政策性变化或市场变化等，所以项目后评价要对项目立项时

原定决策目标的正确性、合理性和实践性进行重新分析和评价；另一方面，项目后评价要对照原定目标完成的主要指标，检查项目实际实现的情况和变化并分析变化原因，以判断目的和目标的实现程度，也是项目后评价所需要完成的主要任务之一。项目目标的指标应在项目立项时就已经确定了。

（2）项目前期工作和实施阶段评价　主要通过评价项目前期工作和实施过程中的工作实践，分析和总结项目前期工作的经验教训，为今后加强项目前期工作和实施管理积累经验。

（3）项目运营评价　通过项目投产后的有关实际数据资料或重新预测的数据，研究建设项目实际投资效益与预测情况或其他同类项目投资效益的偏离程度及其原因，系统地总结项目投资的经验教训，并为进一步提高项目投资效益提出切实可行的建议。

（4）项目影响评价　分析评价项目对所在地区、所属行业和国家产生的经济、环境、社会等方面的影响。

（5）项目持续性评价　指对项目的既定目标是否能按期实现，项目是否可以持续保持产生较好的效益，接受投资的项目业主是否愿意并可以依靠自己的能力继续实现既定的目标，项目是否具有可重复性等方面作出评价。

4. 从评价对象不同考虑

根据评价对象的不同，项目后评价可分为：大型项目或项目群的后评价；对重点项目中关键工程运行过程的追踪评价；对同类项目运行结果的对比分析，即进行"比较研究"的实际评价。

5. 从评价主体不同考虑

根据评价主体不同，可分为项目自评价、行业或地方项目后评价、独立后评价。

（1）项目自评价　项目自评价是由项目业主会同执行管理机构按照国家有关部门的要求编写项目的自我评价报告，报行业主管部门、其他管理部门或银行。

（2）行业或地方后评价　行业或地方后评价由行业或上级主管部门对项目自评价报告进行审查分析，并提出意见，撰写报告。

（3）独立后评价　独立后评价由相对独立的后评价机构组织专家对项目进行后评价，通过资料搜集、现场调查和分析讨论，提出项目后评价报告。

10.2.3　项目后评价的依据及程序

1. 项目后评价的依据

项目后评价的依据包括经国家有审批权限部门批准的项目建议书、设计任务书（可行性研究报告）、初步设计或扩大初步设计、开工后报告和已经通过的竣工验收报告。

2. 项目后评价程序

尽管因项目规模、复杂程度的不同，而导致每个项目后评价的具体工作程序也有所区别，但从总的情况来看，一般项目的后评价都应遵循一个客观和循序渐进的过程。具体可以概括为以下几个步骤：

（1）组织项目后评价机构　项目后评价组织机构问题实际上是指由谁来组织项目后评价工作，这是具体实施项目后评价首先要解决的问题。工程项目后评价工作应遵循对事不对人的宗旨，着重在于总结经验教训。因此，组建工程项目后评价机构，应遵循客观、公正、民主、科学的原则。为了使工程项目后评价报告真正具有反馈检查作用，工程项目原可行性研究单位和项目（前）评估单位以及项目实施过程中的项目管理机构应回避。

（2）选择项目后评价的对象　原则上，对所有投资项目都要进行后评价，项目后评价应纳入管理程序之中。但实际上，往往由于条件的限制，只能有选择地确定评价对象。我国在选择进行项目后评价的对象时优先考虑以下类型项目：

1）项目投产后本身经济效益明显不好的项目。

2）国家急需发展的短线产业部门的投资项目，主要是国家重点投资项目，如能源、通信、交通运输、农业等项目。

3）国家限制发展的长线产业部门的投资项目。

4）一些投资额巨大、对国计民生有重大影响的项目，这类项目后评估报告应提交全国人民代表大会，审查结果应向全国人民公布。

5）一些特殊项目，如国家重点投资的新技术开发项目、技术引进项目等。

（3）收集可靠资料和选取数据　项目后评价是以大量的数据、资料为依据的，这些材料的来源要可靠。一般由项目后评价者亲自调查整理，需要收集的数据和资料如下：

1）与项目建设有关的档案资料。如规划方案、项目建议书和批文、可行性研究报告、评估报告、设计任务书、初步设计材料和批文、施工图设计和批文、竣工验收报告、工程大事记、各种协议书和合同及有关厂址选择、工艺方案选择、设备方案选择的论证材料等。

2）与项目生产经营有关的资料。与项目建成后运营有关的资料包括项目投产后的年度财务报表、统计报表、成本资料和经济活动分析资料。

3）分析预测用的基础资料。分析预测性资料主要是建设项目开工以来的有关利率、税种、税率、物价指数变化的有关资料。

4）与项目有关的其他资料。其他资料包括与项目有关的国家政策与法规、项目当初的建设背景和投资环境、历年的技术经济资料和国家发布的国民经济参数等。

（4）分析和加工收集的资料　对所收集的资料进行汇总、整理和分析，对需要调整的资料要调整。此时往往需要进一步补充测算有关的资料，以满足验证的需要。

1）整理资料。整理已实际发生的各项基础财务数据资料，如项目所有投入和发生的费用、产出和取得的效益。了解这些费用和效益的数量、时间、具体内容，分析鉴别其真实性和可靠性。

2）编制经济财务报表。将经整理和去伪存真的各项基础财务数据分门别类地填入相关报表，对后评价时点以后的栏目数据，需经重新测算后填入报表。测量依据要可靠，预测数据取值要经得起推敲。

3）计算后评价指标。直接利用经济财务报表和有关资料计算整个项目的各项后评价指标（包括绝对效果指标和相对效果指标）。

4）分析后评价指标。根据后评价指标，找出项目实际效果与预期目标的差异，分析产生偏差的原因。

（5）评价及编制后评价报告。工程项目后评价报告是后评价工作的最终成果，它应客观反映项目建设全过程。应重新评估项目效果，总结经验教训，提出包括问题和建议在内的综合评价结论，并附有项目效果前后分析对比表。项目后评价报告是调查研究工作最终成果的体现，是项目实施过程阶段性或全过程的经验教训的汇总，同时又是反馈评价信息的主要文件形式。

（6）上报后评价报告　把编制的正式后评价报告上报给组织后评价的部门。

项目后评价报告是调查研究工作最终成果的体现，是项目实施过程阶段性或全过程的经验教训的汇总，同时又是反馈评价信息的主要文件形式。根据工程项目的类型、规模不同，其后评价报告的内容和格式也不同。一般工程项目后评价报告应包括以下内容：

1）总论。综述工程项目实施概况，工程项目后评价的主要结论概要和存在的问题及建议；工程项目后评价工作的组织机构及其工作依据和方法简介。

2）项目前期工作后评价。项目前期工作后评价包括对项目筹建工作的评价、项目立项和决策工作的评价、厂址选择的标准，有无多征少用、征而不用的情况。

3）工程项目实施工作后评价。工程项目实施工作后评价包括对施工发包工作的评价，对工程质量、进度和造价的评价，对业主、监理和承包商三者协调关系的评价，对工程合同管理的评价，以及对工程竣工验收的评价。

4）工程项目生产运营工作后评价。工程项目生产运营工作后评价包括对经营管理和生产技术系统的评价，以及对产品方案的评价。

5）工程项目经济后评价。工程项目经济后评价包括工程项目的财务效益后评价、国民经济效益后评价、社会效益后评价和环境效益后评价。

6）综合结论。综合结论是对上述各项评价内容进行总结性的归纳。它包括项目决策、实施和生产经营各阶段工作的主要经验和教训；对项目可行性研究和项目（前）评估决策水平的综合评价；在对项目进行再评估后，展望其发展前景，并为提高项目在未来时期内的经济效益水平提出建议和对策。

10.2.4　项目后评价的内容

1. 项目目标评价

项目目标评价是通过对项目立项审批决策时所确定的目标，与项目实际运作所产生的某些经济、技术指标进行比较，检查项目是否达到了预期目标或到达目标的程度，分析实际发生变化的原因。例如项目原定的目标不明确，或不符合实际情况，或在项目实施过程中发生了重大的变化（政策性变化或市场变化），项目后评价都要给予重新分析和评价。

2. 项目实施过程评价

项目的过程评价是对项目的各个环节进行回顾和检查，从而对项目的实施效率作出评价。过程评价包括勘察设计评价、设备采购、工程建设施工、竣工验收和生产准备等各项工作的评价。

3. 经济效益评价

效益是衡量项目成功与否的关键因素。效益评价包括项目的财务评价和国民经济评价。

1）财务评价。财务评价是在国家现行财税制度和价格体系下，从项目投资者的角度，根据后评价时点以前各年实际发生的投入产出数据，以及这些数据重新预测得出的项目计算期内未来各年将要发生的数据，综合考察项目实际或更接近于实际的财务盈利能力状况，据以判断项目在财务意义上的成功与失败，并与项目前评估相比较，找出产生重大变化的原因，总结经验教训。

工程项目财务的后评价与项目前评价中的财务分析与评价的内容基本相同，都要进行项目的盈利能力、清偿能力等方面的评价。但在工程项目后评价中采用的数据不是简单的实际数据，应该将项目实际数据扣除物价指数的变动，以便使工程项目后评价与前评价中的各项评价指标在评价时点和计算范围上具有可比性。所以，项目的财务后评价中最重要的工作是对于项目前评价和项目实际发生的财务评价指标进行对比分析。

2）国民经济评价。国民经济评价是从国家整体角度考察项目的费用和效益，采用影子价格、影子工资、影子汇率和社会折现率等参数对后评价时点以后到项目计算期末，对各年度预测的财务费用与财务效益进行调整，计算项目对国民经济的净贡献，据此判断项目的经济合理性。

4. 项目的影响评价

项目环境影响评价是项目建成投产后对国家、项目所在地区的经济、社会和环境所产生的实际影响进行的评价，据此判断项目决策宗旨是否实现，重点分析项目对整个社会发展的影响。影响评估的内容包括经济、技术、环境社会影响等方面。

1）经济影响评价。项目经济影响评价主要分析和评价项目对地区、行业、部门和国家的宏观经济影响（如对国民经济结构的影响，对提高宏观经济效益以及对国民经济长远发展的影响），并对项目所用国内资源的价值进行测算，为在宏观上判断项目资源利用的合理程度提供依据；同时，分析项目对地区、行业、部门和国家的经济发展所产生的重要作用和长远影响。

2）技术影响评价。项目技术影响评价主要分析项目对国家、部门和地区的技术进步的推动作用，以及项目所选技术本身的先进性和适用性；分析评估项目采用的工艺技术或者引进的技术装备的先进性及其与国内外同类技术装备进行对比；并对本部门、本地区技术进步的作用和取得的潜在效益进行分析评估。

3）地区环境影响评价。项目环境影响评价主要是对照项目前评估时批准的环境影响报告书，重新审查项目对环境产生的实际影响，审查项目环境管理的决策、规定、规范和参数的可靠性和实际效果。环境影响评价主要包括项目的污染源控制、区域的环境质量、自然资源的利用、区域的生态平衡和环境管理能力等五个方面的内容。

5. 项目持续性评价

项目的持续性评价是指项目建设完成、投入运行以后，对项目的既定目标是否按期实现、项目是否可以持续保持既定的产出效益、接受投资的项目业主是否愿意并可以依靠自己的能力继续实现项目的既定目标、是否可以在未来以同样的方式建设同类项目等方面所作出的评价。

项目效益的持续发挥会受到一定因素制约，政府政策、管理组织、财务、技术、社会文化、生态环境及经济等因素都可能影响到项目的持续性。因此，仅从项目的实施情况得出评价结论是不全面的，还应进行项目的持续性评价，即对项目未来发展趋势进行科学的分析和预测。

10.2.5 项目后评价的方法

一般而言，进行项目后评价的主要分析方法应该是定量分析和定性分析相结合的方法。

在项目评价的实际过程中，最基本也是最重要的方法有三种：

1. 前后对比法

前后对比法是将项目实施前即项目可行性研究和评估时，所预测的效益和作用与项目竣工投产运行后的实际结果相比较，以找出变化和原因。这种对比是进行后评价的基础，特别是在对项目财务评价和工程技术的效益分析时是不可缺少的。

2. 有无对比法

有无对比法是将项目实际发生的情况与预计的项目可能发生的情况进行比较。对项目的影响不仅是项目本身的作用，因而对比的重点是要分清对项目作用的影响和项目以外（或非项目）作用的影响。

3. 目标树——逻辑框架法

逻辑框架法是目前在许多国家采用的一种行之有效的方法。这种方法从确定待解决的核心问题入手，向上逐级展开，得到其影响及后果，再向下逐层推演找出其引起的原因，得到所谓的"问题树"。将问题树进行转换，即将问题树描述的因果关系转换为相应的手段——目标关系，得到所谓的"目标树"。目标树得到之后，进一步的工作要通过"规划矩阵"来完成。

10.2.6　项目后评价的主要指标

1）项目规划设计和立项后评价指标。包括能够全面反映开发任务、建设方案和规模、经济效益和社会效益以及工程量等设计与实际情况的指标。

2）工程建设后评价指标。包括实际建设工期、实际工期偏差率、实际投资总额偏差率等。

3）工程管理后评价指标。包括工程质量复核合格率、安全复核率等。

4）财务后评价指标。包括实际成本及其偏差率、实际产品价格及其偏差率、实际运行费用及其偏差率、实际效益及其偏差率、实际财务净现值及其偏差率、实际财务内部收益率及其偏差率、实际借款偿还期及其偏差率等指标。

5）国民经济后评价指标。包括经济效益费用比及其偏差率、经济净现值及其偏差率、经济内部收益率及其偏差率等指标。

6）环境影响后评价指标。

7）社会影响后评价指标。目前，我国工程项目的投资主体有多种，进行项目后评价的要求也不同，特别是国有投资的项目要严格按照国家相关规定开展项目后评价工作，并做好项目后评价的管理工作。

本 章 习 题

一、单选题

1. 建设工程竣工验收由（　　）组织。

A. 建设单位　　B. 施工单位　　C. 建设行政主管部门　　D. 监理单位

2. 对符合竣工验收标准的工程，建设工程质量监督机构应当在工程竣工验收之日起（　　）内，向备案部门提交单位工程的质量监督报告。

A. 15日　　　　　B. 10日　　　　　C. 5日　　　　　D. 1日

3. 工程竣工验收备案时，建设单位应当自工程竣工验收合格之日起（　　）内，向工程所在地的县级以上地方人民政府建设行政主管部门的备案机关备案。

A. 15日　　　　　B. 10日　　　　　C. 5日　　　　　D. 1日

4. 工程项目竣工质量验收的基本对象是（　　）。

A. 分项工程　　　B. 分部工程　　　C. 单位工程　　　D. 单项工程

5. 项目过程评价中不包括项目（　　）阶段评价。

A. 生产准备　　　B. 建设实施　　　C. 运营　　　D. 设备采购

二、多选题

1. 下列属于工程项目竣工验收依据的是（　　）。

A. 可行性研究报告　　　　　　B. 施工图设计

C. 技术设备说明书　　　　　　D. 国家现行的施工验收规范

E. 企业标准

2. 项目后评价与项目前评估区别是（　　）。

A. 在项目建设中所处的阶段不同　　　B. 比较的标准不同

C. 评价的依据不同　　　　　　　　　D. 评价的内容不同

E. 组织实施上不同

参 考 文 献

［1］全国一级建造师执业资格考试用书编写委员会. 建设工程项目管理［M］. 3版. 北京: 中国建筑工业出版社, 2013.

［2］邱国林, 宫立明. 工程项目管理［M］. 北京: 中国电力出版社, 2010.

［3］郑文新. 土木工程项目管理［M］. 北京: 北京大学出版社, 2011.

［4］马楠, 张国兴, 韩英爱. 工程造价管理［M］. 北京: 机械工业出版社, 2009.

［5］田金信. 建设项目管理［M］. 2版. 北京: 高等教育出版社, 2009.

［6］蔺石柱, 闫文周. 工程项目管理［M］. 2版. 北京: 机械工业出版社, 2015.

［7］乐云. 项目管理概论［M］. 北京: 中国建筑工业出版社, 2008.

［8］于洪, 陈健. 建设项目管理［M］. 3版. 北京: 机械工业出版社, 2016.

［9］仲景冰, 王红兵. 工程项目管理［M］. 北京: 北京大学出版社, 2006.

［10］梁世连. 工程项目管理［M］. 北京: 清华大学出版社, 2006.

［11］齐宝库. 工程项目管理［M］. 大连: 大连理工大学出版社, 2012.

［12］全国招标师职业水平考试辅导教材指导委员会. 项目管理与招标采购［M］. 北京: 中国计划出版社, 2012.

［13］应试指导专家组. 工程造价案例分析［M］. 北京: 化学工业出版社, 2008.

［14］Oberlender Garold D. 工程设计与施工项目管理［M］. 毕星, 等译. 北京: 清华大学出版社, 2006.

［15］建筑施工手册编写委员会. 建筑施工手册［M］. 5版. 北京: 中国建筑工业出版社, 2012.

［16］全国造价工程师执业资格考试培训教材编审委员会. 建设工程造价案例分析［M］. 北京: 中国城市出版社, 2013.

［17］全国造价工程师执业资格考试培训教材编审委员会. 建设工程造价管理［M］. 北京: 中国计划出版社, 2013.

［18］解素慧. 现代咨询方法与实务［M］. 北京: 中国计划出版社, 2013.

［19］全国注册咨询工程师（投资）资格考试参考教材编写委员会. 项目决策分析与评价［M］. 北京: 中国计划出版社, 2011.

［20］成其谦. 投资项目评价［M］. 3版. 北京: 中国人民大学出版社, 2011

［21］投资项目可行性研究指南编写组. 投资项目可行性研究指南［M］. 北京: 中国电力出版社, 2002.

［22］周惠珍. 投资项目评估案例［M］. 北京: 中国计划出版社, 2003.

［23］邱国林, 杜祖起. 建设工程项目管理［M］. 北京: 科学出版社, 2009.

［24］丁士昭. 工程项目管理［M］. 北京: 中国建筑工业出版社, 2006.

［26］成虎. 工程项目管理［M］. 北京: 中国建筑工业出版社, 2001.

［26］张志勇. 工程招投标与合同管理［M］. 北京: 高等教育出版社, 2009.

［27］刘黎虹. 工程招投标与合同管理［M］. 3版. 北京: 机械工业出版社, 2015.

［28］白明. 国际工程管理［M］. 大连: 大连理工大学出版社, 2009.

［29］重庆大学, 同济大学, 哈尔滨工业大学. 土木工程施工上册［M］. 2版. 北京: 中国建筑工业出版社, 2008.

［30］刘金昌,等.建筑施工组织与现代管理［M］.北京:中国建筑工业出版社,1996.

［31］全国一级建造师执业资格考试用书编写委员会.建筑工程管理与实务［M］.3版.北京:中国建筑工业出版社,2011.

［32］李忠富.建筑施工组织与管理［M］.3版.北京:机械工业出版社,2013.

［33］阎西康.建筑施工技术与组织［M］.武汉:武汉理工大学出版社,2012.

［34］中国建设监理协会.建设工程质量控制［M］.北京:中国建筑工业出版社,2013.

［35］范道津,陈伟珂.风险管理理论与工具［M］.天津:天津大学出版社,2010.

［36］陈伟珂.工程项目风险管理［M］.北京:人民交通出版社,2008.

［37］陈立文.项目投资风险分析理论与方法［M］.北京:机械工业出版社,2004.

［38］戚安邦.项目风险管理［M］.天津:南开大学出版社,2010.

［39］沈建明.项目风险管理［M］.北京:机械工业出版社,2007.

［40］鲁斯摩尔·马丁,拉夫特瑞·约翰,赖利·查理,等.项目中的风险管理［M］.刘俊颖,译.北京:中国建筑工业出版社,2011.

［41］殷焕武,王振林,等.项目管理导论［M］.北京:机械工业出版社,2005.

［42］白思俊.现代项目管理［M］.北京:机械工业出版社,2003.

［43］中国注册会计师协会.公司战略与风险管理［M］.北京:经济科学出版社,2012.

［44］刘钧.风险管理概论［M］.北京:清华大学出版社,2008.

［45］刘伊生.建设项目管理［M］.北京:清华大学出版社,北京交通大学出版社,2008.

［46］中国建设监理协会.建设工程信息管理［M］.北京:中国建筑工业出版社,2003.

［47］赵雪锋.建设工程全面信息管理理论和方法研究［M］.北京:中国建筑工业出版社,2013.

［48］金国辉.建设工程质量与安全控制［M］.北京:清华大学出版社,2009.